Einstein

PARA

DUMMIES®

D1546227

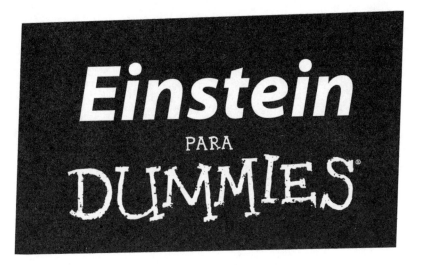

Einstein

PARA

DUMMIES®

Carlos I. Calle

Traducción
Eduardo Brieva

GRUPO
EDITORIAL

Bogotá, Barcelona, Buenos Aires, Caracas, Guatemala,
Lima, México, Panamá, Quito, San José,
San Juan, Santiago de Chile, Santo Domingo

Edición original en inglés:
Einstein for Dummies
de Carlos I. Calle
Una publicación de Wiley Publishing, Inc.
Copyright © 2005.
...For Dummies y los logos de Wiley Publishing, Inc.
son marcas registradas utilizadas bajo licencia exclusiva
de Wiley Publishing, Inc.

Edición en español publicada mediante acuerdo con Wiley Publishing, Inc.
Copyright © 2006 para todo el mundo de habla hispana,
excluyendo España, por Grupo Editorial Norma, S. A.
Apartado Aéreo 53550, Bogotá, Colombia.
http://www.norma.com
Reservados todos los derechos.
Prohibida la reproducción total o parcial de este libro,
por cualquier medio, sin permiso escrito de la Editorial.
Impreso por Imprelibros S.A.
Impreso en Colombia — Printed in Colombia

Edición, Lucía Borrero
Dirección de Arte, Jorge Alberto Osorio V.
Adaptación de cubierta, Wilson Giral T.
Diagramación, Andrea Rincón G.
Índice, Bernardo Borrero

Este libro se compuso en caracteres Cheltenham

ISBN: 958-04-9148-8

¡La fórmula del éxito!

Tomamos un tema de actualidad y de interés general, le añadimos el nombre de un autor reconocido, montones de contenido útil y un formato fácil para el lector y a la vez divertido, y ahí tenemos un libro clásico de la serie ...para Dummies.

Millones de lectores satisfechos en todo el mundo coinciden en afirmar que la serie ...para Dummies ha revolucionado la forma de aproximarse al conocimiento mediante libros que ofrecen contenido serio y profundo con un toque de informalidad y en lenguaje sencillo.

Los libros de la serie ...para Dummies están dirigidos a los lectores de todas las edades y niveles del conocimiento interesados en encontrar una manera profesional, directa y a la vez entretenida de aproximarse a la información que necesitan.

GRUPO
EDITORIAL
norma

¿Conoce ya estos otros Dummies?

**Arte
para Dummies**

**Historia del mundo
para Dummies**

**Ópera
para Dummies**

**Oriente Medio
para Dummies**

Sobre el autor

Carlos I. Calle, PhD, es investigador científico asociado del Centro Espacial Kennedy de la NASA y fundador y director del Laboratorio de Electrostática y Física de Superficies de la NASA. Es doctor en física nuclear teórica de la Universidad de Ohio. Ha recibido numerosas distinciones de la NASA, incluido el Spaceflight Awareness Award en 2003, por sus contribuciones excepcionales al programa espacial. Con sus colegas del laboratorio ha desarrollado nuevas técnicas para probar el sistema de control térmico de la lanzadera espacial y los recubrimientos térmicos de los módulos de la Estación Espacial Internacional.

Calle trabaja sobre las propiedades físicas de los suelos marciano y lunar, y en la actualidad diseña y construye instrumentos para futuras misiones de exploración planetaria. Es uno de los expertos mundiales en las propiedades electrostáticas del polvo marciano y lunar, y como tal trabaja en métodos para mantener libres de polvo los trajes y equipos que están siendo diseñados para las misiones de exploración lunar.

Es autor de *Superstrings and Other Things: A Guide to Physics,* libro sobre física para el lector común. Ha escrito más de 100 artículos científicos sobre física nuclear, relatividad, electrostática de partículas, propiedades del suelo marciano y polvo de la superficie lunar.

Ha dictado conferencias sobre física y relatividad en distintas universidades, y es conferencista habitual del departamento de física del Instituto Tecnológico de Florida.

Cuando no está en su laboratorio de la NASA, Calle suele disfrutar de su tiempo libre dibujando, pintando y esculpiendo, generalmente con modelos naturales. Está casado con Luz Marina Calle, también científica de la NASA. Su hijo y su nuera, Daniel y Emily, son ingenieros de software.

Dedicatoria

A mi esposa y colega científica de la NASA, doctora Luz Marina Calle. Tu apoyo y estímulo constantes hicieron posible este libro.

Agradecimientos del autor

En primer lugar doy las más cálidas gracias a mi editora, Joan Friedman, por su inapreciable y eficiente trabajo de edición de este libro. Su inteligencia, sus agudas observaciones y su esmero en los detalles realzan la claridad de la obra.

Quiero también agradecer a Joyce Pepple de Wiley y al sobresaliente grupo que reunió para este libro. Kathy Cox, editora de adquisiciones de Wiley, creyó en el proyecto y brindó apoyo y asistencia editorial. Lisa Reed creó las ilustraciones, fieles y atractivas, y Heather Dismore suministró apoyo editorial útil. Finalmente, el doctor Brian Murphy de la Universidad Buttler revisó el manuscrito e hizo reflexiones, sugerencias y correcciones provechosas.

Deseo agradecer también las críticas profesionales de los doctores Scott Hyman de Sweet Briar College y Jim Mantovani del Instituto Tecnológico de Florida. Sus importantes y atinadas sugerencias mejoraron el libro.

Muchas personas, en forma directa o indirecta, hicieron posible la culminación de este trabajo. Agradezco a mi agente, Susan Protter, su apoyo durante la realización del proyecto. Gracias especiales a mi hijo Daniel y a su esposa Emily por su entusiasmo y respaldo. Gracias también al doctor Dominique Levau y a Tania Levau por su amable comprensión.

Tabla de contenido

Introducción *1*

Acerca de este libro 1
Lo que no hay que leer 2
Suposiciones disparatadas 2
Organización del libro 3
   Parte I: El despertar de un genio 3
   Parte II: En hombros de los gigantes: lo que aprendió
   Einstein en el colegio 3
   Parte III: La teoría especial de la relatividad 4
   Parte IV: La teoría general de la relatividad 4
   Parte V: El cuanto y el universo 4
   Parte VI: El turno de las decenas 5
Iconos usados en este libro 5

Parte I: El despertar de un genio *7*

Capítulo 1: ¿Quién fue Einstein? 9

Disección de un cerebro famoso 9
De paseo por la vida de Einstein 10
   Reconocimiento de sus propias facultades 10
   Superación de la frustración profesional 11
   Llega la fama 11
   Sin fortuna 12
   Participación en la política pacifista 12
   El trabajo y la música 13
Apreciación de sus contribuciones 14
   La teoría especial de la relatividad 14
   $E = mc^2$ 15
   La teoría cuántica 16
   La teoría general de la relatividad 18
   Otras contribuciones 19
Admiración general 20

Capítulo 2: Retrato del científico adolescente 21

Ojeada a los primeros años de Einstein 21
   Lento para hablar 22
   El primero de la clase 23

Atrasado en griego..25
Estudio del libro sagrado de geometría.............................25
Descubrimiento de la religión 26
Aprendizaje por cuenta propia 27
Adiós al colegio 28
Caminatas por Italia..28
Fracaso en el examen de admisión al politécnico 29
Excelente año en un colegio suizo....................................30
El primer amor 30
Los "experimentos mentales"...31
El primero de la clase 32
Universitario rebelde...33
Concentrado en la física..33
Estudio apresurado para los exámenes 33
De nuevo enamorado 34
Compañera intelectual 35
Intercambio de cartas 36
Afirmación de su independencia 37
Choque de personalidades 37
Preparación de la mente 38
Un tiempo en el Paraíso...39
Medida del viento del éter...40
La tesis de grado 41
Los exámenes finales 41
Marcha hacia adelante 42

Capítulo 3: 1905: año milagroso de Einstein....................... 45

En busca de trabajo...46
La ruinosa casa de la física..46
La catástrofe ultravioleta...47
Lucha con el movimiento absoluto 48
Tempestad en el mundo científico....................................49
Definición de la naturaleza de la luz................................51
Eliminación del éter...51
Introducción de $E = mc^2$ 52
Valoración de los dos artículos menores..........................53

**Parte II: En los hombros de los gigantes:
lo que aprendió Einstein en el colegio 57**

Capítulo 4: Un universo mecánico 59

Presentación de los primeros astrónomos.........................60
Invención de la ciencia...60
Los antiguos griegos tenían razón....................................60

Infortunado cambio de opinión 61
Identificación de los grandes patrones 62
Siembra de las semillas de la física 63
Descubrimiento de la flotación 63
Concepción del átomo.................................... 64
Batalla con Marte: los astrónomos posteriores............. 64
La herejía de Copérnico 64
Kepler y el descubrimientode las leyes planetarias........ 65
Galileo y la invenciónde la ciencia moderna.............. 67
Con los propios instrumentos........................... 68
Creación del moderno método científico 70
Libre de mente.. 70
La maravilla del año milagroso de Newton 72
Granjero fracasado 73
Revelación del genio................................... 73
Desarrollo de la física newtoniana...................... 74
Obediencia a las leyes del movimiento.................. 74
La obra maestra de Newton............................ 76
Newton y Einstein comparten la genialidad............. 78
Pareja de solitarios 80
Dos visiones del universo.............................. 80

Capítulo 5: La flecha del tiempo 83

Presentación de las leyes de la termodinámica............ 84
Conservación a toda costa de la energía: la primera ley.. 85
Confusión, leyes y videocinta: la segunda ley 87
Esto sí es frío: la tercera ley............................ 89
Melindrosos: la ley cero 91
Con la flecha del tiempo................................. 91
Pasar la película al revés............................... 91
Ajustar el corcho: la mecánica estadística 93
Aparición de Einstein en la ecuación 94

Capítulo 6: El más fascinante tema de Einstein.............. 95

Aparecen fuerzas invisibles............................. 96
Se perciben las chispas 96
Descubrimiento de fuerzas opuestas 97
Identificación de fuerzas y campos 100
Estudio de la fuerza eléctrica 100
Definición de los campos eléctricos 101
Examen de los campos magnéticos..................... 104
Similitudes y diferencias entre la electricidad y el magnetismo 104
Experimentos fallidos y cambio en la ciencia 105
Creación de una corriente 108
Valoración de Maxwell, gran escocés.................... 110
Las famosas ecuaciones................................. 111

Capítulo 7: Y se hizo la luz **113**

Intentos de medir la velocidadde la luz 113
  Galileo y las linternas colgantes 114
  Roemer y el seguimiento de un satélite 114
En donde se prueba que Maxwell tenía razón 117
  Chispas que saltan 117
  Invención del primer aparato de radio 118
  La luz 119
  Presentación del espectro electromagnético 120
Creación de una teoría de los colores 121
  Un hueco en los postigos 121
  Mezcla de colores 122
Lucha entre partículas y ondas 124
  Comportamientos diferentes 124
  ¿Que la luz no dobla? 124
  Young demuestra que la luz es una onda 125

Parte III: La teoría especialde la relatividad ... **129**

Capítulo 8: La relatividad anterior a Einstein **131**

Primeros experimentos sobre el movimiento 131
  El movimiento a bordo de un barco 132
  En la superficie de la Tierra 134
El principio de relatividad 134
  El movimiento es relativo 135
  En el tren bala 135
  El principio de relatividad de Galileo 136
Creación de una relatividad diferente 137
  Integración de las leyes del movimiento y la velocidad
    de la luz 137
  La idea de contracción 138
El hombre que casi descubre la relatividad 139
  La idea del tiempo elástico 140
  Una esperanza irrealizada 140

Capítulo 9: Viaje sobre un rayo de luz **143**

Informe sobre el éter 143
Lucha con una inconsistencia 147
  Una manera de descubrir que nos movemos 147
  Atención a los campos eléctricos 148
  En reposo en el universo 148
  Junto a Galileo 150
Los cimientos de la relatividad 150
  Se disipa el movimiento absoluto 150
  Lucha con la velocidad de la luz 151

La luz siempre se propaga a la velocidad *c* 154
La física se vuelve bella.. 156

Capítulo 10: Relojes, trenes y automóviles: exploración del espacio y el tiempo **157**

Tu tiempo no es el mío 157
    Dudas sobre la simultaneidad.. 158
    Un experimento imaginario 158
Dilatación del tiempo 160
Contracción del espacio 161
    En misión de reparación 161
    Dispone de más tiempo del que pensaba 162
    La contracción de longitud... 163
¿Es real todo esto? 164
    El muón.. 164
    Más lentamente 165
    Más rápidamente 166
Mezcla de espacio y tiempo 167
Posibilidad de los viajes interestelares.................................... 169

Capítulo 11: La ecuación **171**

La masa entra en la ecuación 171
    Una medida de nuestra pereza... 172
    Relatividad de la masa... 173
Escogencia de c^2... 174
Formulación de la ecuación $E = mc^2$...................................... 176
    Duda sobre las propias conclusiones................................ 177
    Corriendo se gana masa... 178
    Se rompe un fuerte hilo... 179
Presentación del profesor Einstein.. 181
    De nuevo en busca de trabajo.. 181
    Candidatura rechazada 182
    Política en Zurich 183
    Aprender a enseñar 184

Parte IV: La teoría general de la relatividad ... **187**

Capítulo 12: La segunda teoría de la relatividad de Einstein **189**

"La idea más feliz de mi vida"... 189
    Limitaciones de la relatividad especial............................ 190
    Idea revolucionaria 190
    Experimentar la ingravidez.. 191
    Lanzamiento de un satelite propio 191

Relación entre aceleración en el espacio y aceleración
en la Tierra 194
Equivalencia de gravedad y movimiento acelerado........ 195
Medida de la masa gravitacional.................................... 196
Curvatura de los rayos luminosos.................................. 198
Pausa cuántica 199
Intentos por extender la teoría de la relatividad 200
De vuelta a Zurich 200
Colaboración entre dos viejos amigos 201
Encuentro con un amigo en la cuarta dimensión 202
Espacio y tiempo en pie de igualdad 203
Eventos simultáneos... 203
El nuevo sistema del mundo... 204
Un espacio-tiempo curvo 204
Medida de la desviación de la luz 205
Explicación de la órbita de Mercurio 207
Envejecer en cámara lenta.. 210
Celebridad internacional 214

Capítulo 13: "Los huecos negros no son tan negros"........ 217
La geometría del espacio-tiempo a partir de las ecuaciones
de campo de Einstein.. 217
Medida de la curvatura del espacio-tiempo.................... 218
Desarrollo de la geometría de Schwarzschild 219
La idea del hueco negro 220
Luz atrapada 220
Predicción de la existencia de estrellas negras 222
Resurge la teoría de los huecos negros........................... 223
Frente al escepticismo de Einstein 225
Estudio de las estrellas que colapsan 226
Identificación de otros casos extremos 227
Teoría del colapso final 228
Renovado interés en los huecos negros 228
Un espacio-tiempo para los huecos negros en rotación.. 229
Descubrimiento de quásares y púlsares 229
Comienza la cacería... 231
¿Cómo se producen en el universo los huecos negros? 232
Gigantes.. 232
Supernovas... 234
Entonces, ¿qué es, finalmente, un hueco negro? 234
Los huecos negros no tienen pelo 235
Los huecos negros no son tan negros 236
Viaje al interior de un hueco negro 237
Posibilidad de los viajes en el tiempo 238
Visita al pasado 239
Exploración de los huecos de gusano.............................. 239

Empleo de una máquina del tiempo 241
Prohibición de las lazadas de tiempo.......................... 242

Capítulo 14: ¿Tuvo razón Einstein acerca de la relatividad? 245

Primeras pruebas de la relatividad 246
Experimentos para probar la relatividad especial:
extensión de la vida 247
Cuando uno vuela hacia el este se vuelve más joven:
el tiempo relativista 248
Experimento de gravedad: primera comprobación
relativista de la NASA 250
Confirmación de los efectos de la gravedad sobre la luz 252
Cálculo de la influencia del Sol.............................. 253
El retardo temporal de una señal proveniente de Marte.. 254
Aumenta la precisión del sistema GPS.......................... 254
Medida de la curvatura del espacio-tiempo..................... 256
Arrastre del espacio-tiempo: el universo en un balde ... 258
La misión.. 261
Entonces, ¿tenía razón?....................................... 264

Parte V: El cuanto y el universo 265

Capítulo 15: Los átomos antes de Einstein 267

Comprobación de la realidad de los átomos.................... 267
Comprensión del átomo con un grano de sal................... 269
¿Por qué estallan los globos? 270
Explicación de los elementos 271
Descubrimiento de los electrones 272
El flan de ciruelas.. 273
Experimentos con el átomo.................................... 274
Creación de un nuevo modelo.................................. 276
Predicción de un colapso hipotético.......................... 277
Descubrimiento de los cuantos 278
Desacuerdo entre la teoría y el mundo real................... 278
División de la energía en paquetes 280
Exploración del átomo de Bohr 281
Canicas que suben a puntapiés por una escalera........... 281
Necesidad de una nueva física 283

Capítulo 16: El salto cuántico: Dios juega a los dados 285

Descubrimiento del cuanto 286
La "idea revolucionaria" de Einstein 286
Cuantos de diferentes energías.............................. 287
Solución del problema del efecto fotoeléctrico 290

Ondas de materia 291
   Nueva manera de contar 292
   Medida de la onda del electrón 292
Descubrimiento de la nueva mecánica del átomo 294
   Estudio del espectro de los átomos 294
   El mundo es granuloso 296
La mecánica de ondas 298
   Trabajo matemático 298
   Aceptación del principio de incertidumbre 299
Rendición ante la nueva física 303
   Einstein no aceptó 304
   Bohr se atiene a su interpretación 305
   Einstein estaba equivocado 306

Capítulo 17: Einstein y la bomba atómica 309

Advertencia al presidente: la carta de Einstein 310
La física nuclear en pocas palabras 311
   Emisión de partículas 311
   Limitaciones de la fuerza nuclear 312
   Estudio del decaimiento alfa 313
   Detección del decaimiento beta 314
Descubrimiento de la fisión nuclear 316
   Resultados engañosos 316
   El uranio se parte 317
   Imaginar gotas de líquido 319
Fabricación de la bomba 322
   La reacción en cadena 322
   Percepción de la fuerza 324
   Hacia la bomba nuclear 326
   Creación de la bomba *H* 327
Siempre pacifista 328
   Temor a una bomba nazi 328
   Lucha por la paz 330

Capítulo 18: El mayor disparate de Einstein 331

En busca de la frontera del universo 331
   Desplome del universo de Newton 331
   "Finito" e "ilimitado" son términos compatibles 332
Cálculo de la curvatura del universo 334
   Ejemplo en dos dimensiones 334
   Cilindro de cuatro dimensiones 336
El modelo de universo de Einstein 337
   Cambiar la ecuación para ajustarse a la realidad 338
   Rechazo del modelo ruso 340
Observación de la expansión del universo 341
   Exploración de los universos-isla 342

Medida de distancias a las estrellas 342
Se descubre que las galaxias se alejan 344

Capítulo 19: Ningún disparate, después de todo 347

Reevaluación del universo de Einstein 348
La energía produce gravedad 348
La presión negativa produce antigravedad 348
Exploración del universo desbocado 349
Aceleración de la expansión 350
Resurrección de la constante cosmológica: Einstein tenía
razón, después de todo 352
Tras la pista de los cambios de gravedad 352
Fotografía del universo temprano: ¡el espacio es plano!... 353
¿Qué es la constante cosmológica? 356
Creación de partículas de la nada 356
Se llena el vacío hasta el tope 359
Tras la unificación de la física 359
Reconstrucción de la relatividad en un espacio-tiempo
de cinco dimensiones 360
Obra inconclusa 361
Resurrección del sueño de Einstein 362
Unificación de los dos primeros campos 362
El paso siguiente 363
Amarrar todo con cuerdas 364

Parte VI: El turno de las decenas 367

Capítulo 20: Diez reflexiones sobre las creencias religiosas y filosóficas de Einstein 369

Lucha con el judaísmo 370
Definición de lo que significa ser religioso 370
Reconciliación entre religión y ciencia 371
Encuentro con el dios de Einstein 372
Acerca del desarrollo de la religión 373
Ceñido con rigor al determinismo 373
Lecturas filosóficas 374
Definición del pensamiento 375
Interpretación del método científico 376
Objetivos de la ciencia 376

Capítulo 21: Diez mujeres que influyeron en Einstein 379

Pauline, madre de Einstein 379
Se fomenta el interés por la música 380
Oposición a Mileva 380

Maja, hermana de Einstein.. 381
Mileva Maric, primera esposa de Einstein.............................. 382
    Fundación de una familia 383
    Lucha con la depresión 384
    Hacia el divorcio 384
Lieserl, la hija de Einstein 385
Elsa, segunda esposa de Einstein 386
Ilse, hijastra de Einstein 387
Margot, hijastra de Einstein.. 388
Helen Dukas, secretaria de Einstein 388
Marie Winteler, primer amor de Einstein................................. 389
Marie Curie 389

Apéndice A: Glosario... **391**

Apéndice B: Cronología de Einstein **395**

Índice **401**

Introducción

*E*l autor pretende en este libro proporcionar al lector una clara comprensión de la hermosa obra de Einstein. Todos saben que Einstein inventó la teoría de la relatividad y que es autor de la famosa ecuación $E = mc^2$, y piensan que se necesita ser casi otro Einstein para entenderlas.

La teoría de la relatividad no es tan difícil de entender. (En realidad hay dos teorías de la relatividad, la especial y la general, ninguna de las cuales está más allá de la capacidad de comprensión del lector.) En cuanto a la famosa ecuación, también puede entenderse sin necesidad de matemáticas.

En este libro se usan los ejemplos sencillos de Einstein para explicar su descubrimiento de que el tiempo marcha más lentamente y las distancias se acortan cuando nos movemos rápidamente (pero en verdad rápido, no con un simple trotecito constante). También se explica cómo, a pesar de que nadie alcanzará jamás la velocidad de la luz, un astronauta del futuro puede ser capaz de darle la vuelta a la galaxia en el tiempo que dura una vida humana (la duración de *su* vida, es decir, para los terrícolas que quedaron atrás pasarán entretanto cientos de millones de años). Ésta es una forma de viaje en el tiempo hacia el futuro sin la posibilidad de volver al presente. Igualmente se discute la posibilidad de viajar realmente hacia el pasado o el futuro y regresar al presente.

Acerca de este libro

Este libro pretende ser una guía de toda la obra de Einstein, no sólo de la relatividad y de la fórmula $E = mc^2$. Einstein hizo mucho más que inventar su teoría de la relatividad y descubrir su famosa ecuación. Fue el iniciador de la física cuántica, inventó el principio del láser, formuló el primer modelo de universo y demostró que el espacio es curvo. Y éstas son sólo las grandes cosas. Es difícil encontrar un campo de la física que haya permanecido inalterado por sus descubrimientos.

La intención del autor es presentar y explicar en este libro todas las contribuciones hechas por Einstein durante su vida, en un español fácil y sencillo. Pretende también dar al lector las razones por las cuales los descubrimientos de Einstein revisten una importancia tan grande, y por qué merece la fama que tiene.

La vida de Einstein fue fascinante, de modo que, a medida que se discute la obra, se muestra un panorama de los principales eventos ocurridos durante diferentes períodos de su vida. Se presentan además las opiniones de Einstein sobre religión y filosofía, al igual que sus relaciones con las mujeres que hicieron parte de su ciclo vital.

Lo que no hay que leer

No es necesario leer el libro de principio a fin. Se ha procurado que los capítulos sean autónomos, de manera que el lector pueda leer en cada capítulo acerca de un tema específico de la obra de Einstein y seguir el hilo de la exposición.

No hay que leer lo que no se desea. Si el lector lee el libro porque siente curiosidad sobre lo que hizo Einstein, debe leer sólo lo que quiere saber. Si lo lee porque está tomando un curso de física y necesita complementar su libro de texto, es mejor que lea sólo las partes que se ajustan a su texto.

Puede ocurrir que desee conocer sólo la teoría de la relatividad o el significado de la ecuación $E = mc^2$, o que esté interesado en lo que hizo Einstein durante su año milagroso. De todos modos, lea lo que le interese. Tiene la promesa de que no se le preguntará nada sobre lo que ha leído, y ojalá disfrute leyendo lo que haya decidido leer.

Por supuesto, nadie lo detendrá si decide leer el libro de cabo a rabo, y nadie se quejará de lo mucho que sabe sobre la obra de Einstein.

Suposiciones disparatadas

Se supone que el lector compró el libro (o lo pidió prestado o tal vez se lo regalaron) porque siempre quiso conocer las teorías de

Einstein pero no necesariamente deseaba leer sobre ellas en un libro científico convencional. Se sospecha también que, en este momento, no quiere leer un libro de física con matemáticas y diagramas complicados. Se da por descontado, además, que le gusta leer sobre cosas nuevas. De ser éste el caso, se espera que disfrute este viaje por el universo de Einstein.

Organización del libro

El libro sigue el curso de la vida de Einstein, hasta cierto punto. Comienza con su año milagroso y su increíble irrupción en el mundo de la física, partiendo casi de la nada. Einstein inició en ese año dos revoluciones en el mundo de la física: la teoría de la relatividad y la física cuántica. El libro sigue el desarrollo de ambas teorías en orden cronológico y termina con el impacto de estas dos teorías en el mundo de la ciencia.

Parte I: El despertar de un genio

En esta parte se dice quién fue Einstein y se muestra su talento siguiendo los pasos desde su nacimiento hasta la búsqueda de un trabajo después del grado universitario. Este período termina con su año milagroso, presentado en el capítulo 3.

Parte II: En hombros de los gigantes: lo que aprendió Einstein en el colegio

Esta parte es un panorama de la física desde su desarrollo primitivo, cuando no se llamaba física. Se presentan las muy modernas ideas de los antiguos griegos sobre el mundo y los desarrollos importantes hasta los tiempos de Einstein. Por el camino se hacen escalas para visitar a Galileo Galilei y a Johannes Kepler, al igual que una estadía más larga para ver lo que hizo Isaac Newton. Se sigue el curso de las ideas sobre el calor y la energía, que fueron modificadas por Einstein. Después de esto se llega donde James Clerk Maxwell, quien influyó mucho sobre Einstein (Einstein faltaba a clase para leer los artículos de Maxwell en la biblioteca, y basado en el estudio de sus teorías desarrolló la relatividad). La parte termina con lo que se conocía sobre el comportamiento de la luz antes de que Einstein entrara en escena.

Parte III: La teoría especial de la relatividad

En esta parte se llega al meollo de la cuestión: la teoría de la relatividad de Einstein. Se presenta primero la idea primitiva sobre el asunto: la relatividad de Galileo. Se explica luego en qué consiste la relatividad de Einstein, y de qué manera la desarrolló en unas cuantas semanas, a la edad de 26 años. También se ve cuál es el significado real de la ecuación $E = mc^2$ (su significado es más amplio que el contenido de la frase "la energía es igual a la masa por el cuadrado de la velocidad de la luz").

Parte IV: La teoría general de la relatividad

La teoría general de la relatividad es la obra maestra de Einstein. Sus matemáticas son complicadas (hasta Einstein necesitó ayuda en esto) pero la idea es simple. No se tocan aquí las matemáticas. No hay necesidad. Las ideas son bellas, y el lector será capaz de ver cómo trabajan.

Se muestra cómo funcionan en la práctica las ideas de Einstein sobre el espacio y el tiempo, y por qué Stephen Hawking dice que los huecos negros no lo son por completo. Se puede leer luego acerca de las teorías de Einstein sobre el viaje a través del tiempo. Finalmente se presentan las principales pruebas que la NASA y otros laboratorios de todo el mundo han realizado para comprobar las teorías de Einstein.

Parte V: El cuanto y el universo

La física cuántica comenzó con un artículo revolucionario de Einstein escrito en su año milagroso. Se verá por qué es revolucionario y la medida en que contribuyó a nuestra comprensión de la realidad. Se presenta también la famosa carta de Einstein al presidente Franklin Delano Roosevelt sobre la posibilidad de una bomba atómica, y su limitado compromiso en el desarrollo de la bomba. Finalmente se explica la relevancia de la obra de Einstein y el papel importante que juega hoy en las teorías actuales sobre el universo y en el logro del sueño de toda su vida: la unificación de toda la física.

Parte VI: El turno de las decenas

Ésta parte es un elemento central en la serie ...para Dummies. Aquí se explican diez opiniones de Einstein sobre religión y filosofía, y se presentan cortas biografías de diez mujeres que influyeron de manera importante en su vida.

Iconos usados en este libro

En todo el libro se encontrarán iconos en las márgenes, los cuales están diseñados como ayudas de navegación por el texto. A continuación se indica su significado.

 Nuestra comprensión del mundo físico se habría estancado si los hombres de ciencia no hubieran pensado en ocasiones de manera novedosa sobre las cosas. Este icono indica al lector que se avecina un rasgo de ingenio.

 El autor piensa que toda la información contenida en el libro es importante, pero hay algunos fragmentos que son dignos de permanecer en el gabinete de archivos mentales del lector, para referencia futura. Este icono los señala.

 Einstein tenía el don de explicar sus teorías mediante imágenes sencillas y ejemplos. El autor aspira a lo mismo en este libro, y cuando el lector encuentre este icono sabrá que hay una ayuda útil a mano.

 Este icono señala información que va más allá de lo básico, que puede ser dura de asimilar o que entra en más detalles de los que el lector necesita. Si su materia gris no está lista para el desafío, simplemente sáltese estos párrafos.

Parte I
El despertar de un genio

La 5a ola   por Rich Tennant

1886: EL GENIO DEL NIÑO DE 7 AÑOS, ALBERT EINSTEIN, COMIENZA A REVELARSE.

En esta parte...

Si el lector no sabe mucho sobre Albert Einstein, esta parte le ofrece un panorama de su vida y obra.

En esta parte se presenta la vida de Einstein, primero como un muchacho que crece en Alemania, luego como un joven de mente independiente dedicado al colegio, y como un estudiante universitario rebelde en problemas con sus profesores. Se presenta también una introducción a las ideas que, en increíble explosión, brotaron durante su año milagroso, cuando realizó la mayoría de los descubrimientos que cambiaron para siempre las ciencias físicas.

Capítulo 1

¿Quién fue Einstein?

En este capítulo

▶ Presentación de Einstein

▶ Descripción de su obra y razones de su importancia

Hace unos cien años, en Suiza, un oscuro empleado de oficina resolvió que las teorías existentes en el campo de la física no eran correctas y decidió corregirlas. Lo que hizo es tan importante que la revista *Time* lo seleccionó como el personaje del siglo XX, por delante de reyes, reinas, presidentes, artistas, estrellas de cine y líderes religiosos.

¿Quién fue Einstein y qué hizo? En este capítulo se presenta el genio de Einstein, se habla de sus descubrimientos y de la importancia de su obra. A estos temas se les prestará una atención más detallada en los capítulos siguientes.

Disección de un cerebro famoso

Tras dar a luz a su único hijo en 1879, la joven madre de Albert Einstein pensó por un instante que era "un monstruo". El bebé tenía una gran cabeza de forma extraña. El doctor la tranquilizó, explicándole que es común que un recién nacido tenga la cabeza deformada, y le aseguró que su tamaño sería normal. El médico tenía razón en cuanto al tamaño: en pocas semanas las proporciones se equilibraron, pero la forma angular de su cabeza permanecería por el resto de sus días.

La forma rara de la cabeza de Einstein no lo hizo muy diferente de los otros muchachos. Pero sí su cerebro. La manera como trabajaba no tenía nada de común.

Mucha gente se preguntaba en vida de Einstein si su cerebro era diferente del de los demás. De hecho, Einstein dejó instrucciones para que su cerebro fuera usado con fines de investigación después de su muerte. Cuando Einstein murió, en 1955, el patólogo Thomas Harvey preservó el cerebro y realizó más tarde estudios de varias muestras de tejido. Harvey no encontró nada fuera de lo común. No obstante, en 1999, Sandra Witelson, de la Universidad McMaster de Canadá, descubrió que al cerebro de Einstein le faltaba una rugosidad particular que se encuentra en el cerebro de la mayoría de la gente. Esta rugosidad está ubicada en la región del cerebro relacionada con el pensamiento matemático y las imágenes visuales.

De paseo por la vida de Einstein

Einstein estaba en apariencia mejor dotado para el pensamiento matemático y abstracto que la mayoría de la gente, pero es probable que otros hayan tenido habilidades naturales similares. La forma de su cerebro no explica por sí sola el genio de Einstein. El ambiente en el que creció jugó con toda seguridad un papel.

Reconocimiento de sus propias facultades

Como se ve en el capítulo 2, Einstein creció como un muchacho normal. No fue un niño prodigio. Fue, en cambio, un estudiante dotado e independiente. No le gustaban los métodos estrictos de enseñanza de los colegios alemanes a los que asistió, lo cual fue causa de fricciones con sus profesores. Su independencia se convirtió en rebelión adolescente durante los años de liceo y universidad. Varios maestros y profesores le dijeron que no saldría con nada.

Einstein sabía que era más inteligente que la mayoría, y en sus años de colegio se volvió arrogante y presumido. Dos de sus maestros de bachillerato y por lo menos un profesor de universidad reconocieron su brillo intelectual. Pero, como ha sucedido con todos los grandes hombres y mujeres de la historia, ninguno predijo en qué se convertiría.

En la universidad, Einstein llevaba la vida normal del estudiante universitario europeo de fines del siglo XIX, y frecuentaba los bares de la localidad con los amigos (algunas cosas nunca cambian). Era popular entre las mujeres, que lo encontraban apuesto y encantador. Disfrutaba en su compañía, y por eso tuvo problemas más tarde, cuando contrajo matrimonio.

Superación de la frustración profesional

"Un hombre feliz está demasiado contento con el presente para pensar mucho en el futuro", escribió Einstein en una tarea escrita para el curso de francés. "Si tuviera la suerte que se necesita para aprobar las pruebas de admisión a la universidad" —continuaba en su precario francés— "entraría al Instituto Politécnico a estudiar matemáticas y física. Me veo convertido en maestro de estas materias".

Como veremos en el capítulo 2, cuando se graduó en física en el Politécnico de Zurich, había cambiado algo de opinión. Deseaba ser profesor de universidad. Sin embargo, uno de los profesores con quienes se había enfrentado en el politécnico logró cerrarle todas las puertas, de modo que, en lugar de ser profesor, se convirtió en empleado de una oficina suiza de patentes.

En esta posición, solo y aislado del medio académico, Einstein irrumpió en el mundo de la física y lo cambió para siempre. Ese año de 1905 llegó a ser llamado su *año milagroso* (ver el capítulo 3).

Llega la fama

Con la publicación de la teoría especial de la relatividad, de la fórmula $E = mc^2$ y, en particular, de la teoría general de la relatividad, Einstein se volvió famoso (en las partes III y IV de este libro se discuten en detalle estas ideas revolucionarias).

Einstein se convirtió en un icono. Cuando la gente se imagina a un científico, la mayoría piensa en él. Los retratos de Hollywood del científico suelen mostrar a un hombre de mediana edad, en blusa de laboratorio, con el cabello desgreñado, descuidado en el vestir y absorto en su trabajo.

¿Este estereotipo refleja el modelo? Casi. Einstein nunca usó ropa de laboratorio. Era un físico *teórico*, lo que significa que sólo necesitaba papel y lápiz —y su mente— para trabajar.

La celebridad lo volvió apacible. Era conciente de su condición de físico más importante del mundo, pero nunca empujó en la fila. Muchos que lo conocieron dicen que era amable y solícito. Como físico, al autor le hubiera encantado conocerlo, pero sus vidas no coincidieron. Sin embargo, se ha relacionado con unos cuantos físicos que fueron afortunados y lo conocieron. La arrogancia de su juventud se había esfumado, y el Einstein con quien alternaron era un hombre amable que los hacía sentirse tranquilos y relajados.

Aun quienes eran sus iguales en la disciplina, como Niels Bohr y Wolfgang Pauli, lo admiraban. A fines de la década de 1940, Abraham Pais, por entonces un joven físico que trabajaba en el Instituto de Estudios Superiores de Princeton, New Jersey (donde trabajó Einstein después de emigrar a Estados Unidos), notó una actitud diferente en Bohr y Pauli en presencia de Einstein.

Sin fortuna

La fama de Einstein no se tradujo en riqueza. Nunca se interesó mucho por las cosas materiales, pero amaba la música y la navegación a vela.

Ya en 1922, Einstein no pudo reunir el dinero para comprar una cabaña junto al agua, cerca de Berlín, y un bote de vela para los fines de semana. Su salario como profesor de la Universidad de Berlín no le alcanzaba para darse esos lujos. Se contentó con una casita de campo alquilada.

Para su cumpleaños número 50, un grupo de amigos le regaló un bote terminado en caoba de siete metros, pero Einstein no lo disfrutó sino unos pocos años. La amenaza de la Alemania nazi lo forzó a abandonar Europa en 1933 para establecerse en Estados Unidos. Su querido bote fue confiscado y vendido por los nazis como propiedad de un enemigo del Estado.

Eisntein ganó el premio Nobel de física en 1922. El premio le aportó una considerable suma de dinero, que entregó a su primera esposa para el cuidado de sus hijos.

Después de llegar a Estados Unidos su fortuna creció. Su salario inicial en el Instituto de Estudios Superiores era de 16.000 dólares anuales, cerca del doble de lo que ganaba un profesor de tiempo completo en la época (como otros científicos de renombre ganaban también altos salarios, algunos decían que el instituto no era de "estudios superiores" sino de "salarios superiores"). Pero el estilo de vida de Einstein siguió siendo modesto. Su casa del número 112 de Mercer Street en Princeton era una casa promedio en un vecindario de clase media.

Participación en la política pacifista

Einstein se valía de su celebridad para intervenir en causas políticas que lo atraían poderosamente. "Mi ideal político es la democracia.

Que cada hombre sea respetado como individuo y nadie se convierta en ídolo", escribió en 1931. "Por ironía del destino he sido objeto de una excesiva admiración... sin culpa ni mérito de mi parte".

Sus dos principales preocupaciones políticas fueron el pacifismo y la creación de un gobierno mundial que impusiera el desarme. Durante mucho tiempo prometió no apoyar actividades bélicas, pero el auge de la Alemania nazi cambió algo su perspectiva, y se convirtió en lo que él llamaba "un activista militante".

Aunque no participó directamente en el desarrollo de la bomba atómica, su ecuación $E = mc^2$ abrió la puerta a su creación (pero no condujo en línea directa a ella). Einstein alentó al gobierno de Estados Unidos a producir el arma atómica por temor a que los nazis pudieran estar haciendo lo mismo. Como se verá en el capítulo 17, Einstein envió en 1939 una carta al presidente Franklin Delano Roosevelt para poner de presente el peligro de una bomba atómica nazi. La carta no condujo al desarrollo de la bomba, pero Einstein se refirió a ella más tarde como "el mayor error" de su vida.

El trabajo y la música

Einstein tenía una habilidad poco común para trabajar incluso en medio de una tragedia personal. Aun de niño era algo indiferente a los eventos externos. Pero no era reservado o incapaz de construir relaciones personales. Era sólo que su trabajo y su pensamiento venían primero. "Nada trágico lo afecta en realidad", escribió su segunda esposa, Elsa, después de la muerte de su hija (hijastra de Einstein). "Está en la feliz circunstancia de quien es capaz de olvidarse del asunto. Por eso puede trabajar tan bien".

Cuando Einstein era niño, su madre se aseguró de que él y su hermana entraran en contacto con la música. Einstein tomó clases de violín y más tarde aprendió a tocar el piano en forma autodidacta. La música se convirtió en el amor de su vida. Le gustaban Mozart, Schubert, Bach, Beethoven, Vivaldi, Corelli y Scarlatti.

También apreciaba el arte, y prefería a los grandes clásicos de la pintura. En cuanto a los pintores modernos, se interesaba en el período precubista de Picasso (el período alrededor de 1905, cuando la paleta de Picasso comenzó a iluminarse con sus cuadros de payasos y arlequines).

A pesar del fracaso de dos matrimonios y del advenimiento del nazismo en su patria, Einstein llevó en términos generales una existencia feliz. Su vida fue en gran medida su trabajo, y éste fue tan significativo como el de Isaac Newton (la parte II del libro está dedicada a las contribuciones de Newton). Ambos son personajes sin par en la historia de la ciencia.

Apreciación de sus contribuciones

El matemático dieciochesco, Joseph-Louis Lagrange, se lamentó cierta vez de que no existiera sino un universo y de que Newton hubiera ya descubierto cómo funcionaba. Einstein demostró que Lagrange estaba equivocado (lo mismo que otros científicos que pensaban que el campo de la física estaba en esencia completo). Einstein dedujo que las leyes de Newton no contaban la historia completa y procedió a mostrarnos cómo funciona en realidad el universo.

La teoría especial de la relatividad

El universo de Newton funciona como un mecanismo de relojería que sigue obediente las leyes que Newton descubrió. En este universo todos los relojes tienen la misma marcha y el espacio es el escenario donde ocurren las cosas.

Con su teoría especial de la relatividad (que se llama *especial* para distinguirla de su extensión, la teoría *general* de la relatividad, que vino después), Einstein nos mostró que el tiempo y el espacio no son inmutables. Por el contrario, cada uno de nosotros mide el tiempo en forma distinta, dependiendo de cómo nos movamos, y el espacio se contrae o se dilata si vamos más rápido o más despacio.

Las extrañas conclusiones de Einstein surgieron a partir de una consideración importante: la velocidad de la luz es siempre la misma, sin importar qué tan rápido se acerque o se aleje de una fuente luminosa el observador. Esta hipótesis va contra el sentido común.

Consideremos los siguientes ejemplos: supongamos que vamos en un automóvil a 80 kilómetros por hora, y que el vehículo al lado del nuestro va a la misma velocidad. Si observamos ese coche (sin vislumbrar el horizonte que pasa rápido), parece que no se moviera. A pesar de que ambos velocímetros marcan 80, desde nuestra perspectiva el otro auto no se mueve.

Ahora, si viajamos en una nave espacial a la mitad de la velocidad de la luz (la que Einstein representa con la letra *c*) y vemos un haz luminoso que viaja por el espacio a 300.000 kilómetros por segundo,

¿qué ocurre si aceleramos? La velocidad de la luz permanece igual. ¿Y si desaceleramos? No hay ninguna diferencia. No importa qué tan rápido vayamos, siempre medimos la misma velocidad de la luz, c.

Si usted y yo nos movemos uno con respecto al otro y ambos medimos la misma velocidad de la luz, ¿qué significa esto? Significa que su espacio y su tiempo son diferentes de mi espacio y mi tiempo. En el universo de Eisntein el espacio y el tiempo están relacionados, y cuando se modifica uno el otro cambia. Pero la combinación de los dos, la entidad de cuatro dimensiones llamada *espacio-tiempo*, permanece inalterada. Su espacio-tiempo es mi espacio-tiempo, y su velocidad de la luz es idéntica a la mía. De este modo no todo es relativo, como muchos creen. El espacio-tiempo y la velocidad de la luz no son relativos. Son absolutos, como dicen los físicos. Y de esta manera funciona todo en el universo.

Las conclusiones de Einstein sobre la naturaleza del espacio y del tiempo no sólo han sido observadas y medidas muchas veces en el último medio siglo; de hecho, se usan en el diseño de delicados equipos de laboratorio. Su teoría especial aclaró nuestra comprensión del mundo y corrigió inconsistencias previas. La teoría especial se discute en detalle en la parte III.

$E = mc^2$

Ésta es la ecuación más famosa entre todas. Es la que la mayoría de la gente reconoce en el mundo. Y apareció en la teoría de la relatividad de Einstein. Uno pensaría que, dada su importancia, fueron necesarias páginas y páginas de complicadas derivaciones matemáticas y un artículo larguísimo para presentarla. El artículo de Einstein sobre esta ecuación tenía sólo tres páginas. Y las matemáticas eran sencillas (si uno es bueno para las matemáticas).

$E = mc^2$ significa que la masa y la energía son la misma cosa y que los objetos suelen poseer ambas. La masa puede convertirse en energía y la energía en masa. La ecuación explica cómo trabaja el Sol, misterio que intrigó a los hombres de ciencia hasta la aparición de Einstein.

Los especialistas en física médica usan hoy la ecuación de la masa y la energía de Einstein para calcular las energías generadas en los aceleradores de partículas que se emplean en el tratamiento del cáncer. También se usa en el diseño de máquinas como la unidad de tomografía de emisión de positrones (PET por sus siglas en inglés), y en el diseño de detectores de humo.

Además, como se dijo antes, la ecuación (pero no Einstein) jugó un papel en los cálculos para la bomba atómica inventada en el Laboratorio Nacional de Los Álamos y lanzada después sobre Japón, con lo cual terminó la Segunda Guerra Mundial.

La teoría cuántica

Con suficiente capacidad de cálculo disponible, uno puede, en el universo de Newton, ingresar toda la información conocida hoy sobre el universo, ejecutar un programa de computador basado en las leyes de Newton y lograr reproducir cualquier evento del pasado o predecir cualquier evento en el futuro. Así, si se introducen en el computador los datos de lugar y tiempo, se obtendrá una descripción completa del lugar en el instante considerado, aun si se trata de un tiempo futuro.

Sí, por supuesto, ¡se podría predecir el futuro! A primera vista tal habilidad suena maravillosa. Uno podría saber cómo serán las primeras colonias humanas en Marte dentro de 500 o 1 millón de años. También —y más importante aún— se sabría quién será el ganador del Super Bowl el año próximo. Sin embargo, ¿a quién le gustaría conocer los detalles exactos de los penosos eventos que nos esperan? ¿No sería terrible saber con exactitud cuándo y cómo sucederán?

No hay que preocuparse. Einstein se ocupó del dilema en nuestro lugar. No se puede predecir el futuro, y nunca nadie será capaz de hacerlo, sin importar cuán poderosos sean los computadores de que disponga. No, por lo menos si la física cuántica es correcta. Y todo parece indicar que sus premisas básicas lo son.

La física cuántica comenzó en 1905 con un artículo de Einstein que explicaba el llamado *efecto fotoeléctrico*, el cual está en la base de las células fotoeléctricas que convierten la luz solar en electricidad. Einstein no sólo explicó el efecto. Con su modo de trabajar característico, fue hasta el fondo de la física y nos mostró cómo está hecho el mundo. Einstein escribió en su artículo que la luz está compuesta de paquetes indivisibles de energía que llamamos *cuantos*. Y lo que es más importante, sostuvo que cuando la luz interactúa con la materia, la luz es absorbida o emitida en los mismos paquetes indivisibles. Esta última hipótesis se convirtió en el fundamento de la física del átomo.

Esta idea de Einstein del cuanto de energía, que después se llamaría *fotón*, encontró no obstante mucha resistencia. Sólo cuando los experimentos realizados 15 años más tarde demostraron que Einstein tenía razón, los físicos cedieron finalmente y aceptaron la idea. En los meses siguientes nacía la física cuántica, la física del átomo.

La física cuántica afirma que no se puede saber de una vez todo lo que se desea conocer sobre una partícula subatómica. La materia está hecha de cosas que llamamos electrones, quarks y otras partículas igualmente exóticas, y estamos limitados por la naturaleza en cuanto a lo que podemos saber sobre ellas. El mundo posee una incertidumbre inherente que impide conocer con exactitud lo que va a ocurrir. Sólo se puede calcular la probabilidad de ocurrencia de los eventos. Si se observa un electrón en un lugar determinado, hay una cierta probabilidad de encontrarlo cuando se lo busque en otra posición.

Los científicos han aprendido a trabajar con estas escurridizas partículas y son capaces de manipularlas con un alto grado de precisión. Un aparato de televisión, por ejemplo, emplea chorros de electrones dirigidos hacia diferentes puntos de la pantalla para formar las imágenes que vemos (claro que a veces estas imágenes no valen la pena, pero eso es otra discusión).

Si lo único que sabemos de esos electrones son probabilidades, podemos predecir con buena precisión en dónde chocarán con la pantalla los relativamente pocos electrones de nuestro aparato de televisión, pero no somos capaces de predecir qué hará luego el inmenso número de electrones y otras partículas que conforman

---

Partículas subatómicas y partículas de polvo

Una partícula subatómica comparte sólo su nombre con lo que llamamos *partículas* en la experiencia diaria. Una partícula de polvo, por ejemplo, posee masa, forma, tamaño y hasta color. Una partícula subatómica se llama así sólo porque eso era lo que los científicos creían que estaban buscando cuando comenzaron a aprender sobre estas entidades a finales del siglo XIX y comienzos del XX. Pero las cosas que componen los átomos resultaron ser muy distintas de las partículas de polvo. Los científicos lo comprendieron en los años 20, cuando el término *partícula* era ya ampliamente utilizado para designar las partes del átomo, así que no se tomaron el trabajo de buscar un nuevo nombre. Cuando utilizan el nombre saben de lo que hablan, aunque para los legos sea confuso.

nuestro cerebro. El futuro es tan incierto como siempre creímos, y los avances tecnológicos no cambiarán esto. Así es el mundo.

Einstein, el inventor de la física cuántica, nunca creyó realmente que así fuera el mundo. Pensaba que la física cuántica era provisional y que un día descubriríamos el mundo subyacente, un mundo no probabilístico.

Los refinados experimentos realizados durante los últimos 20 años han convencido a los físicos de que, en este caso, Einstein estaba equivocado. El mundo que nos muestra la física cuántica es el mundo real. En la parte V se presentará una detallada introducción sobre este mundo.

La teoría general de la relatividad

La teoría especial de la relatividad se aplica cuando nos movemos con velocidad constante en línea recta. Si giramos o aceleramos, la relatividad especial deja de aplicarse. Einstein quería extender su teoría a toda clase de movimientos, acelerados o no.

Esto resultó ser difícil.

Mientras que para desarrollar la teoría especial de la relatividad Einstein trabajó unas cuantas semanas, necesitó cuatro años para extender la teoría a toda clase de movimientos. Por el camino tuvo que aprender un nuevo campo de las matemáticas. Cuando terminó, había producido la que se considera la más hermosa teoría científica de todos los tiempos. Einstein la llamó teoría general de la relatividad.

La relatividad general afirma que un objeto grande, como la Tierra o el Sol, deforma el espacio a su alrededor, y que la gravedad no es más que el resultado de esa deformación. La Tierra por sí misma no nos mantiene firmemente pegados al suelo. Por el contrario, el espacio a su alrededor se deforma y es el declive de esa deformación lo que nos mantiene sobre el suelo.

Como el Sol deforma el espacio que lo rodea, un rayo de luz que pase cerca se curvará. La relatividad general afirma también que un reloj marcha más lentamente en presencia de un campo gravitacional más intenso, Por ejemplo, un reloj es más lento en el sótano de nuestra casa que en el desván (con todo, la diferencia es tan insignificante que no podríamos medirla ni con el más preciso reloj atómico y el equipo más exacto).

Aun antes de terminarla, Einstein deseaba comprobar su teoría para estar seguro de que iba por el camino correcto. Sabía que el movimiento del planeta Mercurio no había sido explicado por completo y que los astrónomos andaban intrigados con el problema. Einstein empleó su teoría para calcular la órbita correcta de Mercurio, y explicó que la pequeña discrepancia con las observaciones era el resultado de la deformación del espacio alrededor del Sol.

Una vez publicada la teoría, el astrónomo inglés Arthur Eddington organizó una expedición a África para medir la curvatura de la luz de una estrella durante un eclipse total de Sol (única oportunidad en que las estrellas y el Sol son visibles simultáneamente). El resultado de las medidas confirmó la predicción de Einstein. Tal comprobación estremeció al mundo, y Einstein se convirtió en una celebridad casi de inmediato. La parte V de este libro está dedicada a explicar las razones por las cuales la teoría tuvo tan profundo impacto.

Otras contribuciones

Como si la relatividad, la fórmula $E = mc^2$ y la teoría cuántica no fueran suficientes, Einstein hizo otras contribuciones significativas a la física. A continuación hay una muestra de ellas.

Prueba de que las moléculas son reales

En dos de los cinco artículos publicados en 1905 (ver el capítulo 3), Einstein demostró que las moléculas son reales y explicó cómo había que proceder para observarlas y estudiar sus movimientos. Por esa época no todo el mundo estaba convencido de la existencia de los átomos. Estos dos artículos, junto con otros dos que había publicado antes, demostraron de una vez por todas que las moléculas son reales y mensurables.

La radiación estimulada

Poco después de completar su teoría general de la relatividad, Einstein comenzó a pensar en la emisión y absorción de la radiación, y descubrió un método para estimular la emisión de radiación de ciertos átomos. Su descubrimiento es la base del láser, inventado 40 años después por Charles Townes.

Creación de un modelo del universo

Einstein decidió utilizar su teoría de la relatividad para construir un modelo del universo. La tarea resultó ser en extremo difícil. Al terminar, tenía un universo cambiante y móvil, en expansión o en contracción, y no le gustaron los resultados. Las observaciones de la época mostraban que el universo era estático, de modo que introdujo un término en sus ecuaciones —una constante cosmológica— con el cual logró que el modelo mostrara también un universo estático.

Doce años después, el astrónomo Edwin Hubble descubrió que, a pesar de todo, el universo no es estático sino que está en expansión.

Por hacer que su modelo se ajustara a lo que se creía entonces, Einstein perdió la oportunidad de predecir la expansión del universo. Este aparente error craso se discute en el capítulo 18.

Muchos años después de la muerte de Einstein, los científicos comprendieron que su constante cosmológica ocupa el lugar que le corresponde en las ecuaciones del universo. Es necesaria para explicar las muy precisas observaciones que el telescopio Hubble y otras naves espaciales de la NASA llevan a cabo en la actualidad. Einstein tenía razón, después de todo, como se verá en el capítulo 19.

Admiración general

Los enormes progresos alcanzados en física y astronomía en el último siglo se deben en gran proporción al trabajo realizado por Einstein entre 1905 y 1917. Si no hubiera existido, otros físicos habrían realizado ese trabajo con el paso del tiempo. Algunos descubrimientos habrían aparecido pocos años después, otros se habrían demorado décadas. La teoría general, su más grande logro y el de mayores implicaciones, no estaba en la pantalla de radar de nadie en los tiempos en que Einstein la desarrolló. Hoy por hoy, ¿la habrían descubierto ya los científicos? Nadie lo sabe.

Pero Einstein vivió y construyó sus revolucionarias teorías. El mundo es en gran medida como es gracias a él. Y todo comenzó en una oficina de patentes de Berna, Suiza, hace un siglo.

Capítulo 2

Retrato del científico adolescente

● ●

En este capítulo

▶ En la escuela

▶ Lento para hablar y rápido para aprender

▶ Universitario rebelde

▶ El primer amor

▶ Aprendizaje por cuenta propia

● ●

Albert Einstein tuvo una crianza normal. Nació en 1879 en la ciudad de Ulm, Alemania, y creció en Munich, donde asistió a una escuela católica (a pesar de ser judío). Sus padres, Hermann y Pauline, temieron que el niño fuera retrasado porque se demoró en hablar. Por supuesto, sus temores eran infundados; el joven Albert estuvo entre los mejores estudiantes en la escuela elemental. En el colegio y en la universidad, sin embargo, Einstein fue tan independiente que a menudo se enfrentó a sus maestros y profesores.

En este capítulo se ofrece una rápida mirada a la vida de Einstein, desde la cuna hasta su grado universitario, se disipan algunos mitos (no tuvo ningún problema de aprendizaje, por ejemplo) y se consideran los eventos que influyeron en su vida.

Ojeada a los primeros años de Einstein

Albert Einstein nació el viernes 14 de marzo de 1879 a mediodía. En el verano de 1880, cuando Albert tenía poco más de un año, su familia se trasladó a Munich, donde su padre y su tío abrieron un negocio de ingeniería eléctrica (para reemplazar un negocio anterior que había fracasado). A finales de 1881, cuando Albert tenía dos años y medio, nació su hermana. La llamaron Marie, pero todos le decían Maja.

El nuevo negocio de Hermann Einstein iba bien y, cinco años después de su traslado a Munich, los Einstein compraron una linda casa con un gran jardín, en donde Albert y Maja pasaban muchas horas jugando (ver la figura 2-1).

Albert y Maja eran muy apegados de niños, y de adultos mantuvieron una cariñosa relación. La mayor parte de lo que sabemos hoy sobre la niñez de Einstein se le debe a Maja, quien años después escribió un librito sobre los primeros años de su hermano (en el capítulo 21 hay una breve biografía de Maja).

Lento para hablar

En su libro, Maja describe a Albert a la edad de cuatro años como un niño tranquilo, aislado, que no disfrutaba jugando con otros niños. Escribió que sus padres temían que Albert fuera retrasado pues

Figura 2-1:
Albert
Einstein, de
cinco años,
y su herma-
na Maja, de
tres.

aprendió a hablar muy tarde. Einstein recordaría después que sus padres lo llevaron donde el médico para saber si su lento desarrollo del lenguaje indicaba que algo iba mal.

La demora de Albert pudo haberse debido a timidez y orgullo; incluso a los dos años de edad quería hacer las cosas bien y evitar las faltas. Albert dijo más tarde que cuando joven había tomado la decisión da hablar sólo con frases completas. Ensayaba la frase entera en su mente, a veces moviendo los labios, y cuando pensaba que la tenía lista la decía en voz alta.

El niñito era realmente diferente de sus iguales.

Los primeros años de la vida de Einstein fueron estimulantes y colmados de afecto. Cuando tenía cuatro o cinco años, estando enfermo en cama, su padre le regaló una brújula magnética. El movimiento de la aguja, que volvía siempre a la misma dirección debido a una misteriosa y desconocida causa, dejó en el niño una impresión tan "profunda y duradera" que escribió 60 años después sobre el asunto en sus notas autobiográficas.

¿Por qué se comportaba la brújula de esa manera? Esto era algo que Albert necesitaba comprender. Comenzamos a ver en este niño, maravillado por el movimiento de la aguja de la brújula, los comienzos del gran genio que revolucionó nuestro conocimiento del mundo. Aun a tan tierna edad, Einstein se sintió atraído por lo que se convertiría en uno de sus estudios favoritos: el electromagnetismo (ver el capítulo 6).

El primero de la clase

Hermann y Pauline no eran judíos practicantes; les preocupaba más la educación de su hijo que las prácticas religiosas, de modo que matricularon a Einstein, a la edad de cinco años, en la escuela católica de la localidad, que era mejor, más cercana al hogar y más barata que la judía.

No existen pruebas de que Einstein hubiera sido objeto de discriminación religiosa en la escuela, a pesar de ser el único judío matriculado. No obstante, el joven Einstein no era feliz con la estricta disciplina de la institución. Se da por hecho que la mayoría de los niños detestan la disciplina, pero Einstein le profesaba una aversión que duró toda la vida (ya en la universidad, esta aversión influyó para que no obtuviera una recomendación para un cargo de estudiante graduado, como se verá en el capítulo 3).

Inspirado por Mozart

Pauline, la madre de Einstein, pianista consumada, deseaba que sus hijos entraran en contacto con la música desde temprana edad. Matriculó a Einstein en clases de violín y a su hermana en clases de piano. Las clases de Einstein comenzaron cuando tenía seis años y terminaron cuando tenía catorce. La mayor parte del tiempo detestaba las clases porque no le gustaban los métodos mecánicos y rutinarios de los profesores. Con todo, a los trece años se enamoró de las sonatas de Mozart y su interés en la interpretación de la música se centró en ellas. Desde ese momento en adelante procuró mejorar su técnica para ser capaz de reproducir la belleza y el donaire de la música de Mozart.

Más tarde estudió piano en forma autodidacta e improvisaba en ocasiones. El violín lo acompañó toda la vida: se convirtió en un buen violinista aficionado y le gustaba tocar las sonatas de Mozart y Beethoven.

A pesar de su disgusto con la escuela obtenía informes excelentes. A los siete años, por ejemplo, Pauline escribió a su madre: "Ayer le entregaron a Albert las calificaciones; de nuevo sacó el primer puesto y obtuvo un resultado brillante". Un año después el abuelo escribía: "Hace una semana que el querido Albert ha vuelto a la escuela. Adoro a ese muchacho, porque no pueden imaginarse lo bueno e inteligente que es" (¿conoce alguien a un abuelo que no crea que su nieto es "bueno e inteligente"?)

Muchos testimonios sobre la vida de Eisntein lo pintan como un niño lerdo, tal vez con un problema de aprendizaje. Más tarde el propio Einstein escribió que su desarrollo intelectual se había retardado y, en consecuencia, había comenzado a pensar sobre el espacio y el tiempo sólo a la edad adulta, no cuando niño.

¿Era Einstein realmente lento de niño? Se saltó el primer grado y fue el primero de la clase en una buena escuela, de modo que el calificativo parece inexacto. Es más probable que fuera un niño tímido y muy orgulloso, con una mente madura, a quien no le atraía hacerse notar, hasta que llegó la adolescencia. No le gustó la escuela elemental pero, gracias a su inteligencia, pudo desempeñarse muy bien. Era retraído la mayor parte del tiempo y se destacaba por su insólita y peculiar manera de resolver los problemas de sus tareas escolares. A pesar de lo que mucha gente ha sostenido, no tenía problemas de aprendizaje. Era más inteligente que sus compañeros pero no era un niño prodigio.

Atrasado en griego

En octubre de 1888, a los nueve años y medio, entró Einstein en la escuela secundaria en el Gimnasio Luitpold. Allí permanecería hasta los 15 años. El gimnasio era todavía más rígido que la escuela elemental de la que venía. Einstein dijo una vez que los maestros de su escuela elemental eran como sargentos, en tanto que los del gimnasio parecían tenientes.

En el gimnasio se hacía énfasis en el griego y el latín. El programa ofrecía también lenguas modernas, geografía, literatura y matemáticas. A Einstein le gustaba el rigor lógico del latín y las matemáticas, y siempre sacó las mejores notas de la clase en estas materias. Pero el griego era otra historia. Odiaba la materia y a menudo sacaba de casillas al maestro, quien no apreciaba a este estudiante de mente independiente que, según manifestó con claridad alguna vez, nunca saldría con nada. La hermana de Einstein escribió después que a lo mejor el maestro tenía razón: Einstein nunca fue profesor de gramática griega.

Por desgracia, estando en séptimo grado, le tocó otra vez el maestro de griego en los asuntos administrativos. Una vez lo llamó a su oficina y le dijo que deseaba que abandonara el colegio. Einstein replicó que no había hecho nada malo. "Su sola presencia acaba con el respeto de la clase hacía mí", dijo el profesor.

Sin embargo, no todo era malo en el colegio. Otro maestro, el doctor Ferdinand Ruess, era diferente del resto. En lugar de hacer énfasis en la memorización y la aceptación pasiva de hechos, hacía que los estudiantes pensaran por sí mismos. Les inculcó el amor por la literatura germana y por el estudio de las civilizaciones antiguas.

Einstein apreciaba mucho al doctor Ruess. Después, siendo ya célebre, decidió visitar a su antiguo maestro. Como suele suceder, Ruess no reconoció a su ex alumno. Viendo a Einstein con sus habituales ropas usadas y raídas, creyó que se trataba de un mendigo y ordenó a su criada que lo echara a la calle.

Einstein ocultó a la familia su desagrado por el gimnasio y sus métodos educativos. Sólo se quejó más tarde en la vida.

Estudio del libro sagrado de geometría

Aunque los padres de Einstein no eran religiosos, observaban la antigua tradición judía de compartir la comida con un estudiante necesitado. Durante siete años, y a partir de los diez de Albert, un estudiante de medicina ruso y pobre llamado Max Talmud compartió la cena con los Einstein una vez por semana. A Einstein le gustaba hablar con su colega universitario, mayor que él, y pronto Talmud se dio cuenta de que no estaba ante un muchacho común y corriente. Hablaban de ciencia, de matemáticas y hasta de filosofía.

Cuando Einstein tenía 13 años, Talmud le llevó la *Crítica de la razón pura* de Emanuel Kant, libro denso y difícil aun para los estudiantes de filosofía. Según Talmud, Einstein no se sintió amilanado, y desde ese momento los dos amigos hablaron de filosofía durante las visitas nocturnas de los miércoles. Durante varios años estudió Einstein otros libros de filosofía, a la par con sus lecturas científicas. Continuó interesado en el tema toda su vida, y a menudo discutía en sus escritos las opiniones de conocidos filósofos (ver el capítulo 20).

Talmud también le proporcionó varios libros de divulgación científica, que el muchacho leía entusiasmado. En particular, estaba encantado con un conjunto de 21 libros titulado *Libros populares sobre la ciencia natural* de Aaron Bernstein. Más tarde dijo que había leído cinco o seis volúmenes de la serie con "atención extrema". Estos libros le procuraron una comprensión básica de la física y probablemente le ayudaron a desarrollar su asombrosa habilidad para descubrir en sus lecturas lo que era importante y lo que no lo era.

Einstein se interesó cierto verano en un texto de geometría que había recibido varios meses antes de que comenzara el año escolar. Comenzó a trabajar los problemas y le mostró sus soluciones a Talmud. Al finalizar el verano no sólo había resuelto todos los problemas del libro sino que había intentado pruebas alternas de los teoremas.

Años después manifestó que este libro —al que llamaba su "libro sagrado de geometría"— había sido probablemente la causa de que se convirtiera en hombre de ciencia.

Descubrimiento de la religión

A los 11 años comenzó Einstein a recibir clases de religión, como era costumbre entre los estudiantes judíos. Sus padres no eran judíos practicantes y Einstein creció resentido con ellos porque no observaban las tradiciones religiosas. De suerte que decidió ser un ejemplo para la familia guardando el sábado, comiendo sólo alimentos kosher y hasta componiendo canciones religiosas que canturreaba mientras iba camino del colegio.

El fervor religioso no le duró. En sus notas autobiográficas, escritas a los 67 años, afirmó que lo que había leído en los libros de ciencia a los 12 años chocaba con muchas de las historias de la Biblia. Entonces crecieron sus sospechas hacia cualquier tipo de autoridad y desarrolló una actitud escéptica. Este escepticismo nunca lo abandonó, según dijo, aunque disminuyó en intensidad.

Desde ese momento decidió comprender la naturaleza del universo que estaba allí, frente a él, como un gran enigma. Einstein no creía que esa búsqueda fuera a ser tan cómoda y tranquilizadora como el afán religioso que había experimentado brevemente, pero nunca lamentó haberla escogido.

Einstein desarrolló más tarde una profunda admiración por la belleza de la naturaleza y la creencia en la simplicidad del orden y la armonía que, según pensaba, los seres humanos sólo podían percibir de manera imperfecta. Ambas, la admiración y la creencia, constituyeron su religión, la que se discute además en el capítulo 20.

Aprendizaje por cuenta propia

Por fortuna Einstein creció con gente que compensó las carencias de los colegios a los que asistió. Su tío ingeniero, Jakob, quien vivía al lado y los visitaba con frecuencia, fue una de estas influencias. Cuando Eisntein andaba por los 12 años, Jakob le regaló un libro de álgebra y le manifestó que el álgebra era una ciencia divertida. "Vamos de cacería tras un animal cuyo nombre no conocemos, así que lo llamamos x", explicaba. "Cuando cobremos la pieza, caeremos sobre ella y le daremos el nombre correcto".

Durante el verano de 1891, Einstein decidió estudiar en detalle el libro de álgebra y le pidió al tío Jakob problemas para resolver. Einstein trabajó en las soluciones y se las entregó al tío Jakob para que las corrigiera. El tío descubrió que el muchacho de 12 años encontraba siempre una solución hasta en los problemas más difíciles que le planteaba. Ese verano Einstein llegó incluso a redescubrir la prueba del teorema de Pitágoras.

Del álgebra y la geometría, Einstein pasó al cálculo. Por la época en que cumplió 16 años había aprendido por sí mismo el cálculo diferencial e integral, lo mismo que la geometría analítica. Disfrutó aprendiendo por su cuenta en sus primeros años de adolescencia y encontró que las matemáticas eran "en verdad fascinantes".

El estudio del cálculo fue para él como la lectura de una novela de misterio, en donde la historia alcanzaba el clímax al llegar a los conceptos de diferencial, integral, y las series infinitas. Estos grandes momentos eran comparables con el goce inmenso que había experimentado cuando estudiaba su "geometría sagrada" (ver la sección anterior).

Adiós al colegio

El padre y el tío de Einstein cerraron en 1894 la empresa que habían fundado 14 años antes. La compañía había marchado bien durante los primeros años. No obstante, a comienzos de 1890 los hermanos ampliaron el negocio para comercializar una dínamo inventada por Jakob. Contrataron más trabajadores y se mudaron a una planta más amplia. La empresa se volvió por desgracia demasiado grande para ser manejada por los hermanos Einstein, pero era aún demasiado pequeña para competir con empresas mayores. Finalmente quebraron en 1894.

Las dos familias decidieron entonces ir a Italia a probar suerte. Hermann y Pauline pensaron que Albert se quedara a terminar el año escolar en el gimnasio. Einstein tenía 15 años y le faltaban tres para terminar la educación secundaria.

Con todo, a los seis meses de estar solo en Munich, Einstein estaba deprimido y nervioso. Entonces convenció al médico de la familia, el doctor Bernard Talmud (hermano de Max), de que le diera un certificado en el que constara que debido a perturbaciones nerviosas necesitaba la compañía de su familia. Einstein abandonó el gimnasio sin informar a sus padres y se reunió con ellos en Italia.

Aunque desde el punto de vista técnico Einstein era un desertor, no pretendía abandonar su educación, así que prometió a sus trastornados padres estudiar por su cuenta para preparar el examen de admisión al prestigioso Instituto Politécnico de Zurich. El padre quería que Albert estudiara ingeniería eléctrica como su tío. El politécnico no requería el diploma de bachiller para la admisión; todo lo que Einstein necesitaba era aprobar las pruebas de admisión.

Caminatas por Italia

La vida en Italia fue maravillosa para Einstein. Una vez que sus padres aceptaron lo inevitable y estuvieron de acuerdo con su idea de estudiar por su cuenta para preparar el examen de admisión al Politécnico de Zurich, Einstein quedó libre de hacer lo que quisiera.

Hombre sin patria

A Einstein nunca le gustó su país natal. Detestaba la reglamentación y el militarismo alemanes. Poco después de que sus padres decidieran trasladarse a Italia, informó al padre su deseo de renunciar a la ciudadanía alemana para convertirse en ciudadano suizo. Hermann aceptó a regañadientes y firmó los papeles que su hijo necesitaba para presentar la solicitud. El 28 de enero de 1896 recibió Einstein la carta formal en la cual se le relevaba de la ciudadanía alemana, pero sólo se convirtió en ciudadano suizo en 1901. Durante cinco años no tuvo país.

Combinaba el estudio con los viajes por Italia, visitaba museos y galerías de arte, y también caminaba.

Einstein nunca se interesó en el deporte o en cualquier forma de actividad física organizada, pero en Italia se volvió un caminante entusiasta y un escalador de montañas. (Cierta vez que quería visitar a un tío en Génova, a unos 130 kilómetros al sur de la nueva casa de sus padres en Pavía, caminó casi 100 kilómetros a través de los Alpes y tomó el tren sólo en una parte del viaje.)

Fracaso en el examen de admisión al politécnico

Según lo prometido, Einstein viajó a Zurich a comienzos de octubre de 1895 para presentarse al examen de admisión del politécnico. Había recibido un permiso especial para presentarse a los 16 años, porque la edad de 18 años era la mínima requerida. Dos cartas —una de su profesor de matemáticas del gimnasio (que Einstein había solicitado con mucha inteligencia antes de abandonar la institución) y la otra de su madre (en la que decía que era "dotado")— fueron al parecer convincentes.

El interés de Einstein en la filosofía había ido en incremento, de modo que pensaba estudiar filosofía en la universidad. Cuando su padre se enteró de la idea le dijo a su hijo que mejor estudiara ingeniería eléctrica, como su tío Jakob, y se olvidara de esa "tontería filosófica". Einstein siguió el consejo de su padre y se inscribió en ingeniería.

Einstein fue examinado en historia literaria y política, alemán y francés, dibujo, matemáticas, geometría descriptiva, biología, química y física, y se le pidió que escribiera un ensayo. No aprobó las pruebas. Le fue bien en matemáticas y física pero mal en los otros temas.

Sin embargo, el director del instituto percibió el potencial de Einstein y le sugirió obtener un diploma en un colegio de secundaria suizo y volver a presentarse. Uno de los profesores de física, Heinrich Weber, quedó tan impresionado con su desempeño en matemáticas y física que le dijo que podía ir como asistente a su curso si decidía permanecer en Zurich.

Excelente año en un colegio suizo

Los padres de Einstein estuvieron de acuerdo con el director del politécnico y lo matricularon en el Colegio Cantonal Suizo de Aarau, en la Suiza de habla alemana. Ese año fue tal vez uno de los mejores de su juventud. Situado en una hermosa población, a unos 30 kilómetros al oeste de Zurich, el colegio era ideal para Einstein. El director era Jost Winteler, un respetado profesor de ideas liberales que había creado un ambiente tranquilo donde los estudiantes eran estimulados a pensar por sí mismos en lugar de ser obligados a aceptar "verdades" de las autoridades superiores. Este enfoque convenía a la perfección al rebelde Einstein.

El joven se alojó donde los Winteler, y rápidamente se convirtió en parte de su gran familia. A Jost y Pauline Winteler les decía "papá" y "mamá". Jost era una persona instruida y Einstein lo admiraba.

El colegio de Aarau fue el único que le agradó. Hizo amigos y era muy popular. Desarrolló una actitud de confianza en sí mismo y a veces era presumido (mantuvo este talante durante su vida, aunque se suavizó con los años y la fama).

El primer amor

Los Winteler eran una gran familia. Pauline y Jost tenían tres hijas y cuatro hijos. Las relaciones de Einstein con los Winteler se estrecharían en los años venideros. Uno de los muchachos, Paul, se casaría con Maja su hermana. La mayor de las hijas, Anna, se casaría con un íntimo amigo suyo.

Marie era la más bonita de las muchachas. Le divertía estar con Einstein y, como él, amaba la música. Tocaba el piano y solían tocar dúos juntos. Pronto Einstein se enamoró. Aunque Marie era dos años mayor, Einstein era más maduro. Ella admiraba su inteligencia y, como otras muchachas, lo encontraba apuesto. A él le gustaban su belleza y su espíritu alegre, lo mismo que la atención que le concedía.

No era fácil para los dos adolescentes enamorados disfrutar de su relación en privado, y pronto hasta Maja comenzó a tomar del pelo a su hermano a propósito de su nueva novia. Los padres de Einstein estaban muy complacidos de tener a su hijo bajo la tutela de tan respetable familia y aprobaron con entusiasmo las relaciones de Albert y Marie.

A Jost Winteler le gustaba observar los pájaros, de modo que organizaba frecuentes paseos al campo con su curso e invitaba a familiares y amigos a acompañarlos. En muchas ocasiones Einstein y Marie fueron juntos a esos paseos y pasaron momentos maravillosos caminando por los bosques, unos cuantos pasos atrás del grupo.

Los "experimentos mentales"

Einstein desarrolló en este período un método para pensar de manera lógica en una idea científica, que consistía en seguir paso a paso las etapas de un experimento imaginario. De aquí salieron sus famosos "experimentos mentales", que le fueron tan útiles cuando más tarde desarrolló sus teorías (como veremos en el capítulo 4, Galileo había empleado experimentos mentales varios siglos antes, con éxito similar).

Su primer experimento sembró la semilla que se convertiría en la teoría especial de la relatividad (ver la parte III). Einstein quería saber qué ocurriría si pudiera viajar junto a un rayo de luz. ¿Podría ver el frente de la onda luminosa? El joven Einstein comprendió que en este caso la onda desaparecería; no habría oscilaciones.

Para ver por qué, realicemos nuestro propio experimento imaginario. Supongamos que somos aficionados al deporte de la tabla hawaiana y estamos en las costas de Hawai, cabalgando en nuestra tabla sobre una gran ola. Para nosotros, el agua no se mueve hacia arriba y hacia abajo. Avanzamos sobre la cresta de la ola hacia la playa, y no la vemos oscilar. La gran ola desaparece. Para quien "cabalga sobre un rayo de luz", que es una onda electromagnética, tampoco habría oscilaciones.

Einstein no quedó satisfecho con los resultados de su experimento imaginario y siguió pensando en el asunto de vez en cuando. Unos

9 años después combinó su experimento con una mejor comprensión del electromagnetismo (ver el capítulo 6) para postular que la luz viaja siempre a la misma velocidad, sin importar el movimiento del observador. Por consiguiente nadie puede alcanzar a un rayo luminoso. Como veremos en el capítulo 9, este postulado se convirtió en uno de los pilares de la teoría especial de la relatividad.

El primero de la clase

Einstein aprobó sus exámenes finales en el colegio de Aarau en el otoño de 1896 con las mejores notas de la clase. Obtuvo 6 sobre 6 en física, geometría, geometría descriptiva e historia, y algo menos en las demás materias. En francés tuvo la peor nota, y el maestro de francés hizo objeciones a su grado (en el examen de francés había que escribir un ensayo, y el de Einstein estaba plagado de errores gramaticales y faltas de ortografía).

Con todo, Einstein se graduó y fue admitido en el Politécnico de Zurich, a pesar de que tenía seis meses menos de la edad requerida.

Cuando se presentó por primera vez al politécnico, antes de estar en el colegio de Aarau, se había inscrito en ingeniería. El año que pasó en el colegio de Aarau, sin embargo, reavivó su interés en la ciencia, en particular en la física. En su incorrecto ensayo del examen final de francés, decía que entre sus planes figuraba la admisión al politécnico para estudiar física y matemáticas. Era mejor para las ciencias teóricas, escribió, que para la experimentación.

Un accidente en las montañas

En un paseo por los Alpes suizos con un profesor del colegio de Aarau, Einstein se salvó de milagro. La clase estaba subiendo el monte Santis en un lluvioso día de junio, y el piso estaba resbaloso. Einstein, que no llevaba botas de caminar, resbaló y comenzó a caer pendiente abajo cuando un compañero lo detuvo con su bastón de caminante. De no ser por la rápida reacción de su compañero, Einstein habría muerto probablemente, y viviríamos hoy en un mundo completamente distinto.

Universitario rebelde

Cerca de 100 estudiantes entraron con Einstein a primer año en el Politécnico de Zurich; la mayoría se inscribió en las facultades de ingeniería. Einstein, sin embargo, optó por la física y se inscribió en la Facultad de Ciencias, puesto que allí estaban los departamentos de física, astronomía y matemáticas.

Concentrado en la física

En primer año había cinco estudiantes inscritos en la Facultad de Ciencias. Tres se especializaban en matemáticas. Einstein y Mileva Maric, la única mujer de la clase (de quien se enamoraría después), eran los de física.

El departamento de física quedaba en un amplio y moderno edificio, y estaba muy bien equipado. Los docentes eran de primera clase. Entre los profesores de Einstein figuraban Adolf Hurwitz y Hermann Minkowski, dos célebres matemáticos.

Einstein esperaba ansiosamente su primera clase de física y se sintió decepcionado cuando el profesor consejero lo inscribió en el primer semestre en cursos de matemáticas y algunas electivas no científicas. En los semestres segundo y tercero los estudiantes de la línea de física tomaban mecánica newtoniana. Los de ingeniería tomaban también este curso, de modo que Einstein estaba descontento porque creía que no se trataba de física "de verdad".

Este curso de física "real" era dictado por el profesor Heinrich Weber, el hombre que había detectado el potencial de Einstein en su primer intento fallido por entrar al politécnico. Einstein escribió a un condiscípulo que esperaba con ansia las magistrales clases de Weber en termodinámica, calor y teoría de los gases. Como se verá en la sección titulada "Choque de personalidades", esta admiración mutua no duraría para siempre.

Estudio apresurado para los exámenes

La vida de Einstein era como la de cualquier estudiante universitario europeo de la época. Pasaba muchas horas en cafés y bares, tomando café y discutiendo con amigos sobre ciencia y filosofía. Sin embargo, seleccionaba los cursos que le interesaban y faltaba a clase en aquéllos cuyos temas o profesores no eran de su gusto.

Los estudiantes del politécnico presentaban dos exámenes durante los cuatro años, los intermedios y los finales. El resto del tiempo no tenían que preocuparse por notas, textos o incluso la asistencia a clase. El rebelde Einstein hacía lo que quería. Estudiaba libros que no tenían ninguna relación con sus cursos sólo porque le interesaba el tema, y no le importaban los cursos que no le gustaban. Pero la inasistencia a clase no le ayudó a la hora de preparar los exámenes, ya que sus apuntes estaban repletos de vacíos.

Einstein comenzó a pensar en estudiar dos o tres meses antes de los exámenes intermedios. Sin buenos apuntes la tarea era imposible. Los profesores del politécnico no seguían libros de texto. Eran investigadores de primera línea; muchas veces sus clases estaban relacionadas con su trabajo. Incluso cuando el tema estaba bien establecido, lo presentaban según su enfoque personal. La cosa no estaba en los libros.

Por fortuna para Einstein su amigo Marcel Grossmann llevaba apuntes meticulosos. Grossmann, estudiante de matemáticas, fue uno de sus amigos de toda la vida. (Le ayudó a conseguir trabajo después del grado en la oficina de patentes y, muchos años después, siendo profesor de matemáticas en el politécnico y decano de la Facultad de Física y Matemáticas, le suministró las avanzadas técnicas matemáticas necesarias para su teoría general de la relatividad.)

Armado con los apuntes de Grossmann, Einstein pasó el verano de 1898 preparándose para los exámenes, que tuvieron lugar en octubre. Cuando se publicaron los resultados quedó agradablemente sorprendido: había recibido la más alta calificación. Grossmann, estudiante inteligente y meticuloso, quedó de segundo.

De nuevo enamorado

Poco después de salir de Aarau para el politécnico, Einstein perdió el interés por Marie Winteler. Seguían escribiéndose, pero el entusiasmo inicial de Einstein se había marchitado. Sin embargo, seguía enviándole la ropa sucia, que ella lavaba diligente y se la devolvía.

Einstein no podía ir personalmente a hablar con Marie para decirle que ya no la amaba, así que sencillamente dejó de escribirle. No obstante, se mantuvo muy cercano a los Winteler y escribió a la madre de Marie pidiendo disculpas por haberle causado a su hija semejante pena.

Entretanto había conocido a Mileva Maric, cuando ambos comenzaron a estudiar en el politécnico (ver la figura 2-2). Hija de agricultores serbios, Mileva había nacido en la región de Vojvodina, que pertenecía entonces a Hungría, y que después formaría parte de Yugoslavia. Hoy pertenece a la República de Serbia. A temprana edad decidió ir a la universidad aun contra el deseo de su familia y, como las universidades suizas eran las únicas instituciones de habla alemana que aceptaban mujeres, entró en 1896 a estudiar medicina en la Universidad de Zurich pero, transcurrido un semestre, se trasladó al politécnico para estudiar física.

Mileva era tres años y medio mayor que Einstein, y la estudiante de más edad de la clase de primer año en el politécnico. En el colegio había sido buena en matemáticas y física, razón probable de su traslado de la escuela de medicina a física.

No hay pruebas de que Einstein y Mileva se atrajeran mutuamente antes del segundo semestre, cuando fueron a una caminata juntos. Como muchas de las mujeres en quienes Einstein se interesó, Mileva amaba la música y tocaba el piano. Igual que con Marie Winteler, comenzó tocando dúos con Mileva, quien poseía además una hermosa voz.

Compañera intelectual

Aunque Mileva y Marie Winteler compartían su interés por la música, Mileva era muy distinta en lo demás. Era de aspecto sencillo, taciturna y malhumorada. Los amigos de Einstein solían preguntarse

Figura 2-2:
Einstein
y Mileva
Maric en
1911.

qué había visto en ella. Con sus amigos íntimos, no obstante, Mileva era abierta, se reía y era divertida.

Tal vez fue ésta la faceta que Einstein vio. Para él, ella era una compañera intelectual, seria e independiente, a quien consideraba su igual. En sus cartas a Mileva trataba a menudo sus lecturas de los grandes maestros de la física de su tiempo, lo mismo que sus propias ideas de investigación. Aunque Mileva no hacía comentarios sobre los temas de física que Einstein discutía en sus cartas, era su compañera en el programa de estudio personal y juntos leían sobre física.

Infortunadamente, después de sólo un año en el politécnico, Mileva sorprendió a Einstein con su traslado a la Universidad de Heidelberg (allí las mujeres no podían matricularse como estudiantes regulares, así que solamente se le permitió asistir a las clases).

Intercambio de cartas

Einstein y Mileva intercambiaron varias cartas durante su separación. Tan sólo un semestre después, no obstante, Mileva decidió volver al politécnico. Einstein estaba encantado y se ofreció a ayudarle a ponerse al día en las clases que había perdido. Mileva planeaba entonces presentarse a los exámenes intermedios con sus condiscípulos.

Con la ayuda de Einstein y sus apuntes, Mileva comenzó a estudiar los cursos a los que había faltado. Pronto, sin embargo, comprendió que necesitaba aplazar los exámenes hasta el año siguiente.

Einstein y Mileva continuaban escribiéndose cuando se iban a casa durante las vacaciones universitarias. Estas cartas nos dan hoy una idea sobre la evolución de sus relaciones. Por desgracia, aunque Mileva conservó todas las cartas de Einstein, éste guardó sólo unas pocas de ella.

A comienzos de 1899, sus cartas cambiaron de "Querido señor Einstein" o "Querida señora" a "Querido Johnnie" y "Querida Dolly", nombres que se inventaron para ellos. "Te daré otro nombre la próxima vez", escribía ella, "pensaré en uno más lindo". Desde ese momento las cartas fueron de amor. Ella le enviaba "cien besos de tu Dolly" y él le mandaba "mil deseos y los besos más grandes de tu Johnnie".

Einstein y Mileva pasaban mucho tiempo juntos en "su refugio", como se refería él en sus cartas a su propio apartamento. Sin embargo, vivían en alojamientos diferentes para no "despertar rumores".

Celos justificados

Parece que Mileva estuvo celosa de Marie Winteler, incluso después de que Einstein rompiera con ella. Maja, la hermana de Einstein, entró a la escuela de formación de maestros en Aarau y, como Einstein, se alojó donde los Winteler. Su hermano, siempre cercano a ella, la visitaba con frecuencia. Einstein le escribió a Mileva que no se preocupara de que él viera a Marie. Le aseguraba que sus sentimientos respecto de Marie estaban bajo control. "Me siento muy seguro en mi tranquila fortaleza", le manifestó. "Pero sé que si sigo viéndola, enloqueceré. De ello estoy seguro, y siento como un fuego interior". ¡Valiente forma de tranquilizar a Mileva!

En el último año Einstein continuó con su programa de estudio personal, y a menudo leía en compañía de Mileva. Su relación se volvió más íntima y en algún momento de ese año decidieron casarse.

Afirmación de su independencia

En su tercer año de politécnico, Einstein tomó el laboratorio de electrotecnia con el profesor Heinrich Weber. Había esperado con interés la hora de inscribirse en este laboratorio y le dedicó mucho tiempo, haciendo no sólo los experimentos requeridos sino algunos de su propia cosecha. Incluso comenzó a faltar a clase para poder trabajar en el laboratorio.

Choque de personalidades

Aunque Einstein había quedado impresionado con los cursos de introducción a la física dictados por Weber, no sucedió lo mismo con los cursos teóricos más avanzados. No le gustó el curso de electricidad y magnetismo de Weber, por ejemplo, porque éste no decía una palabra sobre la teoría de James Clerk Maxwell (ver el capítulo 6), que era "el tema más fascinante de mis tiempos de estudiante", según escribiría más tarde.

Einstein se volvió irrespetuoso y presumido, y llamaba a su profesor "señor Weber" en lugar del cortés y acostumbrado "profesor Weber". Éste detestaba la arrogancia y el comportamiento en clase

"La física es demasiado difícil para usted"

Einstein tomó varios cursos de laboratorio con Heinrich Weber en sus dos últimos años de politécnico, y sacó en todos las mejores notas. En contraste, perdió un curso de laboratorio con el profesor Jean Pernet, el único en que fracasó.

A Einstein no le gustó Pernet desde el principio, y eso fue parte del problema. Según su costumbre, faltó a muchas clases y, cuando iba, provocaba la hostilidad del profesor negándose a seguir las instrucciones distribuidas en clase. Disgustado,

Pernet lo acusó de negligencia ante el rector de la universidad, y agregó que era insolente y arrogante. Cuando Einstein lo enfrentó, Pernet le aconsejó que intentara otro campo de estudio ya que no había para él ninguna esperanza en el área de física. "La física es demasiado difícil para usted", le dijo.

Pernet no sólo reprobó a Einstein. Le puso 1, la peor nota posible. Probablemente se la merecía.

de su alumno y se decepcionó de él. "Es usted brillante", le dijo en una oportunidad, "pero tiene un serio problema: nadie puede decirle nada".

Einstein pagó con creces su arrogancia después del grado. Weber logró impedir que obtuviera un cargo académico, y tuvo que resignarse a ser un revisor de patentes en Berna (ver el capítulo 3).

Preparación de la mente

Decepcionado con el curso de electricidad y magnetismo de Weber, Einstein decidió estudiar el tema por su cuenta. Consiguió un ejemplar del libro *Física del éter* de Paul Drude, uno de los primeros libros alemanes que emplearon el electromagnetismo de Maxwell para explicar los fenómenos ópticos y eléctricos. Drude, profesor de física de la Universidad de Leipzig, explicaba en su libro la conducción eléctrica de los metales, la conductividad térmica y las propiedades ópticas de los metales en términos de interacciones de cargas eléctricas.

Según su costumbre, Einstein se sumergió por entero en el estudio del libro de Drude. A menudo leía en compañía de Mileva, y a veces ella sacaba de la biblioteca un ejemplar del libro que estaban estudiando. Cierto día Eisntein olvidó las llaves y no pudo entrar en su habitación; entonces corrió al apartamento de Mileva y tomó prestado su ejemplar del libro, dejándole una nota en la que le decía que no se molestara con él por haber tomado el libro "en esta emergencia, para estudiar un poco".

Claro que la emergencia consistía en su compulsión por aprender todo lo que podía sobre el electromagnetismo y sobre las áreas que le interesaban de la física.

Pocos días después Einstein le dijo a Mileva que había leído la mitad del libro y que lo encontraba estimulante e informativo, pero que le faltaba claridad y precisión en algunas partes.

El estudio por parte de Einstein de los maestros de la física continuó ese año con el libro de Hermann von Helmholtz sobre los movimientos atmosféricos y con el de Heinrich Hertz sobre la propagación de la fuerza eléctrica. Estudió además el electromagnetismo de Maxwell en la *Introducción a la teoría de la electricidad de Maxwell* de August Foppl, y leyó la *Mecánica* de Ernst Mach.

Un tiempo en el Paraíso

Durante las vacaciones de verano de su cuarto año en el politécnico, Einstein viajó con su madre y su hermana a un lugar de recreo al sur de Zurich, y se alojaron en el hotel Paraíso. Mileva se fue a la granja de su familia a estudiar para los exámenes intermedios. Una vez llegado al hotel, Einstein le escribió que estaba "por completo sin libros durante una semana", mientras las librerías de la localidad estaban en inventario, pero que tan desagradable situación no duraría porque las librerías le enviarían libros de Helmholtz, Boltzmann y Mach, y agregaba que no se preocupara porque iba a repasar con ella todo lo que leyera en el verano.

Estudiaba por las mañanas y por las tardes caminaba con su hermana o tocaba el violín. Leía sobre el éter, problema que no lo abandonaba desde los tiempos de Aarau (ver el recuadro titulado "Un científico de 16 años"). Como se explica en el capítulo 3, la idea del éter había sido introducida en el siglo XIX, para que hubiera un medio para la transmisión de la luz por el espacio.

Escribió a Mileva sobre una idea que había tenido en Aarau para investigar el movimiento de la Tierra por el éter.

Einstein encontraba problemáticos los diferentes puntos de vista acerca del movimiento de la Tierra a través del éter. La interpretación de Hertz, en particular, lo perturbaba. Herzt había observado recientemente en su laboratorio las ondas electromagnéticas previstas por la teoría de Maxwell, y su descubrimiento había provocado una tempestad en el mundo de la física. En su libro sobre la electrodinámica y el éter, Hertz suponía que el éter acompañaba a la Tierra en su trayectoria alrededor del Sol.

Einstein discrepaba de esta hipótesis. En otra carta a Mileva escribió que estaba convencido de que la presentación corriente del electromagnetismo de los cuerpos en movimiento no correspondía a la realidad. Pensaba que un día podría llegar a formularla correctamente y a presentarla de un modo más sencillo.

Seis años después lo hizo con su teoría especial de la relatividad (ver la parte III).

Medida del viento del éter

Desde su llegada al politécnico, Einstein quería realizar un experimento para medir el movimiento de la Tierra con respecto al éter. Su desacuerdo con la interpretación de Hertz del movimiento de la Tierra en el éter revivió su interés en el experimento.

Para este experimento Einstein necesitaba dos espejos, de modo que la luz de una fuente luminosa pudiese ser dirigida en dos direcciones diferentes, una según el movimiento de la Tierra y la otra en sentido opuesto. Dos *termopares* (instrumentos para medir temperatura) detectarían diferencias en la cantidad de calor generada por los dos rayos. La diferencia dependería del movimiento de la Tierra con o contra el "viento" del éter.

Un científico de 16 años

Einstein comenzó a pensar en el éter a los 16 años, al abandonar el colegio y reunirse con sus padres en Italia. En el verano de 1895 escribió un artículo sobre el tema y se lo envió a su tío Caesar Koch, hermano de su madre, que vivía en Bélgica. No están claras las razones de este envío puesto que el tío tenía un negocio de cereales y es improbable que entendiera algo del escrito de Einstein. El título del trabajo era "Sobre el examen del estado del éter en un campo magnético". Nunca fue publicado.

Einstein pidió autorización a Weber para realizar el experimento, pero el profesor se la negó; probablemente pensaba que esta medida sería casi imposible de detectar.

Otros científicos proponían experimentos más refinados para medir esta velocidad. Apenas un año antes, por ejemplo, Abert Michelson y Edward Morley, dos físicos de la Escuela Case de Ciencias Aplicadas de Cleveland, Ohio (hoy día Universidad Case Western Reserve), habían llevado a cabo lo que sería el experimento clave para medir este fenómeno.

Con todo, es improbable que Weber conociera el experimento de Michelson y Morley, pues se había desconectado de la frontera de investigación en física mientras estaba a cargo de la construcción de su nuevo laboratorio en el politécnico (razón por la cual su curso de electromagnetismo no incluía los recientes descubrimientos de Maxwell y Hertz).

Como lo afirmara años después, Einstein no se enteró entonces del experimento de Michelson y Morley.

La tesis de grado

El politécnico exigía una tesis para el grado. Einstein y Mileva escogieron temas similares en conducción del calor, con Weber como director. La tesis tenía que completarse en tres meses. Sin embargo, Einstein no la escribió en el papel reglamentario y Weber lo obligó a rehacerla. A Einstein no le agradó esta exigencia, ya que le quitaba tiempo de estudio para los exámenes finales.

En contraste con las maravillas que vendrían (las cuales se introducen en el capítulo 3), la tesis de grado de Einstein no fue mucho más que un trabajo universitario escrito para cumplir un requisito. Años después, siendo ya célebre, dijo que su tesis y la de Mileva no habían tenido ninguna consecuencia y que ni siquiera eran dignas de mención.

Los exámenes finales

Einstein y Mileva también se prepararon juntos para los exámenes finales, pero para el momento de las pruebas no estaban en su mejor forma. Él había dedicado mucho tiempo a leer otros libros, no había estudiado suficiente y había faltado a muchas clases, y a Mileva no le había ido muy bien en los exámenes intermedios, que había presentado al comienzo del último año de estudios. Tenía además otras preocupaciones. Había oído decir que los padres de su novio se oponían a sus relaciones. La madre, en particular, había dicho que Mileva no era suficientemente buena para su hijo y la acusaba de haberlo atrapado.

Aunque le fue bien en los exámenes, Einstein no repitió la hazaña de sacar las máximas calificaciones, como había ocurrido en los exámenes intermedios. Mileva reprobó. Le fue bien en física pero mal en matemáticas y en astronomía. Tres estudiantes de física y matemáticas se graduaron con Einstein. Mileva estaba desolada y pensó en retirarse, pero Einstein la convenció de intentar de nuevo el año siguiente.

Marcha hacia adelante

Con su diploma universitario, Einstein estaba listo para iniciar su vida adulta e independiente. Planeaba iniciar una carrera académica como asistente de algún profesor del politécnico y trabajar simultáneamente en su tesis de doctorado. Tan pronto consiguiera un trabajo se casaría con Mileva.

De vacaciones con mamá

Una vez graduado del politécnico, Einstein se reunió con su madre y su hermana en un lugar de recreo situado al sur del lago de Lucerna, en el centro de Suiza, a unos 40 kilómetros al sur de Zurich. Los primeros días de vacaciones no fueron agradables. Aunque Maja no se había atrevido a hablar a su madre de Mileva, el asunto de sus relaciones con Einstein salió inevitablemente a relucir. Einstein reveló sus planes de matrimonio. Pauline gritó, imploró y razonó en un esfuerzo por convencer a su hijo de que Mileva no le convenía. Einstein permaneció imperturbable.

Pauline comprendió pronto que su regaño no tendría resultado y se contuvo. Cuando Einstein le dijo que no había intimado con Mileva, Pauline vio un rayo de esperanza y pensó que con el tiempo lograría convencerlo de que su matrimonio era, según creía, un grave error.

Con su madre apaciguada, Einstein pudo disfrutar de las vacaciones. Tocó el violín, escaló con Maja el monte Titlis y leyó un libro del conocido físico Gustav Kirchhoff sobre el movimiento del cuerpo rígido.

Entonces solicitó a Weber una beca a cambio de un trabajo como asistente, pero su conducta descortés había hecho cambiar la primera y buena impresión que había causado en el profesor, de suerte que no lo contrató.

Einstein no pensó que este primer rechazo fuera importante. Hizo varias solicitudes a otros profesores del politécnico, confiado en que lo contratarían, y dijo a Mileva que cuando obtuvieran ambos su doctorado trabajarían felices como físicos profesionales y "el dinero llovería a raudales".

Pero la vida le tenía reservadas algunas sorpresas.

Capítulo 3

1905: año milagroso de Einstein

En este capítulo

▶ Trabajo como científico aficionado

▶ Entrada en la ruinosa casa de la física

▶ Escritura de los artículos revolucionarios

*E*n 1905, que ahora se conoce como su *año milagroso*, Einstein tenía 26 años y trabajaba como experto técnico en la Oficina Federal Suiza de Patentes; llevaba dos años casado con Mileva Maric y tenía un niño de un año. En sus horas libres investigaba en física.

Einstein hizo su trabajo científico en la casa o en la biblioteca de la oficina de patentes, no en una universidad o en un laboratorio de investigación. Era lo que llamaríamos hoy un científico aficionado. Pero ese año publicó cinco artículos, tres de los cuales iniciaron las dos revoluciones más importantes en la física desde que Newton formulara su ley de la gravitación universal (ver el capítulo 4). Con uno de los otros dos obtuvo su doctorado. Además, recibió después el premio Nobel de física por uno de estos artículos.

En este capítulo se describe la situación profesional de Einstein en los años que culminaron en 1905. Se explican brevemente los dilemas presentes en el mundo de la física de entonces (que se ven con mayor detalle en la parte II del libro) y, finalmente, se presentan los artículos revolucionarios que Einstein publicó en ese año fabuloso.

En busca de trabajo

Como se dijo en el capítulo 2, Einstein se graduó en física en el Politécnico de Zurich en 1900, y quería encontrar un empleo como asistente graduado para poder hacer investigación y obtener su doctorado.

Sin embargo, antes de graduarse, Einstein había logrado enfurecer a algunos de sus profesores contradiciéndolos abiertamente en clase. Tampoco les agradaba su continuada falta de asistencia a los cursos y el hecho de que estudiaba sólo cuando quería. Por consiguiente, a la hora de escribir cartas de recomendación, Einstein obtuvo lo que el cuerpo profesoral pensaba que merecía: terminó siendo la única persona de su clase sin trabajo. Envió solicitudes a profesores de diversas universidades, adjuntando copias de los artículos que había publicado recién graduado, pero no recibió ninguna oferta. Finalmente, al cabo de 18 meses de vanos intentos, abandonó la idea de obtener un cargo universitario y, con la ayuda de un amigo íntimo, obtuvo un puesto en una oficina de patentes de Berna, Suiza.

Como el propio Einstein dijera después, el trabajo en la oficina de patentes no era exigente y le dejaba tiempo para dedicarse a sus intereses científicos. Durante los tres primeros años publicó tres artículos en *Annalen der Physik*, prestigiosa revista de física. Este nivel de actividad investigativa era (y sigue siendo) insólito en alguien marginado de la universidad y de los laboratorios de investigación.

La ruinosa casa de la física

La física estaba en crisis a comienzos de 1900. Sus dos principales ramas eran entonces:

✔ El **electromagnetismo:** La teoría de James Clerk Maxwell, terminada en 1873, explicaba la naturaleza de la luz y el magnetismo (entre otras cosas). Se explica en detalle esta teoría en el capítulo 6.

✔ La **mecánica:** Las leyes de Newton sobre la ciencia del movimiento, que se presentan en el capítulo 4, databan de 1666.

Aunque muchos hombres de ciencia pensaban que la física estaba en esencia completa con estas dos teorías, algunos problemas eran ya evidentes por los años en que Einstein estudiaba. Por una parte, las teorías se contradecían en algunos puntos. En segundo lugar, ni el electromagnetismo ni la mecánica podían explicar varias observaciones nuevas hechas por los físicos.

Einstein diría más tarde que la física en esos tiempos era como una casa en mal estado, que amenazaba ruina en cualquier momento.

La catástrofe ultravioleta

Como se ve en el capítulo 15, una de las fallas en la casa de la física residía en que las teorías de entonces no podían explicar las observaciones relacionadas con la emisión de calor de los objetos. Sabido es que los objetos cambian de color cuando se calientan. Por ejemplo, si uno prende una estufa eléctrica, el fogón se pone de color rojo. A medida que el calor aumenta, el fogón se vuelve anaranjado y luego amarillo intenso.

Dada esta progresión de colores uno esperaría que un objeto que emite radiación en la parte ultravioleta del espectro (que no podemos observar sino con instrumentos especiales) tenga una temperatura mayor todavía. Las ecuaciones de los físicos indicaban con certeza que así era, pero sus observaciones mostraban justamente lo contrario: los objetos calientes emiten _menos_ luz ultravioleta y _más_ luz de otros colores. Los científicos llamaban a este problema _la catástrofe ultravioleta_.

Los físicos consideraban que la luz emitida por un objeto caliente se comportaba como una onda en su viaje de un lugar a otro. Así lo afirmaba la teoría de Maxwell y lo corroboraban los famosos experimentos realizados a comienzos del siglo XIX por el físico inglés Thomas Young (ver el capítulo 7).

Entonces apareció el físico alemán Max Planck. En 1900 observó que si dividía de alguna manera en paquetes o grumos la luz emitida por un objeto caliente, obtenía una nueva ecuación que describía lo que los científicos observaban. La luz irradiada alcanzaba su máximo en colores diferentes y era casi inexistente en el rango ultravioleta.

Planck no pensaba que los paqueticos (a los que llamó _cuantos_) de luz irradiada fueran parte de la naturaleza de la luz. Después de todo, como Young, Maxwell y otros habían demostrado, la luz es continua y se mueve como una onda. No obstante, los científicos sabían que en ciertas circunstancias las ondas sonoras forman paquetes, o pulsaciones, cuando se superponen ondas de frecuencias ligeramente diferentes. Planck pensaba que tal vez algo similar ocurría con los cuerpos calientes que irradiaban cuantos de luz. Pero no estaba seguro.

Lucha con el movimiento absoluto

Un segunda e importante falla de la ruinosa casa de la física era incluso más problemática, porque ponía en contradicción la mecánica y el electromagnetismo. Newton y Maxwell no concordaban sobre la existencia del llamado movimiento absoluto.

Según Newton, las leyes de la física deberían ser exactamente las mismas para un observador en reposo o que se mueve con velocidad constante. El movimiento en la mecánica de Newton debe ser descrito con respecto a algún objeto. Pensaba Newton que un experimento no puede dar resultados diferentes para un experimentador en reposo o que se mueve con velocidad constante.

Consideremos un experimento familiar. Si estamos en un aeroplano, no podemos decir si nos movemos o no (a menos que haya turbulencia). Si nos dormimos antes del decolaje y nos despertamos cuando el avión está volando con su velocidad de crucero, necesitamos mirar por la ventanilla para darnos cuenta de que ya no estamos en la plataforma. Esto ocurre porque, según Newton, las leyes de la física son exactamente las mismas en ambas situaciones, cuando el avión está en reposo y cuando se mueve con velocidad constante.

¿En qué difiere la teoría de Maxwell? Según el electromagnetismo la luz es una onda. Como tal, la luz necesita una especie de sustancia para propagarse (así como las olas necesitan el agua y las ondas sonoras el aire). La luz se propaga en la Tierra por el aire, el agua y el vidrio, pero ¿qué ocurre en el espacio? ¿A través de cuál sustancia se propaga hasta la Tierra la luz del Sol o de una estrella?

Los físicos del siglo XIX llamaron *éter* a esta sustancia hipotética. Sostenían que el éter llenaba todo el universo y que los planetas, las estrellas y la luz se movían a través suyo. Entonces el éter era la sustancia que permitía decir si uno se mueve con velocidad constante o está en estado de reposo. No sería necesario mirar por la ventana del avión para saber si nos movemos o no. Todo lo que se necesitaría sería descubrir el modo de medir el movimiento a través del éter, que está en todas partes, incluso dentro de los objetos.

En otras palabras, se podía siempre medir el movimiento con respecto al éter. El éter permanecía fijo, como un estándar de referencia con respecto al cual se podía determinar el *movimiento absoluto* y único de cualquier objeto. Con este estándar era posible distinguir el estado de movimiento del de reposo, pero las leyes de la física no daban los mismos resultados en los dos casos.

Tempestad en el mundo científico

Como quedó dicho en la sección anterior, al comenzar Einstein sus investigaciones como científico aficionado, había dos problemas importantes:

✔ Se sabía que la luz era una onda pero había que considerarla compuesta de grumos —no como onda— para explicar la catástrofe ultravioleta.

✔ En mecánica, los resultados de experimentos son idénticos para un observador animado de velocidad constante o en reposo (todo movimiento es relativo, puesto que no existe el movimiento absoluto). No así en electromagnetismo, porque podemos estar en reposo con respecto al éter (existe el movimiento absoluto).

Los hombres de ciencia luchaban porque las teorías existentes funcionaran, pero se daban cuenta cada vez más de que no eran adecuadas. La escena estaba lista para que Einstein entrara en la historia, cosa que hizo en 1905.

¿Qué hizo Einstein en ese año maravilloso? Escribir y publicar cinco artículos científicos que cambiarían la física para siempre.

1. **17 de marzo:** "Sobre un punto de vista heurístico en relación con la producción y transformación de la luz". Este artículo sentó las bases de la teoría cuántica con la introducción del concepto de cuantos de energía, o *fotones*.

2. **30 de abril:** "Nueva determinación de las dimensiones moleculares". Ésta fue la disertación de Einstein para el doctorado, que la Universidad de Zurich aceptó en julio. Aunque su contenido no era revolucionario, este artículo ayudó a establecer la existencia de las moléculas.

3. **11 de mayo:** "Sobre el movimiento de pequeñas partículas suspendidas en un líquido estacionario". Este artículo no sólo explicaba el movimiento en zigzag de una mota en un líquido (llamado *movimiento browniano*), que había intrigado a los científicos durante mucho tiempo; demostró también la existencia de las moléculas.

4. **30 de junio:** "Sobre la electrodinámica de los cuerpos en movimiento". Éste fue el primer artículo de Einstein sobre la teoría de la relatividad.

5. **27 de septiembre:** "¿Depende la inercia de un objeto de su contenido de energía?" Este segundo artículo sobre la teoría

de la relatividad contenía la ecuación más famosa de Einstein: $E = mc^2$.

Incluso antes de que el primer artículo se publicara, Einstein sospechaba que lo que estaba a punto de realizar tenía gran importancia. En mayo de 1905 escribió a uno de sus más cercanos amigos:

Le prometí escribir cuatro artículos... es posible que le envíe el primero pronto, una vez que reciba las separatas de cortesía. El artículo trata de la radiación y de las propiedades energéticas de la luz y, como verá usted, es muy revolucionario...

El primer artículo de 1905 era en verdad revolucionario. Estableció los fundamentos de la teoría cuántica, que se explica en el capítulo 16. Varios años después, Einstein ganó el premio Nobel de física por este trabajo.

Como si fuera poco, los artículos cuarto y quinto publicados por Einstein ese año eran también revolucionarios. En la parte III se explica el impacto que produjo la teoría especial de la relatividad.

Los otros dos artículos eran también muy importantes porque ayudaron a establecer la existencia de los átomos y moléculas, que no eran todavía universalmente aceptados. Pero en contraste con los otros tres, no trastornaron el mundo científico.

De hecho, Einstein escribió un sexto artículo ese año, enviado a *Annalen der Physik* el 19 de diciembre y publicado en 1906, que trata-

El Nobel no fue relativista

El lector habrá supuesto que Einstein ganó el premio Nobel por su teoría de la relatividad, que completó en 1921. No obstante, el comité del Nobel pensó que la relatividad era todavía demasiado extraña y polémica. El comité temía que la relatividad pudiera considerarse más tarde incorrecta, y no deseaba equivocarse. Entonces decidie-ron que entre todos los trabajos realizados por Einstein hasta 1921, su primer artículo de 1905, que contenía la idea del cuanto de luz, era merecedor del premio Nobel. En vista de que este artículo condujo con el tiempo a la teoría cuántica, la decisión del comité fue correcta.

ba también del tamaño de las moléculas y del movimiento browniano. Ese año los *Annalen* publicaron además su tesis de doctorado.

Definición de la naturaleza de la luz

Einstein resolvió el primer problema importante con el primer artículo de su año milagroso, el artículo sobre el cuanto de luz.

Recordemos que Max Planck había empleado un truco matemático para explicar la radiación en la parte ultravioleta del espectro: dividió la luz en cuantos de energía. En su primer artículo de 1905, Einstein consideró que los cuantos de Planck eran una propiedad de la luz y de toda radiación electromagnética (ondas de radio, rayos X, luz ultravioleta e infrarroja, etcétera). No es que la luz forme grumos a veces. Siempre lo hace. Los grumos son como partículas. La luz viene en estos paquetes. No se trata de que la luz emitida por los objetos calientes se divida de alguna manera en paquetes. Está hecha de esos paquetes indivisibles llamados *fotones*.

Al hacer de los grumos una propiedad de la luz, Einstein preparó el camino para el desarrollo de la teoría cuántica, que se llevaría a cabo en los años 20. La teoría cuántica explicaría más tarde que la luz es a la vez onda y partícula. Se comporta como onda en determinadas condiciones y como partícula en otras circunstancias. La teoría cuántica integra sin solución de continuidad ambas conductas.

A pesar de que el primer artículo de Einstein fue leído con mucho interés, la mayoría de los físicos no creía en su idea de los fotones de luz, incluso el mismo Planck al principio. Durante los siguientes 15 años, Einstein fue prácticamente el único que creyó en la idea del cuanto de luz. Pero la teoría cuántica, basada en su trabajo y desarrollada por otros físicos en los años 20, estaba llamada a convertirse en la más exitosa teoría física jamás vista.

En el capítulo 16 se verá que el primer artículo publicado por Einstein en 1905 explicaba además, en forma inteligente y sencilla, el fenómeno llamado *efecto fotoeléctrico*. En 1921, siendo ya un hombre célebre, el comité del Nobel le concedió el premio Nobel por este descubrimiento.

Eliminación del éter

Como vimos antes en este capítulo, la existencia del movimiento absoluto constituía la contradicción fundamental entre la mecánica y el electromagnetismo. Según Newton todo movimiento es relativo, el movimiento absoluto no puede existir. Pero de acuerdo con Maxwell sí existe.

Einstein estaba a favor de la mecánica. En su cuarto artículo de 1905, llamado de ordinario el *artículo de la relatividad* (a pesar de que la palabra *relatividad* no aparece en el título), reformuló el electromagnetismo para que sus leyes no cambiaran para un observador que está en reposo o que se mueve con velocidad constante. En otras palabras, modificó el electromagnetismo de tal modo que su descripción dependiera sólo del movimiento relativo, sin ninguna necesidad del éter. La luz no necesita ninguna sustancia para propagarse. Puede viajar en el espacio vacío entre las estrellas.

El éter desapareció de la física con la publicación de este artículo. Según Einstein, el movimiento absoluto no existe. Cuando vamos en un avión no podemos decir, sin mirar por la ventana, si estamos en reposo o en movimiento. Todas las leyes de la física, las de la mecánica y las del electromagnetismo, son las mismas en cualquier lugar del universo, sin importar cómo nos movemos (siempre que nuestro movimiento no sea acelerado; ver el capítulo 12 para este caso).

Einstein extendió la idea del movimiento relativo a la luz. Cualquier observador, en cualquier punto del universo, en reposo o moviéndose con velocidad constante, mide siempre la misma velocidad de la luz.

Toda la física de la época siguió los sencillos principios formulados por Einstein en su artículo sobre la relatividad. Y todos los descubrimientos hechos desde entonces en el área de la física han seguido los mismos principios. El artículo de Einstein, además de resolver el problema del electromagnetismo, estableció en realidad un nuevo modo de mirar el mundo.

Introducción de $E = mc^2$

En su último artículo de 1905, que fue también el último de sus trabajos revolucionarios, Einstein presentó su famosa ecuación $E = mc^2$. Este artículo era menos una continuación del primero sobre la relatividad (que se vio en la sección anterior) que la introducción de una nueva ecuación.

En este hermoso artículo de tres páginas, Einstein empleó las ecuaciones electromagnéticas de su primer trabajo sobre la relatividad para explicar que la energía posee masa. Dos años después comprendió que lo contrario también es cierto, que la masa de cualquier tipo debe tener energía. Masa y energía son equivalentes, según Einstein. La masa de un objeto es una forma de energía, y la energía es una clase de masa.

Unos cuantos ejemplos mostrarán que esta simple ecuación cambió notablemente nuestras vidas:

✔ Los científicos buscaron durante 40 años la manera de demostrar la realidad de $E = mc^2$. Los acontecimientos mundiales se encargaron de la demostración en forma dramática, con el desarrollo de la bomba nuclear, ensayada por primera vez en el desierto de Alamogordo, Nuevo México, en julio de 1945. Un mes después la bomba fue lanzada sobre Hiroshima y Nagasaki, ciudades japonesas. Como se explica en el capítulo 17, la energía liberada por la bomba proviene de la fisión nuclear, es decir, de la división del núcleo del uranio 235.

✔ La ecuación $E = mc^2$ es la receta para la conversión de parte del núcleo de uranio en energía. La misma receta se aplica en el reactor nuclear, con la diferencia de que la producción de energía se controla por medio de procedimientos muy precisos.

✔ La ecuación ayudó a explicar también, con el desarrollo posterior de la mecánica cuántica (ver el capítulo 16), un viejo problema: la manera como el Sol quema su combustible y genera la energía que hace posible la vida en la Tierra.

No hay que perderse el capítulo 11, en donde hay mayor información sobre cómo esta ecuación cambió nuestra visión del mundo.

Valoración de los dos artículos menores

Los tres artículos que se mencionaron en las secciones anteriores cambiaron para siempre la física. Por eso son revolucionarios. Los otros dos artículos de 1905 son, por comparación, de menor importancia. No modificaron la física pero constituyeron contribuciones científicas importantes.

Una cucharada de azúcar

Cierto día, quizá mientras tomaba el té, Einstein comenzó a pensar en la manera en que el azúcar se disuelve en el agua. Simplificó el problema considerando que las moléculas de azúcar eran objetos pequeños y sólidos sumergidos en un líquido. Esta simplificación le permitió hacer cálculos imposibles de realizar hasta entonces y explicar la forma en que las moléculas de azúcar se difunden en el

La *c* de $E = mc^2$

La cantidad *c* en la ecuación de Einstein es la velocidad de la luz. ¿Por qué *c* al cuadrado y no al cubo, o simplemente *c*, o elevada a alguna potencia diferente? La respuesta se remonta al siglo XVII, cuando varios científicos contemporáneos de Newton establecían las primeras ideas sobre la energía. Christian Huygens, uno de los más dotados del grupo, demostró que la energía de un objeto en movimiento está relacionada con el cuadrado de la velocidad del objeto. La ecuación de Einstein es también una ecuación de energía y exhibe la misma relación con la velocidad.

agua, volviendo el líquido más espeso, o (como dicen los científicos) más *viscoso*.

Eisntein buscó valores reales de la viscosidad de diferentes soluciones de azúcar en agua, introdujo esos números en su teoría y obtuvo con sus ecuaciones el tamaño de las moléculas de azúcar. Encontró además un valor para el número de moléculas presentes en una cierta masa de cualquier sustancia (lo que los científicos llaman el *número de Avogadro*). Con este número podía calcular la masa de cualquier átomo. Einstein resolvió que su trabajo era digno del doctorado y lo envió con prontitud a la Universidad de Zurich para consideración. La tesis fue aceptada muy rápido y Einstein se convirtió en el doctor Einstein.

Humo en los ojos

Tres semanas después de la aprobación de su tesis, Einstein envió para publicación otro importante artículo. En este trabajo sobre el movimiento molecular, explicó el movimiento errático y en zigzag de las partículas de humo (lo que se llama *movimiento browniano*). Siempre en busca de lo fundamental, logró demostrar que este movimiento caótico constituye una prueba directa de la existencia de las moléculas y los átomos.

Según el razonamiento de Einstein, las partículas de humo se movían de manera similar al modo como las moléculas de azúcar se disolvían en el agua, tema que había estudiado ya en su tesis doctoral. Comparando los cálculos en los dos procesos, el movimiento

En busca del doctorado

La universidad en donde estudió Einstein, el Instituto Politécnico Federal (Eidgenösssische Technische Hochschule, o ETH) de Zurich, era por entonces una de las mejores universidades técnicas de Europa, con un pequeño pero muy bien equipado departamento de física. En esa época no daba el título de doctor.

Sin embargo, los estudiantes graduados podían someter a aprobación una tesis en la Universidad de Zurich. Como se verá en el capítulo 15, la primera solicitud de aprobación de la tesis de Einstein fue rechazada. No obstante, después envió la tesis a los *Annalen der Physik,* en donde fue publicada como artículo de investigación.

en zigzag de las partículas de humo y la difusión del azúcar en agua, encontró una ecuación que aplicó a la ya existente teoría molecular para obtener el tamaño de los átomos y moléculas. Experimentos posteriores confirmaron su ecuación.

"Mi propósito principal", escribiría Einstein después, "era encontrar hechos que garantizaran lo mejor posible la existencia de átomos de tamaño definido y finito".

La frutilla de la torta

Aunque estos artículos no fueron revolucionarios (su tesis y el artículo sobre el movimiento browniano), son los artículos de Einstein citados con mayor frecuencia. No sorprende su popularidad, porque tienen aplicaciones prácticas en la mezcla de arena y cemento, en el movimiento de importantes proteínas de la leche de vaca y en el movimiento de partículas de aerosol en la atmósfera.

Con todo, dichos artículos no iniciaron una física nueva, como lo hicieron el artículo sobre relatividad y el de los cuantos de luz. Estos artículos determinaron que 1905 fuera el año milagroso de Einstein. El resto fue la frutilla de la torta.

Parte II

En los hombros de los gigantes: lo que aprendió Einstein en el colegio

La 5a ola — por Rich Tennant

CUARTA LEY DE LA TERMODINÁMICA:
No intente explicar las tres primeras en una cita a ciegas.

En esta parte...

Para apreciar la grandeza de Einstein es necesario comprender el estado en que se encontraba la física en la época en que desarrolló sus revolucionarias teorías. Esta parte ofrece un panorama de lo que Einstein aprendió de sus profesores en la universidad y por su cuenta.

La ciencia que aprendió Einstein en el colegio comenzaba con las ideas de los antiguos griegos sobre el universo. Pero los pensadores griegos en su mayoría no eran científicos sino filósofos. Algunas de sus ideas fueron cruciales en el desarrollo de la física moderna, pero ellos carecían de los medios para realizar experimentos que les permitieran probar los méritos de una idea.

Galileo Galilei fue en efecto el primer científico; a finales del siglo XVI inventó el método que los científicos de hoy continúan empleando (más o menos). En esta parte se relata lo que hizo Galileo, y cómo Isaac Newton logró extender las ideas de Galileo y construir la primera visión de conjunto del universo. La teoría de Newton explica el movimiento de los planetas alrededor del Sol y la trayectoria de una bala de cañón, e incluye las leyes que rigen el movimiento de los objetos.

Un poco antes de los tiempos de Einstein, James Clerk Maxwell desarrolló su teoría de los fenómenos eléctricos y magnéticos, que llamó *electromagnetismo*. Además de explicar la conducta de la electricidad y de los imanes, la teoría de Maxwell mostraba el comportamiento de la luz.

Además, en esta parte se explica cómo Galileo, Newton y Maxwell prepararon el escenario para el gran salto adelante de Einstein.

Capítulo 4

Un universo mecánico

En este capítulo

▶ Presentación de los primeros astrónomos

▶ Exploración de la ciencia griega

▶ Conocimiento de las contribuciones de astrónomos posteriores

▶ Creación del método científico

▶ Desarrollo de la física newtoniana

*P*or la época en que Einstein se graduó en la universidad, dominaba ya la física de su tiempo. Mientras estuvo en la institución, siguió el riguroso programa estándar requerido por un especialista en física. Pero además estudiaba por su cuenta, en particular la nueva física que se desarrollaba entonces.

Einstein estudió la física basada en los trabajos de Galileo Galilei, Isaac Newton, James Clerk Maxwell y muchos otros. A su vez, sus teorías se fundamentaban en los avances científicos que se habían iniciado con las civilizaciones primitivas. Einstein estaba familiarizado con las ideas centrales de la ciencia y las empleó como base de su trabajo.

En este capítulo se comienza por el principio (casi); se da una mirada a las ideas de los antiguos griegos sobre la materia, el movimiento y el universo, las cuales formaron la base del conocimiento que se transmitió hasta Einstein. Se discuten la revolución copernicana y las leyes de Kepler sobre el movimiento planetario, y se explica el desarrollo del método científico por parte de Galileo. Estas ideas hicieron posible la visión del universo de Newton, según la cual "el universo marcha como una maquinaria", con la que Einstein estaba plenamente familiarizado. Finalmente se muestra cómo tales ideas prepararon el escenario para que Einstein cambiara el universo mecánico de Newton por el universo actual en que "el espacio y el tiempo están en la mirada del espectador".

Presentación de los primeros astrónomos

En 1900, cuando Einstein se graduó en el politécnico, la física estaba basada en las obras de Isaac Newton (mecánica) y James Clerk Maxwell (electromagnetismo). Pero las ideas que habían conducido al desarrollo de la ciencia física habían sido generadas por los antiguos griegos, 2.000 años antes. Los descubrimientos de los griegos sobre la materia, el movimiento y el universo formaron los cimientos del conocimiento científico transmitido hasta Einstein.

Invención de la ciencia

Los antiguos griegos no inventaron la ciencia. Tal honor lo merecen los babilonios de hace unos 5.000 años. Éstos, que habitaban la región ocupada hoy por Iraq, comenzaron a estudiar el cielo, motivados por la necesidad de conocer las mejores épocas para la cosecha.

Los babilonios transformaron en dioses al Sol, la Luna y los cinco planetas visibles: Mercurio, Venus, Marte, Júpiter y Saturno. Su culto los condujo a observar en detalle sus movimientos en el cielo, y emplearon el conocimiento de las trayectorias del Sol y de la Luna para construir un calendario. Observaron además que el curso de los planetas en el cielo no era tan sencillo como el del Sol y la Luna; una y otra vez detenían su movimiento hacia el este, se devolvían, y paraban de nuevo antes de reasumir su movimiento hacia el este.

Los antiguos griegos tenían razón

Algunos de los conocimientos adquiridos por los babilonios pasaron a los griegos. Éstos, a su turno, hicieron sorprendentes avances en la comprensión del mundo. Mediante el estudio del cielo, los griegos lograron iniciar la gran marcha hacia el desarrollo de las ideas en física.

Por ejemplo, en el siglo sexto a.C., Pitágoras tuvo la idea de que la Tierra era esférica y estaba situada en el centro del universo. Aristóteles desarrolló las ideas de Pitágoras y construyó una teoría más completa, según la cual la Tierra, inmutable, estaba en el centro de los cielos que giraban a su alrededor.

Claudio Tolomeo (de quien se habla más en la sección titulada "Identificación de los grandes diseños") extendió el modelo *geocéntrico*, es decir, centrado en la Tierra, y construyó un sistema muy complicado que fue aceptado por todos durante cerca de 18 siglos.

Pero hubo disidentes como Aristarco, quien sostenía que el Sol estaba quieto en el centro del universo y la Tierra giraba a su alrededor en una órbita circular. Además, decía que la Tierra giraba sobre su eje a medida que se movía alrededor del Sol, y que dicho eje estaba inclinado con respecto al plano de la órbita.

Aristarco tenía razón. Hoy sabemos que el Sol está en el centro de nuestro sistema solar, que la Tierra gira alrededor del Sol y sobre su propio eje, y que dicho eje está inclinado.

Infortunado cambio de opinión

A pesar de que Aristarco estaba en lo correcto, sus opiniones no prevalecieron. La razón principal residía en que la Tierra parecía estar en reposo. ¿Cómo podía la Tierra girar alrededor del Sol sin que se detectara ningún movimiento? Más aún, si la Tierra rotase alrededor del Sol, debería detectarse un desplazamiento aparente en las posiciones de las estrellas a medida que la Tierra se movía.

Consideremos un ejemplo familiar. Si vamos en auto por una autopista, los árboles cercanos a la ruta pasan rápido mientras los que están lejos parecen acompañarnos un poco más (la Luna, que está mucho más lejos que cualquier árbol, parece moverse con nosotros). El desplazamiento en la posición de los árboles nos dice que estamos en movimiento. Con algunos instrumentos podríamos medir el cambio en la posición de los árboles y deducir la distancia a la cual están y la velocidad que llevamos. Este desplazamiento aparente se llama *paralaje*.

En tiempos de los griegos nadie había observado o medido el desplazamiento aparente de la posición de las estrellas relativa a la Tierra. En consecuencia los griegos abandonaron el modelo *heliocéntrico*, es decir, centrado en el Sol, de Aristarco.

Aristarco permaneció aferrado a su teoría, convencido de que era correcta. Pero la prueba tuvo que esperar a que la civilización occidental pasara por el largo vacío de la oscura Edad Media. Hoy sabemos que las estrellas están tan lejos que ninguna posee una paralaje observable a simple vista. En el Renacimiento se inventaron instrumentos como el telescopio. En 1838, con el telescopio, el astrónomo alemán Friedrich Bessel logró hacer la primera observación de la paralaje de una estrella.

Identificación de los grandes patrones

Con la Tierra inmóvil en apariencia en la mitad del universo, los antiguos griegos desarrollaron modelos más refinados para explicar sus observaciones astronómicas. En el siglo segundo a.C., Claudio Tolomeo perfeccionó el modelo geocéntrico definitivo, con los planetas, la Luna y el Sol moviéndose en órbitas circulares alrededor de la Tierra. El movimiento complicado de los planetas en el cielo requería un modelo complejo (hoy sabemos que dicho movimiento es el resultado de la combinación del movimiento de la Tierra alrededor del Sol y del propio movimiento de los planetas).

Para explicar los movimientos planetarios conocidos, Tolomeo colocó a los planetas moviéndose en pequeños círculos que llamó *epiciclos*. Los epiciclos se movían a su vez alrededor de la Tierra en órbitas circulares (ver la figura 4-1). La combinación del movimiento de estos círculos reproducía el patrón observado en el movimiento de los planetas.

La complicación del modelo aumentaba a medida que crecía el número de observaciones nuevas y más precisas. Tolomeo agregó más círculos que se movían en órbitas circulares alrededor de otros

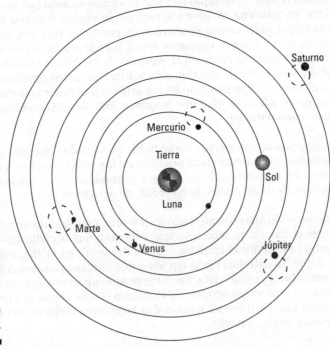

Figura 4-1: El sistema original de Tolomeo, con los planetas moviéndose en circulitos que a su vez se mueven alrededor de la Tierra.

círculos, con el planeta moviéndose en el último círculo, y terminó con un sistema de 40 círculos que reproducía con alta precisión las observaciones astronómicas de su tiempo.

Tolomeo publicó su modelo en *Sintaxis matemática*, monumental obra en 13 volúmenes. La obra se salvó de la destrucción en el incendio de la biblioteca de Alejandría y llegó a posesión de los árabes, quienes la llamaron *al Magiste*, que significa "el máximo" en árabe, y la conservaron para la posteridad.

Durante su prolongada ocupación de España, los árabes introdujeron el libro en Europa donde, conocido como *Almagesto*, fue estudiado por más de 1.000 años.

Siembra de las semillas de la física

Además de ocuparse de astronomía, los antiguos griegos progresaron en lo que hoy llamamos física. En las secciones siguientes se presentan algunos ejemplos.

Descubrimiento de la flotación

Los descubrimientos más importantes de los antiguos griegos en física fueron hechos por Arquímedes, tal vez el mayor de los científicos griegos.

Nacido en el seno de una familia real en el siglo tercero a.C., Arquímedes se convirtió en un célebre inventor, científico y matemático. Cuando los romanos sitiaron Siracusa, inventó máquinas que lanzaban pesadas piedras sobre cualquier romano que intentara escalar las murallas, y construyó poderosas grúas que volcaban los barcos que fondeaban en la base de los farallones que rodeaban la ciudad.

Arquímedes no pensó que sus éxitos en materia de armas de guerra eran dignos de ser publicados, así que escribió sólo sobre sus numerosos logros científicos. El más importante, por el que lo recordamos hoy, es el descubrimiento del principio de la *flotación* (también llamado Principio de Arquímedes). Según este principio, todo cuerpo sumergido en el agua recibe un empuje hacia arriba igual al peso del agua desalojada por el mismo cuerpo.

Concepción del átomo

Quienes vivimos en el siglo XXI sabemos que la materia está compuesta por átomos. Pero hace 100 años ni siquiera los físicos y los químicos estaban de acuerdo sobre su existencia (el joven Einstein comenzó su carrera científica con tres importantes artículos en los que demostraba su realidad).

El desarrollo de nuestras teorías modernas sobre la materia comenzó con John Dalton en el siglo XIX. No obstante, los griegos introdujeron la idea del átomo 23 siglos antes. El filósofo griego Demócrito, que vivió en el siglo quinto a.C., propuso la idea de que todas las cosas estaban hechas de pequeñas partículas indivisibles llamadas átomos, palabra que significa "indivisible". En sus escritos le dio el crédito de la idea a Leucipo (con todo, no está claro si Leucipo existió realmente).

Según Demócrito, los átomos que componen la materia tienen tamaños, masas e incluso colores diferentes, y se combinan para formar todas las sustancias que vemos en el mundo. Demócrito no fue en realidad un científico sino un filósofo. No sabía matemáticas y no podía hacer ningún cálculo para mostrar cómo se combinan los átomos para formar las sustancias. Además, la experimentación de laboratorio no existía en la antigua Grecia (hubo que esperar hasta que Galileo la inventó a comienzos del siglo XVII).

Sin modelo matemático y sin medidas de laboratorio que mostraran qué tan posibles eran los átomos, la propuesta de Demócrito perduró como una idea y nada más.

Batalla con Marte: los astrónomos posteriores

Poco después de la muerte de Tolomeo, acaecida en el año 170 d.C., la mayoría de los descubrimientos de los griegos comenzó a olvidarse. La civilización occidental tomó un curso diferente en la sombría Edad Media. Las artes y ciencias alcanzaron de nuevo los estándares griegos en el siglo XVII, durante el Renacimiento.

La herejía de Copérnico

La larga marcha de vuelta a un mundo racional comenzó en el siglo XV con Nicolás Copérnico. Como muchos astrónomos de su tiempo, Copérnico no estaba satisfecho con el modelo de universo de Tolomeo porque era incapaz de dar cuenta de las observaciones astronómicas recientes. Como Aristarco 17 siglos antes, Copérnico comprendió que la astronomía podía explicarse de modo más sencillo si el Sol estaba en el centro del universo y la Tierra giraba a su alrededor con los demás planetas, de suerte que procedió a construir un nuevo modelo de universo con el Sol en el centro.

En el modelo heliocéntrico de Copérnico, la Tierra, con Venus, Marte, Júpiter y Saturno, se mueven alrededor del Sol en órbitas circulares. Cuando se enteraron del modelo, las autoridades eclesiásticas comenzaron a lanzar dardos. De acuerdo con la doctrina de la Iglesia, la Tierra debía estar en el centro de la creación. Afirmar otra cosa era herejía.

Alarmado, Copérnico decidió no publicar su teoría. Años después, cuando tenía ya más de 60 años, algunos de sus amigos íntimos lo animaron a publicarla. Copérnico se rindió y su obra, *De las revoluciones*, se publicó el día en que murió, a la edad de 70 años (alcanzó a ver su obra impresa: su editor le llevó una copia por adelantado pocos días antes de su muerte).

Kepler y el descubrimiento de las leyes planetarias

Aunque el modelo de Copérnico era más sencillo y elegante que el sistema de Tolomeo, la Tierra seguía pareciendo inmóvil. Como los antiguos griegos, los colegas de Copérnico no pudieron detectar el movimiento de la Tierra contra el fondo de las estrellas lejanas; por consiguiente la teoría de Copérnico no fue aceptada.

Un siglo más tarde, a comienzos de 1600, un joven y promisorio astrónomo alemán llamado Johannes Kepler entró a trabajar al prestigioso observatorio del astrónomo danés Tico Brahe (los científicos suelen referirse a Tico Brahe por su nombre de pila. Aquí se sigue esta convención). El observatorio de Tico era el mejor del mundo y poseía las observaciones más precisas.

Tico le pidió a Kepler que trabajara con un nuevo y extenso conjunto de observaciones inexplicadas del movimiento del planeta Marte. Tico creía en el sistema de Tolomeo. Kepler, por su parte, se había convertido al sistema copernicano gracias a uno de sus profesores de la Universidad de Tubinga, donde se había graduado en 1588.

Kepler analizó las observaciones precisas de Marte llevadas a cabo por Tico y sus asistentes y demostró que la órbita de Marte no era una circunferencia sino una circunferencia achatada, una especie de óvalo llamado *elipse*.

Para dibujar una elipse se clavan dos tachuelas en un cartón, se pasa un hilo previamente unido por sus extremos alrededor de las dos tachuelas y se estira con un lápiz (ver la figura 4-2). Al mover el lápiz sobre el cartón, manteniendo el hilo tenso, el dibujo que resulta es una elipse. Los puntos donde están clavadas las tachuelas se llaman *focos* de la elipse. Kepler descubrió que, en el caso de Marte, el Sol está situado en uno de estos focos (obsérvese que, en la figura 4-2, la elipse que representa la órbita de Marte está exagerada: su órbita real es más circular).

Durante los 16 años que duró su "batalla con Marte", como la llamó, Kepler encontró que el planeta, en su órbita elíptica, se movía más rápido cuando estaba más cerca del Sol y más lentamente cuando estaba lejos. Descubrió además que la línea recta que une al planeta con el Sol barría la misma área en intervalos de tiempo iguales.

Kepler se dio cuenta de que en realidad había descubierto algo más importante que el movimiento de Marte alrededor del Sol: había identificado las leyes que rigen el movimiento de todos los planetas. Tras muchos años de tediosos y complicados cálculos encontró una relación matemática entre el año de cada planeta o *período* (el tiempo que gasta el planeta en dar la vuelta alrededor del Sol) y la distancia al Sol.

Kepler sabía que, con sus hallazgos, había descubierto las leyes del movimiento planetario. Estaba inmensamente orgulloso de su trabajo, especialmente de la última ley, llamada *ley armónica*, que identifica la relación entre los períodos de revolución alrededor del Sol y las distancias al Sol en un momento dado, de suerte que escribió un libro llamado *La armonía del mundo*, en que describe sus descubrimientos.

Figura 4-2:
Dibujo
de una
elipse (a la
izquierda) y
la órbita de
Marte (a la
derecha).

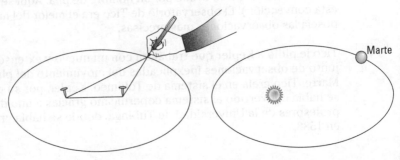

Marte

A continuación se examinan rápidamente las leyes de Kepler:

✔ **Ley de las órbitas:** Cada planeta se mueve alrededor del Sol en una órbita elíptica, con el Sol situado en uno de los focos.

✔ **Ley de las áreas:** Un planeta se mueve alrededor del Sol de tal manera que la línea recta que une al Sol con el planeta barre áreas iguales en tiempos iguales. En la figura 4-3 se muestra la ley en forma gráfica. El planeta se mueve más rápido de la posición 1 a la posición 2 que de la 3 a la 4, así que la línea recta que lo une al Sol barre la misma área en ambos casos.

Teniendo las tres leyes, se podían predecir los movimientos de la Luna y los planetas. El universo seguía estas leyes. La gente entendía ahora por qué el año de Venus era de 225 días y el de Marte de 687 días. Estos años o períodos eran ya conocidos pero nadie tenía idea de por qué eran diferentes. Kepler demostró que los planetas se mueven alrededor del Sol en órbitas matemáticamente precisas, siguiendo a ciegas sus leyes.

Galileo y la invención de la ciencia moderna

Kepler consideraba la ciencia casi como un científico moderno. Comenzó con los datos tomados por los astrónomos del observatorio de Tico Brahe y con base en ellos construyó un modelo. Con todo, fue Galileo Galilei, su contemporáneo, quien inventó los métodos empleados por los científicos modernos.

Galileo nació en Pisa, en 1564, en el seno de una distinguida familia florentina. A los 17 años entró a estudiar medicina en la Universidad de Pisa, carrera que escogió para complacer a su padre, que deseaba para su hijo una profesión que le garantizara la seguridad

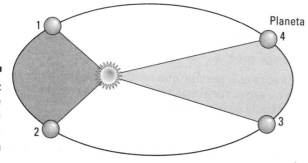

Figura 4-3:
La ley de
las áreas de
Kepler.

Tocador de laúd

Como Einstein 300 años después, Galileo amaba la música. Vincenzo, su padre, le transmitió el gusto por la música y le enseñó a tocar el órgano y el laúd. Este interés perduraría toda su vida. Solía descansar tocando el laúd, instrumento que más tarde sería de gran consuelo durante sus frustrantes choques con la Iglesia.

Vincenzo enseñó además a su hijo algo de teoría musical, mostrándole las pro-

porciones musicales de los pitagóricos. Pitágoras había encontrado en el siglo sexto a.C. que un grupo de cuerdas que vibraban al mismo tiempo producían un sonido agradable si sus longitudes, comparadas con la de la cuerda más larga, estaban en la proporción de un medio, un tercio, un cuarto, y así sucesivamente.

financiera. Galileo se cambió a matemáticas y ciencias después de comenzar a estudiar la obra de Arquímedes en uno de sus cursos (su padre no se puso muy contento con esta decisión).

Con los propios instrumentos

A los pocos años de graduarse en la universidad, Galileo comenzó a realizar investigaciones en matemáticas y física, y a leer sus trabajos en la Academia Florentina. Sus extraordinarias dotes fueron pronto reconocidas y, a la edad de 26 años, le ofrecieron un cargo en la Universidad de Pisa.

Allí comenzó Galileo su trabajo en mecánica, enfrentándose con las ideas simples y claras de Aristóteles sobre el movimiento. Aristóteles había enseñado que todas las cosas caían hacia su lugar natural, y que este lugar natural era determinado por el material de que estaba hecha la cosa. Por ejemplo:

✔ Una roca cae hacia el suelo.

✔ El fuego sube.

✔ Una roca más pesada, que contiene más tierra que una más ligera, cae al suelo más rápido porque es mayor su tendencia a caer hacia su lugar natural.

Las cosas resultaron ser incluso más sencillas, como lo demostró Galileo. Publicó Galileo su trabajo sobre mecánica en un libro titulado *Consideraciones y demostraciones matemáticas sobre dos nuevas ciencias relacionadas con la mecánica y el movimiento local,* que se publicó en 1638. Hoy día lo llamamos *Dos nuevas ciencias.*

Galileo hizo sus hallazgos sobre la naturaleza del movimiento y la caída de los cuerpos mientras trabajaba en Pisa, de modo que no es descabellado pensar que para probar sus ideas lanzó objetos desde la célebre torre inclinada de Pisa. Pero no lo hizo. Una piedra que cae al suelo desde un piso alto lo hace a gran velocidad, así que no hubiera podido medir el tiempo de caída. No disponía de relojes suficientemente precisos.

Los relojes de Galileo eran rudimentarios: botellas de vino llenas de agua con un orificio en la base y marcas que mostraban el nivel del agua a medida que salía por el hueco (ver la figura 4-4). Sus instrumentos no eran excelentes pero él era inteligente. Retardaba el movimiento de sus objetos, de suerte que pudiera medir el tiempo de caída con sus relojes. Para retardar el movimiento construyó una rampa inclinada, larga y lisa, por donde hacía rodar esferas lisas de madera (ver la figura 4-5).

Figura 4-4:
La botella
de vino,
reloj de
Galileo.

Figura 4-5:
Galileo con
su rampa
inclinada.

Creación del moderno método científico

Galileo realizó cientos de experimentos con su plano inclinado, cambiando la inclinación y empleando esferas de masas diferentes. Todas las bolas rodaron hacia abajo en el mismo tiempo, sin que importara la masa. Demostró, con ángulos cada vez más agudos, que en el caso extremo de la caída vertical, cuyo tiempo no podía medir, las esferas deberían caer todas al suelo en el mismo tiempo, con la misma aceleración. Fue el primero en la historia en realizar experimentos cuidadosos con el único propósito de probar su teoría del movimiento. Demostró en realidad matemáticamente que todos los objetos, sin importar su masa, aceleran hacia el suelo en la misma proporción y que, si se lanzan simultáneamente, deberían llegar al suelo al mismo tiempo. Con sus experimentos probó que sus conclusiones eran correctas.

Galileo creó con sus experimentos el moderno método científico. Si se examina el modo en que se hace ciencia hoy se encontrará que los científicos emplean el método inventado por Galileo:

✔ Los científicos modernos construyen teorías o modelos de lo que observan en la naturaleza.

✔ Sacan algunas conclusiones sobre la conducta del fenómeno que están estudiando.

✔ Diseñan y realizan experimentos para comprobar las conclusiones.

Parece sencillo pero, hasta la aparición de Galileo, a nadie se le había ocurrido tratar de explicar el universo de esa manera. Su método hizo posible la ciencia moderna.

Libre de mente

Einstein se valió de experimentos mentales (ver el capítulo 2) para buscar respuestas a muchas de las preguntas que surgían en el curso de la elaboración de sus teorías. Galileo inventó la técnica y también la empleó con gran éxito.

Uno de los experimentos mentales de Galileo tenía que ver con sus rampas inclinadas. En primer lugar juntó dos rampas como para formar la letra V (ver la figura 4-6). Una esfera cae por una de las rampas, llega al suelo y comienza luego a subir por la otra rampa. A medida que sube pierde velocidad hasta que finalmente se detiene, alcanzando una altura algo menor que su posición inicial sobre la primera rampa.

Como un astrónomo a la luz de la Luna

La primera contribución científica de Galileo fue en astronomía, aunque no era astrónomo. Le llegaron noticias de Holanda sobre la invención del telescopio y, como conocía los principios físicos en que se basaba, se construyó uno, con el que estudió la teoría de la *refracción* (la desviación de los rayos luminosos al pasar del aire al vidrio, gracias a lo cual una lente forma imágenes). Mostró su instrumento en el senado de Venecia, donde despertó gran interés por sus aplicaciones prácticas. Los senadores comprendieron la utilidad de poder observar y contar los barcos enemigos desde el Campanile antes de que estuvieran a la vista.

También dirigió Galileo su telescopio hacia el cielo, descubriendo montañas en la Luna y manchas en la superficie del Sol. Al observar las manchas solares durante muchos días dedujo que el Sol rota sobre su eje una vez cada 27 días.

Luego dirigió el instrumento hacia los planetas, descubrió que Júpiter tenía cuatro lunas (las llamamos hoy *satélites galileanos* en su honor) y midió sus períodos de revolución alrededor del planeta. Observó también que, al igual que la Luna, Venus tenía fases, que se forman por la luz reflejada del planeta a medida que éste gira en torno al Sol. Con este descubrimiento Galileo aportó la primera prueba de la validez del modelo copernicano. Nada mal para alguien que no era astrónomo.

Galileo escribió rápidamente un librito sobre sus hallazgos y lo tuvo impreso en un par de semanas. El librito, que llamó *El mensajero sideral,* fue un éxito en toda Europa (estaba escrito en latín como todos los libros científicos). Pronto apareció una traducción al chino. Galileo se volvió famoso de la noche a la mañana, cosa que no le disgustaba en absoluto.

Galileo bajó luego la segunda rampa y la alargó, de modo que los dos extremos de la V más abierta estuvieran al mismo nivel. De esta manera la bola tenía suficiente camino para alcanzar la misma altura de antes. Siguió disminuyendo la inclinación de la rampa y alargán-

Figura 4-6:
Rampas inclinadas utilizadas por Galileo para estudiar el movimiento a velocidad constante.

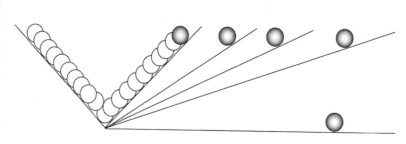

dola. Finalmente, cuando estuviera horizontal, la longitud tenía que ser infinita porque, en teoría, la segunda bola debería rodar y tratar de alcanzar la misma altura siempre.

Se dio cuenta de que, en realidad, la fricción entre la bola y la rampa disminuía la velocidad de la bola y la hacía detenerse. Pero podía realizar el experimento en su mente y suponer que la bola y la rampa eran perfectamente lisas, es decir, que no había fricción alguna entre ellas. En tal caso, con una rampa horizontal perfectamente lisa, la bola, también perfectamente lisa, está libre de fuerzas externas y puede rodar para siempre.

Esta idea simple en apariencia no era fácil de entender. Las enseñanzas de Aristóteles, así como nuestra percepción, nos dicen que los objetos no se mueven para siempre. Hay que aplicarles alguna fuerza para que se conserven en movimiento. Los caballos empujan las carretas para que éstas sigan moviéndose, y los barcos de vela no mantienen su velocidad cuando hay calma chicha. Dondequiera que se mire, parece que se necesita una fuerza para mantener un objeto en movimiento.

Galileo comprendía que las circunstancias en la vida real eran complejas. La fricción está por todas partes, razón por la cual los objetos en movimiento, si se dejan solos, siempre disminuyen su velocidad y se detienen. Entonces inventó el experimento mental para poderse deshacer de las distracciones y simplificar el problema.

La maravilla del año milagroso de Newton

Kepler pensaba que el Sol ejerce alguna clase de influencia o fuerza sobre los planetas que los mantiene en sus órbitas. Por otra parte, Galileo descubrió que no se necesitaba una fuerza para que un objeto se mantuviera en movimiento, en tanto el objeto se moviera en línea recta con velocidad constante. Isaac Newton juntó en 1666 las dos ideas y construyó un modelo completo del universo. En ese año, conocido hoy como su año milagroso, Newton creó lo que se llama hoy *física clásica*, esa misma que Einstein modificó en 1905, durante su propio año milagroso (ver el capítulo 3).

Granjero fracasado

Hannah, la madre dos veces viuda de Newton, quería que su hijo le administrara sus propiedades cuando éste tenía sólo 11 años. Newton lo intentó pero fracasó. No se llevaba bien con los trabajadores y no estaba interesado en los asuntos agrícolas.

Por fortuna para Newton, uno de los hermanos de Hannah salvó a su sobrino de la vida de granjero que le esperaba. Habló con Hannah de enviar el niño al colegio para que pudiera, con el tiempo, entrar en la universidad. El mundo debe mucho a este inteligente tío.

Aunque no le fue bien al comienzo, Newton se convirtió, andando el tiempo, en el mejor estudiante. Estando a punto de graduarse, el director del colegio lo animó a que entrara en la universidad. Pero la madre tenía otros planes. Estaba empeñada en que su hijo de 16 años se encargara de la hacienda Woolsthorpe. De nuevo su hermano (esta vez con la ayuda del director del colegio) la convenció de que el muchacho era dotado y debería ir a la universidad. Hannah aceptó a regañadientes.

Revelación del genio

Newton entró en 1660 al Trinity College de Cambridge. Cinco años después obtuvo su grado de Bachelor. Quería seguir estudiando para el Master pero estalló la gran peste y la universidad fue cerrada, así que volvió a casa en junio de 1665. La universidad se reabriría en abril de 1667.

Estudiante universitario mediocre

Sorprende saber que Newton no fue un buen estudiante en la universidad. Estaba más interesado en estudiar los trabajos de Copérnico, Kepler y Galileo que en trabajar en lo que le enseñaban en los cursos regulares (la universidad enseñaba los escritos de Aristóteles y Tolomeo).

Como se dijo en el capítulo 2, Einstein tampoco prestaría más de dos siglos después mucha atención a algunos de sus cursos universitarios. Su interés se centraría más en el estudio de las teorías de Maxwell, que no se enseñaban en la universidad.

Durante ese año y los diez meses siguientes, la mente de Newton reveló toda su capacidad. Realizó experimentos en casa para investigar la naturaleza de la luz y desarrolló su teoría de los colores (ver el capítulo 7). Comenzó sus observaciones astronómicas rastreando cometas hasta bien tarde durante muchas noches. Elaboró además las ideas principales sobre su ley de la gravitación universal, que se convertiría en la base de la mecánica celeste.

Newton percibió la necesidad de una herramienta matemática que le permitiera completar los cálculos relativos a su ley de la gravedad. Esta herramienta no existía, de suerte que la inventó. Hoy la llamamos *cálculo*. Todo ello producido a los 22 años por un recién graduado de la universidad durante su año milagroso, 1666.

Desarrollo de la física newtoniana

Newton tomó los descubrimientos revolucionarios de Galileo sobre el movimiento de los cuerpos y los desarrolló para construir una teoría completa del universo. Galileo había comprobado que un objeto que se mueve con velocidad constante en línea recta seguirá haciéndolo siempre, a menos que haya fuerzas que actúen sobre el objeto. Newton estudió los efectos que resultan de aplicar una fuerza sobre un objeto, y pronto comprendió que la única manera de cambiar su movimiento es aplicando una *fuerza no contrarrestada* (la fuerza neta que queda después de tener en cuenta todas las fuerzas que actúan). Para que un planeta se mueva en una circunferencia en torno al Sol hay que aplicar una fuerza sobre el planeta, precisamente lo que había hallado Kepler en su análisis de las observaciones de Marte.

Obediencia a las leyes del movimiento

El análisis le mostró a Newton que si aplicaba una fuerza a un objeto, éste cambiaba su estado de movimiento. Si el objeto no se movía, la fuerza hacía que se moviera. Si el objeto estaba en movimiento, la fuerza hacía que acelerara, desacelerara o cambiara de dirección, dependiendo de la manera en que se aplicara la fuerza.

Las dos situaciones mencionadas se convirtieron en las primeras dos leyes de Newton del movimiento de los objetos. En palabras simples, la primera ley de Newton afirma que, si no actúan fuerzas, un objeto en movimiento sigue en movimiento y un objeto en reposo permanece en reposo. Su segunda ley sostiene que si se aplica una fuerza a un objeto, su movimiento cambia.

Newton y la manzana

La mayoría de la gente ha oído la historia de cómo Newton descubrió la ley de gravitación: una manzana cayó de un árbol y probablemente le pegó en la cabeza. ¿Sucedió realmente? William Stuckey, amigo de Newton, escribe que en una tarde calurosa, mientras tomaban el té en el jardín de la casa de su amigo, bajo la sombra de un manzano, Newton dijo que la situación le recordaba las circunstancias "en que se le había ocurrido la noción de gravitación", y agregó que había tenido la idea motivado por la caída de una manzana mientras estaba sentado pensando.

La manzana no le cayó en la cabeza, como dicen muchas leyendas, pero el resto de la historia es probablemente cierto. La caída de una manzana del árbol dio inicio a la reflexión de Newton sobre la gravitación.

Para visualizar la segunda ley del movimiento de Newton supongamos que estamos conduciendo un automóvil. Si pisamos el acelerador, el motor del auto suministra la fuerza que produce la aceleración, y la velocidad aumenta. Si pisamos el freno, éste suministra la fuerza que produce una disminución de la velocidad. La fricción entre las llantas y el pavimento es responsable de la fuerza que nos permite tomar las curvas y cambiar de dirección (si no hay fricción aumenta el peligro de accidente, como sucede cuando la carretera está mojada o hay escarcha).

Además, la segunda ley dice que se necesita una fuerza mayor para mover un objeto de mayor masa. Los dos aspectos de la segunda ley se combinan en la ecuación $F = ma$ de Newton (F representa la fuerza, m la masa y a la aceleración), famosa entre científicos e ingenieros. No es tan conocida como la fórmula $E = mc^2$ de Einstein, pero tiene igual importancia. La segunda ley de Newton constituye *la ecuación de movimiento* de un objeto, y es el punto de partida de cualquier análisis del movimiento complejo de los cuerpos.

Newton formuló también una tercera ley de movimiento, la llamada ley de acción y reacción, según la cual las fuerzas siempre aparecen en parejas, y es imposible aplicar una fuerza única a un objeto. Cuando pisamos el acelerador del auto el motor hace que las ruedas giren, pero si hay hielo resbaladizo en la ruta las ruedas patinarán y el auto no se moverá. Si el pavimento está seco, el suelo proporciona la fuerza de fricción que hace avanzar al auto. Las ruedas aplican una fuerza sobre el pavimento, y el pavimento seco aplica una fuerza igual y de sentido contrario (una fuerza de reacción) sobre el auto, que produce la aceleración.

Las tres leyes de Newton son las siguientes:

1. **Un objeto permanece en su estado de movimiento (en reposo o moviéndose en línea recta con velocidad constante) a menos que se le aplique una fuerza.**

2. **Una fuerza aplicada a un objeto cambia su estado de movimiento.** Si el objeto está en reposo comenzará a moverse. Si se está moviendo acelerará y aumentará su velocidad, o desacelerará y disminuirá su velocidad, o cambiará de dirección. El cambio de movimiento depende de la masa del objeto.

3. **Las fuerzas aparecen siempre en parejas.** Si aplicamos una fuerza a un objeto, el objeto reacciona contra nosotros con una fuerza igual y de sentido opuesto.

Newton demoró décadas para escribir el resultado de sus investigaciones sobre las leyes del movimiento. Finalmente lo hizo, pero sólo porque otro científico dudaba de sus descubrimientos.

La obra maestra de Newton

La segunda ley le hizo comprender a Newton que el movimiento de un planeta alrededor del Sol requiere una fuerza que actúa sobre el planeta y está dirigida hacia el Sol. ¿Cuál es el origen de esta fuerza? Newton sabía que debía originarse en el mismo Sol. Pero ¿cuál es agente que mantiene a la Luna en órbita alrededor de la Tierra? En este caso la fuerza debía provenir de la Tierra. ¿Y los satélites galileanos? El culpable debería ser Júpiter.

Si la Tierra ejerce una fuerza sobre la Luna para mantenerla en órbita, ¿es ésta la misma fuerza que hace caer la manzana del árbol? ¿Es la fuerza de gravedad responsable de mantener a la Luna en órbita?

Newton recordaba la tercera ley de Kepler, que establece una relación entre el tiempo que gasta un planeta en dar una vuelta alrededor del Sol y la distancia del planeta al Sol. Comenzó entonces a tratar de calcular la fuerza que el Sol ejerce sobre los planetas, y encontró una ecuación según la cual la fuerza es inversamente proporcional al cuadrado de la distancia entre el planeta y el Sol.

Pero intentar demostrar que esta fuerza es la misma que provoca la caída al suelo de la manzana era otra historia. Newton era excelente

La Luna está cayendo

Si la Luna se mantiene en órbita alrededor de la Tierra gracias a la fuerza de atracción entre los dos cuerpos, la Luna debería caer hacia la Tierra (en realidad ambas caen la una hacia la otra, pero como la Tierra tiene mucha más masa, no cae mucho). ¿Habría que preocuparse por ello? No se recomienda.

Hay que pensarlo así: si pudiéramos desconectar la fuerza gravitacional entre la Tierra y la Luna, ésta última se movería en línea recta. Algo similar ocurriría si la cuerda amarrada a la bola que hacemos girar sobre nuestra cabeza se rompiera: la bola comenzaría a moverse en línea recta (pronto su trayectoria se curvaría hacia el suelo a causa de su peso, pero si lleváramos a cabo el experimento en el espacio esto no ocurriría). Así como la cuerda sostiene la bola que gira sobre nuestras cabezas, del mismo modo la fuerza gravitacional de la Tierra sobre la Luna hace que ésta caiga de la línea recta a la órbita circular.

matemático, pero las herramientas matemáticas necesarias para probar esta correlación simplemente no existían. Necesitaba una nueva herramienta, se propuso desarrollarla y salió airoso. Llamó a su nueva herramienta *teoría de las fluxiones*. Hoy la llamamos cálculo.

Con este nuevo instrumento Newton logró probar que la fuerza que hace caer la manzana del árbol es la misma que mantiene a la Luna en órbita en torno a la Tierra. Lo más sorprendente es que Newton logró generalizar su descubrimiento partiendo de una fuerza de atracción entre un planeta y el Sol, pasando por una fuerza entre la Tierra y la Luna, La Tierra y una manzana, o la Tierra y cualquiera de nosotros, hasta llegar a una ley universal. Ésta es la marca del genio.

La *ley de atracción universal* de Newton, como llamamos a su máximo descubrimiento, dice que existe una fuerza de atracción entre todos los objetos del universo, que está relacionada con sus masas y con las distancias que los separan. Es la fuerza que explica el funcionamiento del universo. Explica la manera en que los planetas giran alrededor del Sol y cuán lejos y rápido orbitan las lunas de Júpiter alrededor del planeta. Describe cómo deben moverse los millones de fragmentos de roca y polvo que conforman los anillos de Saturno y nos dice qué tan rápido caemos si resbalamos en un piso mojado.

La ley de la gravitación universal de Newton da cuenta del movimiento del universo, que marcha como una maquinaria, de modo muy fácil de predecir. Hoy utilizamos la física de Newton para calcular las órbitas de la Tierra, la Luna, Venus, Júpiter y Saturno (y las de los demás planetas). Con la física newtoniana enviamos naves espaciales que dan la vuelta a Venus, vuelven y son impulsadas por la Tierra hacia un punto vacío del espacio donde sabemos que se hallará Saturno varios años después, en el momento en que las naves lleguen con sus instrumentos para mostrarnos cómo luce de cerca (ver la figura 4-7).

Newton y Einstein comparten la genialidad

Galileo, Newton y Einstein son probablemente los más grandes científicos que el mundo ha visto. Galileo inventó el moderno método científico y fue un notable experimentador. Sus estudios sobre el

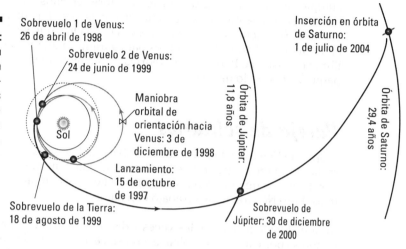

Figura 4-7: Con la mecánica newtoniana los científicos e ingenieros de la NASA calculan las órbitas de los planetas para enviar naves espaciales en misiones diversas.

Por cortesía de la NASA/JPL (JPL son las siglas del Jet Propulsion Laboratory)

movimiento sentaron las bases para el desarrollo de la mecánica de Newton.

Newton y Einstein cambiaron de raíz la ciencia. Ambos prepararon los fundamentos de su trabajo recién graduados de la universidad y lo realizaron en muy poco tiempo, cada cual en su correspondiente año milagroso: 1666 para Newton y 1905 para Einstein.

En 1666 Newton produjo su teoría de los colores, descubrió la ley de la gravedad que estableció los principios para su mecánica celeste (explicando en esencia cómo funciona el universo), comenzó sus estudios astronómicos sobre los cometas y desarrolló las ideas fundamentales del cálculo.

En 1905 Einstein produjo su teoría especial de la relatividad, formuló la equivalencia entre masa y energía ($E = mc^2$), creó un nuevo método para medir el tamaño de las moléculas, explicó el movimiento en zigzag de una mota (lo que ayudó a establecer la existencia de los átomos) e introdujo la idea del cuanto de luz, que dio inicio a la teoría cuántica. Su explicación del comportamiento global del universo, en esencia una revisión total de la teoría de la gravitación de Newton, tuvo que esperar una década.

Newton y Einstein eran ambos _físicos teóricos_, lo que significa que trabajaban haciendo cálculos más que realizando experimentos, aunque ambos manifestaban un ligero interés en ellos. En realidad el trabajo experimental de Einstein fue algo más que el de un mero aficionado. Sus memorables experimentos con la luz, que se describen en el capítulo 7, fueron suficientes para garantizar su mención en los libros de historia. Pero su obra teórica es tan monumental que empequeñece todo lo demás.

Pareja de solitarios

Propio de Newton y Einstein fue el trabajar solos. Durante el desarrollo de su teoría general de la relatividad, Einstein trabajó con un par de físicos que lo ayudaron con las tediosas y complejas matemáticas. Pero Newton nunca trabajó con nadie.

Aunque Einstein se casó dos veces y disfrutaba de la compañía de mujeres (por eso tuvo problemas con sus esposas), realmente nunca se dedicó a ellas o a los hijos. Newton nunca se casó y ni siquiera se acercó jamás a una mujer. Permaneció célibe por elección, convencido de que una relación lo distraía de su trabajo.

Dos visiones del universo

En el sistema del mundo desarrollado por Newton el universo marcha como una maquinaria. Las ecuaciones matemáticas del movimiento en la mecánica de Newton nos pueden decir todo lo que queramos saber sobre el universo. Con suficiente tiempo y capacidad de cálculo podríamos tomar el estado actual del universo, introducir en sus ecuaciones todas las variables necesarias, echar a andar hacia atrás el reloj y obtener toda la historia del universo desde el comienzo. Se podría también echar a andar hacia delante el reloj y predecir lo que ocurrirá en el siguiente segundo, año o siglo. Se podría predecir el futuro y descubrir el destino final del universo.

El universo de Einstein es muy diferente. La teoría de la relatividad nos dice que el espacio y el tiempo no son inmutables. Cambian de acuerdo con el movimiento del observador. Y el cuanto introducido por Einstein en la física nos habla de que el mundo que observamos está íntimamente ligado al observador, que incluso con toda la capacidad de cálculo necesaria no podríamos echar a andar el reloj hacia atrás para ver la historia pasada del universo, o ponerlo a marchar hacia delante y calcular su estado futuro.

Einstein escribió por completo de nuevo las teorías de Newton. El universo de Einstein no funciona como una maquinaria. La marcha de los relojes depende del movimiento del observador.

¿Quién fue el mayor genio? Nadie podría decirlo. Sus revoluciones científicas fueron probablemente las mayores de la historia, y cada una fue llevada a término por un ser humano solamente. El genio de Einstein puede tal vez atribuirse remotamente a su familia, a su educación y a la época en que vivió. El genio de Newton es inexplicable. No salió de parte alguna. Nadie ha igualado en la historia del mundo la genialidad de estos dos hombres.

Einstein escribió por completo de nuevo las teorías de Newton. El universo de Einstein no funciona como una maquinaria. La marcha de los relojes depende del movimiento del observador.

¿Quién fue el mayor genio? Nadie podría decirlo. Sus revoluciones científicas fueron probablemente las mayores de la historia, y cada una fue llevada a término por un ser humano solitario. El genio de Einstein puede tal vez atribuirse remotamente a su familia, a su educación y a la época en que vivió. El genio de Newton es inexplicable. No salió de parte alguna. Nadie ha igualado en la historia del mundo la genialidad de estos dos hombres.

Capítulo 5

La flecha del tiempo

En este capítulo

▶ Presentación de las leyes de la termodinámica

▶ Energías iguales a ambos lados de la ecuación

▶ El fluir del tiempo

▶ Comprender el cero absoluto

▶ ¿Por qué el tiempo fluye en un sentido?

*E*instein comenzó su carrera científica estudiando problemas relacionados con la existencia de átomos y moléculas. Como ni las moléculas ni los átomos se pueden ver, Einstein se basó en una rama de la física llamada *mecánica estadística*, que utiliza métodos estadísticos para estudiar sustancias que, como los gases, están hechas de un gran número de componentes.

La mecánica estadística fue creada en el siglo XIX, en parte para entender las leyes que gobiernan la transferencia de calor entre los objetos. Estas leyes provienen de otra rama de la física llamada *termodinámica*, desarrollada también en el siglo XIX (por la época en que Einstein asistía al colegio estaba ya completa).

El trabajo posterior de Einstein ayudó al desarrollo de la mecánica estadística. Y sus teorías aclararon el concepto de tiempo, que está íntimamente relacionado con la termodinámica y la mecánica estadística.

En este capítulo se introducen las leyes de la termodinámica y de la mecánica estadística, y se explican las razones por las cuales sirvieron de sustento al trabajo de Einstein.

Presentación de las leyes de la termodinámica

¿Por qué el tiempo fluye en una sola dirección? Uno envejece y nunca se vuelve más joven (infortunadamente). ¿Puede este fluir cambiar de sentido? Todas las leyes de la física permanecen invariables si se invierte el fluir del tiempo. En cualquiera de los dos casos funcionan bien. Todas las leyes excepto una: la segunda ley de la termodinámica nos daña todo. Parece ser que el flujo del tiempo se origina en la segunda ley, la cual apunta la flecha del tiempo en una sola dirección.

La termodinámica estudia el calor y los fenómenos térmicos. En esta rama de la física el mundo se divide en sistemas. Un *sistema* puede ser un conjunto de varios cuerpos (como un gas). Cuando se escoge un sistema para estudiarlo, todos los demás entran a formar parte del entorno.

La termodinámica se puede resumir en las siguientes cuatro leyes:

✔ **Primera ley:** La suma total de todas las formas de energía de un sistema, incluyendo su energía térmica, debe siempre permanecer constante. La energía no se puede crear ni destruir en un sistema aislado; sólo puede cambiar de una clase a otra. Esta ley se llama también el *principio de conservación de la energía*. Los detalles están en la sección siguiente titulada "Conservación a toda costa de la energía: la primera ley".

✔ **Segunda ley:** Por sí mismo el calor no aumenta. Puede disminuir pero nunca aumentar sin la ayuda de alguna forma de energía. En la sección titulada "Confusión, leyes y videocinta: la segunda ley" hay más detalles sobre el particular.

✔ **Tercera ley:** Una temperatura absoluta de cero grados es imposible de alcanzar. La *temperatura* es una medida de la velocidad promedio de las moléculas de una sustancia. Podemos ensayar por todos los medios pero no podemos lograr que el movimiento molecular cese por completo. Leer la sección titulada "Esto sí es frío: la tercera ley", para saber por qué esto es así.

✔ **Ley cero:** Si dos objetos están en *equilibrio térmico* (esto quiere decir que tienen la misma temperatura) con un tercero (que suele ser un termómetro), están en equilibrio térmico entre sí. Esto parece tan obvio que algunos piensan que no es realmente una ley de la termodinámica. Leer la sección titulada "Melindrosos: la ley cero" para mayor información.

La segunda ley fue descubierta primero. Luego vino la primera ley. La tercera fue realmente la tercera, pero tal vez no es una ley aparte (porque puede considerarse una extensión de la segunda ley). La ley cero fue la última, como una idea tardía.

Conservación a toda costa de la energía: la primera ley

¿Qué es la energía, finalmente? La palabra energía es uno de esos términos físicos que entran en el lenguaje diario y pierden su significado riguroso. En física, energía es la capacidad de realizar un trabajo. Si poseemos energía podemos hacer trabajo. Si trabajamos estamos empleando alguna forma de energía.

Cualquier cosa que cambia en el universo requiere energía. La explosión de una estrella lejana, el estrépito de un tornado, la caída de la pluma de un ave, todas éstas son cosas que requieren el intercambio de alguna forma de energía.

Existen muchas clases de energía, entre las cuales están, por ejemplo, la energía mecánica, la energía térmica y la energía nuclear. Se puede pasar de una forma a otra pero ninguna se puede destruir ni crear. En un proceso de intercambio de energía, la energía al final del proceso debe ser igual a la energía inicial.

Los físicos llaman a esta regla el principio de conservación de la energía, y lo defienden hasta la muerte. No lo violan por ninguna razón.

La famosa ecuación de Einstein, $E = mc^2$, extendió en realidad el principio de conservación de la energía para incluir la *masa*, repre-

La fuerza viva

En el siglo XVI la energía era llamada *fuerza viva* porque se pensaba entonces que sólo las cosas vivas podían hacer trabajo. En el siglo XVIII, el físico inglés Thomas Young comprendió que las cosas no vivas, como el viento, podían también realizar un trabajo, como mover un molino o impulsar un barco. Inventó la palabra *energía,* de voces griegas que significan "trabajo interno".

sentada por la letra *m* en la ecuación (la *masa* puede definirse como la medida de la resistencia que uno siente cuando intenta cambiar el movimiento de un objeto; en oposición al peso, es independiente de la gravedad). La ecuación anterior, aparecida en el último artículo de su año milagroso como una continuación de su trabajo sobre la relatividad especial (ver el capítulo 3), dice que la masa y la energía son equivalentes. La masa es una forma de energía y la energía es una forma de masa.

Consideremos el siguiente ejemplo: si combinamos un kilogramo de hidrógeno con cuatro kilogramos de oxígeno para formar agua, se genera energía suficiente para mantener prendido un secador de pelo durante diez horas. Si dispusiéramos de una escala muy precisa descubriríamos que, después de las diez horas de funcionamiento del secador, nos faltarían cinco mil millonésimas de kilogramo (es decir, tendríamos menos de los cinco kilogramos del comienzo). La masa faltante es la energía empleada en mantener prendido el secador.

Esta archiconocida reacción química es un ejemplo de conversión de masa en energía. Una reacción nuclear es un ejemplo más dramático. La misma cantidad de hidrógeno produciría en este caso

Quien se arriesga gana

En la carta que escribió en noviembre de 1929 a sus colegas reunidos en un congreso científico al cual no pudo asistir, el gran físico alemán Wolfgang Pauli expresó algo de inquietud por la energía faltante observada en ciertos procesos. En su carta decía que había descubierto una "forma desesperada" de resolver el problema de la energía faltante, y proponía la existencia de una nueva partícula —llamada después *neutrino*— que se llevaba la energía faltante.

Pauli pensaba que la idea era osada, y no deseaba publicar nada sobre el particular puesto que estos neutrinos, en caso de existir, deberían haber sido ya detectados, pero "sólo quien se arriesga gana", agregaba.

Pauli ganó. Los neutrinos fueron descubiertos 25 años después. Hoy sabemos que juegan un papel importante en el mecanismo que hace funcionar al Sol.

Luego de la arriesgada hipótesis de Pauli, los físicos adoptaron su enfoque de predecir la existencia de nuevas partículas midiendo la energía faltante en algún proceso. El método funciona a causa del principio de conservación de la energía.

diez millones de veces más energía, proveniente de la conversión de masa en energía, según la ecuación de Einstein. Esta reacción genera la energía solar.

Desde el punto de vista técnico, la extensión de Einstein del principio de la conservación de la energía tiene validez universal. Pero en la práctica los físicos no tienen que incluirla en sus cálculos a menos que se trate de procesos nucleares, como cuando estudian la física del Sol o la energía producida en los reactores nucleares ¿Por qué no la utilizan en todos sus cálculos? Consideremos el siguiente ejemplo: el incremento de la masa de la lanzadera espacial debido a su movimiento orbital es tan pequeño que no puede medirse ni con los instrumentos más precisos. La incertidumbre de las medidas sería mayor que la energía que tratamos de medir.

La primera ley de la termodinámica no es más que otra manera de expresar el principio de conservación de la energía, con el calor o la energía térmica incluidos en forma explícita para mayor claridad.

Confusión, leyes y videocinta: la segunda ley

La segunda ley de la termodinámica es uno de los principios más significativos de toda la física. Se puede enunciar con la mayor simplicidad: por sí mismo el calor no puede aumentar. Pero las consecuencias de esta simple ley son gigantescas.

El fluir del tiempo

Esta ley explica la razón por la cual una piscina no se congela de pronto en medio de un cálido verano, liberando calor a su entorno y luego convirtiéndose en hielo. Ninguna otra ley de la física prohíbe la ocurrencia de este fenómeno.

La segunda ley es también la única que prohíbe que una bola de béisbol, quieta en el suelo, salte de pronto por el campo y golpee un bate, forzándolo a retroceder en las manos del bateador mientras la bola vuelve al guante del lanzador.

Podemos ver en la realidad éstos y muchos otros fenómenos "prohibidos" si los grabamos en video y luego echamos a andar hacia atrás la cinta. La segunda ley establece de manera muy directa una dirección en el fluir del tiempo.

Hacia el desorden

El flujo del tiempo está relacionado con el desorden. Aunque uno no traiga cosas nuevas a casa, el desorden del hogar aumenta cada día. Hay que pasar muchas horas organizando la casa para invertir esta tendencia incontenible. Si se aplica esta idea a un espacio mayor, el universo, se verá que desde el comienzo está en un proceso de desorganización sin fin.

El término *entropía* mide el grado de desorden. Todos los cambios naturales ocurren de manera que la entropía aumenta. Por consiguiente la entropía del universo crece constantemente.

¿Por qué crece siempre la entropía? La razón es realmente simple: hay una sola manera correcta de armar una cosa pero muchas maneras incorrectas de hacerlo. Por ejemplo, si recogemos las piezas de un rompecabezas que por accidente dejamos caer al suelo y las ponemos rápidamente boca arriba sobre la mesa, no esperamos que el rompecabezas quede armado de manera correcta. Hay *una* manera correcta de armarlo y muchas maneras incorrectas. Es muy probable que no podamos armarlo en el primer intento.

Pensemos en organizar la casa. Probablemente el número de maneras de hacerlo a nuestro gusto es muy reducido. Cuando las cosas no quedan como deseamos, hay desorden. Nada las lleva al desorden. Lo que ocurre es que hay muchas maneras de arreglarlas y sólo nos gustan unas cuantas.

La misma idea es válida para las moléculas. Si bebemos una botella de soda que quedó mal tapada durante varias horas en la cocina, su gusto es insípido. La razón reside en que las moléculas de dióxido de carbono que estaban atrapadas con las de aire entre el líquido y la tapa se han ido. Con el tiempo las moléculas adicionales de dióxido de carbono que estaban dentro del líquido subieron a la superficie y también se fueron. Finalmente queda poco dióxido de carbono en el líquido. Podemos esperar el tiempo que queramos pero las moléculas de dióxido de carbono no volverán a la botella para renovar el sabor del líquido. Están ahora mezcladas con las moléculas de aire en una de las muchas maneras posibles.

Si pudiéramos de algún modo grabar en video las moléculas que abandonan la soda y luego devolviéramos la cinta veríamos que aquí también hay una dirección del tiempo. Es la segunda ley de la termodinámica en acción.

Este aumento constante de la entropía establece la dirección del flujo del tiempo. En la vida real nunca vemos lo que las videocintas

La entropía de un hueco negro

Jacob Bekenstein, por entonces estudiante de postgrado de la Universidad de Princeton, conjeturó en 1970 que los huecos negros poseen entropía y que ésta aumenta a medida que la materia cae en ellos (los huecos negros son objetos tan densos que ni siquiera la luz puede escapar). La idea era extraña para la época porque la entropía es la medida del grado de desorden, y no parecía que los huecos negros contuvieran mucho que pudiera desordenarse.

Pero Bekenstein pensaba que a medida que las estrellas y demás materia caen en un hueco negro llevan con ellas su entropía, y dejan al resto del universo con menos entropía. Si estuviéramos cerca de un hueco negro podríamos arrojar en él todas nuestras cosas rotas y desordenadas. Después de esto nuestra nave espacial quedaría ordenadísima y su entropía disminuiría. La segunda ley de la termodinámica exige que el hueco negro posea entropía, la cual aumentaría en la misma proporción en que la nuestra disminuye.

El célebre físico británico Stephen Hawking demostró que la superficie de no retorno de un hueco negro aumenta cuando las estrellas caen en él. Bekenstein concluyó entonces que el valor de la superficie de no retorno de un hueco negro era una medida de la entropía del hueco.

pasadas en reversa nos muestran. El tiempo fluye en la dirección en que la entropía aumenta.

Esto sí es frío: la tercera ley

La tercera ley de la termodinámica dice que es imposible alcanzar una temperatura de cero absoluto. La *temperatura* de un objeto es una medida de la velocidad promedio de las moléculas. Cuando el objeto está caliente tiene mayor movimiento molecular que cuando está frío. Cuando se pone un termómetro en contacto con un cuerpo caliente, las moléculas del cuerpo chocan con el termómetro y le transmiten algo de su movimiento. El termómetro registra entonces la temperatura de acuerdo con su calibración y escala propias.

A temperaturas bajas las velocidades moleculares son bajas, y el termómetro registra menos choques y de menor energía. Si enfriamos el objeto las moléculas disminuyen más su velocidad. Si seguimos enfriando vemos que en algún momento el movimiento molecular y los choques *deberían* cesar. Si pudiéramos medir la temperatura a la cual debería cesar el movimiento molecular, el termómetro marcaría -273ºC o -480ºF. En 1848, el físico inglés William Thomson, llamado Lord Kelvin, pensó que tendría mayor sentido una escala con 0 para la temperatura más baja posible, así que la inventó. Llamamos a esta temperatura *cero absoluto* o *cero grados Kelvin* (también 0°K o cero K).

¿Cómo sabemos que el cero absoluto es el valor correcto de la temperatura mínima, si ningún termómetro puede medirla? Midiendo valores cada vez más bajos de temperatura los físicos pueden proyectar cuál debería ser este valor. En lugares como el Instituto Nacional de Estándares, con instrumentos precisos, han obtenido un valor muy exacto para el cero K.

El lector habrá notado que ha habido mucha cautela al decir que el movimiento molecular *debería* cesar en el cero absoluto. En la realidad resulta que el movimiento molecular nunca cesa. Las moléculas son pequeños cuerpos cuyo movimiento puede estudiarse sólo con la *mecánica cuántica*, rama de la física iniciada por Einstein en 1905 con la introducción del cuanto de energía.

Según la mecánica cuántica, las moléculas siempre conservan una mínima cantidad de energía, llamada *energía del punto cero*, que nunca puede ser eliminada. Como se verá en el capítulo 16, hay una influencia recíproca entre la velocidad de las moléculas y su posición en el espacio. A medida que se intenta fijar un valor definido para una de estas cantidades relacionadas, la otra cantidad se vuelve más grande.

A medida que se disminuye la velocidad de una molécula, más campo necesita para su posición en el espacio. Como necesita más campo choca con las moléculas vecinas y gana velocidad como resultado de las colisiones. Si tratamos de detenerla por completo su posición en el espacio se vuelve infinita, lo que significa que puede estar en cualquier lugar del universo. Pero en tal caso no puede evitar chocar con otras moléculas y ganar de nuevo velocidad. De manera que nunca se puede alcanzar el cero absoluto.

También se puede ver el asunto desde el punto de vista de la entropía. En el cero absoluto las moléculas de un sistema alcanzarían el estado ordenado ideal, en donde nada se mueve y nada está fuera de su lugar. En tal estado la entropía disminuiría hasta el valor cero. Viéndola así, la tercera ley es en realidad una extensión de la segunda ley.

Melindrosos: la ley cero

Una vez descubiertas las tres primeras leyes de la termodinámica, algunos físicos melindrosos comenzaron a pensar que debería existir una ley que les dijera cuándo dos objetos estaban a la misma temperatura. Los físicos querían formalizar el proceso de determinar cuándo dos objetos están en equilibrio térmico entre sí. La expresión *equilibrio térmico* significa que no se transfiere calor entre los objetos; también significa que los objetos están a la misma temperatura.

Las otras tres leyes venían ya empleándose por algún tiempo, y la gente se acostumbró a llamarlas primera, segunda y tercera. Pero esta nueva ley era tan fundamental que no podía venir detrás de las otras: tenía que precederlas. De suerte que los científicos decidieron llamarla *ley cero*. Dice simplemente que si dos objetos están en equilibrio térmico con un tercero (el termómetro), entonces están en equilibrio térmico entre sí.

Con la flecha del tiempo

La única cosa que impide invertir la flecha del tiempo es la entropía, la segunda ley de la termodinámica. No hay nada en el electromagnetismo o la mecánica que impida hacerlo.

Pasar la película al revés

Si se graba un video de la colisión de dos bolas de billar y se proyecta a los amigos la cinta hacia atrás, no notarán ninguna diferencia. Si hubiera una videocinta especial, capaz de registrar al nivel atómico, se podría hacer lo mismo con dos moléculas que chocan en una caja (ver la figura 5-1).

Si se agrega una tercera molécula, la cinta se vería lo mismo al pasarla hacia atrás. Una cuarta molécula tampoco revelaría nada distinto. Ni una quinta, y así sucesivamente.

Ahora supongamos que tenemos un recipiente con dos compartimentos separados por una pared (ver la figura 5-2). Si llenamos uno de los compartimentos con gas y hacemos luego un hueco en la pared divisoria, el gas comenzará a expandirse hacia el compartimento vacío.

Figura 5-1:
¿Cuál colisión tuvo lugar? Nadie puede decirlo. Ambas son posibles.

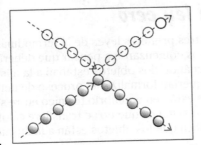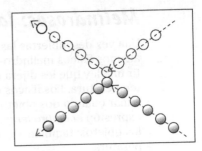

Figura 5-2:
El gas fluirá del compartimento lleno al vacío, pero no al contrario.

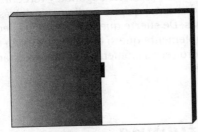

Pasemos ahora la cinta hacia atrás; de inmediato los amigos dirán que mostramos la grabación al revés. Saben que si comenzamos con un gas que llena ambos compartimentos, el gas no puede por sí mismo dejar vacío un lado y confinarse en el otro lado.

Pero los amigos no notarían ninguna diferencia si tuviéramos sólo dos o tres moléculas. Las moléculas chocarían entre sí y pasarían por el hueco en cualquier dirección. A veces estarían todas en un lado y a veces en el otro. Otras veces tendríamos moléculas en ambos compartimentos. La cinta se puede pasar hacia delante o hacia atrás y nos muestra lo mismo.

Si tuviéramos diez moléculas tendríamos que esperar un tiempo mayor para encontrarlas todas en un lado. Con cincuenta sería mejor traer palomitas de maíz y quizá una almohada: la misma situación se alcanzaría en muchas horas.

Con un millón de moléculas tendríamos que esperar toda la vida. Y con un gas real... hasta el infierno se helaría mientras tanto.

Vemos aparecer una clara contradicción cuando agregamos moléculas. Con pocas tenemos una grabación que podemos pasar al derecho o al revés. Con muchas la película es irreversible. De hecho, los físicos llaman a estas situaciones *reversible* e *irreversible*.

Ajustar el corcho: la mecánica estadística

Al principio los científicos descubrieron las leyes de la termodinámica estudiando el comportamiento de gases en distintas condiciones ambientales. Las leyes explicaban las observaciones pero nadie sabía con exactitud por qué funcionaban. La comprensión llegó cuando comenzaron a estudiar la conducta de los átomos y moléculas que componen esos gases.

Como el número de moléculas de un gas es muy grande, y como éstas son pequeñísimas, los científicos comprendieron que no era posible estudiar el comportamiento de partículas individuales. Pero se podían utilizar los métodos estadísticos para descubrir sus propiedades. Y eso fue lo que hizo el físico austríaco Ludwig Boltzmann.

Boltzmann comenzó pensando en las contradicciones entre el movimiento de unas cuantas moléculas y el de los millones de moléculas de un gas. Luego de obtener su doctorado en física en 1866, Boltzmann se interesó en la *mecánica estadística*. Esta rama de la física estaba siendo desarrollada por James Maxwell y otros, con el objeto de emplear métodos estadísticos en el estudio de sustancias con muchos componentes, como los gases, por ejemplo.

Boltzmann pensaba que la contradicción se resolvería si se estaba en condiciones de esperar un tiempo inimaginable. Desde el punto de vista estadístico, un inmenso número de otras combinaciones posibles de las muchas moléculas ocurre antes de una combinación particular: ésa en que todas las moléculas se agrupan en uno de los compartimentos. Cuando la combinación ocurre, terminamos en el futuro con algo que teníamos en el pasado.

Es posible que al lector no le importe esperar un tiempo inimaginable para que el gas se desplace hacia un lado de un recipiente. Pero ¿qué ocurre si quiere recuperar las moléculas que han escapado de esa espléndida botella de champaña que dejó abierta? ¿O si desea revivir una tarde inolvidable, para lo cual necesitaría recuperar todas las moléculas de aire y todas las que formaban los árboles, el prado y el olor de la brisa del océano y traerlas a la misma posición que ocupaban ese día? (Por supuesto, todas las moléculas tendrían que volver también a la hermosa configuración que lo hizo tan dichoso ese día.)

En caso de que lo lograra en cualquiera de las dos situaciones, estaría viajando hacia atrás en el tiempo.

Entonces ¿cuánto tiempo tomaría recuperar la hermosa botella de champaña? Un número tan grande de años que se necesitarían 60 ceros para escribirlo (en comparación, el universo ha existido durante 18.000 millones de años, número que se escribe sólo con nueve ceros).

Hay que rendirse a la evidencia: la champaña se fue para siempre, lo mismo que la fecha gloriosa. Son cosas del pasado. Nos envejecemos cada minuto y no podemos hacer nada para evitarlo. No existen los viajes hacia atrás en el tiempo. Las culpables son las leyes de la termodinámica y la mecánica estadística.

Pero no hay que abandonar todavía la idea de los viajes a través del tiempo. Einstein nos brindará otras oportunidades.

Aparición de Einstein en la ecuación

Ahora que sabemos algo de termodinámica, de mecánica estadística y de las relaciones entre las dos, ¿qué tiene que ver todo ello con Einstein?

La primera incursión de Einstein en el mundo científico tuvo que ver con termodinámica y mecánica estadística. En sus dos primeros artículos profesionales, publicados poco después de su grado universitario, empleó argumentos de termodinámica para explicar varios fenómenos observados en líquidos. Su segundo artículo trató de las bases atómicas de la termodinámica.

En su artículo de 1905 sobre el movimiento browniano (ver el capítulo 3), Einstein utilizó las técnicas estadísticas de Boltzmann para explicar el movimiento en zigzag de las partículas de humo. Los métodos presentados en este artículo prepararon el camino para el desarrollo posterior de la mecánica estadística.

Einstein se interesó en 1924 en el trabajo del físico indio Saryendra Bose (ver el capítulo 16). Empleando un nuevo método de su invención para contar partículas, Bose logró derivar la fórmula de Max Planck para la radiación de los cuerpos (ver el capítulo 15). Einstein amplió el trabajo de Bose y lo aplicó a los átomos y moléculas. Este nuevo método quedó incluido en el desarrollo moderno de la mecánica estadística cuántica. Einstein y Bose predijeron con ese método la existencia de un nuevo estado de la materia, el *condensado Bose-Einstein*. Este nuevo estado de la materia fue descubierto recientemente, como se explica en el capítulo 16.

Capítulo 6

El más fascinante tema de Einstein

En este capítulo

▶ Exploración de la electricidad

▶ Comprensión de los fundamentos del magnetismo

▶ Conexiones entre la electricidad y el magnetismo

▶ Contribuciones de Maxwell al electromagnetismo

▶ De cómo las teorías alteran la realidad

Michael Faraday, científico autodidacta inglés, escribió en su cuaderno de notas de laboratorio a comienzos del siglo XIX: "Convertir el magnetismo en electricidad". Su obra y la de James Clerk Maxwell hicieron posible esta conversión y produjeron la teoría electromagnética.

Einstein pensaba que el electromagnetismo era "el tema más fascinante", y faltaba a clases en la universidad para leer los artículos originales en que se presentaba la teoría. Por la época en que obtuvo su grado universitario era un experto en este campo (descubriría después una inconsistencia entre el electromagnetismo y la idea de Newton del tiempo absoluto y, para resolverla, formularía su teoría de la relatividad).

En este capítulo se presentan las teorías que Einstein leyó en esos primeros artículos sobre electromagnetismo, y se explica el modo en que dichas teorías le ayudaron a entender (y a nosotros también) el universo en que vivimos.

Aparecen fuerzas invisibles

La mecánica de Newton (ver el capítulo 4) ocupó el centro del escenario de la física hasta mediados del siglo XIX. Los científicos elaboraron elegantes versiones de su teoría. John Adams en Inglaterra y Urbain Jean Joseph Le Verrier en Francia, armados con esas poderosas técnicas matemáticas, mostraron que las pequeñas desviaciones observadas en la órbita de Urano se debían a la existencia de un planeta que se movía más allá de todos los planetas conocidos. Neptuno, el nuevo planeta, fue descubierto en el lugar previsto por los dos astrónomos, con un error máximo de un grado.

Éxitos como el mencionado despertaron en la gente del común el interés por la ciencia. Estaban sorprendidos de que se pudiera predecir la existencia de un planeta haciendo cálculos en una hoja de papel, utilizando una teoría científica.

Otras ramas de la física como la óptica, la electricidad, el magnetismo y los estudios sobre la naturaleza de la luz, continuaron desarrollándose a un ritmo más lento, lejos de las candilejas. Por fortuna para Einstein todas estas ramas alcanzaron la madurez por la época en que él estaba en la universidad. La más madura era el *electromagnetismo*, muy exitosa alianza entre la electricidad y el magnetismo, que acababa de completarse.

Pero el tema favorito de Einstein no era sólo una invención del siglo XIX; en realidad había comenzado con los antiguos griegos. En la sección siguiente se explica de qué manera sus ideas desembocaron en el electromagnetismo.

Se perciben las chispas

La electricidad y el magnetismo se conocen desde la antigüedad. Los griegos descubrieron que el ámbar, hermosa resina de color dorado que todavía se usa en joyería, atraía semillas o plumas si se frotaba con un paño, y la llamaron *elektron*. Sabían también que la piedra imán, o magnetita, atraía al hierro.

El conocimiento sobre la electricidad y el magnetismo permaneció estancado hasta finales del siglo XVI cuando William Gilbert, médico de la corte de la reina Isabel I y contemporáneo de Galileo y de Johannes Kepler, comenzó a realizar con imanes experimentos diseñados con extremo cuidado. Investigó además las propiedades de atracción del ámbar y acuñó la palabra *electricidad* para todo lo que atrae como el ámbar. Publicó su trabajo en un grueso libro llamado *De los imanes.*

A pesar de la obra de Gilbert, la electricidad y el magnetismo permanecieron siendo sólo curiosidades, fenómenos empleados para entretener a la gente en las fiestas. Los espectáculos con chispas eléctricas y los trucos con imanes no eran todavía dignos de estudio serio.

La primera dificultad con la electricidad y el magnetismo reside en que las fuentes de la atracción y repulsión de imanes y cuerpos electrificados no son visibles. (En contraste, en mecánica vemos moverse los objetos más rápido o más despacio, acelerando o chocando entre sí; se pueden medir las masas, cronometrar sus movimientos u observar sus colisiones.)

¿Cuál es la naturaleza de estas fuerzas invisibles? ¿Por qué razón el ámbar atrae trocitos de paja? ¿Por qué el imán atrae al hierro, sin importar cuál extremo del imán se utilice, en tanto que atrae o repele a otros imanes, dependiendo del extremo utilizado? El estudio serio de la electricidad y el magnetismo no era fácil. Por fortuna algunos perseveraron.

Descubrimiento de fuerzas opuestas

Uno de estos científicos fue Benjamin Franklin, el hombre renacentista de Estados Unidos. Franklin conocía los experimentos realizados en Francia por Charles du Fay, quien frotaba una varilla de vidrio con seda y luego tocaba con la varilla una hojilla de oro (ver la figura 6-1). La hojilla era atraída por la varilla de vidrio antes de que ésta la tocara, pero era repelida después de que la varilla la tocaba.

Figura 6-1: Una hoja de oro es atraída por una varilla de vidrio frotada con seda, hasta que la varilla toca la hoja.

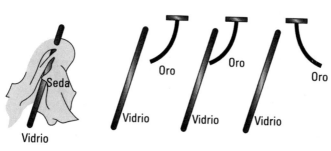

Seda

Vidrio

Oro

Vidrio

Oro

Vidrio

Oro

Vidrio

Du Fay pensaba que había dos clases de electricidad. Creía además que si dos objetos tenían la misma clase, se repelían el uno al otro, mientras que si tenían clases diferentes se atraían mutuamente.

Podemos hacer en casa experimentos similares. Sencillamente tomamos cualquier varilla de plástico y la frotamos con seda. En lugar de una hojilla de oro, difícil de conseguir, cortamos una tirita de hoja de aluminio.

Franklin llevó a cabo experimentos análogos. Realizó también experimentos con rayos y concluyó que una clase de electricidad podía ser neutralizada por la otra. Propuso entonces que había solamente una clase de electricidad y que los objetos poseían de ordinario una cantidad *normal* de electricidad. Si se ponían en contacto dos objetos, algo de electricidad pasaba del uno al otro.

Después de la transferencia de electricidad, sostenía Franklin, uno de los objetos quedaba con un exceso de electricidad, lo cual indicaba con un signo *positivo*, y el otro con un déficit, lo cual indicaba con un signo *negativo*.

En los experimentos con la varilla de vidrio, ¿cuál era negativo y cuál positivo? Franklin no tenía modo de saberlo. Suponía que al frotar con seda la varilla de vidrio se transfería electricidad a la varilla, dejándola positiva mientras la seda quedaba negativa (ver la figura 6-2). Su hipótesis era falsa.

Los científicos descubrieron en el siglo XX que los portadores de electricidad, o de *carga eléctrica* como la llamamos hoy, son los *elec-*

Figura 6-2: Si se frota una varilla de vidrio con seda y luego se separan, la seda gana electricidad negativa y el vidrio gana electricidad positiva.

Seda

Vidrio

trones, que según la convención de Franklin están cargados negativamente. Al frotar el vidrio con la seda se transfieren estos electrones negativos de la varilla a la seda, y dejan en el vidrio moléculas carentes de electrones.

La seda termina con un exceso de electrones y se carga negativamente. El vidrio termina con un déficit de estos electrones negativos, lo cual crea una falta de equilibrio en algunos de los átomos de oxígeno y de sílice que forman las moléculas de vidrio. En condiciones normales los átomos son eléctricamente neutros. Como se verá en el capítulo 15, los átomos poseen un núcleo de carga positiva y una nube de electrones negativos, y estas cargas se equilibran. Si removemos un electrón de un átomo, éste queda con una carga positiva neta. Cuando frotamos el vidrio con la seda, la varilla queda positivamente cargada.

Si frotamos un par de veces una varilla de vidrio con seda, se transfieren cerca de mil millones de electrones del vidrio a la seda. Este número suena enorme, pero, incluso si se frota con vigor, se espera remover electrones solamente de un átomo en un millón de átomos (en las mejores condiciones posibles).

Franklin pensaba que las cargas positivas eran las transferidas. Hoy sabemos que, por el contrario, son los electrones cargados negativamente los que son transferidos. Pero seguimos empleando las convenciones de Franklin de signos positivos y negativos. De acuerdo con sus convenciones, decimos que dos cargas positivas o dos negativas se repelen y que una positiva y una negativa se atraen (ver la figura 6-3).

Figura 6-3: Dos cargas positivas o dos negativas se repelen entre sí. Una carga positiva y una negativa se atraen entre sí.

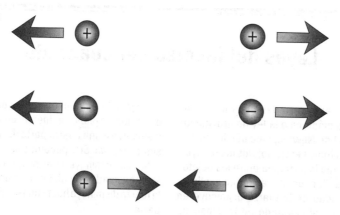

Identificación de fuerzas y campos

Franklin nos enseñó que las cargas eléctricas se atraen o se repelen de acuerdo con su signo. Pero, ¿cuál es la naturaleza de la atracción o la repulsión? ¿Cuál es la fuerza que hace que las cargas respondan en presencia de otras?

Hay dos maneras de considerar este fenómeno, y ambas datan de tiempos anteriores a Einstein. Una es la idea de que la fuerza que actúa entre las cargas las hace acercarse o alejarse. La segunda —la noción de campo— es más sutil pero mucho más poderosa.

Estudio de la fuerza eléctrica

Antes de que Franklin y Du Fay entraran en escena, Newton había ya descubierto que dos objetos cualesquiera del universo se atraen entre sí con una fuerza que depende del producto de sus masas y del cuadrado de la distancia que los separa. Como se explica en el capítulo 4, ésta es la poderosa ley de gravitación universal de Newton.

La ley de gravitación universal de Newton depende en realidad del *inverso* del cuadrado de la distancia que separa los dos objetos. El inverso de cualquier número es igual a 1 dividido por el número. La ley de gravitación universal es llamada entonces una *ley del inverso del cuadrado* (ver el recuadro titulado "Leyes del inverso del cuadrado").

Leyes del inverso del cuadrado

Una ley del inverso del cuadrado, como la fuerza eléctrica o la ley de gravitación universal de Newton, dice que la intensidad de la fuerza entre objetos disminuye a medida que la distancia entre los objetos aumenta. Para decirlo en forma explícita, la intensidad de la fuerza disminuye en proporción al cuadrado de la distancia.

Por ejemplo, si duplicamos la distancia entre los objetos, la fuerza entre ellos disminuye a una cuarta parte de su intensidad original. Si triplicamos la distancia, la fuerza disminuye a una novena parte de su intensidad original. Y si se cuadruplica, la fuerza disminuye hasta una dieciseisava parte.

Franklin se preguntaba si la fuerza entre cargas obedecía también una ley del inverso del cuadrado. Pero tenía que haber dos clases de fuerza, una de atracción y la otra de repulsión. Pidió entonces a su amigo Joseph Priestley de Inglaterra que analizara la idea.

Priestley reflexionó sobre las analogías entre los casos gravitacional y eléctrico, realizó varios experimentos mentales y propuso que esta fuerza obedecía una ley del inverso del cuadrado. Dos años después el científico francés Charles Augustin de Coulomb inventó un método muy ingenioso para medir esta fuerza, y confirmó la perspicacia de Franklin y Priestley (ver el recuadro titulado "La balanza de torsión de Coulomb").

Como la fuerza gravitacional, la fuerza eléctrica entre dos objetos cargados depende del inverso del cuadrado de la distancia que los separa. También depende del producto de las cargas de los dos objetos. Como éstas pueden ser tanto positivas como negativas, el producto de las cargas puede ser también positivo o negativo. Una fuerza _positiva_ es la fuerza que hay entre dos cargas del mismo tipo (dos cargas negativas o positivas). Esta fuerza es repulsiva, empuja a las cargas y las separa. Una fuerza _negativa_ es la que existe entre cargas de distinto tipo. Esta fuerza es _atractiva_ y trata de juntar las cargas.

Definición de los campos eléctricos

La segunda manera de considerar la interacción entre dos cargas eléctricas utiliza la noción de campo. La expresión _campo eléctrico_ describe la propiedad del espacio alrededor de un objeto cargado eléctricamente. La presencia en un lugar de un objeto cargado cambia o _distorsiona_ el espacio a su alrededor de modo que cualquier otra carga en este campo experimenta una fuerza de atracción o de repulsión hacia la carga original.

Consideremos el siguiente ejemplo: supongamos que hemos ganado billetes para asistir al Super Bowl y estamos felices esperando que comience el juego, cuando una gran estrella de la música popular, cuya actuación está programada para el intermedio del partido, entra en el estadio. Todos perciben su presencia rápidamente. Algunos ven personalmente a la cantante y otros saben que está allí por la gente que la vio. La mayoría sólo intuye su presencia por la inusitada actividad de la multitud y porque es sabido que actuará en el intermedio.

Se propaga la noticia sobre la presencia de la cantante en el estadio sin que todos la vean con sus propios ojos. El estadio se convierte

La balanza de torsión de Coulomb

No fue muy difícil calcular la fuerza de gravedad con base en la ley de gravitación universal de Newton, porque las masas y distancias pueden medirse con relativa facilidad. No sucede lo mismo con las cargas eléctricas. Ni siquiera podemos verlas, así que ¿cómo medir la distancia que las separa y los valores (positivos o negativos) que tienen?

El científico francés Charles Augustin de Coulomb inventó un instrumento que medía la fuerza necesaria para hacer girar un par de esferitas eléctricamente cargadas. Las dos esferas se colocaban en los extremos de una varilla eléctricamente aislada sostenida por un alambre delgado. A medida que las esferas cargadas se separaban o se acercaban, dependiendo del signo de sus cargas, el alambre se enrollaba. Coulomb calculó la fuerza repulsiva a partir del ángulo de giro del alambre y probó la conjetura de Priestley: la fuerza era del tipo del inverso del cuadrado.

Luego puso en contacto las esferas originales con esferas descargadas, transfiriendo así una fracción de la carga original. Mediante este procedimiento mostró que la fuerza dependía del producto de las cargas. La fuerza eléctrica entre dos cuerpos se llama hoy *fuerza de Coulomb*.

entonces en un *campo*, una región donde la actividad normal de la gente que espera el comienzo del juego cambia como resultado de la presencia de la celebridad. Los pensamientos se concentran por un momento en la cantante; la imagen de la cantante está en la mente de todos.

Observemos la figura 6-4. El campo eléctrico alrededor de una carga se representa por un conjunto de líneas. Como las cargas de mismo signo se repelen y las de distinto signo se atraen, las líneas del campo tienen flechas que muestran la dirección que tomaría una pequeña carga positiva de prueba si se colocara en cada punto. Las líneas del campo de una esferita cargada positivamente (a la izquierda) apuntan hacia fuera porque la carga de prueba (positiva) siempre se aleja de una carga positiva. Las líneas del campo de una esferita cargada negativamente (a la derecha) apuntan hacia adentro porque la carga de prueba es atraída hacia ella en cualquier punto en que la situemos.

Si colocamos a corta distancia dos esferitas con cargas iguales y de signo opuesto, sus líneas del campo se curvan y se encuentran, como se muestra en la figura 6-5. Las líneas del campo indican siem-

Figura 6-4:
El campo eléctrico en el espacio alrededor de una carga positiva (a la izquierda) y alrededor de una carga negativa (a la derecha).

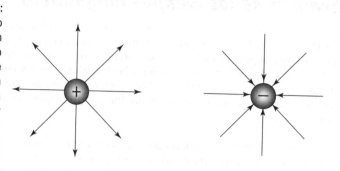

pre la dirección en que se moverá una carga positiva situada en cualquier punto del campo. Una carga negativa se moverá en dirección opuesta.

Hay muchos campos en física. El campo gravitacional alrededor de la Tierra, por ejemplo, es la propiedad del espacio que rodea nuestro planeta en donde cualquier objeto experimenta la fuerza de gravitación de la Tierra. Einstein utilizó el campo gravitacional para mostrar que lo que llamaba *espacio-tiempo*, combinación de cuatro dimensiones del espacio y el tiempo, es curvo, y que la gravedad es sencillamente la manifestación de este espacio-tiempo curvo. El significado de esto se explica en el capítulo 12.

Figura 6-5:
El campo eléctrico cerca de dos cargas de signo opuesto situadas a corta distancia.

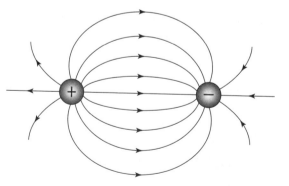

Examen de los campos magnéticos

He aquí un campo que podemos ver: si esparcimos algunas limaduras de hierro sobre una tarjeta de cumpleaños (o sobre cualquier trozo de papel grueso) y luego ponemos debajo de la tarjeta una barra imantada, observaremos cómo las limaduras de hierro forman líneas curvas desde un extremo al otro del imán (ver la figura 6-6). Las limaduras nos muestran la forma del campo magnético alrededor del imán.

El espacio alrededor del imán cambia, no importa dónde lo pongamos. Cualquier cuerpo imantado en la región percibe este cambio y experimenta una fuerza. La fuerza magnética, como la fuerza gravitacional, obedece a una ley del inverso del cuadrado.

Como sabemos por nuestra familiaridad con pequeños imanes, todo imán tiene dos extremos distintos, que suelen llamarse los polos magnéticos *norte* y *sur*. Si ponemos dos imanes con sus polos norte enfrentados, los imanes se repelen. Lo mismo ocurre si se enfrentan los polos sur. Si el polo norte del uno se enfrenta al polo sur del otro, los dos imanes se atraen y se pegan.

Similitudes y diferencias entre la electricidad y el magnetismo

La electricidad y el magnetismo parecen tener muchas cosas en común. Son similares en lo siguiente:

✔ Existen dos clases de electricidad, positiva y negativa. Existen dos clases de polos magnéticos, norte y sur.

Figura 6-6:
Forma de las líneas del campo magnético alrededor de una barra imantada.

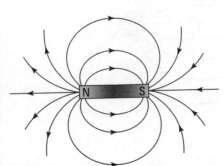

✔ Cargas de mismo signo se repelen y de signo opuesto se atraen. Polos de la misma clase se repelen y de distinta clase se atraen.

✔ La fuerza eléctrica obedece una ley del inverso del cuadrado, y lo mismo ocurre con la fuerza magnética.

✔ Las líneas del campo eléctrico alrededor de dos cargas iguales de signo opuesto tienen la misma forma que las de los polos norte y sur de un imán.

Con todo, hay diferencias. Las cargas positivas y negativas existen aisladas mientras que las fuerzas magnéticas existen sólo por parejas.

Experimentos fallidos y cambio en la ciencia

Los científicos buscaron la conexión entre electricidad y magnetismo, animados por las analogías existentes entre las dos clases de fenómenos. Un buen punto para comenzar era estudiar la posibilidad de que las corrientes eléctricas generaran campos magnéticos. (Una *corriente eléctrica* no es sino el movimiento de cargas eléctricas que suelen desplazarse a través de algún alambre metálico. Las corrientes eléctricas pueden existir en el vacío o en algunos cuerpos no metálicos, pero las más comunes existen en metales.) Una y otra vez trataron, y fracasaron en su intento de demostrar la conexión.

Imanes partidos

El célebre físico inglés Paul Dirac propuso en 1931 que deberían existir los polos magnéticos aislados, o *monopolos*, para completar la simetría entre electricidad y magnetismo. Si dos cargas eléctricas existían por separado, ¿por qué no podía ocurrir lo mismo con dos polos magnéticos?

Las teorías recientes sobre física de partículas y cosmología sugieren que los monopolos magnéticos existieron en el universo temprano. Si existen, no pueden obtenerse partiendo un imán en dos. Si se hace esto resultan dos imanes completos, cada uno con sus polos norte y sur.

Hans Christian Oersted, profesor de Dinamarca, montó en 1819 un experimento para mostrar a sus estudiantes que, a pesar de sus analogías, los campos eléctricos y magnéticos *no* estaban relacionados y que era imposible producir uno a partir del otro. Había hecho el experimento muchas veces. Puso alambres sobre una mesa, enfrente de él, por los que hizo pasar una corriente eléctrica. Con una pequeña brújula magnética mostró a sus estudiantes que la aguja de la brújula apuntaba siempre hacia el norte, sin importar cuán cerca estuviera de los alambres. Al terminar, tomó la brújula y se dio cuenta de que la aguja giraba y apuntaba en una dirección perpendicular al alambre (ver la figura 6-7).

El profesor Oersted continuó experimentando.

Mientras trataba de probar lo contrario, Oersted demostró accidentalmente que existía una conexión, después de todo: los campos eléctricos podían generar campos magnéticos. Nadie había notado esta conexión porque todos ponían la brújula junto al alambre, nunca encima o debajo de éste. El experimento de Oersted fue el primer caso documentado de una fuerza que actuaba en una dirección perpendicular al movimiento de un cuerpo (en este caso los electrones que forman la corriente eléctrica en el alambre).

Figura 6-7:
Oersted descubrió que la brújula magnética se desvía si se coloca directamente encima o debajo de un alambre por el que fluye una corriente eléctrica.

Experimentador chapucero

Hans Christian Oersted descubrió de manera accidental la conexión entre electricidad y magnetismo, por lo cual se hizo célebre. Parece que no era un experimentador meticuloso. Uno de sus estudiantes escribió que Oersted era "un hombre ingenioso pero… incapaz de ma-nipular instrumentos". De ser cierta esta descripción, su falta de habilidad pudo haberle ayudado en el descubrimiento. Científicos más diestros probablemente habrían cortado la corriente antes de terminar el experimento y no habrían percibido el movimiento de la aguja.

Si miramos la figura 6-8 comprenderemos mejor el experimento de Oersted. Sobre la mesa tenemos varias brújulas y un alambre que transporta una corriente. Todas las brújulas apuntan hacia el norte (arriba a la izquierda). Si levantamos una y la orientamos de modo que la aguja magnética sea perpendicular al alambre, la aguja se desvía y permanece perpendicular al alambre (arriba a la derecha). El dibujo inferior muestra las líneas del campo magnético que se enrollan alrededor del alambre.

Oersted publicó su hallazgo en 1820. A los pocos meses científicos de toda Europa trataban de reproducir el experimento. El joven

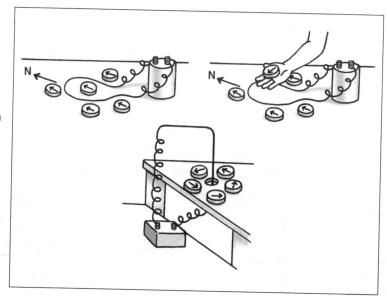

Figura 6-8: Descubrimiento de Oersted sobre la conexión entre electricidad y magnetis-mo.

físico francés André Marie Ampère logró ampliar el experimento de Oersted, lo describió matemáticamente y demostró que todas las formas de magnetismo son generadas por pequeñas corrientes eléctricas.

Una corriente eléctrica no es sino un conjunto de cargas eléctricas, una o más cargas, que se mueven en algún espacio. La ley de Ampère, como llamamos hoy al descubrimiento de Oersted, puede formularse así:

Una carga eléctrica en movimiento genera un campo magnético.

Creación de una corriente

Oertsed y Ampère habían demostrado que una corriente eléctrica producía un campo magnético. Ahora la pregunta obvia era: ¿produce un campo magnético una corriente eléctrica? Muchos científicos intentaban dar una respuesta a esta pregunta cuando, en 1821, un científico autodidacta inglés, de nombre Michael Faraday, se dirigió a su laboratorio con algunas ideas en mente.

Al principio ninguna de sus ideas dio resultado, pero entonces nadie había logrado nada, igualmente. Faraday no se dio por vencido. Durante diez años intentó de manera intermitente y sin éxito demostrar que un campo magnético podía producir una corriente eléctrica. Al fin, en 1832, enrolló un alambre de cobre aislado en un lado de un anillo de hierro y conectó los dos extremos del alambre a una batería (ver la figura 6-9). Enseguida enrolló un segundo alambre de cobre aislado en el otro lado del anillo y conectó los dos extremos del alambre a un medidor de corriente (un amperímetro), para registrar cualquier corriente generada en esta espiral.

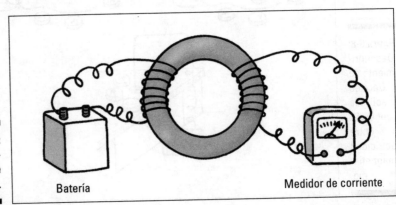

Figura 6-9:
El experimento de Faraday.

Batería

Medidor de corriente

Faraday sabía que la corriente eléctrica en el primer alambre produciría un campo magnético. Era la ley de Ampère, lo que Oersted había observado y que tenía a todo el mundo en ascuas.

Faraday esperaba también que el campo magnético creado en la primera espiral se propagara por el anillo de hierro hasta el otro lado, donde estaba la segunda espiral. Esta propagación del campo magnético ya se había demostrado.

Lo que buscaba Faraday era que el campo magnético produjera una corriente en la segunda espiral, que no estaba conectada a una fuente de electricidad y estaba aislada del anillo de hierro al cual se enrollaba.

Faraday conectó su batería y verificó si había alguna corriente fluyendo por su segunda espiral. Nada.

Siguió ensayando. No había corriente en la segunda espiral. Pero se dio cuenta de que cada vez que conectaba o desconectaba la batería, la aguja del medidor de corriente de la segunda espiral daba un salto. Estaba intrigado. ¿Era quizá el *cambio* en el campo magnético del anillo lo que producía un registro en el medidor? Intentó entonces cambiar la corriente en la primera espiral para ver si tal era el caso.

¿Para qué sirve este invento?

Después de descubrir su ley de inducción, Faraday inventó el generador eléctrico. Siendo ya un científico famoso, se cuenta que el primer ministro británico le preguntó para qué servía su invento. Se cree que Faraday respondió que un día podría gravarlo con un impuesto.

Esta historia es probablemente pura ficción, pero la respuesta terminó siendo cierta. Un generador eléctrico no es otra cosa que varias espiras de alambre que se hacen girar dentro de un imán. Una rueda de paletas movida por una caída de agua o un río puede ser la fuente de energía que mueve las espiras de alambre. A medida que éstas giran, las líneas del campo magnético que atraviesan las espiras cambian de cero (cuando las espiras son paralelas a las líneas del campo) a un máximo (cuando las espiras son perpendiculares a las líneas). La variación del campo magnético genera una corriente eléctrica en el alambre. Ahora usamos esta corriente en el hogar. Y podemos apostar que el primer ministro actual grava este servicio público.

El asunto funcionó. Tenía su descubrimiento. En realidad había hecho uno de los descubrimientos más importantes del siglo: había obtenido electricidad del magnetismo.

De manera que la variación del campo magnético generaba una corriente. En los meses siguientes Faraday trató por otros medios de producir una corriente en un alambre aislado, y probó que para lograrlo no se requería el anillo de hierro. Una corriente variable en una espiral generaba un campo magnético variable que a su vez producía una corriente en una segunda espiral separada, situada junto a la primera. Incluso con un imán móvil se lograba lo mismo, porque la espira aislada percibía el alejamiento o acercamiento del campo magnético (ver la figura 6-10).

La *ley de inducción* de Faraday, como llamamos hoy su descubrimiento, se expresa así:

Un campo magnético variable genera una corriente eléctrica.

Valoración de Maxwell, gran escocés

Los descubrimientos de Oersted, Ampère y Faraday probaron al mundo científico que la electricidad y el magnetismo estaban íntimamente relacionados. Faraday nos mostró la conexión completa entre los dos. Pero como era poco o nada entendido en matemáticas, no pudo darnos el cuadro completo. No entendía una palabra de los artículos con muchas matemáticas de Ampère. Tenía que atenerse a las descripciones de los experimentos de Oersted y a las presentaciones en los congresos de los artículos de Ampère.

Entonces entró en escena James Clerk Maxwell (1831-1879), preparadísimo científico escocés con notables habilidades matemáticas. En sus primeros dos artículos sobre electromagnetismo desarrolló

Figura 6-10:
Si movemos un imán hacia un anillo de metal podemos crear una corriente en el anillo.

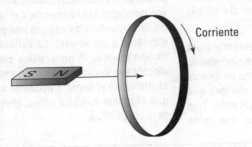

Corriente

un modelo matemático para la ley de inducción de Faraday. Al aplicar su modelo se dio cuenta de que, además de reproducir la ley de Faraday (según la cual un campo magnético variable produce una corriente eléctrica variable), el modelo sugería que una corriente eléctrica variable producía también un campo magnético, lo cual era parecido a lo expresado por Ampère.

Ampère había descubierto que una carga en movimiento produce un campo magnético. Si utilizamos la idea del campo eléctrico de Faraday, la ley de Ampère dice en realidad que el campo eléctrico de una carga móvil produce un campo magnético. El modelo de Maxwell era más general: afirmaba que un campo eléctrico cambiante producía un campo magnético. Un campo eléctrico variable entre dos placas metálicas, por ejemplo, en donde no había ninguna carga en movimiento, debería producir un campo magnético.

Maxwell decidió modificar y extender la ley de Ampère para incluir dicha posibilidad. Esta extensión, que llamamos hoy ley de Ampère-Maxwell, dice:

> *Un campo eléctrico variable produce un campo magnético variable.*

Con esta extensión Maxwell logró uno de los mayores descubrimientos científicos de la historia. Su idea genial unificó la electricidad y el magnetismo en una sola teoría que llamamos hoy *electromagnetismo*.

Las famosas ecuaciones

El matrimonio entre electricidad y magnetismo estaba ya completo. Un campo genera al otro. Y Maxwell lo describió todo en forma matemática en sus célebres ecuaciones de Maxwell.

Maxwell tomó los trabajos de Coulomb, Ampère, Faraday y otros, y los reunió en una teoría completa y hermosa. Toda la historia se cuenta en cuatro ecuaciones (no es necesario verlas: claro que son atractivas). La primera es una versión más elegante de la ley de Coulomb: establece una relación entre una carga eléctrica y su campo eléctrico. La segunda describe las líneas del campo magnético y muestras las diferencias que hay con las líneas del campo eléctrico.

La belleza surge en las dos últimas ecuaciones. La tercera es la ley de inducción de Faraday y la cuarta la ley de Ampère-Maxwell.

Ya vimos lo que dicen y hacen. Mostraremos ahora las razones de su belleza.

Según la tercera ecuación, un campo magnético variable crea un campo eléctrico también variable. Pero la cuarta ecuación dice que este campo eléctrico variable produce a su vez un campo magnético variable. Este último campo magnético variable produce un nuevo campo eléctrico variable y así sucesivamente, de la tercera ecuación a la cuarta y viceversa.

Cuando establecemos el primer campo variable (cualquiera de los dos; no importa el orden), el otro se crea inmediatamente y el asunto toma vida propia. Los dos campos interrelacionados se convierten en un solo campo *electromagnético* que comienza a propagarse por el espacio.

Maxwell combinó sus ecuaciones en una sola para mostrar que este campo electromagnético se mueve en el espacio como una onda a 288.000 kilómetros por segundo. El número era muy cercano a la velocidad de la luz, que en la época se había medido y había dado un valor de 311.000 kilómetros por segundo.

Nueve años después de la muerte de Maxwell, Heinrich Hertz utilizó la teoría para generar ondas electromagnéticas en su laboratorio. Hoy, por supuesto, vivimos rodeados de ondas electromagnéticas generadas por las estaciones de radio de las ciudades donde habitamos, por los controles remotos o los teléfonos celulares. Estas ondas viajan todas con una velocidad de 300.000 kilómetros por segundo, valor que los científicos han medido (muy cercano al medido hace un siglo y medio, cuando Maxwell las descubrió).

Enviamos también esas ondas a nuestras naves espaciales en la superficie de Marte, con instrucciones para que suban la curiosa colina que vemos gracias a las ondas electromagnéticas que la nave nos envió hace 20 minutos.

Muy emocionante asunto. No es de extrañar que Einstein faltara a clases para leer las teorías de Maxwell.

Capítulo 7

Y se hizo la luz

En este capítulo

▶ Primeros intentos de medición de la velocidad de luz

▶ Medida precisa de la velocidad de la luz

▶ La luz es una onda electromagnética

▶ La teoría de los colores de Newton

▶ El experimento de Young

¿Qué es la luz? Durante siglos los científicos han tratado de entender su naturaleza. Los griegos pensaban que estaba formada por pequeñas partículas que viajaban en línea recta, penetraban en nuestros ojos y estimulaban nuestro sentido de la visión. También Newton pensaba que estaba constituida por pequeñas partículas. Pero el científico inglés Thomas Young creía que era una onda, e inventó un ingenioso experimento para probarlo.

En el capítulo 16 se presentan las opiniones de Einstein sobre la naturaleza de la luz. Pero antes de explorar la manera en que Einstein revolucionó nuestra comprensión sobre el particular, es necesario explicar lo que aprendió de sus profesores y por su cuenta acerca de los fenómenos luminosos. Este capítulo se dedica a resumir los estudios sobre la luz desde los tiempos de Galileo, y a explicar las contribuciones de Young y Newton.

Intentos de medir la velocidad de la luz

Como se dijo en el capítulo 6, la teoría del electromagnetismo de James Clerk Maxwell nos dice que la luz es una onda electromagnética que viaja a 300.000 kilómetros por segundo (kps). Las ecuaciones de Maxwell nos hablan de la creación de campos eléctricos y magnéticos variables que se alimentan mutuamente, incluso en regiones donde no hay cargas que acelerar o imanes que mover. Maxwell demostró que estos campos, entrelazados en una danza, creaban su propio espectáculo luminoso. Los campos se propagan por el espacio en forma de luz o como cualquier onda electromagnética.

Pero otros científicos anteriores a Maxwell habían intentado identificar la naturaleza de la luz y calcular su velocidad. A continuación se presentan dos de estas tentativas, que Einstein aprendió en el colegio.

Galileo y las linternas colgantes

¿Qué tan rápido se propaga la luz por el espacio? El valor moderno de la velocidad de la luz es 300.000 kps. En realidad es 299.792,458 kps, pero éste es un número difícil de recordar. La circunferencia de la Tierra mide cerca de 40.000 km, de modo que la luz le da la vuelta al mundo en algo más de una décima de segundo.

Con instrumentos modernos se puede medir este enorme valor de la velocidad de la luz. ¿Cómo hicieron para medirlo antes de que existieran estos instrumentos?

Galileo fue el primero en intentarlo. Ubicó a dos personas con linternas intermitentes en las cimas de dos colinas distantes. El experimento fracasó, por supuesto. Galileo no podía medir segundos con precisión, mucho menos la pequeña fracción de segundo que gastaba la luz en viajar entre las dos colinas.

Pero Galileo era Galileo, así que con su crudo enfoque de este difícil experimento logró probar que la velocidad de la luz es finita. Su contemporáneo, el filósofo francés René Descartes, decía que era infinita.

Roemer y el seguimiento de un satélite

Unos 70 años después del experimento de Galileo, el joven astrónomo danés Olaus Roemer obtuvo el primer valor de la velocidad de la luz. Para conseguirlo no le bastó ir hasta una colina distante. Utilizó los satélites de Júpiter. Y también tuvo que enfrentarse a su jefe, el célebre astrónomo Jean Dominique Cassini, cuyo nombre llevan hoy los anillos de Saturno.

Detrás de una inconsistencia

Roemer era un brillante joven de 21 años que había sido contratado como auxiliar por uno de los asistentes de Cassini en el Observatorio de París, cuyo director era el propio Cassini. Roemer no se contentó con ayudar: se dedicó a resolver uno de los problemas centrales del observatorio.

Las observaciones de Cassini mostraban un problema en el movimiento de *Io,* uno de los satélites de Júpiter (Io es una de las muchas amantes de Zeus, el Júpiter de la mitología romana). Parecía que la órbita de Io era impredecible. Los instantes en que el satélite salía de detrás del planeta variaban en forma inexplicable. Cassini ordenó a sus asistentes mejorar las observaciones y hacer más cálculos.

Roemer no estaba muy convencido de que el problema residía en los cálculos o en las observaciones. Según él, el asunto era que nadie tenía en cuenta las distancias relativas entre la Tierra y Júpiter mientras los dos planetas se movían alrededor del Sol. En diferentes puntos de sus órbitas, los planetas están unas veces más lejos y otras más cerca. Cuando Io sale de detrás del planeta, la distancia recorrida por la luz desde el satélite hasta la Tierra depende de la separación de los planetas en ese instante.

Cassini no estaba de acuerdo con su asistente. Creía que la luz se propagaba instantáneamente de un lugar a otro, sin retardos. No importaba qué tan lejos estuviera Júpiter.

Roemer persistió en su idea. Volvió a revisar el cúmulo de datos obtenidos durante muchos años en el observatorio de Cassini. Con ellos logró calcular las variaciones de los instantes de comienzo y fin de los eclipses de Io en su órbita. Estaba seguro de tener la razón y deseaba divulgar sus resultados.

Diferencias con el jefe

¿Qué hacer? En condiciones normales el director del observatorio hacía la presentación pública de los nuevos hallazgos junto con el investigador que los había obtenido. Pero Cassini no estaba de acuerdo con el trabajo de Roemer, así que Roemer decidió presentar sus hallazgos solo. Había estado cinco años en el observatorio de Cassini y se sentía orgulloso. Se presentó ante la Academia de Ciencias de París y anunció que Io saldría de detrás de Júpiter exactamente diez minutos después de lo que había dicho Cassini.

Cassini había calculado que Io saldría del eclipse el 9 de noviembre de 1676 a las 5:25:45 a.m. Los astrónomos fueron a observar esa noche. Llegaron las 5:25:45 y pasaron, y nada: Io no había cumplido la cita. A las 5:30 no había todavía señales del satélite. Pero a las 5:35:45 lo reapareció. Roemer estaba en lo correcto.

Christian Huygens, amigo de Roemer, utilizó estos datos para calcular el primer valor medido de la velocidad de la luz. Su número fue 227.000 kilómetros por segundo, cerca de un 24% menos que el valor moderno.

Cassini nunca admitió su error. La mayoría de los astrónomos europeos lo respaldaba y no creía que la velocidad de la luz era finita. Unos 50 años después, otros métodos para medir la velocidad de la luz probaron que Roemer había tenido razón.

¿Cuánto gasta la luz?

Podemos darnos una idea de la magnitud de la velocidad de la luz y de las distancias en el universo con los ejemplos que se muestran en la siguiente tabla. Einstein dijo que nada puede viajar a la velocidad de la luz, excepto la propia luz, así que nosotros nos demoraríamos muchísimo más en llegar a los destinos indicados. Pero tal vez no tanto como pensamos. En el capítulo 10 veremos cómo la teoría especial de la relatividad nos ayuda a evitar el lento ritmo al que estamos acostumbrados, y a viajar más rápido.

Viajes a la velocidad de la luz

Lugar	Tiempo que gasta la luz en llegar
El otro lado del salón	0,02 millonésimas de segundo
La Luna	Algo más de 1 segundo
El Sol	8 minutos
El confín del sistema solar	5 horas y media
La estrella más próxima (Alfa Centauri)	4 años
El centro de la Galaxia	30.000 años
El otro lado de la Vía Láctea	100.000 años
La galaxia más cercana (Andrómeda)	1 millón de años

Por la época en que Einstein estaba en el colegio, la velocidad de la luz había sido medida con muy buena precisión. Esta velocidad, representada en su trabajo por la letra c, terminó formando parte de los fundamentos de su teoría especial de la relatividad.

En donde se prueba que Maxwell tenía razón

James Clerk Maxwell murió de cáncer a los 48 años. Como murió tan joven nunca vio la confirmación de su descubrimiento: la luz es una onda electromagnética que puede generarse moviendo una carga hacia delante y hacia atrás. Si hubiera vivido ocho años más habría presenciado la prueba.

Heinrich Hertz produjo las ondas electromagnéticas de Maxwell y midió su velocidad. Hertz era un brillante físico alemán que había obtenido su doctorado a los 22 años de edad en la Universidad de Berlín. Tres años más tarde, en 1883, decidió estudiar los artículos de Maxwell para poder entender la teoría del electromagnetismo, que no se enseñaba todavía ni en la universidad ni en las escuelas de postgrado (era demasiado nueva, y pocos profesores la conocían lo suficiente como para enseñarla).

Chispas que saltan

Hertz aprendió por su cuenta el electromagnetismo y, en dos años, se convirtió en un experto. Decidió entonces generar las ondas electromagnéticas descritas por Maxwell y medir su velocidad.

Construyó una réplica del montaje que Michael Faraday había empleado para descubrir su célebre ley de inducción (ver el capítulo 6), que pasó a ser una de las ecuaciones de Maxwell. Pero Hertz modificó un poco el montaje de Faraday. Éste había enrollado en un anillo de hierro dos alambres separados y aislados. Uno estaba conectado a una batería y el otro era un circuito cerrado. Hertz decidió abrir el circuito y colocar dos esferitas metálicas en los extremos del alambre (ver la figura 7-1). La separación entre las esferas era pequeña.

Por la teoría electromagnética de Maxwell, Hertz sabía que al conectar o desconectar la batería en la primera espiral, el rápido cambio de corriente producía un campo magnético variable, el cual, a su vez, generaba un voltaje en la segunda espiral. En otras palabras:

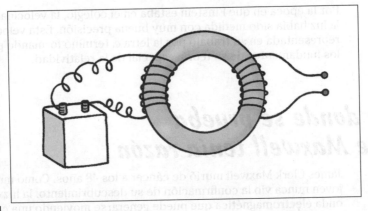

Figura 7-1:
Montaje
del expe-
rimento
de Hertz,
con dos
esferitas
metálicas
separadas
por un
espacio
pequeño.

Corriente eléctrica variable → campo magnético variable →
voltaje en la segunda espiral

Cuando el voltaje en la segunda espiral era lo suficientemente grande, saltaba una chispa entre las dos esferas.

De acuerdo con la teoría de Maxwell, las chispas enviaban a través
del espacio entre las dos esferas campos eléctricos y magnéticos
variables; estos campos saldrían y se moverían por el espacio circundante como una onda electromagnética.

Invención del primer aparato de radio

Hertz se dio cuenta de que si colocaba una segunda espiral con
esferas en los extremos, con un pequeño espacio entre ellas, el campo electromagnético llegaba y producía un voltaje en esta segunda
espira.

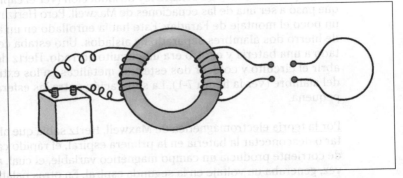

Figura 7-2
Transmisor
y receptor
de radio
inventados
por Hertz.

Hertz acababa de inventar un *transmisor* de radio (el conjunto de las dos espirales) y un *receptor* de radio (la segunda espira). Luego logró medir la velocidad de las ondas electromagnéticas generadas con este montaje de chispas, y obtuvo el mismo valor de la velocidad de la luz, de acuerdo con la predicción de Maxwell.

La luz

El experimento de Hertz demostró que la luz era una onda electromagnética. Hertz había logrado en esencia producir luz haciendo circular por un alambre una corriente eléctrica. Esta luz, invisible, era en realidad una onda de radio. ¿Qué tienen que ver las ondas de radio con la luz? Las ondas de radio, la luz y otras ondas descubiertas después son todas ondas electromagnéticas generadas de modo similar: acelerando cargas eléctricas. La única diferencia entre ellas está en la rapidez de la ondulación, es decir, en la rapidez con que *oscilan*.

Una vez generadas, todas las ondas electromagnéticas se propagan por el espacio a la velocidad de la luz, 300.000 kps. Podemos imaginárnoslas como una burbuja pulsante que se expande rápidamente, como se muestra en la figura 7-3.

Si se examina una onda electromagnética con determinados instrumentos, se detectan los campos eléctricos y magnéticos que pulsan u oscilan al tiempo (ver la figura 7-4). Es esta oscilación lo que viaja por el espacio. La onda no se deforma a medida que viaja; la longitud de cada oscilación, o *longitud de onda*, permanece idéntica para una onda electromagnética particular. Pero la longitud de onda es diferente en ondas diferentes. Las ondas de radio, como las generadas por Hertz, tienen longitudes de onda que varían desde cerca de

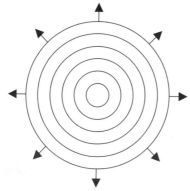

Figura 7-3:
Las ondas electromagnéticas se propagan en todas direcciones, como una burbuja que se expande.

Figura 7-4:
Los campos
eléctricos y
magnéticos
pulsantes
que forman
la onda
electro-
magnética
oscilan al
tiempo.

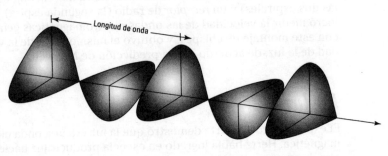

Longitud de onda

1 metro hasta miles de kilómetros. La longitud de la onda de Hertz era corta, medía cerca de 1 metro.

Las ondas electromagnéticas que calientan nuestra comida en el horno microondas se miden en centímetros. Los rayos X son muchísimo más pequeños; por eso pueden penetrar la piel y los músculos, y mostrar a los médicos un retrato de nuestros huesos.

Presentación del espectro electromagnético

Las longitudes de onda de la luz visible son mayores que las de los rayos X pero menores que las de las ondas de radio y televisión. A causa de la pequeñez de sus longitudes de onda, los científicos emplean el *nanómetro* para designar su longitud (un nanómetro —nm— es igual a una millonésima de milímetro). La luz visible está en el rango que va desde 400 nm para el color rojo hasta 700 nm para el violeta.

En la figura 7-5, que muestra el *espectro electromagnético* (como lo llamó Newton), se indican los nombres que damos a los diferentes

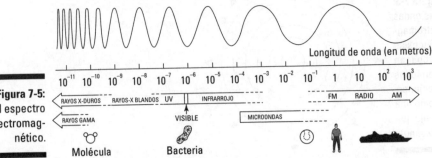

Figura 7-5:
El espectro
electromagnético.

Longitud de onda (en metros)

10^{-11} 10^{-10} 10^{-9} 10^{-8} 10^{-7} 10^{-6} 10^{-5} 10^{-4} 10^{-3} 10^{-2} 10^{-1} 1 10 10^{2} 10^{3}

RAYOS X-DUROS   RAYOS-X BLANDOS   UV   INFRARROJO   FM   RADIO   AM

RAYOS GAMA   VISIBLE   MICROONDAS

Molécula   Bacteria

rangos de longitudes de onda que se conocen. Cada longitud de onda posee una energía diferente; las longitudes de onda cortas poseen más energía. Los científicos han inventado instrumentos para detectar los diferentes rangos.

Creación de una teoría de los colores

En su año milagroso de 1666 (ver el capítulo 4), Newton comenzó experimentos que condujeron a su teoría de los colores. Este trabajo fue de gran importancia: lo que hoy sabemos sobre los colores tiene su origen en los experimentos que realizó en ese año maravilloso.

Newton sabía que un haz de luz que pasa por un prisma se descompone en el conjunto de colores del arco iris: violeta, azul, verde, amarillo, anaranjado y rojo. Esto se sabía desde los tiempos de Aristóteles, pero nadie pudo explicarlo hasta la aparición de Newton.

Un hueco en los postigos

Newton deseaba experimentar con "los célebres fenómenos de los colores". A comienzos de 1666 compró un prisma de vidrio, lo llevó a la hacienda de su madre, fue a su habitación, cerró puertas y ventanas e hizo un huequito en los postigos para dejar entrar en el cuarto un angosto haz de luz.

Colocó su prisma en el haz luminoso y éste se descompuso en colores en la pared opuesta. La gente estaba familiarizada con este fenómeno; no era nada nuevo pero era hermoso.

Newton notó algo peculiar. Había hecho cuidadosamente un hueco circular, pero la mancha en la pared opuesta no era circular sino ovalada.

La gente anterior a Newton pensaba que un prisma cambiaba el color de la luz. La teoría era que la luz del Sol que pasaba por la parte gruesa de un prisma se oscurecía más, así que se volvía azul, mientras que la que pasaba por la parte delgada se oscurecía menos y se volvía roja. La teoría que prevalecía no explicaba que un hueco circular produjera una mancha ovalada en la pared.

Newton quería encontrar una explicación. Agrandó el hueco y luego lo achicó. Cambió la ubicación del prisma y el lugar por donde la luz le entraba. El espectro nunca cambiaba.

Cortinas rojas

El rojo era el color favorito de Newton. Cuando murió, a la gente le sorprendió que este hombre serio y conservador estuviera en su casa rodeado de un mar de rojos. Su cama tenía una colcha roja, las cortinas rojas de las ventanas hacían juego con cenefas del mismo color. En el comedor había una silla especial tapizada de rojo para el invitado ocasional. En la sala tenía una poltrona y seis cojines rojos, donde se sentaba para leer o descansar al llegar del trabajo.

Newton no creció en un entorno muy colorido. Las ropas que usaba de adolescente eran marrones, grises o de color canela. Pero de cuando en vez alguien recogía algunas bayas y raíces para teñir la ropa para ocasiones especiales. A Newton le interesaban mucho estas tinturas, en es-

pecial las rojas. En uno de los cuadernos que llevaba con notas relativas a las cosas que le interesaban hay recetas diferentes para la preparación de las tinturas, con muchas fórmulas para obtener el rojo (más que cualquier otro color).

Esta pasión temprana por el color contrasta con su desinterés por la belleza de la naturaleza. Newton, en oposición a otros científicos, rara vez mostró alguna predilección por nada distinto de los conceptos abstractos de física y matemáticas.

¿Influyó esta afición temprana por la mezcla de colores y pigmentos en su posterior dedicación científica? No hay pruebas a favor de esta idea. Pero es evidente que demostró un enorme interés científico por el color.

Entonces Newton puso un segundo prisma unos cuantos metros más lejos para que la luz pasara por ambos prismas. Notó algo extraordinario: el extremo azul del arco iris se desviaba todavía más que el rojo, pero no aparecían colores adicionales. El segundo prisma no cambiaba en absoluto el color de la luz: el rojo seguía siendo rojo y el azul, azul.

Este experimento fue clave porque Newton descubrió que la luz no es modificada por los prismas. Una vez que los colores son separados por un prisma, no se pueden separar más.

Mezcla de colores

Newton no se detuvo en su descubrimiento. Quería saber más sobre la luz. Había visto que la luz solar blanca estaba formada por muchos colores, los cuales se separaban por medio de un prisma.

Millones de colores

La luz blanca está compuesta por los colores del arco iris. ¿Cuántos colores hay? Es posible que la gente diga que no hay sino siete colores en el arco iris, pero sabemos que hay muchos más. Podemos preparar la pantalla del computador para que nos muestre "millones de colores". ¿De dónde salen estos colores?

En realidad un prisma descompone la luz en un número infinito de colores. El problema reside en que nuestros ojos no son lo suficientemente sensibles para verlos todos. El ojo tiene en los conos sólo tres clases de células que distinguen el color de la luz. Los conos contienen tres tipos de moléculas que cambian de forma con luz de longitudes de onda en los rangos del espectro rojo, verde o azul. En realidad no vemos sino rojo, verde y azul. El resto son combinaciones de estos tres colores.

Entonces no vemos en realidad sino tres colores puros, entre el infinito número de colores puros que hay en la naturaleza. Sabíamos que nuestros ojos no eran perfectos pero, ¿nos imaginamos alguna vez que fueran tan malos? Por lo menos hemos sido capaces de inventar instrumentos que detectan el resto de colores.

¿Podía de alguna manera revertirse el proceso? ¿Era posible mezclar de nuevo los colores para producir luz blanca?

Probablemente el lector conoce ya la respuesta. Tal vez ha visto una rueda pintada de todos los colores del arco iris que se vuelve blanca cuando se pone a girar. Pero dicha rueda fue construida después de que Newton respondió la pregunta.

Agregó Newton un tercer prisma a su experimento e hizo pasar por él un haz de luz diferente, para lo cual perforó un segundo hueco en los postigos. Entonces superpuso los dos arcos iris de los dos prismas y obtuvo luz blanca.

Años después, siendo ya un científico célebre, Newton repitió su experimento empleando una lente para hacer converger el espectro de un prisma en un punto. En este punto el espectro formaba luz blanca, pero más allá se dispersaba y volvía a separarse en sus colores componentes.

Lucha entre partículas y ondas

Newton pensaba que la luz estaba hecha de partículas. Aceptaba, no obstante, que la luz mostraba algunos aspectos del comportamiento de una onda. Creía, por ejemplo, que los diferentes colores de la luz tenían diferentes longitudes de onda.

Ondas o partículas, ¿por qué tanto ruido?

Resulta que las propiedades de las ondas y las propiedades de las partículas son exclusivas. Es como el día y la noche, rápido y despacio, rico y pobre. Si tenemos una no podemos tener la otra. Es imposible tener ondas y partículas al mismo tiempo.

Comportamientos diferentes

La mejor manera de observar el comportamiento de las ondas es con las olas, porque podemos verlas. Si arrojamos un guijarro a un lago vemos propagarse los rizos circulares. Si arrojamos dos guijarros se forman dos grupos de rizos que se propagan y se encuentran en ciertos puntos. Pero no rebotan al chocar entre sí, sino que pasan los unos a través de los otros. Y cuando se superponen hay sectores de la superficie en que el agua se eleva y otros en que permanece a nivel. Si observamos con cuidado podemos ver un patrón que se repite.

El sonido es también una onda. Se forma cuando las moléculas del aire (o de un líquido o sólido) son empujadas unas contra otras. Cuando hablamos, nuestras cuerdas vocales vibran y empujan las moléculas de aire hacia fuera. Estas moléculas chocan con las moléculas vecinas, y la cosa se propaga hasta que las vibraciones llegan a los oídos de nuestra amiga, en donde las moléculas hacen vibrar sus membranas. Entonces nos oye.

Si ella está en el corredor y nosotros en una habitación donde no la vemos, nos sigue oyendo. Las ondas de sonido doblan las esquinas. De hecho todas las ondas doblan las esquinas.

Las partículas, por su parte, no tienen el mismo comportamiento. Rebotan cuando chocan y no doblan las esquinas.

¿Que la luz no dobla?

Newton no aceptaba por completo la idea de que la luz era una onda porque en apariencia la luz no dobla las esquinas. Vemos sombras nítidas, lo que probaría que la luz se propaga en línea recta.

Incluso en tiempos de Newton, sin embargo, existían ciertos indicios de que la luz dobla las esquinas. Un científico italiano llamado Francesco Maria Grimaldi había hecho pasar un haz de luz por dos rendijas angostas, dispuestas una detrás de la otra. Luego de pasar por las rendijas, la luz encontraba una superficie negra. Grimaldi se dio cuenta de que la banda de luz en la superficie era un poco más ancha que las rendijas y concluyó (correctamente) que la luz había doblado ligeramente los bordes de las rendijas. Llamó a este fenómeno *difracción*.

Newton conocía los experimentos de Grimaldi pero pensaba que el giro se debía a que las partículas de luz chocaban contra los bordes de la rendija. Sin más estudios, ambos modos de considerar el fenómeno eran igualmente válidos. Como Newton gozaba de gran prestigio en el mundo científico, su punto de vista fue aceptado por la mayoría.

Young demuestra que la luz es una onda

Un siglo después de Newton, en 1802, un científico inglés de nombre Thomas Young mejoró los experimentos de Grimaldi. Pasó un haz de luz por un agujero minúsculo perforado en una pantalla. La luz pasó por el agujerito, se dispersó y atravesó dos agujeritos perforados uno al lado del otro en una segunda pantalla. Young observó en una tercera pantalla el patrón de las regiones brillantes y oscuras que había producido.

Young sabía muy bien que lo que observaba era la manifestación de que la luz era una onda. La luz se comportaba como los rizos del agua que chocan entre sí. El patrón era similar.

Producción de haces coherentes

El *experimento de interferencia* de Young, como lo llamamos hoy, era muy ingenioso. Resulta que no podemos obtener las franjas de interferencia con cualquier fuente luminosa. La razón está en que los haces de luz de una fuente ordinaria no vibran todos al tiempo, como en filas cerradas, y cuando se encuentran no forman los patrones de interferencia. Se necesitan dos haces que vibren al mismo ritmo —lo que llamamos hoy haces *coherentes*— para que el experimento funcione.

¿Cómo logró obtener Young haces coherentes? Los agujeritos en las pantallas los produjeron. Los haces de luz que salían de los agujeros de la segunda pantalla tenían el mismo origen: ambos venían de la luz que había pasado por el primer agujero. Como los dos agujeros de la segunda pantalla estaban a la misma distancia del agujero de la

Un niño prodigio

Young fue un niño prodigio. A los cuatro años leyó dos veces la Biblia. A los catorce hablaba ocho idiomas. Estudió medicina en las universidades de Edimburgo y Gotinga, donde se graduó en 1796. Practicó la medicina toda su vida pero no fue muy buen médico: su conducta en la cabecera de los enfermos no era la mejor. Estaba más interesado en la ciencia que en la medicina y no prestaba a sus pacientes la debida atención.

Estando en la escuela de medicina, Young descubrió que la lente del ojo cambia de forma cuando enfoca a distancias diferentes. Posteriormente encontró que el astigmatismo era debido a imperfecciones en la curvatura de la córnea. Del estudio del ojo pasó Young a la naturaleza de la luz.

primera, los dos haces de luz que salían de los agujeros de la segunda pantalla eran coherentes.

Cálculo de las longitudes de onda

Young realizó más experimentos. Reemplazó los agujeros de la segunda pantalla por dos rendijas (ver la figura 7-6), y el patrón de regiones oscuras y claras se convirtió en un conjunto de bandas paralelas oscuras y brillantes. Utilizando geometría sencilla, calculó luego la longitud de onda de la luz que había empleado.

A partir de sus cálculos Young encontró que el valor de la longitud de onda de la luz era mucho menor de lo que pensaba Newton. La mayor de las longitudes de onda en el rango visible del espectro

Figura 7-6: Young demostró que la luz formaba un patrón de interferencia, característico de una onda.

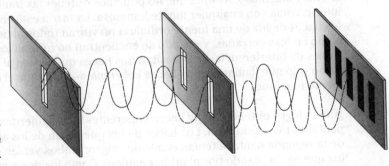

corresponde al rojo, la cual es menor que un milésimo de milímetro. Por esta razón la luz forma sombras nítidas y, en apariencia, no dobla las esquinas. Se necesitan objetos pequeñísimos, como los agujeritos de Young, para detectar el fenómeno.

Resistencia

El experimento de Young fue memorable. Hoy se repite en todos los colegios del mundo para demostrar a los estudiantes la naturaleza ondulatoria de la luz.

Su experimento demostró sin ninguna duda que la luz es una onda. El patrón de interferencia que Young vio con su montaje es la marca de una onda. No se obtiene el patrón con partículas que chocan con el borde del agujerito. Las partículas tendrían que tener un movimiento coordinado para formar tan simétrico diseño.

El lector pensará que, con esta prueba irrefutable, la naturaleza ondulatoria de la luz quedó bien establecida de una vez por todas. Pero no ocurrió así. El experimento de Young iba contra las enseñanzas del gran Newton, y los físicos ingleses no se iban a tragar la píldora.

Young intentó decir a la gente que el mismísimo Newton no estaba realmente contra la naturaleza ondulatoria de la luz. Newton aceptaba la idea de que los distintos colores de la luz tenían longitudes de onda diferentes. Pero a veces, cuando la gente tiene convicciones firmes, no bastan los argumentos para cambiarlas.

En 1818, cuando dos físicos franceses desarrollaron una teoría ondulatoria completa basada en las matemáticas, la naturaleza ondulatoria de la luz fue finalmente aceptada. Desde entonces no ha sido objetada.

¡Oh!, excepto cuando Einstein dijo más tarde que la luz estaba formada por partículas. Volveremos a hablar del asunto en el capítulo 16.

Parte III

La teoría especial de la relatividad

La 5a ola   por Rich Tennant

1905: EINSTEIN FORMULA EN UN MOSTRADOR DE COMIDA DE BERNA SU TEORÍA ESPECIAL DE LA RECETIVIDAD.

En esta parte...

¡*P*or fin llegamos! Esta parte trata del gran descubrimiento de Einstein: la teoría especial de la relatividad. Se presenta primero la teoría original de la relatividad desarrollada por Galileo Galilei, que es puro sentido común (si vamos en un tren a 100 kph y caminamos hacia la parte delantera del tren a 10 kph, alguien que ve pasar el tren junto a la vía observará que nos movemos a 110 kph).

Entonces apareció Einstein y modificó todo este sencillo asunto. Se ve luego cuál es el significado de la palabra relatividad para Einstein y cómo la relatividad cambió nuestras ideas sobre el espacio y el tiempo. También se verá lo que realmente significa la famosa ecuación de Einstein: $E = mc^2$.

Capítulo 8

La relatividad anterior a Einstein

En este capítulo

► El movimiento relativo

► El principio de relatividad de Galileo

► Perfeccionamiento de la teoría de la relatividad

Al contrario de lo que mucha gente cree, Einstein no inventó la relatividad. El honor pertenece a Galileo Galilei. Sus ideas dieron forma a las teorías que florecieron y se sostuvieron mal que bien hasta el advenimiento de Einstein, y prepararon el escenario para que éste estableciera las más revolucionarias teorías de nuestro tiempo.

En este capítulo se ventilan los orígenes de la relatividad. La idea es de Galileo, quien la formuló mucho antes de que Isaac Newton comenzara sus trabajos sobre las leyes del movimiento en el siglo XVII. Newton utilizó en su mecánica la idea del movimiento relativo de Galileo.

Primeros experimentos sobre el movimiento

Como se ve en el capítulo 4, Galileo comenzó en Pisa sus estudios sobre el movimiento, a comienzos del siglo XVII. A falta de un buen reloj, cronometraba con su pulso la oscilación de los candelabros de la iglesia. Más tarde construyó un sencillo reloj basado en la salida del agua de una botella de vino con un orificio en la base, y lo utilizó para cronometrar la caída de un objeto, con el fin de entender a cabalidad cómo cambiaba la velocidad en el curso de la caída.

Galileo se dio cuenta de que, a medida que un objeto cae al suelo, su velocidad aumenta la misma cantidad a intervalos iguales de tiempo. Galileo descubrió con estos experimentos que el incremento continuo en la velocidad —o *aceleración*— de un objeto que cae es siempre el mismo. Hoy la llamamos *aceleración debida a la gravedad* y, como Newton nos enseñó, es causada por la atracción entre la Tierra y el objeto (en el capítulo 4 hay más información sobre las teorías de Newton).

El movimiento a bordo de un barco

Galileo no se contentó con experimentos realizados en reposo. Deseaba conocer lo que pasaba si arrojaba un objeto estando en movimiento.

En la cofa del vigía

Como se ve en la parte izquierda de la figura 8-1, si navegamos en un barco de vela y arrojamos una pelota desde la cofa del vigía, la pelota cae derecho abajo y alcanza el suelo al pie del mástil, no atrás. Pero si un amigo nos observa desde la playa, verá que la pelota describe una curva, como se observa en la parte derecha de la figura 8-1.

Antes de arrojar la pelota, el amigo de la playa la verá moverse con el barco. Cuando la arrojamos comienza a caer pero continúa con el movimiento horizontal que llevaba cuando la teníamos en la mano. Como nosotros, el amigo de la playa la ve caer a lo largo del mástil, pero pelota y mástil se mueven con el barco. Nosotros la vemos caer derecho abajo, mientras que el amigo la ve describir una curva.

Figura 8-1:
La pelota cae en el puente al pie del mástil (izquierda), pero para un observador en la playa la pelota describe una curva (derecha).

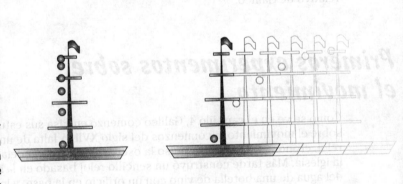

Si entramos en la cabina del barco y arrojamos allí la pelota, ésta vuelve a caer derecho al piso. Si el mar está muy calmado no sabemos si el barco se mueve uniformemente o si está anclado en puerto. Todas las cosas se comportan lo mismo en ambos casos: si arrojamos una pelota hacia arriba, vuelve a caer en nuestras manos.

Incluso podemos jugar billar en el barco. No seremos mejores ni peores jugadores aquí que en la mesa de billar de la casa. Las bolas se comportan de la misma manera, siempre que el barco se mueva a velocidad constante en un mar tranquilo.

Observación del movimiento uniforme

Galileo describió en realidad un experimento mental como el que se acaba de presentar en su exitoso libro *Consideraciones y demostraciones matemáticas sobre dos nuevas ciencias relativas a la mecánica y al movimiento local,* llamado familiarmente *Dos nuevas ciencias.* Interesante libro éste. En esa época los libros de filosofía y ciencia se escribían en latín. Galileo escribió su libro en italiano, en forma de diálogo entre tres personajes. No es árido ni difícil; es en realidad muy ameno.

Galileo nos invita en su libro a reunir algunos amigos e ir con ellos a la bodega de un gran barco. Nos dice que llevemos zancudos, moscas y otros insectos alados, al igual que unos cuantos peces que pondremos en una tina, sin olvidar dos botellas: una que pondremos boca abajo para que escurra directamente sobre la otra.

Antes de que el buque zarpe, nos pide observar con mucha atención cómo vuelan los insectos, cómo nadan los peces y cómo escurre el agua de la botella de arriba en la de abajo. Además, nos ruega que arrojemos una pelota a los amigos y observemos cómo se mueve.

Cuando el buque zarpa y comienza a moverse con velocidad uniforme, sin cabeceos ni bandazos, observamos que no hay ningún cambio en el modo en que los insectos vuelan, los peces nadan, el agua escurre y la pelota se mueve. No podemos decir, a partir de la observación de estos eventos, si el barco está quieto o en movimiento. Galileo escribe que esto se debe a que todos los objetos que están en el barco, incluyendo el aire, comparten su movimiento.

De acuerdo con Galileo,

> *El movimiento uniforme (movimiento en línea recta con velocidad constante) no puede detectarse sin un punto de referencia.*

En la superficie de la Tierra

Galileo también discute, en *Dos nuevas ciencias,* el problema del comportamiento de objetos que caen sobre la Tierra en movimiento. Si la Tierra se mueve, ¿cómo es posible que una pelota lanzada hacia arriba vuelve a caer en el mismo punto del cual salió? Muchos contemporáneos de Galileo emplearon este argumento para negar el movimiento de la Tierra.

Basado en sus experimentos mentales, Galileo concluyó que, si la Tierra se moviera, una pelota caería al suelo exactamente del mismo modo como lo haría si la Tierra estuviera quieta. Galileo sostenía que no podemos decir si la Tierra se mueve observando la caída de objetos, del mismo modo que no podemos decir si el barco se mueve observando el vuelo de un insecto.

El principio de relatividad

De acuerdo con Galileo, no podemos distinguir el movimiento uniforme del reposo. Si no podemos distinguirlos es porque son la misma cosa. Movimiento uniforme (como lo llamó Galileo) y reposo son lo mismo.

Esto puede sonar algo extraño. Puede que no sepamos cuándo nos movemos, pero sabemos con certeza cuándo no nos movemos. Si estamos sentados en la sala de la casa mirando televisión, no vamos a ninguna parte. ¿O sí?

Un tren en movimiento uniforme

A Einstein le gustaba utilizar los trenes para ilustrar su teoría de la relatividad. El tren era en su época el principal medio de transporte, con el que Einstein estaba muy familiarizado. El viaje en tren era más cómodo que en los carruajes tirados por caballos, de suerte que ofrecía una de las pocas oportunidades de experimentar lo que Galileo llamaba movimiento uniforme: movimiento en línea recta con velocidad constante.

Supongamos que hay unos astronautas viajando hacia Marte. Llevan un poderoso telescopio y, por alguna razón, se interesan en nosotros. Con su instrumento nos ven sentados en la sala de la casa junto a la ventana, moviéndonos alrededor del Sol (junto con la Tierra) a 30 kilómetros por segundo (kps). Y esto sin tener en cuenta el movimiento del Sol y del conjunto del sistema solar en la Vía Láctea, o el movimiento de la Vía Láctea dentro del Grupo Local de galaxias.

El movimiento es relativo

Solemos referir a la Tierra el movimiento en las situaciones de la vida diaria. La Tierra es nuestro punto de referencia, o marco de referencia (como dicen los físicos). Con respecto a la Tierra estamos sin duda en reposo mientras miramos televisión en casa. Al mismo tiempo nos movemos a 30 kps con respecto al Sol.

Pensemos en unos astronautas del futuro que viajan por el espacio interestelar, lejos de cualquier sistema solar. Si se encuentran con otra nave que regresa de una expedición, en dirección opuesta, no pueden determinar la velocidad a la cual se acerca la otra nave, o la propia velocidad, sin observar sus instrumentos, calibrados para leer velocidades con respecto a la Tierra.

En el tren bala

Consideremos otro ejemplo. El tren bala entre Madrid y Sevilla alcanza velocidades de hasta 300 kilómetros por hora (kph), y gasta cerca de dos horas en recorrer la vía de 470 kilómetros a través de la

---

¿Ya llegamos?

Sentados en un aeroplano, esperando ansiosamente el despegue, nos engañamos creyendo que finalmente nos movemos, cuando es el avión estacionado junto al nuestro el que se mueve en dirección opuesta. A menos que miremos por la ventanilla el suelo o el terminal, no podemos decir quién se mueve.

Probablemente también experimentamos una confusión momentánea al conducir por una autopista de varios carriles, en un embotellamiento de tráfico. El lento movimiento de los autos que nos circundan nos obliga a observar cuidadosamente para saber quién se está moviendo.

campiña española. Cuando se mueve a 230 kph, nuestra cámara está en reposo con respecto al tren, pero se mueve con el tren y todos los pasajeros a 230 kps con respecto al suelo.

Un auxiliar que se mueve con un carrito de alimentos a 2 kph hacia la parte delantera del tren, mientras éste viaja a 230 kph, tiene una velocidad de 232 kph con respecto al suelo. (Su velocidad con respecto al tren es, por supuesto, de 2 kph.) Si se sube por la puerta trasera del último vagón y se baja al final del viaje por la puerta delantera del primero se ahorra unos minutos.

Si el auxiliar camina hacia la parte trasera del tren a 3 kph, su velocidad con respecto al suelo es de 227 kph. ¿Cuál es la verdadera velocidad del auxiliar: 3 kph o 227 kph? Ambas. Depende del marco de referencia. Mientras se especifique éste con claridad, los dos valores son igualmente válidos. No existen velocidades fijas o absolutas.

Aquí no hay nada raro o nuevo. La relatividad de Galileo está de acuerdo con nuestro sentido común. Sin embargo, Einstein disentirá de lo que decimos. Su relatividad será extraña, como se verá en el próximo capítulo.

El principio de relatividad de Galileo

Entonces, según Galileo, todo movimiento en línea recta con velocidad constante es relativo. Esto equivale a decir que no existen velocidades fijas o absolutas y que es imposible distinguir entre el reposo y el movimiento uniforme.

Galileo creía que ningún experimento de mecánica revelaría si nos movemos con movimiento uniforme o estamos en reposo; en mecánica, todos los experimentos sobre el movimiento conducen al mismo resultado. Éste es el principio de relatividad de Galileo. En palabras sencillas dice:

Las leyes de la mecánica son las mismas en todos los marcos de referencia en movimiento uniforme.

Si no se puede distinguir el movimiento uniforme del reposo, entonces todos los marcos de referencia son equivalentes. Ninguno tiene un carácter especial o absoluto, como dicen los científicos. No existe un estándar absoluto de reposo, y el movimiento uniforme debe referirse siempre a un marco de referencia. El movimiento uniforme es relativo.

Si vamos en un bote a 30 kph con respecto al agua, alguien que mide nuestra velocidad obtiene, digamos, 20 kph con respecto a la playa. Y alguien más que está en otro bote y quiere alcanzarnos obtiene, por ejemplo, 5 kph con respecto a su bote. ¿Cuál es el valor correcto? Todos lo son. Depende del marco de referencia.

Creación de una relatividad diferente

Para Galileo la física era la mecánica. En realidad, en su tiempo no se sabía mucho sobre mecánica. Y lo que se conocía había sido descubierto por él, como el movimiento de los objetos que caen y las nociones de movimiento uniforme y movimiento acelerado. Llegó Newton y desarrolló toda la mecánica. Al hacerlo construyó un sistema del mundo, un modo de mirar el universo que funcionaba como una maquinaria.

En el universo mecánico de Newton los objetos se mueven de modo predecible, es decir que el desplazamiento se puede calcular con precisión mediante sus tres leyes de movimiento y la ley de la gravitación universal (ver el capítulo 4). En términos de Newton, espacio y tiempo son fijos, absolutos. Un marinero que camina por el centro del puente hacia la proa de su barco a 4 kph, mientras éste se mueve a 20 kph con respecto a la costa, puede calcular fácilmente que su velocidad con respecto a la costa es de 24 kph. Cuando regresa a la popa con la misma rapidez, su velocidad con respecto a la costa es de 16 kph.

Newton adoptó el principio de relatividad de Galileo y lo utilizó para desarrollar su mecánica. Incluso lo postuló con claridad en sus *Principia,* obra maestra en que describe su mecánica. Para Newton estaba claro que el movimiento uniforme no modifica en nada las leyes de la mecánica.

Integración de las leyes del movimiento y la velocidad de la luz

Todo marchaba bien para la relatividad de Galileo cuando en el siglo XIX apareció James Clerk Maxwell con su teoría del electromagnetismo. Sus cuatro ecuaciones (que se presentan en el capítulo 6) nos enseñaron que la luz es una onda electromagnética. Pero si es una onda necesita una cierta sustancia para propagarse, así como las ondas de sonido se propagan en el agua e incluso en sólidos.

Esa misteriosa sustancia a través de la cual se suponía que la luz se propagaba recibió el nombre de *éter*. La creencia común luego de que Maxwell presentara su teoría era que la luz se propagaba por el éter con una velocidad de 300.000 kps (hacia 1882, el valor medido de la velocidad de la luz era muy cercano al valor moderno de 299.792,458 kps).

Si la luz viajaba por el éter, lo mismo hacía la Tierra. Y si ésta se movía por el éter, la velocidad de la luz debía cambiar. Cuando la Tierra se movía en la misma dirección del éter le ganaba algo de terreno al rayo de luz y, por lo tanto, la medida de la velocidad de la luz debía ser menor. Cuando la Tierra se movía en dirección opuesta en su órbita alrededor del Sol perdía terreno con respecto al rayo luminoso y la medida de la velocidad de la luz debía ser mayor.

A finales del siglo XIX, Albert Michelson y Edward Morley, dos físicos de la hoy llamada Universidad Case Western Reserve, montaron un delicado experimento para medir el cambio en el valor de la velocidad de la luz mientras la Tierra se movía por el éter. (Este experimento se discute en detalle en el capítulo 9.) Pero, cosa extraña, el experimento dio el mismo valor para la velocidad de la luz, sin importar el movimiento de la Tierra.

Este resultado era difícil de entender. Era como si se tratara de medir desde la playa la velocidad de un bote que se mueve en el agua a 20 kph y diera lo mismo cuando el bote va en el mismo sentido de la corriente o en dirección contraria. El agua lo lleva más rápido corriente abajo.

¿Cumplía la luz el principio de relatividad? Tal vez no podemos sumar las velocidades de la Tierra y de la luz, como se hace con los botes y los trenes. El resultado del experimento de Michelson y Morley creó un nuevo problema para los físicos.

La idea de contracción

El experimento sobre el éter de Michelson y Morley fue realizado con gran cuidado, y los científicos quedaron muy intrigados con las conclusiones. Una vez publicados los resultados, dos físicos propusieron una explicación y, por coincidencia, lo hicieron independientemente uno del otro. La explicación no era la que todos esperaban.

George Fitzgerald del Trinity College de Dublín, Irlanda, y Hendrik Antoon Lorentz de la Universidad de Leyden, en Holanda, dijeron casi al mismo tiempo que la razón de que el valor de la velocidad de la luz fuera independiente del movimiento de la Tierra estaba en que los objetos se acortaban cuando se movían, y que esta contracción ocurría en la dirección del movimiento. Cuanto más rápido se movía un objeto, más se acortaba. Más aún, la contracción tenía exactamente el valor necesario para que la velocidad de la luz no cambiara.

Esta idea era muy extraña. ¿Se acortan los objetos cuando se mueven?

Lorentz dio una explicación. Había desarrollado una teoría de la materia basada en los electrones, según la cual todo estaba compuesto de electrones, y propiedades como la elasticidad o la dureza se debían al modo en que los electrones interactuaban entre sí. Cuando un cuerpo se movía a través del éter, los electrones se achataban produciendo una reducción global del tamaño del objeto.

Lorentz modificó la sencilla regla del principio de relatividad de Galileo y obtuvo una ecuación que podía emplearse para calcular la reducción de la longitud con la velocidad. Hoy llamamos a esta ecuación la _contracción de Lorentz-Fitzgerald_.

Finalmente la idea de la contracción de longitud de Lorentz y Fitzgerald no fue tomada en serio. Era demasiada coincidencia que la contracción de las longitudes fuera la necesaria para explicar el resultado negativo del experimento de Michelson y Morley.

Lorentz publicó su artículo en 1895. Ese año, el joven Einstein, que por entonces tenía 16 años, estaba pensando en lo que vería si pudiera viajar a la velocidad de la luz. Diez años después publicaba la explicación definitiva del rompecabezas. Einstein utilizó la contracción de Lorentz-Fitzgerald en su teoría de la relatividad, pero con una interpretación diferente. La versión de Einstein se presenta en el capítulo 9.

El hombre que casi descubre la relatividad

El francés Jules Henri Poincaré tenía un enfoque diferente para explicar el extraño resultado del experimento de Michelson y Morley. Simpatizaba con Lorentz pero no le gustaba la idea de introducir la noción de contracción de longitud sólo para explicar el resultado del experimento.

La idea del tiempo elástico

Poincaré estaba descontento con el abandono del principio de relatividad por parte de Lorentz. Las leyes de la física eran en apariencia iguales en todos los marcos de referencia, lo que indicaba que debía existir un principio de relatividad más general. Entonces sugirió a Lorentz trabajar en una extensión de su ecuación de contracción de longitudes.

Lorentz volvió a su mesa de trabajo, y salió con una nueva serie de ecuaciones de transformación que incluían su contracción de longitudes pero agregaba una dilatación del tiempo. Esta nueva teoría decía que si nos movemos con respecto a la Tierra, por ejemplo, no sólo los objetos cambian de longitud sino que la marcha de los relojes es distinta. El tiempo posee una especie de propiedad elástica que produce una dilatación o una contracción, y que depende de cómo nos movemos.

Por supuesto, nadie —ni el mismo Lorentz— pensaba aplicar estas ecuaciones al mundo real. Sólo eran una ayuda para los cálculos, una herramienta matemática sin conexión con la realidad.

Si las transformaciones de Lorentz eran matemáticamente correctas, ¿cómo medir el tiempo, entonces? Poincaré propuso que los relojes en diferentes marcos de referencia podían sincronizarse mediante señales luminosas. Pero agregó que estos relojes no mostrarían el "tiempo verdadero": algunos marcharían más lentamente y otros más rápido. El único tiempo verdadero era el medido con respecto al éter.

Una esperanza irrealizada

En el Congreso Internacional de Artes y Ciencias realizado en San Luis en 1904, Poincaré fue invitado a dictar una conferencia en la que ofreció una explicación sencilla y clara del principio de relatividad. Se trataba de una extensión del principio de relatividad de Galileo, que incluía todas las leyes de la física. Dijo que las leyes que rigen los fenómenos físicos deberían ser las mismas para un observador en movimiento uniforme o en reposo, y que no había modo de saber si el observador se mueve o no.

Como se verá en el capítulo 9, la versión de Poincaré del principio de relatividad es en esencia igual a la de Einstein. Poincaré la formuló un año antes de la publicación del artículo sobre la relatividad de Einstein. Hoy nos sorprende que Poincaré no diera el paso final y descubriera la versión correcta de la relatividad.

Poincaré mencionó en su conferencia el experimento de Michelson y Morley, "que había llevado la precisión hasta su límite". Incluyó también las transformaciones de Lorentz, que daban las fórmulas del cambio en la longitud y en el tiempo de modo que el valor de la velocidad de la luz fuera el mismo cuando se medía estando en movimiento por el éter.

Poincaré agregó que se necesitaba una explicación del principio de relatividad, de modo que se pudiera tal vez construir una nueva mecánica en la cual fuera imposible sobrepasar la velocidad de la luz. Poincaré, científico respetado y de gran experiencia, que había hecho contribuciones originales y significativas en matemáticas y física (y continuaría haciéndolas), terminó su conferencia diciendo que esta nueva mecánica era "una conjetura y una irrealizada esperanza".

Justo un año después, el novato y desconocido Albert Einstein, de 26 años de edad, hacía de esta irrealizada esperanza una realidad.

Capítulo 9

Viaje sobre un rayo de luz

· ·

En este capítulo

▶ Medida de la velocidad de la luz con respecto al éter

▶ Estudio de una inconsistencia en el electromagnetismo

▶ Extensión del principio de relatividad de Galileo

▶ La velocidad de la luz tiene un valor fijo

· ·

*L*a marca de Einstein en la relatividad reposa en dos ideas:

✔ Las leyes de la física son las mismas en todos los marcos de referencia no acelerados.

✔ La velocidad de la luz es siempre constante.

Estas ideas comenzaron a germinar en la mente de Einstein cuando tenía 16 años y trató de imaginar lo que vería si viajara junto a un rayo de luz, moviéndose con la misma velocidad. ¿Vería el extremo del rayo? ¿Se detendría éste en algún punto (como las espadas luminosas de *La guerra de las galaxias*)?

En este capítulo se presentan los estudios que ayudaron a Einstein a seguir pensando en el asunto durante los siguientes diez años. Se explica el "fracaso" del experimento de Michelson y Morley, quienes intentaron medir la velocidad de la luz en el éter, la sustancia que se suponía llenaba el espacio. Se muestra cómo Einstein empleó la relatividad de Galileo como ayuda para resolver los problemas de la mecánica y el electromagnetismo. Finalmente se indica cómo sus respuestas a estos problemas tomaron la forma de la teoría especial de la relatividad.

Informe sobre el éter

En su primer año de universidad, Einstein quería montar un experimento para detectar el movimiento de la Tierra a través del *éter*, la sustancia que supuestamente llenaba todo el universo y permitía la propagación de la luz. En el último año ya lo había diseñado. Pero (como se relata en el capítulo 2) Heinrich Weber, director del departamento de física del Politécnico de Zurich, no le permitió montar el experimento en el laboratorio del departamento.

Ni Weber ni Einstein sabían en esa época que Michelson y Morley habían realizado un experimento clave en 1886 con el mismo objetivo. Los dos investigadores habían pensado en un modo ingenioso de detectar el movimiento de la Tierra a través del éter, midiendo la velocidad de la luz en diferentes momentos durante la revolución de la Tierra alrededor del Sol.

Michelson había inventado el instrumento para realizar el experimento cuando trabajaba en el laboratorio de Hermann von Helmholtz en Alemania. El método que tenía en mente había sido propuesto en realidad por James Clerk Maxwell en 1875. Era muy simple. Como el éter llena todo el espacio, el movimiento de la Tierra en su órbita alrededor del Sol debe producir un viento (como se muestra en la figura 9-1). El asunto no es muy diferente de cuando vamos por una autopista y sacamos la mano por la ventana del auto.

Para ver cómo llevaríamos a cabo el experimento mencionado, pensemos en cómo mediríamos nuestra velocidad cuando nadamos en

Figura 9-1:
La Tierra se mueve por el éter mientras viaja alrededor del Sol.

un río aguas arriba y aguas abajo. Si sabemos que nuestra velocidad es de 2 metros por segundo (m/s) en aguas tranquilas y nadamos aguas abajo en un río que se mueve a 1 m/s, avanzamos realmente a 3 m/s con respecto a la ribera. Cuando damos la vuelta y comenzamos a nadar aguas arriba, avanzamos sólo a 1 m/s con relación a la orilla.

Micheson y Morley creían que, en esencia, se podía hacer lo mismo para medir la velocidad de la luz en el éter.

✔ Si medimos la velocidad de la luz en dirección del movimiento de la Tierra alrededor del Sol, iríamos contra el viento del éter y obtendríamos un valor igual a la velocidad de la luz en el éter menos la velocidad del viento del éter.

✔ Si medimos la velocidad de la luz en dirección opuesta, obtendríamos un valor igual a la velocidad de la luz con respecto al éter más la velocidad del viento del éter.

Michelson había llevado a cabo su experimento en Alemania, en 1881. Sabía que su *interferómetro,* como se llama el instrumento, era lo suficientemente sensible para medir la diferencia entre la velocidad de la luz en el éter (300.000 kilómetros por segundo) y su velocidad con respecto a la Tierra, que a su vez se movía contra el viento del éter. La velocidad del viento del éter era igual a la velocidad de la Tierra en su órbita alrededor del Sol, cuyo valor de 30 kps conocía. Esperaba entonces obtener un valor de 299.970 kps. Obtuvo los mismos 300.000 kps, como si no existiera el viento del éter.

Michelson aceptó poco después una oferta para ser profesor en la Escuela Case de Ciencias Aplicadas de Cleveland (hoy Universidad Case Western Reserve). Allí conoció a Morley, que era profesor de química. Entre los dos rediseñaron el experimento para mejorar la precisión.

Michelson y Morley midieron simultáneamente la velocidad de la luz en la dirección del viento del éter (opuesta a la dirección del movimiento orbital de la Tierra) y en dirección transversal al viento del éter. Utilizando un espejo de doble vía (semi-reflectante), dividieron en dos un haz de luz de modo que viajara en estas dos direcciones (ver la figura 9-2). Los dos rayos se encontraban de nuevo en una pantalla donde se superponían. Los dos rayos vibraban al paso, es decir que eran coherentes, puesto que procedían del mismo haz (ver la importancia de este hecho en el capítulo 7, donde se describe el experimento de Young). Entonces, al encontrarse en la pantalla, formaban un patrón de interferencia que los científicos empleaban para calcular la velocidad de la luz con precisión extrema (ver la figura 9-3).

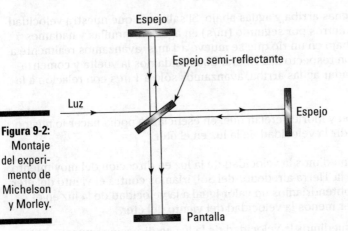

Figura 9-2:
Montaje del experimento de Michelson y Morley.

Figura 9-3:
Patrón de interferencia obtenido con un moderno interferómetro de Michelson y Morley.

Cortesía de E. Arens, NASA

Al no encontrar ninguna diferencia en las medidas correspondientes a las dos direcciones, los dos científicos creyeron que su experimento había fracasado. Pensaban que el patrón de interferencia debería haberse desplazado.

El resultado negativo del experimento de Michelson y Morley intrigó a los científicos de todo el mundo. De acuerdo con su experimento, la velocidad de la luz no cambiaba con el movimiento del observador.

Einstein tenía siete años cuando Michelson y Morley realizaron por primera vez su experimento, y llegó a conocerlo después de graduarse en la universidad. Su teoría especial de la relatividad aportaría la solución definitiva del rompecabezas, pero no la desarrolló teniendo en mente el experimento; estaba más interesado en el electromagnetismo y en el principio de relatividad de Galileo.

Lucha con una inconsistencia

Einstein desarrolló su teoría especial de la relatividad en unas pocas semanas en 1905, su año milagroso, cuando tenía 26 años de edad. La palabra "especial" no figuraba en el nombre de la teoría; Einstein la agregó después, para distinguirla de una importante extensión lograda años más tarde (a la que llamó teoría *general* de la relatividad). El artículo de la relatividad fue el cuarto de una serie de cinco artículos fabulosos publicados en 1905. Con estos artículos cambió los fundamentos de la física. En el capítulo 3 están los detalles de sus logros en ese extraordinario lapso de tiempo.

¿Qué condujo a Einstein a desarrollar su teoría de la relatividad? Como se ve en los capítulos 3 y 6, Einstein estaba fascinado con el electromagnetismo; lo estudió por su cuenta mientras estaba en la universidad y siguió estudiándolo después de graduado. Al hacerlo descubrió que el principio de relatividad de Galileo (que se explica en el capítulo 8) se cumplía en mecánica pero no en electromagnetismo, y se propuso encontrar la razón de esta inconsistencia.

Una manera de descubrir que nos movemos

Isaac Newton había adoptado el principio de relatividad de Galileo al formular su mecánica (ver el capítulo 4). El principio de relatividad de Galileo dice que las leyes de la mecánica no cambian cuando nos movemos. Según Newton y Galileo, si estamos en la cabina de un barco que se mueve con velocidad constante en aguas tranquilas, por ejemplo, no sabemos si nos movemos o si estamos anclados en puerto. Las cosas se comportan lo mismo en ambos casos.

Einstein encontró en 1905 que el electromagnetismo, tal como lo presentaba Maxwell, nos proporcionaba el modo de saber si nos desplazamos con movimiento uniforme o si estamos en reposo, sin tener que salir de la cabina del barco o tener que mirar por la ventana. Comenzó su teoría especial señalando esta inconsistencia.

Atención a los campos eléctricos

Si tomamos un imán y lo acercamos o alejamos de un alambre estacionario, el imán móvil produce un campo eléctrico en el alambre, que a su vez genera una corriente (ver la figura 9-4). Ésta es la ley de Faraday, y una de las cuatro ecuaciones de Maxwell, como se explica en el capítulo 6. Con sus experimentos (que se explican también en el capítulo 6), Michael Faraday demostró que para producir un campo eléctrico en el alambre, el campo magnético debe cambiar. En este caso el campo del imán móvil cambia en el lugar donde está el alambre. Es cada vez más fuerte cuando el imán se acerca, y cada vez más débil cuando se aleja.

Ahora, ¿qué pasa si dejamos quieto el imán y movemos el alambre? Según Maxwell, como el campo magnético en la zona que rodea el imán no cambia, no hay un campo eléctrico que produzca una corriente en el alambre; ver la figura 9-5. (Aparece una corriente en el alambre pero por una razón diferente, siempre según Maxwell.)

En un caso, cuando se mueve el imán se crea un campo eléctrico. En el otro caso, cuando el imán está en reposo no hay campo eléctrico. Según el electromagnetismo de Maxwell, tenemos a mano, entonces, un modo de saber si nos movemos o no. Sólo se necesitan un imán y un detector de campos eléctricos.

En reposo en el universo

Si podemos detectar el movimiento, si podemos decir cuándo estamos en reposo, entonces el movimiento no es relativo. Podríamos

Figura 9-4:
Si acercamos un imán a un alambre (o lo alejamos), detectamos una corriente en el alambre.

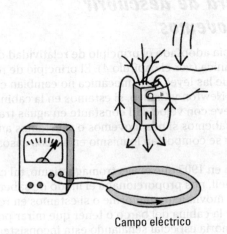

Campo eléctrico

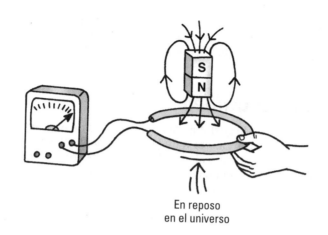

Figura 9-5:
No hay campo eléctrico en el alambre cuando lo movemos hacia un imán.

En reposo
en el universo

llevar al espacio el detector de movimiento y desacelerar hasta que nos indique que estamos en reposo. O podríamos emplearlo aquí y comenzar a movernos en dirección opuesta a la rotación de la Tierra y a su revolución alrededor del Sol, tratando de compensar todos los posibles movimientos de la Tierra y del sistema solar, hasta que el detector marque cero. En ese momento estaríamos en reposo en el universo.

La ley en Betelgeuse

¿Qué pasa si las leyes de la física son las mismas en todas partes? ¿Por qué tanta alharaca, sobre si todo movimiento es relativo o si existe el movimiento absoluto?

El gran lío es que si las cosas no se comportan lo mismo en todas partes, el universo sería impredecible. No se podría descubrir nada, porque las leyes de aquí no se aplicarían, digamos, en Betelgeuse, la estrella supergigante roja de la constelación de Orión. Si las leyes de la física cambiaran cuando uno cambia de lugar, las manzanas podrían caer hacia arriba en Betelgeuse, hasta donde sabemos. Si, por otra parte,

estamos de acuerdo con Einstein en que las leyes de la física son las mismas en todas partes, podemos descubrir algo en la Tierra (como el modo en que se calientan los objetos) y luego observar el Sol, y aplicar el descubrimiento para estudiarlo. Si con el tiempo se envía un satélite allí, encontramos que el Sol funciona como habíamos previsto. Entonces podemos comenzar a hacer predicciones sobre las ráfagas solares y otros fenómenos que perturban las comunicaciones y el clima, aquí en la Tierra.

Desde esa posición ventajosa veríamos todas las demás cosas desplazándose alrededor nuestro con sus movimientos verdaderos, en movimiento absoluto, como dicen los científicos.

Junto a Galileo

A Einstein no le gustaban la implicaciones de este aspecto del electromagnetismo. La teoría de Maxwell se aplicaba sólo a objetos en reposo con respecto al éter. Tal era realmente la razón de que no apareciera un campo eléctrico en el alambre móvil; éste no estaba en reposo en el éter.

Einstein no creía en el movimiento absoluto. Pensaba que Galileo tenía razón al afirmar que todo movimiento era relativo, que las leyes de la mecánica eran las mismas en todas partes. Pero quería ir más allá de la mecánica: creía que las leyes de la física eran las mismas en todo el universo.

Los cimientos de la relatividad

En su artículo de 1905, Einstein convirtió el principio de relatividad de Galileo en un principio universal. Galileo y Newton lo habían aplicado a la mecánica (la única física que conocían); Einstein lo extendió a toda la física.

Se disipa el movimiento absoluto

Este principio extendido se convirtió en piedra angular de la nueva teoría. Einstein lo llamó postulado. Dice así:

> *Principio de relatividad: las leyes de la física son las mismas en todos los marcos de referencia no acelerados.*

Su principio de relatividad significa lo siguiente:

✔ Las leyes de la física son las mismas en todas partes; todas las cosas se comportan lo mismo sin importar qué tan rápido nos movemos.

✔ Es imposible distinguir el movimiento del reposo, lo que significa que todos los marcos de referencia son equivalentes; no existe el movimiento absoluto.

✔ Sin un punto de referencia en reposo, todo movimiento uniforme es relativo.

Armado con su postulado, Einstein logró reformular el electromagnetismo. En la segunda parte de su artículo de 1905 demostró que todos los fenómenos eléctricos y magnéticos permanecen invariables en todos los marcos de referencia en movimiento uniforme. Einstein organizó el electromagnetismo para que dependiera del movimiento relativo.

¿Y qué ocurre entonces con el alambre móvil y el imán quieto? Según Einstein, hay sólo movimiento relativo entre el alambre y el imán. Si estamos con el alambre, el imán se mueve hacia nosotros, y si estamos con el imán es el alambre quien se mueve hacia nosotros. La situación es idéntica, y todo lo que medimos debe ser igual. Si detectamos un campo eléctrico en un caso, debemos detectar también un campo eléctrico en el otro caso.

En la sección titulada "Atención a los campos eléctricos" se mencionó que el electromagnetismo de Maxwell indicaba que una causa distinta de la presencia de un campo eléctrico generaba una corriente en un alambre que acercamos a un imán en reposo. Einstein demostró que Maxwell estaba equivocado; también en este caso la corriente se genera en el alambre por la presencia de un campo eléctrico.

Un físico de nuestros días ni siquiera se incomoda en averiguar quién se mueve. Simplemente considera que el imán y el alambre están en movimiento relativo. No hay ninguna confusión para los físicos contemporáneos, porque Einstein demostró que no existe el movimiento absoluto.

Gracias a la corrección de Einstein, el electromagnetismo y la mecánica están en igualdad de condiciones. El principio de relatividad se aplica en ambas disciplinas. El detector de movimiento basado en la ausencia de campo eléctrico no funciona. No hay diferencia en lo que medimos en mecánica o en electromagnetismo; en realidad, no podemos distinguir el movimiento uniforme del reposo.

Pero Einstein no se contentó con superar la inconsistencia entre el electromagnetismo y la mecánica: extendió el principio de relatividad a toda la física.

Lucha con la velocidad de la luz

Según las ecuaciones de Maxwell, la luz se mueve a una velocidad fija con respecto al éter. Pero Einstein no necesitaba para nada el éter. Con su principio de relatividad eliminó el estándar absoluto de reposo. Pensaba que la luz se mueve a medida que las vibraciones de los campos eléctricos y magnéticos independientes se propagan en el vacío.

Si no existe el éter, ¿con respecto a qué se mueve la luz? La respuesta de Einstein fue inesperada: *la luz se propaga a la misma velocidad con respecto a todas las cosas.*

Esta sencilla respuesta encerraba la clave de la relatividad. Pero Einstein no llegó a esta conclusión de un día para otro sino que tuvo que luchar con ella.

¿Por qué debería comportarse la luz de modo diferente?

Einstein decía que la luz se propaga a la misma velocidad, 300.000 kps, o *c* (la letra que empleó Einstein para designarla), sin que importe el movimiento del observador. Esta idea loca creaba un problema.

Consideremos el asunto del siguiente modo: si corremos detrás de un bus a 10 kilómetros por hora (kph) y el bus marcha a 30 kph, con respecto a nosotros el bus va a 20 kph, y tal es la velocidad que mediríamos. Si aceleramos, podemos alcanzar la velocidad del bus y subirnos. De la misma manera, si vamos detrás de un rayo de luz a un tercio de *c* —100.000 kps— y medimos su velocidad desde nuestro vehículo, ¿no obtendríamos un valor de 200.000 kps? ¿Por qué no podemos emplear el mismo tipo de cálculo que hacemos con el bus en el caso de la luz?

Einstein había extendido el principio de relatividad a todas las leyes de la física, pero al hacerlo creó un problema.

Tapón para el nuevo hueco

Einstein trabajaba en la oficina de patentes de Berna con su viejo amigo Michelangelo (Michele) Besso en la época en que formulaba sus célebres teorías. Besso era un ingeniero con buenos conocimientos de física, y Einstein le comunicó sus ideas sobre el principio de relatividad. En sus caminatas diarias de ida y vuelta al trabajo discutían sobre la lucha de Einstein con el conflicto entre la velocidad de la luz y la velocidad de los objetos ordinarios.

El conflicto persistente molestaba a Einstein. Cierto día fue a visitar a Besso para que lo ayudara a pensar a fondo en el problema. Hablaron hasta tarde en la noche, pero Einstein no avanzó nada. No obstante, al despertar a la mañana siguiente, se le ocurrió la solución. Camino del trabajo saludó a Besso con estas palabras: "He resuelto por completo el problema".

La Academia Olímpica

Como quedó dicho en el capítulo 3, Einstein intentó conseguir trabajo después de graduarse en el Politécnico de Zurich. Finalmente consiguió un cargo de examinador de patentes en la oficina del ramo en Berna, pero supo que el cargo no estaría disponible muchos meses. Tenía trabajo temporal como tutor de matemáticas en un instituto pero se sentía muy a disgusto con el militarismo del director y el magro salario. Para incrementar sus ingresos puso un anuncio en el diario para ofrecer sus servicios como tutor de matemáticas y física.

Dos personas respondieron: Maurice Solovine y Conrad Habicht. Solovine estudiaba filosofía y física en la Universidad de Berna. Habicht era un viejo amigo de Einstein que había estudiado física y matemáticas, y por entonces preparaba su doctorado en matemáticas en la Universidad de Berna.

Einstein no les dictaba clases. En cambio, los tres discutían; Solovine y Habicht hacían preguntas que Einstein respondía y explicaba. Hablaban además de libros de filosofía y física. Se volvieron muy amigos; intercambiaban opiniones mientras caminaban hasta una aldea vecina, escalaban una montaña o iban de paseo a un lago. Resolvieron bautizar su grupo con el nombre de "Academia Olímpica", en parte en broma, pero además porque se daban cuenta de que aprendían en sus discusiones más de lo que nunca habían aprendido en las clases formales.

Las discusiones con sus dos amigos ayudaron a Einstein a pensar. Solovine y Habicht (al igual que otros amigos de Einstein) eran cajas de resonancia de las ideas que estaba desarrollando.

Las reuniones de la Academia Olímpica continuaron incluso después de la boda de Einstein con Mileva Maric (ver el capítulo 2). Mileva participaba pero, según Solovine, no era muy activa y nunca los acompañó cuando las discusiones tenían lugar al aire libre.

La Academia Olímpica sobrevivió unos cuantos años, hasta que Solovine y Habicht aceptaron ofertas de trabajo. Pero su amistad con Einstein duró toda la vida.

IDEA NUEVA "Mi solución estaba realmente en la mismísima concepción del tiempo", afirmó Einstein poco tiempo después. Einstein se dio cuenta de que el tiempo es relativo. Y de que el espacio es relativo. Tiempo y espacio no son fijos, absolutos, como pensaba Newton. Para Einstein el tiempo y el espacio cambian cuando nos movemos (con movimiento uniforme), pero se ajustan a sí mismos, de modo que la velocidad de la luz sea siempre la misma e independiente del movimiento del observador.

Una vez hecho este pasmoso descubrimiento, estaba listo para completar su teoría. "Cinco semanas después de comprender esto, la actual teoría especial de la relatividad fue terminada", diría más tarde. El descubrimiento de que la velocidad de la luz es siempre la misma se convirtió en la segunda piedra angular de su teoría, su segundo postulado. Este postulado reza:

> *Principio de la luz: la velocidad de la luz es una constante universal. Todos los observadores en movimiento uniforme (no acelerado) miden el mismo valor c de la velocidad de la luz.*

Los dos postulados fueron los cimientos sobre los que construyó su teoría.

De aquí en adelante el espacio dejó de ser el escenario donde suceden cosas y el tiempo dejó de fluir igual para todo el mundo. Espacio y tiempo se volvieron relativos pero la velocidad de la luz se hizo absoluta (en el próximo capítulo se hablará más en detalle de tan extraña idea).

La luz siempre se propaga a la velocidad c

Einstein desarrolló en cinco semanas su teoría especial de la relatividad, de principio a fin. La envió para publicación en junio de 1905 y fue recibida el 30 de junio en las oficinas de la prestigiosa revista *Annalen der Physik*.

Por fin tenía la respuesta a su pregunta sobre lo que vería si viajara con un rayo de luz. La respuesta era que nunca lo alcanzaría. La luz se propagaba siempre con la velocidad *c*, sin importar cuán rápido Einstein se moviera. Existe el frente de la onda, el extremo del rayo, pero nadie puede moverse con él. La luz se propaga con la velocidad *c* con respecto a todo.

Esta notable y por completo inesperada idea era la clave de la relatividad, el golpe de genialidad que diferenció la relatividad de Einstein de la de Poincaré (ver el capítulo 8). Einstein dio el paso crucial, que ni siquiera pasó por la mente de Poincaré ni de nadie. Este paso cambió nuestras ideas sobre el espacio y el tiempo.

Einstein resolvió además el problema del experimento de Michelson y Morley con su teoría especial de la relatividad. Este problema había intrigado a los físicos por más de 20 años. Como se dijo en el capítulo 8, Hendrik Antoon Lorentz y George Fitzgerald habían propuesto la extraña idea de la contracción de longitud, según la cual los objetos se acortaban cuando se movían, y el acortamiento era el adecuado para explicar el resultado negativo del experimento de Michelson-Morley. Los científicos no estaban muy contentos con esta idea tan cómoda. Lorentz había agregado la noción de la contracción y la dilatación del tiempo cuando el observador se movía. Pero para él y para los demás, sus ecuaciones no se aplicaban al mundo real: eran sólo herramientas para explicar el resultado del experimento de Michelson-Morley.

La solución de Einstein es igualmente extraña. Como en la solución de Lorentz y Fitzgerald, el tiempo y la longitud cambian con el movimiento del observador. Pero para Einstein estos cambios son _reales,_ no sólo herramientas matemáticas. Las ecuaciones de Einstein representan el mundo real.

Sin embargo, si según Einstein el espacio y el tiempo cambian cuando nos movemos, ¿cómo es que nadie lo había notado antes? ¿Por qué no lo percibimos ahora? Porque los cambios son extraordinariamente pequeños a las velocidades ordinarias. Se vuelven perceptibles sólo si nos movemos con velocidades cercanas a la de la luz.

En su artículo de 1905, Einstein nos entregó ecuaciones para calcular correctamente las velocidades relativas de objetos en movimiento, y son algo diferentes de las que se medirían normalmente. Por ejemplo, vamos por la autopista a 90 kph en una zona de velocidad máxima de 90 kph, y un automóvil nos pasa a 97 kph. ¿Mediríamos que el auto que nos pasó va 7 kph más rápido? No exactamente; con instrumentos muy precisos obtendríamos un valor de 7,0000000000001 kph. Es obvio que la diferencia es mínima a tales velocidades.

Cuando se aplican las ecuaciones de Einstein a naves espaciales que viajan con velocidades cercanas a la de la luz, la corrección se vuelve importante. Supongamos que viajamos en una nave espacial en una misión hacia el centro de la galaxia, con una velocidad igual a $0,97c$ con respecto a la Tierra. En nuestro viaje dejamos atrás a la nave _Expedición Uno_, que salió antes y que lleva una velocidad igual a $0,90c$ con respecto a la Tierra. ¿Observa la tripulación del _Expedición Uno_ que los pasamos a $0,07c$? No. La tripulación nos verá alejarnos a una velocidad de $0,05c$ (ver la figura 9-6).

Si tratamos de medir la velocidad de un rayo luminoso que se propaga a la velocidad c con respecto a la Tierra desde la nave espacial que se mueve a $0,97c$ con respecto a la Tierra, no obtendremos un valor de $0,03c$ con respecto a nuestra nave. Obtendremos el valor c. La luz se propaga con velocidad c, medida desde cualquier parte.

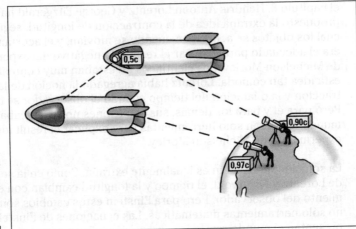

Figura 9-6:
Las naves
espaciales
son relati-
vistas.

La física se vuelve bella

Einstein obtuvo las ecuaciones que se utilizaron para calcular las velocidades en este experimento imaginario. Las dedujo a partir de su
teoría. Es notable que resultaran ser iguales a las transformaciones
de Lorentz, que habían sido introducidas para explicar el resultado
del experimento de Michelson-Morley.

Einstein no trataba de hacer funcionar el experimento de Michelson-
Morley. Al extender el principio de relatividad a toda la física, buscaba una física más simple, más hermosa.

Aunque las ecuaciones que obtuvo eran iguales a las transformaciones de Lorentz-Fitzgerald, la interpretación de Einstein era diferente.
Las consecuencias de la teoría especial de la relatividad se discuten
en el capítulo 18.

Capítulo 10

Relojes, trenes y automóviles: exploración del espacio y el tiempo

En este capítulo

► Las ideas de Einstein sobre eventos simultáneos
► Impacto de la relatividad sobre el espacio y el tiempo
► Espacio y tiempo ligados para siempre

*P*ensemos un minuto en ciencia ficción. Consideremos un universo en que los relojes muestran tiempos diferentes de acuerdo con la velocidad que llevan (un reloj en una nave espacial marcha diferente que un reloj en tierra, por ejemplo). O un universo en que la gente envejece más rápido cuando está en reposo que cuando se mueve (¡todas esas estrellas de Hollywood corriendo para prolongar la vida!). O un universo en donde las distancias y las formas cambian de acuerdo con la velocidad que llevamos al observarlas.

¿Suena fascinante? Pues se trata del universo en que vivimos.

En este capítulo se muestra cómo la teoría especial de la relatividad de Einstein modificó nuestra manera de considerar el espacio y el tiempo.

Tu tiempo no es el mío

Como se explica en el capítulo 9, Einstein desarrolló su teoría especial de la relatividad a partir de una idea simple pero cargada de sentido: las leyes de la física son las mismas para todos los observadores en movimiento uniforme (sin aceleración). Este enunciado es el principio de relatividad de Galileo extendido a toda la física y no sólo válido para la mecánica de Newton. Al adoptarlo desapareció la necesidad del éter, junto con la noción de espacio absoluto. Todo movimiento uniforme es relativo. El principio de relatividad de Einstein requería que la velocidad de la luz fuera una constante fundamental.

Dudas sobre la simultaneidad

El bello artículo de Einstein sobre la relatividad especial fue el cuarto publicado en 1905, su año maravilloso (ver el capítulo 3). En dicho artículo plantea las implicaciones de su teoría sobre los eventos simultáneos. "Vemos que no podemos darle un significado absoluto a la noción de simultaneidad", escribe.

Explica que dos eventos que son simultáneos en un determinado marco de referencia en movimiento no lo son cuando se observan desde otro marco de referencia que se mueve con respecto al primero. Sus conclusiones sobre la simultaneidad de eventos lo condujeron a conclusiones inesperadas.

Un experimento imaginario

Consideremos el siguiente experimento mental, en que participan dos naves espaciales.

En una nave espacial que viaja en una misión interestelar, uno de los tripulantes enciende una bombilla en medio de la cabina destinada a la tripulación (ver la figura 10-1). El tripulante observa que la luz llega al mismo tiempo a la parte frontal de la cabina y a su parte trasera (como debe ser, porque la velocidad de la luz es la misma, independientemente del movimiento del observador, y la distancia de la bombilla a las paredes delantera y trasera es la misma. Los dos eventos son simultáneos. ¿O no lo son?

Una astrónoma de nombre Lola observa la nave espacial transparente con un poderoso telescopio desde su propio vehículo espacial, y su versión de los eventos es diferente. Lola observa que la nave se dirige hacia la estrella Sirio a la mitad de la velocidad de la luz, $0,5c$. Ve también al tripulante encender la bombilla en medio de la cabina. Desde su perspectiva, la luz que va hacia el frente, con velocidad c, debe recorrer una distancia ligeramente mayor que la luz que va hacia atrás. Esto ocurre porque la pared del frente se ha alejado algo más de la bombilla desde que ésta emitió el rayo de luz. La pared

Figura 10-1:
El tripulante
ve llegar
al mismo
tiempo la
luz de la
bombilla a
las paredes
delantera
y trasera
de la nave
espacial.

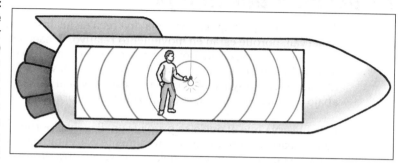

trasera, no obstante, se ha acercado algo a la bombilla y encuentra la luz un poco antes, como se muestra en la figura 10-2.

Para Lola, la luz no llega al mismo tiempo a las paredes delantera y trasera de la nave. Para ella los dos eventos no son simultáneos.

¿Quién tiene razón? Tanto el tripulante como Lola están en lo correcto. Ambos tienen razón al mismo tiempo, como dijo Einstein.

Eventos simultáneos en un marco de referencia en movimiento no lo son en otro.

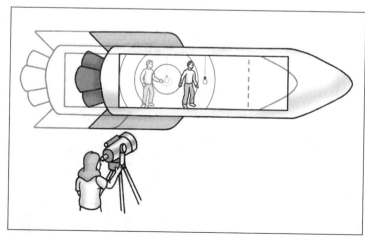

Figura 10-2:
La astró-
noma Lola
observa que
la luz llega
primero a
la pared
trasera.

Dilatación del tiempo

Según Einstein, el tripulante y Lola divergen en los instantes que observan, porque están en movimiento relativo. Pensemos ahora en un segundo experimento: el tripulante envía un pulso láser hacia un espejo situado en el techo de la cabina de la nave. En la nave, el tripulante ve el rayo subir, golpear el espejo y salir reflejado hacia abajo (como se ve en la parte superior de la figura 10-3).

Lola observa que el pulso se propaga en diagonal, porque el pulso va hacia arriba pero también lateralmente con el movimiento de la nave. Ve también cómo se refleja y sale según otra diagonal inclinada hacia abajo, porque el pulso va hacia abajo y hacia adelante con la nave (como se muestra en la parte inferior de la figura 10-3).

Según Einstein, tanto el tripulante como Lola, que están en movimiento relativo, miden el mismo valor de la velocidad del pulso de luz. Sin embargo, Lola ve que el pulso viaja una mayor distancia que la observada por el tripulante. El mismo evento, la subida y bajada del pulso, toma más tiempo para ella, desde su perspectiva, que para el tripulante.

Podríamos repetir el experimento una y otra vez, con el pulso de luz subiendo y bajando en la nave espacial, y tendríamos una especie de reloj. El tripulante podría contar el número diario de viajes de retorno del pulso, y desde ese momento en adelante sabría que cuando cuente ese número de viajes de retorno habrá transcurrido un día.

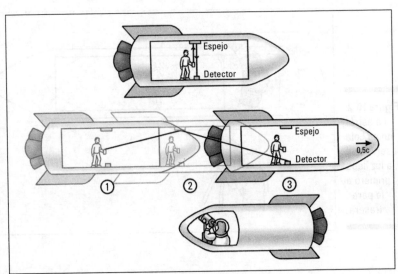

Figura 10-3: Arriba: El tripulante ve la luz subir, reflejarse y bajar. Abajo: Lola observa subir la luz en diagonal, reflejarse y bajar en otra diagonal.

Más fácil aún, podría ajustar la altura del espejo para que 50 millones de viajes de retorno sean iguales a un segundo de su reloj normal. El dispositivo de conteo podría emitir un sonido breve cada vez que cuente 50 millones de viajes de retorno, de suerte que el tripulante sabe que suena cada segundo, como su reloj normal.

Por su parte, Lola está en su vehículo espacial y también construye el mismo tipo de reloj, para llevar el tiempo de la otra nave. ¿Marchan los dos relojes al tiempo? No. Lola se da cuenta de que su reloj de luz se demora más en sonar que su reloj normal de pared. Recordemos, su nuevo reloj lleva el tiempo de la otra nave, y este reloj bate segundos más lentamente que su reloj normal. Concluye entonces que el tiempo de la otra nave fluye con mayor lentitud que el de su vehículo.

El tripulante discrepa. Desde su perspectiva, su nave espacial está en reposo y el vehículo de Lola se mueve a la velocidad 0,5c. Si le pedimos a ella que realice en su vehículo el mismo experimento con el pulso láser y el espejo, el tripulante podrá observar la marcha del tiempo en el vehículo de Lola, y encontrará que el tiempo fluye más lentamente allí.

Desde la perspectiva del tripulante de la nave espacial, el vehículo de Lola se mueve, y el tiempo en el marco de referencia de ella fluye más lentamente que en el suyo. Desde el punto de vista de Lola, la nave espacial del tripulante se mueve, y su tiempo fluye más lentamente que el de ella. ¿Cómo explicar estas diferencias? Todo lo que podemos decir es que, según Einstein:

El tiempo en el marco de referencia móvil fluye más lentamente.

Contracción del espacio

El tiempo es relativo según Einstein. Cambia de acuerdo con el movimiento de quien lo mide. Pero no es lo único que cambia con el movimiento del observador. El espacio también se modifica.

En misión de reparación

¿Listos para otro experimento imaginario? Estamos en una nave espacial acoplada a una gran estación interplanetaria en misión de mantenimiento. Estando allí recibimos la noticia de que una nave gemela ha tenido una avería en un punto situado a 360 millones de kilómetros (km) de la estación. Un pequeño vehículo de servicio que anda cerca ha sido enviado a socorrer a la nave. Durante el viaje, su piloto se da cuenta de que tiene combustible sólo para 320 millones de kilómetros, como máximo, y envía un mensaje radial a la base para anunciar su retorno. El comandante de la estación hace un cálculo rápido y ordena al vehículo de servicio proseguir el viaje hacia la nave averiada.

El piloto obedece a regañadientes y mantiene su rumbo. Treinta y cuatro minutos después llega a la nave averiada, y el medidor le indica que tiene todavía combustible para otros 10 millones de kilómetros. Sus instrumentos le indican que sólo ha recorrido 310 millones de kilómetros. ¿Cómo puede ser esto?

El comandante de la estación calculó el acortamiento de la distancia, y en consecuencia ordenó al piloto seguir adelante con la misión. El comandante empleó la ecuación de Einstein del acortamiento del espacio desde la perspectiva del vehículo de servicio en movimiento. A la velocidad máxima que podía alcanzar, 0,5c, la teoría de la relatividad predice que la distancia se acorta en un 13 por ciento, suficiente para que el vehículo de socorro pudiera llegar hasta la nave en problemas (una vez reparada, la nave trajo de vuelta a la estación al vehículo de servicio).

Según la teoría especial de la relatividad de Einstein:

El espacio se contrae en el marco de referencia móvil.

Dispone de más tiempo del que pensaba

Otra manera de comprender la razón por la cual el vehículo de servicio logra llegar es considerar la dilatación del tiempo desde su perspectiva. Einstein dice que el tiempo fluye más lentamente en el marco de referencia móvil. Si en la estación comparamos el reloj de pared con el reloj del vehículo de servicio, veremos que el reloj del vehículo de servicio marcha más lentamente. Con nuestro reloj de pared medimos un mayor tiempo de viaje que con el reloj del piloto del vehículo de servicio.

Como el reloj del vehículo de servicio marcha más lentamente (como se observa desde el marco de referencia de la estación), el tiempo del piloto se expande, o se dilata, y el combustible le dura más. La mayor distancia que medimos en la estación se acorta en su marco de referencia. Hay una interrelación entre el espacio y el tiempo, que se verá más adelante en este capítulo.

La contracción de longitud

El vehículo de servicio logró llegar hasta la nave averiada con el combustible que tenía porque se movía con respecto a la estación, y el espacio en el marco de referencia móvil se acorta o contrae. Sin embargo, se podría decir que la estación se movía con respecto al vehículo y que su espacio es el que se debía contraer. De acuerdo con la relatividad, ambas afirmaciones son válidas.

Si usted se mueve con respecto a mí, yo veo que su espacio se contrae, y todo lo que lleva, incluido usted mismo, se contrae en la dirección del movimiento (ver la figura 10-4). Supongamos que su nave mide 300 metros de largo y se mueve a la mitad de c, si yo mido su longitud, obtengo 261 metros, un 13 por ciento de contracción. Una regla de 90 centímetros que usted lleva en su nave, orientada en la dirección del movimiento, yo la veo de 78 centímetros. Y a usted lo veo un 13 por ciento más delgado, pero su altura no cambia (ver la figura 10-4).

Desde su perspectiva todo es normal: la regla mide 78 centímetros, y usted no se ve más flaco que lo normal. Para usted, sin embargo, yo me muevo a la mitad de c, y cuando observa mi entorno, todo se contrae en un 13 por ciento en la dirección del movimiento. Recuerde: según Einstein el espacio es relativo.

Esta contracción del espacio está relacionada con la dilatación del tiempo para el observador en movimiento. Espacio y tiempo son relativos. Einstein se vio obligado a aceptar esta conclusión tras decidir que la velocidad de la luz es una constante universal. Esta

Figura 10-4: Si usted se mueve con respecto a mí, yo veo su espacio acortado en la dirección del movimiento.

manera de pensar era completamente opuesta a la de Newton. Para Newton el espacio y el tiempo eran fijos, absolutos, pero la velocidad de la luz podía cambiar de acuerdo con el movimiento del observador.

¿Es real todo esto?

¿Cómo es posible que yo vea su espacio contraído y, al mismo tiempo, usted vea el mío contraído? Yo observo que su tiempo va más despacio, y, para usted, el mío va más despacio. ¿Son reales estos efectos? ¿O son pura ilusión? Su tiempo, desde mi perspectiva, parece fluir más lentamente cuando usted y yo estamos en movimiento relativo, pero ¿su tiempo fluye realmente con mayor lentitud?

El muón

Los efectos son reales y han sido observados y medidos muchas veces con instrumentos modernos. La primera observación se llevó a cabo con *muones,* partículas elementales que son creadas en los rayos cósmicos, a una altura de 6.000 metros, y que llegan en abundancia al suelo.

La vida media de un muón es de 2,2 microsegundos. Los físicos la miden con instrumentos de precisión en sus laboratorios. Los muones de los rayos cósmicos se mueven con velocidades de 0,998c, muy próximas a la velocidad de la luz. A esta velocidad pueden atravesar sólo 660 metros de atmósfera. Como inician su travesía a 6.000 metros sobre la superficie de la Tierra, nunca se detectaría ninguno.

Sin embargo, como se mueven con respecto a nosotros, sus vidas se alargan en nuestro marco de referencia de 2,2 microsegundos a 34,8 microsegundos. Como duran más, pueden recorrer distancias de 10.000 metros, más que suficiente para llegar a la superficie de la Tierra (ver la figura 10-5). Un muón golpea cada centímetro cuadrado de la superficie de la Tierra cerca de una vez por minuto.

Situémonos ahora en el marco de referencia del muón. El muón sabe que vivirá sólo 2,2 microsegundos. No se mueve en su marco de referencia propio y por lo tanto su esperanza de vida es de 2,2 microsegundos. No obstante, logra llegar al suelo. La mayoría de sus vecinos también lo logran. La razón reside en que la distancia desde su lugar de nacimiento hasta el suelo no es de 6.000 metros, como dicen los terrícolas, sino de sólo 320 metros, y sabe que tiene tiempo suficiente para llegar.

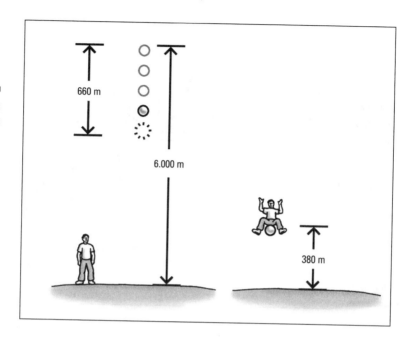

Figura 10-5:
Los muones
se mue-
ven con
velocidades
próximas a
la de la luz,
de suerte
que sus
vidas se
alargan lo
suficiente
para llegar
al suelo.

Más lentamente

Los procesos biológicos también se retardan a medida que nos movemos más y más rápido. El pulso y la tasa de reproducción de las células del cuerpo, por ejemplo, se retardan cuando nos movemos con respecto a la Tierra. ¿Cómo es posible?

Si salimos en una nave espacial y alcanzamos con el tiempo una velocidad de $0,9c$, nuestros corazones siguen latiendo normalmente y nuestras células continúan dividiéndose a su tasa normal, en nuestro marco de referencia. Pero para los que se quedaron en la Tierra, los relojes de nuestra nave marchan más lentamente que los de ellos (porque nosotros nos movemos a $0,9c$ con respecto a la Tierra). Por cada hora que pasa en la Tierra, nuestro reloj marca 26 minutos solamente (ver la figura 10-6); por cada día, sólo han transcurrido diez horas y media para nosotros. Un año después, seremos siete meses más jóvenes que los de la Tierra. En diez años habremos envejecido sólo cuatro años y cuatro meses. Hablamos aquí de edades reales, no de meras apariencias, porque todos nuestros procesos biológicos se retardan. Honestamente, envejeceremos más lentamente que nuestros hermanos terrícolas.

Figura 10-6:
Cuando el reloj de los terrícolas registra una hora, en nuestra nave espacial sólo han transcurrido 26 minutos.

Más rápidamente

Un momento. ¿No se dijo acaso que este tipo de movimiento es relativo? ¿Podemos, los de la nave espacial, describir también la situación diciendo que la Tierra y el sistema solar se mueven con respecto a nosotros con la velocidad $0,9c$, y que estamos en reposo? Correcto.

Para nosotros, entonces, los terrícolas envejecen más lentamente, y cuando volvamos, dentro de diez años, deberíamos encontrar que todos han envejecido casi seis años menos que nosotros.

¡Atención! El procedimiento ordinario parece no funcionar. No se puede decir que las dos situaciones son equivalentes porque vemos con claridad quién es más joven ¿En dónde está el error?

No hay por qué preocuparse, no es una falla de la relatividad. Si se considera la situación con más detalle se verá que los dos marcos de referencia no son equivalentes. La relatividad se aplica al movimiento uniforme, movimiento que no se puede distinguir. Por ejemplo, si dos naves espaciales se mueven en el espacio interestelar, cualquiera de las dos puede decir que la otra se mueve. O pueden ponerse de acuerdo en que ambas se mueven. Incluso puede afirmarse que mientras alguien se mueve alrededor del sistema solar, para ese alguien el sistema solar es el que se mueve. Todo está bien, siempre y cuando no haya aceleraciones.

Sin embargo, cuando despegamos en la nave, ésta debe acelerar hasta alcanzar la velocidad constante de crucero. Cuando llegamos a nuestro destino, la nave tiene que desacelerar, detenerse, dar la vuelta, y luego volver a acelerar para alcanzar la velocidad con la que llegaremos a casa. Y una vez allí, hay que desacelerar y finalmente frenar para encontrarnos con nuestros viejos y más jóvenes amigos.

La relatividad es válida para el movimiento uniforme, y estas aceleraciones no lo son. Las aceleraciones se sienten; no hay que mirar por la ventana para percibirlas. Cuando aceleramos y nos encontramos con otra nave espacial, sabemos que nos movemos.

De regreso a la Tierra, los terrícolas dirán que nos alejábamos de ellos con aceleración, y no podremos menos que estar de acuerdo. Las dos situaciones no son intercambiables, de suerte que la relatividad no se aplica.

Einstein estaba preocupado porque su relatividad especial no era lo suficientemente general, y duró muchos años generalizándola. El resultado fue la _teoría general de la relatividad,_ que se presenta en la parte IV.

Mezcla de espacio y tiempo

Einstein dedujo su teoría especial de la relatividad a partir de una idea sencilla: la velocidad de la luz es la misma en cualquier lugar del universo; no importa dónde se halla el observador o cómo se mueve. Pero las consecuencias de esta idea están lejos de ser simples.

Si el lector piensa que la información de este capítulo ha sido hasta ahora precipitada y temeraria, ¡debe persistir!

Si usted y yo no nos movemos el uno con respecto al otro, su reloj y el mío marchan al tiempo. Ambos nos movemos por el tiempo en la misma proporción. Nuestros relojes nos indican cuán rápido pasan los minutos, las horas y los días. Ambos nos levantamos a la mañana siguiente y coincidimos en que ha pasado un día. Hasta aquí, perfecto.

En este punto es donde la teoría de Einstein nos lleva a un estimulante paseo imaginario. Tan pronto como usted comienza a moverse con respecto a mí, parte de su movimiento por el tiempo se convierte en movimiento por el espacio. Si yo no me muevo, conservo toda mi marcha por el tiempo. A medida que su movimiento es más rápi-

Orígenes matemáticos del espacio-tiempo

Hermann Minkowski, profesor de matemáticas de Einstein en el politécnico, no simpatizaba con el joven Alfred en sus épocas de estudiante. Minkowski dijo cierta vez que Einstein era "un perro perezoso". En 1907, Minkowski planeaba realizar en Gotinga un seminario sobre la electrodinámica de los cuerpos en movimiento con el célebre matemático David Hilbert, e inevitablemente se topó con el artículo de Einstein sobre la relatividad especial. Ambos quedaron muy impresionados con el artículo, pero Minkowski no podía creer que Einstein fuera el autor, y manifestó a un colega que nunca hubiera pensado que Einstein fuera capaz de escribirlo.

Minkowski desarrolló una elegante formulación matemática de la relatividad especial en que las tres dimensiones del espacio y la dimensión del tiempo se unen en lo que llamó *espacio-tiempo*. "De aquí en adelante" —escribió— "el espacio en sí mismo y el tiempo en sí mismo están condenados a reducirse a meras sombras, y sólo una especie de unión entre ambos conservará una realidad independiente".

do, una mayor parte de su movimiento por el tiempo se convierte en movimiento por el espacio. Usted abandona el movimiento en el tiempo para poderse mover en el espacio, de tal suerte que su marcha por el tiempo no es tan rápida como la mía. Ésta es la razón por la cual su tiempo fluye más lentamente que el mío.

Si el observador pudiera convertir todo el movimiento en el tiempo en movimiento en el espacio, estaría viajando a la velocidad de la luz. El tiempo se habría detenido para él. Ésta es una manera de ver la razón de que Einstein dijera que nada, excepto la luz, puede viajar a la velocidad de la luz. La razón está en que el observador no puede detener completamente el flujo del tiempo. Pero está cerca de lograrlo cuando se mueve a una velocidad muy próxima a la de la luz. Para la luz, el tiempo se detiene.

Según la relatividad, la combinación del movimiento en el tiempo y del movimiento en el espacio es igual exactamente a la velocidad de la luz. Esta combinación de las tres dimensiones del espacio y de la dimensión del tiempo se convertiría en lo que se llamó después *espacio-tiempo,* entidad de cuatro dimensiones que muestra que espacio y tiempo no están separados, como pensaba Newton, sino entremezclados.

Nadie había notado antes de Einstein esta conexión, porque sus efectos se observan sólo a velocidades próximas a la de la luz. Incluso hoy, las velocidades más altas que podemos alcanzar son una mínima fracción de la velocidad de la luz. *Nuevos horizontes*, nave espacial de la NASA planeada para estudiar a Plutón y a su satélite Caronte, se mueve a 80.000 kilómetros por hora (kph), velocidad que es sólo una diezmilésima parte de la velocidad de la luz. A esta velocidad, *Nuevos horizontes* demorará diez años en llegar a Plutón.

A estas velocidades pequeñas, sólo una mínima fracción de movimiento en el tiempo se convierte en movimiento en el espacio. Esta pequeña fracción existe pero es difícil de detectar.

Posibilidad de los viajes interestelares

Para quienes mantenemos fija la mirada en los cielos, la teoría especial de la relatividad de Einstein tiene aplicaciones emocionantes. Específicamente, la relatividad del tiempo y del espacio ofrece la posibilidad de viajes interestelares humanos.

La estrellas más cercanas a la Tierra, las binarias Proxima y Alfa Centauri, están a unos cuatro años-luz. En otras palabras, la luz de estas estrellas tarda cuatro años en llegar hasta nosotros, viajando a 300.000 kilómetros por segundo. Hay otras estrellas más allá de nuestras vecinas más cercanas, cuya visita sería interesante. En los últimos diez años, los astrónomos han descubierto más de 125 planetas en órbita alrededor de estrellas similares a nuestro Sol. Han logrado "verlos" gracias al estudio de los pequeñísimos movimientos que causan en sus soles correspondientes al moverse en derredor.

Entre estos planetas recién descubiertos hay uno muy joven, en órbita alrededor de la estrella CoKu Tau 4, a una distancia de unos 420 años-luz de la Tierra. Incluso existe uno que los astrónomos han logrado ver realmente con el gran telescopio del Observatorio Europeo Austral, situado en Chile. Se mueve en órbita alrededor de su sol a una distancia de unos 230 años-luz de nosotros.

Es posible que queramos visitar también el centro de nuestra galaxia, oculto a nuestros ojos por nubes de polvo interestelar, pero visible en nuestros telescopios de rayos X, infrarrojo y radio. Los científicos han descubierto allí un hueco negro con una masa gigantesca. En el futuro, es probable que los seres humanos quieran dar un paseo por la galaxia e incluso visitar otras galaxias.

No obstante, aun si diseñamos una nave espacial cuya velocidad sea 0,99c, el viaje interestelar más allá de las estrellas cercanas parece imposible en el futuro previsible. Cruzar nuestra galaxia tomaría más de 100.000 años; y un viaje a Andrómeda, la galaxia más cercana, duraría más de 2 millones de años.

Estas duraciones son precisas para quienes nos quedemos en la Tierra. Pero en la nave interestelar móvil el tiempo se dilatará. Una nave del futuro, construida con tecnologías que ni siquiera soñamos, tendría un motor capaz de mantener una aceleración constante de 1 g hasta que el vehículo alcance velocidades próximas a la de la luz. Con un motor así, incluso un viaje a Andrómeda sería posible en el curso de una vida humana. Para esos astronautas, no obstante, ni pensar en el regreso a casa. Aquí en la Tierra, civilizaciones enteras habrían surgido y desaparecido, en tanto que los astronautas, que partieron a los 20 años de edad, estarían en sus 80.

La tabla 10-1 muestra varios viajes posibles, con una nave capaz de mantener una aceleración constante de 1 g. El número correspondiente al encabezado "Distancia en años-luz" es también el tiempo que transcurriría en la Tierra mientras la nave viaja hacia su destino.

Tabla 10-1	Tiempo que marca el reloj de la nave para viajes interestelares a 1 g	
Destino	*Distancia en años-luz*	*Tiempo del reloj de la nave en años*
Alfa Centauri	4	3
Sirio	9	5
Épsilon Eridani	10	5
2M1207: estrella con el primer planeta visible	230	11
CoKu Tau 4	420	12
Centro galáctico	30.000	20
Galaxia de Andrómeda	2.000.000	28

Capítulo 11

La ecuación

En este capítulo

▶ Relatividad de la masa

▶ Escritura de $E = mc^2$

▶ La reacción

▶ El profesor Einstein

*E*n septiembre de 1905, sólo tres meses después de la publicación de su trabajo sobre la relatividad especial, Einstein escribió el último artículo de su año maravilloso. El artículo, de tres páginas, fue publicado en noviembre.

En este bello artículo, que tituló "¿Depende la inercia de un cuerpo de su contenido de energía?", Einstein afirma que los resultados de su investigación previa "llevan a una muy interesante conclusión, que será derivada en lo que sigue". Este experto técnico de tercera clase de la oficina de patentes de Berna dedujo que masa y energía son equivalentes. Einstein sintetizó su deducción en una sencilla y poderosa fórmula: $E = mc^2$.

En este capítulo se muestra cómo Einstein empleó ideas conocidas en su época para llegar a esta inusitada conclusión. También se relata cómo, gracias a dicho artículo y a las otras contribuciones de su año maravilloso, logró por fin obtener un cargo de profesor, que le permitió trabajar mayor tiempo en sus asombrosas ideas, experimentos mentales y teorías.

La masa entra en la ecuación

Los físicos emplean la palabra *energía* (la *E* mayúscula de la ecuación) como sinónimo de capacidad para realizar un trabajo. La letra *c* es la velocidad de la luz, constante en todo el universo e independiente del movimiento del observador (este asunto se discute en detalle en los capítulos 9 y 10). ¿Y qué significa la letra *m*? Sabemos que representa la *masa*, pero ¿qué es exactamente la masa? Como la palabra energía, el término masa penetró en el lenguaje diario y, al hacerlo, perdió algo de su significado original. Tenemos la tendencia a usarlo como sinónimo de peso, lo que no es exacto.

Una medida de nuestra pereza

La masa mide la resistencia que sentimos cuando tratamos de cambiar el movimiento de un objeto. Esta resistencia se llama *inercia*.

Empleamos la palabra inercia en nuestro lenguaje diario para indicar inactividad o indolencia. Para superarla hay que levantarse y ponerse en marcha. Como se ve en el capítulo 4, la primera ley de movimiento de Newton dice que los objetos tienen tendencia a permanecer como están, en reposo o en movimiento. Su segunda ley establece que para superar la inercia —es decir, para que los objetos cambien su movimiento— es necesario aplicar una fuerza.

La masa es una medida de la inercia, de la pereza de un objeto, de su deseo de permanecer en su estado de movimiento o de reposo.

Debe recordarse, no obstante, que hay una segunda forma de medir la masa: según el peso, es decir, según la atracción gravitacional de la Tierra sobre un objeto. Los físicos distinguen las dos medidas de la masa: llaman a la primera *masa inercial* y a la segunda la llaman *masa gravitacional*. En el capítulo 12 se profundiza esta distinción y se demuestra que las dos masas son en realidad la misma (Einstein utilizó este hecho como base de su teoría general de la relatividad).

La expresión masa inercial es muy descriptiva. Un objeto masivo es aquél que posee una gran *masa inercial,* y que por lo tanto presenta una gran resistencia a cualquier intento de cambiar su movimiento. Es más difícil de mover que un objeto con masa inercial pequeña y, si está ya en movimiento, es más difícil de detener que un objeto ligero. Todos estamos familiarizados con esta idea. Sin embargo, a veces los objetos con superficies rugosas se mueven, o el roce entre sus componentes internos complica su movimiento. Es más fácil entender las diferencias entre una gran masa inercial y una pequeña en el espacio exterior, donde no hay rozamiento.

Por ejemplo, en 2002, durante la misión de mantenimiento del telescopio espacial Hubble, los astronautas debían instalar la nueva cámara panorámica avanzada, gran instrumento con una masa como la de un carro de golf. Durante la misión, los astronautas tuvieron dificultad para moverla y colocarla en posición correcta debido a su gran masa inercial. Empujarla fue tan exigente como mover en tierra un carro de golf, con las ruedas bien lubricadas, sobre un terreno nivelado y suave.

La gravedad no afecta la masa inercial de un objeto. La masa inercial de la cámara es una propiedad de la cámara, que permanece igual siempre, independientemente de su posición. Sería muy difícil mover un carro cargado con un satélite masivo listo para ser lanzado al espacio. Un astronauta en el muelle de carga de la lanzadera espacial tendría la misma dificultad para moverlo en el espacio (ver la figura 11-1). La masa inercial del satélite es la misma aquí que en el espacio.

El título del artículo de Einstein, el de la fórmula $E = mc^2$, "¿Depende la inercia de un cuerpo de su contenido de energía?", cobra mayor sentido cuando se conoce el significado de la masa inercial. Einstein pregunta al lector si la masa inercial de un objeto cambia con su contenido de energía, y en el artículo demuestra que, en efecto, así es.

Relatividad de la masa

Einstein descubrió que la masa de un objeto es relativa. En el capítulo 10 se ve que espacio y tiempo están interconectados. Si estamos en reposo, nos movemos a través del tiempo. Si alguien se mueve

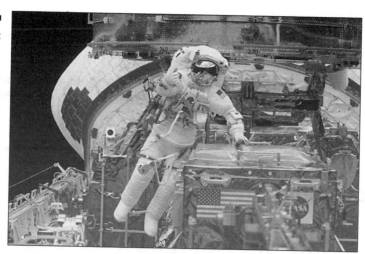

Figura 11-1: Un astronauta en el muelle de carga de la lanzadera espacial experimenta para mover un objeto de gran masa la misma dificultad que experimentamos en la Tierra.

con respecto a nosotros, observamos que convierte una parte de su movimiento a través del tiempo en movimiento por el espacio. A medida que se mueve más y más rápido convierte más movimiento en el tiempo en movimiento en el espacio.

Si la persona en cuestión pudiera convertir todo su movimiento a través del tiempo en movimiento por el espacio, se estaría moviendo a la velocidad de la luz. Su tiempo se habría detenido por completo, lo que significa que nadie puede moverse a la velocidad de la luz. Nadie, con excepción de la luz misma. Para la luz no existe el movimiento a través del tiempo; todo su movimiento ocurre en el espacio, a la velocidad de la luz, c, por supuesto.

Si viajamos en una nave espacial de tecnología avanzada que ha alcanzado ya una velocidad igual a $0{,}99c$, ¿qué ocurre si nuestro capitán quiere alcanzar una velocidad más próxima a c? Para acelerar, el motor debe suministrar la fuerza necesaria para vencer la inercia de la nave y acelerar. Así alcanzó la velocidad que lleva. Pero ahora la nave no responde tan fácilmente. Tiene mayor inercia, y por lo tanto se necesita una fuerza mayor para lograr un incremento pequeño de velocidad.

La masa inercial de la nave, es decir, su resistencia a la aceleración, aumenta con su velocidad, y es cada vez más difícil acelerarla para alcanzar una velocidad más próxima a la de la luz. Si la nave pudiera alcanzar de alguna manera la velocidad de la luz, su masa inercial sería infinita.

Entonces, de acuerdo con la relatividad especial de Einstein:

> *La masa inercial de un objeto que se mueve con respecto a nosotros aumenta con la velocidad, y se vuelve infinita a la velocidad de la luz.*

Como una masa infinita requeriría una fuerza infinita para acelerar, lo que implicaría una cantidad infinita de energía, concluimos que:

> *Ningún objeto puede moverse a la velocidad de la luz.*

Escogencia de c^2

La célebre ecuación de Einstein, $E = mc^2$, hace intervenir el cuadrado de la velocidad de la luz. ¿Por qué escogió Einstein c al cuadrado y no c al cubo, por ejemplo? La ecuación de Einstein es una ecuación de energía, y debe exhibir las propiedades generales de la energía.

Christian Huygens

El científico holandés Christian Huygens era uno de los más famosos científicos de Europa, y ciertamente un orgullo para su país. Venía de una buena estirpe: su padre había sido Constantin Huygens, figura importante de la literatura holandesa.

El joven Huygens fue influido por las ideas sobre el espacio de su amigo, el filósofo y matemático francés René Descartes. Antes de cumplir 30 años, Huygens había publicado ya varios importantes artículos matemáticos que lo dieron a conocer.

Mientras ayudaba a su hermano a construir un telescopio, Huygens se interesó en la óptica e inventó nuevos métodos para pulir espejos. También le entusiasmó la astronomía; descubrió la nebulosa de Orión, gran nube de polvo interestelar que todavía asombra a los astrónomos aficionados de todo el mundo (hoy sabemos que esta nube es uno de los muchos lugares donde nacen las estrellas). Empleando un telescopio de siete metros de longitud, descubrió los anillos de Saturno y su mayor satélite, al que llamó Titán.

Las propiedades de la energía comenzaron a ser descubiertas en vida de Newton, comenzando con su contemporáneo Christian Huygens, quien preparaba una comunicación para ser leída en la Real Sociedad de Londres, en enero de 1669.

En su comunicación, Huygens hablaba sobre las colisiones entre objetos e intentaba aclarar la confusión existente entonces en la física de estas colisiones. De hecho, los científicos discutían acerca del movimiento de dos esferas de metal que oscilan y chocan repetidamente (sin duda el lector las habrá visto en versión moderna en los almacenes de novedades, similares a las de la figura 11-2). Los científicos no comprendían por qué, después de una colisión, la bola que se acercaba se detenía por completo mientras la bola golpeada alcanzaba la misma altura que tenía la primera bola antes de la colisión. Nada en su conjunto de conocimientos sobre energía y velocidad explicaba la razón de que, por ejemplo, la primera bola no rebotara con la mitad de la velocidad que tenía antes del choque, y que la segunda no saliera con la otra mitad de la velocidad.

Huygens aclaraba en su comunicación el comportamiento de las esferas. Explicaba que si tomamos el producto de la masa de cada bola por el cuadrado de su velocidad, y sumamos las dos cantidades, la suma es siempre la misma antes y después de la colisión. El producto de la masa por el cuadrado de la velocidad de cada esfera nos da su energía de movimiento.

Figura 11-2:
La energía
total de
dos esferas
de acero
oscilantes
que chocan
permanece
constante.

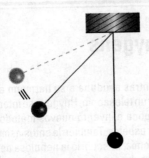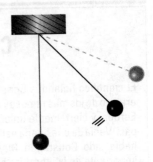

La energía de cada bola cambia cuando las bolas chocan pero, en cada choque, el intercambio de energía es tal que la cantidad total permanece constante. Esta idea se convirtió en el poderoso principio de conservación de la energía, que se discute en el capítulo 5. El continuo intercambio de energía durante el choque, mientras el total permanece constante, explica por qué la esfera golpeada sube a la misma altura siempre.

Según Huygens, la masa de un objeto por el cuadrado de su velocidad nos da la energía de movimiento del objeto (en realidad da la mitad de la energía, pero eso no es importante en este momento). La ecuación de energía de Einstein es también el producto de la masa del objeto por el cuadrado de la velocidad, pero en este caso no es la velocidad del objeto sino la velocidad de la luz. ¿Por qué la velocidad de la luz y no la del objeto? Hay que seguir leyendo para saberlo.

Formulación de la ecuación $E = mc^2$

En el corto artículo donde aparece su famosa ecuación, Einstein demostró que si un objeto en el laboratorio emite luz (tal como un átomo en decaimiento radiactivo), su energía cambia, porque parte de su energía es tomada por la luz emitida.

Por el principio de conservación de la energía, Einstein sabía que la energía tomada por la luz emitida provenía del objeto. La energía total del objeto disminuía. Eso era conocido. Pero Einstein dio un paso más: empleó sus ecuaciones de la relatividad especial para calcular la diferencia de energía de un átomo que emite luz, estando en reposo en el laboratorio y en movimiento con respecto al laboratorio. Sus cálculos le mostraron que la masa del átomo disminuía luego de la emisión de luz.

En este punto Einstein hizo lo que sabía hacer como nadie: generalizó su principio. Analizó la emisión de luz por un átomo, y concluyó que su masa disminuía todas las veces que emitía luz.

Luego dio el gran paso: la generalización. No estaba simplemente haciendo una afirmación sobre un átomo que emite luz. Sostuvo que su descubrimiento era aplicable a toda la materia. Einstein estableció que la masa de un cuerpo es una medida de su contenido de energía, y que este hecho se cumple siempre. De acuerdo con Einstein:

> *La masa de un objeto es una forma de energía, y la energía contiene masa. Masa y energía son dos formas de la misma cosa.*

Estas dos frases encierran el significado de la fórmula $E = mc^2$.

En 1905, cuando este funcionario de la oficina de patentes hizo semejante afirmación, los científicos hasta ahora empezaban a aceptar la existencia de los átomos. El decaimiento radiactivo, es decir, la emisión espontánea de luz y de partículas cargadas por parte de los átomos, había sido descubierto sólo cinco años antes.

Duda sobre las propias conclusiones

Einstein termina su artículo afirmando que quizá sería posible probar su teoría con cuerpos cuyo contenido de energía cambia drásticamente, como las sales de radio. "Si la teoría concuerda con los hechos", escribió, "entonces la radiación transporta masa entre los cuerpos emisor y receptor".

¿Por qué c^2?

La ecuación de Einstein, $E = mc^2$, nos dice que masa y energía son equivalentes. Se puede transformar una en la otra. Y c^2 es el factor de conversión que nos dice cómo están relacionadas. Cuando convertimos pulgadas en centímetros, medidas ambas de longitud, el factor de conversión es 2,5. Cuando convertimos masa en energía o viceversa, el factor de conversión es el cuadrado de la velocidad de la luz. Como c es tan grande (cerca de 300.000 kilómetros por segundo) y su cuadrado es mucho mayor, una mínima cantidad de masa puede convertirse en una enorme cantidad de energía.

Unas semanas después le expresó en una carta a su amigo Conrad Habicht ciertas dudas sobre el artículo. Le decía que su conclusión sobre la luz que transporta energía era una idea seductora pero que, hasta donde sabía, Dios podría estar jugándole una mala pasada y burlándose de él.

Pero Dios no estaba jugando. El descubrimiento de Einstein no sólo explicaba el funcionamiento del Sol sino que haría posible desarrollos tecnológicos como los detectores de humo o la escanografía de positrones. Es difícil pensar en un área de la física desarrollada en los últimos cien años en donde la ecuación de Einstein, $E = mc^2$, no juega un papel importante. Cuarenta años después de su formulación, la Segunda Guerra Mundial precipitó una dramática demostración de su validez, con el desarrollo de la bomba nuclear y su empleo en dos ciudades japonesas.

Pero toda esta tecnología tendría que esperar hasta lograrse la correcta comprensión del átomo, que ocurrió décadas después de que Einstein escribiera su artículo. Los científicos tenían en 1905 ideas muy primitivas sobre lo que era el átomo. Sólo dos años después, el propio Einstein suministró pruebas irrefutables de la realidad del átomo a quienes no aceptaban su existencia.

Corriendo se gana masa

Como dijo Einstein, la masa de un objeto es una forma de energía, y la energía es una forma de masa. Un pájaro que descansa en la rama de un árbol tiene menos energía allí que cuando vuela. Si se pudiera medir la masa del pájaro con precisión extrema, se encontraría que es un poco mayor cuando vuela que cuando está quieto. Pero una simple pluma de sus alas tiene una masa miles de millones de veces mayor que el incremento de la masa con el movimiento. De modo similar, cuando corremos nuestra masa aumenta por el movimiento. Sin embargo, perdemos más masa por la irradiación de calor y el sudor que la que ganamos corriendo.

Consideremos el siguiente ejemplo: tomemos dos esferas y unámoslas por medio de un resorte. Separémoslas luego hasta que el resorte se rompa. Con una balanza muy precisa podríamos medir las masas antes y después de romper el resorte (ver la figura 11-3). Hallaríamos que la masa de las dos esferas es menor cuando están unidas por el resorte que cuando están separadas y el resorte roto. Si empleamos canicas de masa igual a 100 gramos, el incremento de masa es cerca de una milmillonésima de gramo. No existe una balanza capaz de medir este mínimo incremento.

Figura 11-3:
La masa total de las dos esferas y el resorte es menor cuando están unidas por éste que cuando están separadas y el resorte está roto.

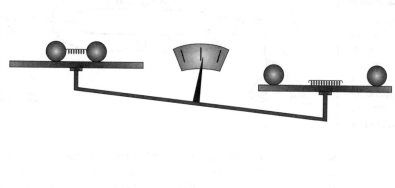

Se rompe un fuerte hilo

Los físicos descubrieron en la década de 1920 la composición correcta del átomo: un pequeñísimo núcleo compuesto de dos clases de partículas —los *protones* de carga positiva y los *neutrones* eléctricamente neutros— y rodeado por una nube de *electrones* negativos. Además desarrollaron en esta década la *física cuántica*, física del átomo que había nacido en 1905 con el artículo de Einstein sobre el efecto fotoeléctrico (ver los capítulos 15 y 16).

Encontraron también los físicos que las partículas que forman el núcleo —los *protones* positivos y los *neutrones* neutros— se mantienen unidas por una gran fuerza, la *fuerza nuclear*. Esta fuerza nuclear es el hilo que las mantiene unidas. Si pudiéramos cortarlo se separarían porque las cargas positivas se repelen.

Como ocurre con las esferas unidas por el resorte, la masa del núcleo del átomo es menor que la masa de los protones y neutrones. La fórmula $E = mc^2$ de Einstein dice que la masa es una forma de energía. El núcleo, de menor masa, posee menos energía que sus componentes separados.

Esta diferencia de energía resulta de la manera siguiente. La fuerza nuclear proporciona un hilo muy fuerte que mantiene unidas las partículas del núcleo. Se necesita hacer un trabajo enorme (es decir, emplear una gran energía) para separarlas. La situación es análoga a la de dos poderosos imanes pegados, con sus polos opuestos enfrentados. Hay que trabajar mucho para separarlos (ver la figura 11-4).

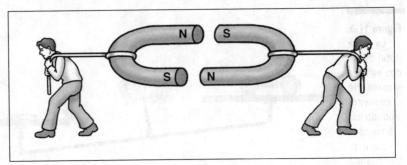

Figura 11-4: Hay que trabajar mucho para separar los imanes.

Si se logra separarlos es muy fácil unirlos de nuevo. En realidad ellos hacen solos el trabajo. No sólo se unen sino que lo empujan a uno. Para hacer esto deben utilizar su propia energía, de suerte que cuando están unidos poseen menos energía que cuando están separados.

Como los imanes pegados, los protones y neutrones que unidos forman el núcleo tienen menos energía que las partículas separadas. La energía "faltante", llamada *energía de ligadura del núcleo*, mantiene el núcleo unido.

Entonces, de acuerdo con la fórmula $E = mc^2$ de Einstein:

Las cosas unidas tienen menos masa que separadas.

¿Alguien lo leyó?

Einstein sabía que su trabajo sobre relatividad era "revolucionario". Así lo expresó en una carta escrita en mayo de 1905 a su amigo Conrad Habicht, que se convirtió en una de las cartas más famosas de la historia. Einstein trabajaba por entonces en cuatro artículos sobre la existencia de átomos y moléculas (que envió más tarde a los *Annalen der Physik*) y sobre la relatividad especial. La fórmula $E = mc^2$ no estaba todavía en su mente. Pensó en el asunto después de enviar a la revista el artículo sobre relatividad.

Maja escribió en su libro sobre los primeros años de su hermano que, después de la publicación de los artículos de 1905, Einstein estaba ansioso esperando la respuesta a su trabajo por parte de la comunidad de físicos. No tuvo que esperar mucho. En mayo de 1905 Einstein dijo que sus artículos habían recibido gran acogida y generado nuevas investigaciones, y que incluso había recibido una carta relacionada con los artículos sobre relatividad del gran Max Planck.

El peso de una brizna de hollín

La mínima masa jamás medida con una escala es la de una brizna de hollín. La "escala" se hizo con tubos de carbón en miniatura (llamados *nanotubos de carbón*) a manera de resortes. Los científicos que realizaron la medida en el Tecnológico de Georgia pusieron la brizna en uno de los tubitos y comenzaron a hacer vibrar el tubo aplicando una carga eléctrica a un nanotubo situado cerca de una muestra con la carga opuesta. La brizna agobiaba al nanotubo vibrante, y los investigadores lograron calcular su masa. La masa de la brizna de hollín fue de 22 femtogramos, o sea 22 millonésimas de milmillonésimas de gramo. Sin embargo, no es todavía posible medir una diferencia de masas tan pequeña.

Presentación del profesor Einstein

Después de 1905, la vida tranquila y aislada de Einstein como empleado de una oficina de patentes llegó a su fin. Max Planck, conocido físico alemán que había introducido la idea del cuanto de energía apenas cinco años antes, mostró gran interés en la relatividad de Einstein. En 1906 fue el segundo científico en escribir un artículo sobre relatividad.

Pronto, y gracias sobre todo a Planck, otros científicos le prestaron atención. Físicos conocidos y recién doctorados fueron a Berna, deseando encontrarse con Einstein y trabajar con él un par de meses. Su hermana Maja escribió que tras la publicación de los artículos de 1905, empezaron a llegar cartas dirigidas al "Profesor Einstein de la Universidad de Berna".

Einstein estaba orgulloso de este creciente reconocimiento. En mayo de 1906 escribió a su amigo Maurice Solovine que su trabajo había comenzado a ser muy reconocido y que incluso el profesor Planck le había escrito a propósito de sus teorías.

De nuevo en busca de trabajo

Estimulado por su creciente fama, Einstein decidió hacer otro intento para iniciar la carrera académica. Ahora las cosas serían de seguro diferentes de cuando estaba recién graduado, pensaba, con todos esos artículos que generaban agitación en la comunidad científica. Además, su tesis de doctorado acababa de ser aceptada por la Universidad de Zurich, de modo que ahora podía llamarse Doctor Einstein. Se daba cuenta de que a veces el uso de su título le resultaba ventajoso. En una carta comentó que el título suavizaba de modo considerable las relaciones con la gente.

El primer paso para entrar en el mundo académico era por entonces, en Alemania y Austria, convertirse en lo que se llamaba un *Privatdozent,* instructor de la universidad sin salario, que recibía remuneración directamente de los estudiantes. Para ser contratado como Privatdozent había que presentar un artículo original y dar una conferencia demostrativa de sus capacidades.

Einstein envió su candidatura a la Universidad de Berna, estimulado por el profesor Alfred Kleiner, su director de tesis. Si era seleccionado podría conservar su trabajo de día en la oficina de patentes.

Einstein esperó impaciente la respuesta, e incluso prometió en sus cartas al decano y al jefe de profesores que, si era contratado, desarrollaría un curso emocionante para los estudiantes.

Las semanas pasaron sin respuesta. Finalmente llegó el correo. Era una negativa.

Candidatura rechazada

La candidatura de Einstein fue rechazada porque no había incluido el artículo científico original exigido. Este error era extraño, dado que Einstein había escrito más artículos que cualquiera de los demás candidatos a este tipo de cargo. Además, estaba muy interesado en entrar en el mundo académico y el cargo era su tiquete de admisión, y tenía ya experiencia en la preparación de artículos complejos para ser publicados en revistas científicas. En comparación, un artículo de candidatura era cosa sencilla. No obstante, Einstein estropeó todo.

Debió de sentirse muy infeliz con el rechazo. Años después, sin embargo, se refería al incidente en tono divertido.

Cuando el profesor Kleiner se enteró del rechazo, convenció a Einstein de que insistiera. Éste volvió a enviar su candidatura, más completa, y los funcionarios de la universidad, preocupados ahora por haber rechazado a una estrella en ascenso, reconsideraron la decisión y lo contrataron. Einstein aceptó rápidamente la oferta. Tenía 29 años.

El primer curso ofrecido por Einstein en la Universidad de Berna fue "Teoría de la Radiación", en el trimestre de invierno de 1908-1909. Sólo se inscribieron cuatro estudiantes, todos amigos suyos. Las clases eran por las noches, después del trabajo diario en la oficina de patentes. En el segundo semestre no tuvo sino un estudiante.

Einstein estaba descontento con su trabajo nocturno. Enseñar a tan pocos alumnos no era muy interesante, e igual debía preparar sus conferencias como si fueran para una clase completa. Y encima de todo tenía muy poco tiempo para investigar, que era lo que realmente le gustaba. Pero estaba decidido a convertirse en profesor, así que continuó.

Política en Zurich

En 1909, poco después de que Einstein comenzara a trabajar como Privatdozent en la Universidad de Berna, el profesor Kleiner empezó a buscar un físico teórico para la Universidad de Zurich. Tenía dos buenos candidatos para el cargo: su antiguo asistente, Frederich Adler, y su otrora estudiante de doctorado, Einstein.

Durante las deliberaciones del comité de admisión al cargo, quedó claro que Einstein iba a ocupar el primer lugar entre los candidatos. En un intento de amortiguar las malas noticias, Kleiner manifestó a Adler que no estaba en la lista de finalistas. El mismo día Adler escribió a su padre que no iba a obtener el cargo, pero que lo más probable era que contrataran a Einstein, su antiguo condiscípulo. Adler agregaba que, aparte de su propia decepción, estaría muy contento de que Einstein obtuviera el cargo, porque en Suiza e incluso

El otro doctor Einstein

Maja, la hermana de Einstein, estudiaba en la Universidad de Berna por la época en que su hermano era Privatdozent, y en ocasiones asistía a una de sus clases. Había estudiado durante dos años en la Universidad de Berlín pero se había trasladado a Berna.

El 21 de diciembre de 1908, Maja recibió su doctorado magna cum laude en lenguas romances de la Universidad de Berna, convirtiéndose así en el segundo doctor Einstein de la familia.

en Alemania la gente consideraba escandaloso que un hombre como Einstein estuviera sentado en la oficina de patentes.

La votación final del comité fue de 10 a favor de Einstein y una abstención. El comité envió su recomendación a la administración de la universidad para la aprobación final.

La administración se oponía a la candidatura de Einstein por razones políticas. Los miembros de la administración eran social-demócratas en su mayoría, y estaban a favor de la candidatura de Adler, miembro del mismo partido. Adler se sentía incómodo con la situación. No deseaba ser contratado por razones políticas y sabía que el comité profesoral no lo había escogido, así que decidió retirar su candidatura. En su carta dirigida a la administración decía que si la universidad tenía la oportunidad de contratar a alguien como Einstein, era absurdo que lo contrataran a él, y agregaba que sus habilidades no se podían comparar con las del científico.

Poco tiempo después Einstein recibió una oferta para ocupar un cargo de profesor en la Universidad de Zurich, pero la rechazó porque no le gustó el salario, que era cerca de la mitad de lo que ganaba en la oficina de patentes. Entonces Kleiner volvió a la administración y logró que igualaran el salario con el de la oficina de patentes. Einstein aceptó la segunda oferta.

Aprender a enseñar

Einstein renunció a su cargo en la oficina de patentes de Berna, renuncia que se hizo efectiva a partir del 15 de octubre de 1909. Su posición en la Universidad de Zurich era de profesor asociado de física teórica, con un salario de 4.500 francos, más cierta remuneración por conferencias y exámenes. Comenzó su trabajo en la universidad el mismo día que dejó la oficina de patentes.

Sus deberes incluían de seis a ocho horas semanales de clase y seminarios, así como consejería a estudiantes. Su primer estudiante graduado fue Hans Tanner (pero Tanner no obtuvo su doctorado con Einstein, porque para la época en que terminó estudios Einstein se había ido a otra universidad).

Einstein no fue buen conferencista durante sus primeros años de profesor. Llegaba a clase con unos pantalones demasiado cortos y se paseaba con una hoja de papel con sus notas de clase.

Con el tiempo sus clases mejoraron y los estudiantes comenzaron a apreciarlo. Les gustaba su estilo informal y su enfoque fácil y abierto. Permitía que los estudiantes lo interrumpieran en todo momento con cualquier clase de preguntas, e incluso iba con ellos a los cafés de la localidad y se sentaba a explicarles física.

Einstein recibió en 1910 una oferta de la Universidad de Praga. Entonces los estudiantes de Zurich dirigieron una carta a la administración de la universidad, en la cual pedían que hicieran lo que fuera para retenerlo. De inmediato le subieron el salario a 5.500 francos y solicitaron al departamento reducirle la carga horaria de enseñanza. Einstein rechazó la oferta de Praga.

Einstein enseñó en la Universidad de Zurich desde octubre de 1909 hasta marzo de 1911. En esos dos años publicó 11 artículos sobre física teórica, notable producción para un profesor nuevo. En su mayoría, los artículos trataban problemas de radiación y estaban relacionados con su idea del cuanto de luz, que había propuesto en el primer artículo de su año milagroso.

Estando todavía en la oficina de patentes, Einstein pensaba ya en extender su teoría especial de la relatividad para incluir el movimiento no uniforme. Como se daría cuenta un par de años después, la tarea no iba a ser fácil.

Grado honorario

Cierto día, poco antes de iniciar actividades en su nuevo cargo en la Universidad de Zurich, Einstein recibió un gran sobre en la oficina de patentes, el cual contenía una hoja de elegante papel, con floridos caracteres latinos impresos. Pensó que se trataba de publicidad y lo arrojó a la basura sin mirarlo. Más tarde se enteró de que el papel contenía una invitación para recibir un doctorado honorario de la Universidad de Ginebra.

Como Einstein no respondió a la invitación, los funcionarios de la universidad pidieron a uno de sus antiguos estudiantes, Louis Chavan, que lo convenciera de asistir a la ceremonia en Ginebra. Chavan logró convencerlo pero no le dijo nada sobre el propósito del viaje.

Al llegar al hotel donde se alojaba la mayoría de los galardonados, se enteró de que estaban allí para recibir un grado honorario. Einstein no había llevado un atuendo apropiado, así que terminó desfilando con los escogidos y asistiendo a la ceremonia vestido con ropas de calle y un sombrero de paja, mientras todos los demás llevaban togas académicas.

Parte IV

La teoría general de la relatividad

La 5a ola   **por Rich Tennant**

"ADEMÁS DE LA 'ANTIMATERIA' Y LA 'MATERIA OSCURA', HEMOS DESCUBIERTO RECIENTEMENTE LA EXISTENCIA DE UNA 'NO MATERIA', QUE PARECE NO TENER NINGÚN EFECTO SOBRE EL UNIVERSO".

En esta parte...

*L*a teoría general de la relatividad constituye la culminación de los logros de Einstein. Fue el resultado exitoso de un denodado esfuerzo de cuatro años para extender su teoría especial de la relatividad. En esta parte se explica el significado de la teoría y se discute su influencia sobre nuestra concepción del universo.

La teoría general demuestra que la luz puede quedar atrapada en un hueco negro. Se describen aquí esos extraños objetos y lo que sería un viaje a su interior.

A propósito de objetos extraños, se discute la posible existencia de túneles o huecos de gusano que conducen hacia otro universo. ¿Pueden tales huecos de gusano emplearse para viajar en el tiempo? Se dice lo que las teorías de Einstein afirman al respecto.

Pero todas estas ideas raras, ¿han sido comprobadas? ¿Einstein tenía razón? Se verán los muchos esfuerzos que científicos y universidades de todo el mundo, lo mismo que la NASA, han emprendido para comprobar las teorías de Einstein, y lo que nos dicen los resultados de estas pruebas.

Capítulo 12

La segunda teoría de la relatividad de Einstein

. . . .

En este capítulo

▶ Propósito de extender la relatividad especial

▶ Conexión entre gravedad y movimiento acelerado

▶ Desarrollo de la teoría general de la relatividad

▶ Consecuencias de la teoría

▶ Aclamación internacional

. . . .

*E*instein comprendió desde el comienzo que la teoría especial de la relatividad quedaba restringida a una clase particular de movimiento: el *movimiento uniforme*, es decir, el movimiento sin aceleración. Buscó entonces durante más de una década una teoría más general de la relatividad y finalmente logró su objetivo, en 1917.

En este capítulo se explica el proceso seguido por Einstein para generalizar su teoría especial. Se presenta su asombroso raciocinio para concluir que la luz es desviada por la gravedad, lo cual lo condujo a redefinir nuestra comprensión del espacio-tiempo, y se muestra cómo la teoría general de la relatividad, como la llamó, lo convirtió en el más célebre científico del siglo XX.

"La idea más feliz de mi vida"

En septiembre de 1907, Einstein trabajaba en la oficina de patentes de Berna y esperaba el resultado de la candidatura que había presentado a la Universidad de Berna para un cargo de instructor sin salario (los detalles están en el capítulo 11). Recibió entonces una solicitud de Johannes Stark, editor del *Annual Review of Radioactivity and Electronics*. Stark deseaba que escribiera para la revista un artículo completo sobre relatividad.

Einstein aceptó con placer el encargo. Bajo la presión de un plazo estrecho, produjo el artículo titulado "Sobre el principio de relatividad y las conclusiones que se derivan de él".

Limitaciones de la relatividad especial

Einstein analizaba con claridad en el artículo los dos principios en que se basaba su teoría: el principio de relatividad y la naturaleza constante de la velocidad de la luz. Su principio de relatividad afirma que las leyes de la física son las mismas para todos los observadores que se mueven con *movimiento uniforme* (movimiento en línea recta con velocidad constante). Como todas las cosas se comportan de la misma manera para un observador en reposo y para otro que se mueve con movimiento uniforme con respecto al primero, es imposible detectar el movimiento uniforme.

Mientras escribía el artículo, Einstein comenzó a reflexionar sobre las limitaciones de la relatividad especial. Veía con claridad que la teoría era limitada porque no incluía el movimiento acelerado.

La aceleración es fácil de detectar. Nunca dudamos de que nuestro avión se mueve cuando aterrizamos o decolamos. Por el contrario, si nos dormimos oyendo música con los audífonos antes del decolaje y despertamos un tiempo después, no estamos seguros de haber dejado el muelle a menos que miremos por la ventana. El movimiento acelerado no es relativo. Sólo el movimiento uniforme lo es.

Idea revolucionaria

Einstein deseaba extender su teoría. ¿Pero cómo?

En una conferencia dictada en Kyoto en diciembre de 1922, relató al auditorio que un día, estando sentado en su silla de la oficina de patentes de Berna, se le ocurrió de súbito una idea: si alguien se cayera del techo de la casa, no sentiría su propio peso. No sentiría la gravedad. Ésa fue "la idea más feliz de mi vida", dijo.

La mencionada idea puso a Einstein en la vía que conducía a la teoría general de la relatividad, extensión de su teoría especial, que debería incluir toda clase de movimientos, no sólo el movimiento uniforme. Al desarrollarla, inventó una nueva teoría de la gravedad que reemplazó a la ley de gravitación universal de Isaac Newton.

Experimentar la ingravidez

Cuando caemos no sentimos la gravedad. Suena trivial. ¿Por qué pensó Einstein que esta idea era tan importante?

Cuando caemos no sentimos el peso. Si no pesamos, tal vez estamos cayendo, o estamos en una nave interplanetaria, lejos del Sol y de los planetas exteriores, donde la atracción gravitacional es tan débil que se vuelve insignificante. También podríamos estar entre la Tierra y la Luna, en el punto en donde las dos fuerzas de atracción se compensan.

O formamos parte de la tripulación de la Estación Espacial Internacional, como el astronauta de la figura 12-1. La estación espacial se mueve en órbita alrededor de la Tierra, a una altura de 386 kilómetros. El diámetro de la Tierra es de unos 12.000 kilómetros, lo que quiere decir que la estación está apenas rozando la superficie. Los astronautas se encuentran en el campo gravitacional de la Tierra. A su altura, la intensidad del campo es cerca del 88 por ciento de su valor en el suelo. ¿Por qué no pesan entonces un 88 por ciento de lo que pesan en tierra? ¿Por qué están sin peso?

Porque están cayendo, así como la Luna cae hacia la Tierra.

Lanzamiento de un satelite propio

En el capítulo 4 se discute la idea de la Luna que cae mientras está en órbita alrededor de la Tierra, cuando se habla del descubrimiento

Figura 12-1:
Los astronautas de la Estación Espacial Internacional no pesan.

de la ley de gravitación universal de Newton. Newton comprendió que la Luna está cayendo hacia la Tierra, atraída por la gravedad de ésta. En sus *Principia*, monumental obra sobre su trabajo, ilustró por medio de un experimento mental la idea de la Luna que cae hacia la Tierra pero nunca choca con ella.

Realicemos un experimento mental similar: imaginémonos en la cima del monte Everest. Decidimos lanzar piedras horizontalmente desde la cima para ver qué tan lejos llegan. Cuanto más rápido las lanzamos, más lejos llegan. Si tuviéramos la fuerza necesaria, podríamos lanzar una piedra que aterrizara al pie del monte. Con mayor fuerza todavía, lanzaríamos una piedra que aterrizara cerca de la torre Bhimsen, en Katmandú, Nepal. Y si fuéramos superpoderosos, podríamos lanzar piedras que llegaran incluso más lejos, hasta el océano Índico y más allá (ver la figura 12-2).

Con el tiempo, incrementando cada vez más la velocidad, lanzaríamos una piedra que le diera la vuelta a la Tierra y nos golpeara en la nuca al regresar, a menos que inclináramos la cabeza. La piedra

Figura 12-2:
Lanzando
piedras
desde la
cima del
monte
Everest.

comenzaría a caer desde el momento en que la lanzáramos, inclinándose hacia el suelo, pero iría tan rápido que seguiría su camino y nunca chocaría con el suelo. En ese punto y hora habríamos lanzado nuestro propio satélite artificial, que se mantendría en órbita alrededor de la Tierra, cayendo constantemente pero sin chocar jamás con el suelo.

Entrenamiento de astronautas

El programa de investigación de gravedad reducida de la NASA utiliza un avión C-9 que vuela hasta una altura de 33.000 pies (10.058 metros) y desciende en picada hasta 24.000 pies (7.315 metros) en 25 segundos. Durante estos 25 segundos, los pasajeros están en caída libre y no sienten la gravedad. Van a 0 g. Luego de la caída el avión se endereza, incrementando su aceleración hasta una sexta parte de g (la gravedad lunar) durante 40 segundos, y hasta una tercera parte de g (la gravedad marciana) durante 30 segundos, antes de retomar su altura normal de vuelo a 1 g. La NASA emplea el avión para pruebas y entrenamiento de astronautas.

Cortesía de la NASA

Por supuesto, es imposible lanzar un satélite arrojando una piedra, porque la resistencia del aire disminuye su velocidad y la hace bajar y estrellarse contra el suelo. Sin embargo, el procedimiento es análogo al empleado por la NASA para poner en órbita la Estación Espacial Internacional. Pero la NASA la lanzó a 386 kilómetros de altura, donde no hay atmósfera.

Relación entre aceleración en el espacio y aceleración en la Tierra

Hoy podemos visualizar con facilidad lo que significa experimentar la ingravidez. Vemos en la televisión muchos metros de película en que aparecen astronautas flotando en la lanzadera espacial en la Estación Espacial Internacional, e imaginamos la relación que existe entre esta sensación y la sensación de caer del techo de la casa. Pero representarse la ingravidez hace 100 años, cuando Einstein tuvo su feliz idea, no era asunto fácil.

En el artículo del *Annual Review*, Einstein utilizó un experimento mental —uno de sus métodos favoritos— para mostrar lo que pensaba sobre la extensión de la relatividad especial para incluir el movimiento acelerado.

Pensemos en un laboratorio en el espacio, diferente de los laboratorios de la Estación Espacial Internacional. Este laboratorio es una nave espacial que viaja lejos del sistema solar o de cualquier estrella. La nave lleva una aceleración de 1 g (equivalente a la fuerza de gravedad en la Tierra). Los científicos del laboratorio sienten la sensación de peso, como si estuvieran en la superficie de la Tierra.

Uno de ellos sostiene una bola en sus manos. Si la deja caer, la bola se convierte en un objeto libre, no impulsado por la nave que acelera (ver la parte izquierda de la figura 12-3). Como la nave continúa acelerando, su piso sube y se encuentra con la bola. Desde el punto de vista de los científicos, la bola cae al piso a 1 g. Deciden entonces realizar experimentos más refinados para medir con precisión su aceleración, y concluyen que están acelerando a 1 g.

Los científicos vuelven a los proyectos en que trabajan y pasan varias semanas en sus oficinas y en el laboratorio, donde no hay ventanas. Algún tiempo después deciden comprobar nuevamente la aceleración de la nave. Al soltar la bola, ésta cae al suelo con una aceleración exacta de 1 g (o, recíprocamente, el piso de la nave sube a 1 g y se encuentra con la bola libre). Los demás experimentos, rea-

Figura 12-3:
En un viaje interestelar, los científicos van en el laboratorio de una nave espacial acelerada (a la izquierda). La misma nave, después de aterrizar de vuelta a la Tierra (a la derecha).

lizados con instrumentos de precisión, arrojan el mismo resultado: siguen acelerando a 1 g.

Sin embargo, de pronto miran por las ventanillas y se sorprenden al descubrir que la nave ha vuelto a la Tierra y ha aterrizado mientras dormían, y ahora reposa en el suelo (ver la parte derecha de la figura 12-3). La aceleración de la nave que midieron era en realidad la aceleración debida a la gravedad de la Tierra.

Equivalencia de gravedad y movimiento acelerado

En su artículo del *Annual Review*, Einstein explicó mediante su experimento mental que es imposible distinguir una aceleración constante de los efectos de la gravedad. Llamó a esta idea *principio de equivalencia*, porque mostraba la equivalencia entre aceleración y gravedad.

Según Einstein, la gravedad es relativa. Existe sólo cuando hay aceleración. Cuando los científicos dejan caer la bola en la nave espacial acelerada, la bola es libre y no está acelerada. La bola está en movimiento uniforme y la nave acelera hacia ella. Los científicos sienten la aceleración de la nave. Si uno de los astronautas salta fuera de la nave, quedará liberado de la aceleración del vehículo y no sentirá ninguna aceleración. No sentirá ningún movimiento, porque el movimiento sin aceleración (movimiento uniforme) no puede identificarse.

El mismo principio es válido cuando la nave está de vuelta en la Tierra. Cuando el astronauta deja caer la bola, ésta no siente ninguna aceleración. Como la aceleración de la bola se debe a la atracción gravitacional de la Tierra, la bola no siente ninguna gravedad. La bola que el astronauta deja caer flota ahora en el espacio, como los astronautas de la lanzadera espacial. Es el suelo, la Tierra, que sube para encontrar la bola y chocar con ella.

¿Cómo puede ser esto? La Tierra está en completa sincronía con los demás planetas, moviéndose con la Luna alrededor del Sol en una órbita precisa. La Tierra no puede moverse hacia arriba para chocar con la bola; tendría que arrastrar consigo a todo el sistema solar.

Esto es realmente lo que ocurre, según Einstein. Al saltar de un trampolín quedamos sin peso, flotando en el espacio, mientras la Tierra con todo el sistema solar aceleran en nuestra dirección. No estamos acelerados. Es la Tierra la que lo está. No sentimos la gravedad porque para nosotros no existe.

De acuerdo con Einstein, gravedad es equivalente a movimiento acelerado. Los astronautas de la nave espacial acelerada, lejos del sistema solar, sienten una gravedad real, no una mera *simulación* de gravedad. Y el astronauta que salta de la nave y la ve acelerar alejándose de él está en la misma situación que nosotros cuando saltamos del trampolín y vemos que la Tierra acelera hacia nosotros.

El principio de equivalencia de Einstein dice:

> *La gravedad es equivalente al movimiento acelerado. Es imposible distinguir los efectos de una aceleración constante de los efectos de la gravedad.*

Medida de la masa gravitacional

Cuando un astronauta en órbita en la lanzadera espacial se levanta del computador en el que está trabajando, computador y astronauta continúan en órbita alrededor de la Tierra con la misma velocidad orbital. El computador no se adelanta ni se queda atrás del astronauta. Computador y astronauta flotan dentro de la lanzadera espacial a medida que ésta se mueve en su órbita.

La Tierra atrae al astronauta con la fuerza adecuada para mantenerlo en órbita, y atrae al computador portátil con una fuerza menor (porque éste posee una masa menor), adecuada también para mantenerlo en la misma órbita que el astronauta. La fuerza de atracción tiene siempre la proporción adecuada para que ambos se muevan juntos.

Galileo Galilei fue el primero en advertir este fenómeno. Dijo que todos los objetos, sin importar su masa, cuando se dejan caer al mismo tiempo y de la misma altura, llegan al suelo al mismo tiempo. ¿Y por qué vemos caer más rápido una piedra que una hoja de papel? A causa de la resistencia del aire. Si se suprime el aire caerán juntos. La Tierra atrae a la piedra y a la hoja de papel con la fuerza necesaria para que caigan juntos.

En el capítulo 11 se dice que la *masa inercial* es la medida de la resistencia que sentimos cuando tratamos de mover un objeto. Pero la masa está además relacionada con el peso, es decir, con la fuerza gravitacional que la Tierra ejerce sobre el objeto. Esta masa se llama *masa gravitacional*. Galileo descubrió que la masa gravitacional es igual a la masa inercial.

En 1922, el barón húngaro Roland von Eötvös montó un delicado experimento para demostrar que la Tierra atrae a diferentes objetos en proporción exacta a sus masas inerciales. En otras palabras, su experimento demostró que la masa inercial es igual a la masa gravitacional. Robert Dicke de la Universidad de Princeton realizó en la década de 1960 experimentos similares y demostró que las dos masas son la misma, con una precisión de una parte en cien mil millones.

Como Galileo, Einstein creía que la masa inercial y la masa gravitacional eran iguales, pero no llevó a cabo ningún experimento de laboratorio para comprobarlo. Realizó en cambio uno de sus famosos experimentos mentales.

Eisntein utilizó un ascensor en su experimento imaginario, pero para la explicación aquí volvemos a la nave espacial acelerada en el espacio interestelar. Supongamos que uno de los científicos suelta varios objetos de masas diferentes al mismo tiempo. Estos objetos dejan de acelerar y quedan libres. La nave continúa acelerando, y pronto el piso de la nave alcanza a los objetos libres y choca con ellos al mismo tiempo.

Desde el punto de vista de los científicos, todos los objetos caen al suelo al mismo tiempo. No habiendo diferencia entre los efectos de la aceleración de la nave y los efectos de la gravedad de la Tierra,

La Tierra sabe qué hacer

Todos los objetos caen al suelo con la misma aceleración, por consiguiente la fuerza que ejerce la Tierra sobre objetos de masas diferentes debe ser diferente. La fuerza gravitacional de la Tierra actúa exactamente en la proporción correcta sobre objetos de masas diferentes. Si se duplica la masa, se duplica la fuerza gravitacional. Puesto que la masa inercial se duplica, la resistencia a la fuerza gravitacional duplicada también se duplica, y se produce la misma aceleración que antes.

¿Cómo sabe la Tierra cuál fuerza debe aplicar? Tomemos dos piedras, la segunda con una masa igual al doble de la primera, y supongamos que las dividimos en pequeños trocitos, del tamaño de cubitos de azúcar. La Tierra atrae todos los cubos con la misma fuerza. Si juntamos los cubos que forman la piedra más pequeña, la Tierra atrae todos los cubos. Lo mismo ocurre con la piedra grande, pero ésta tiene el doble de cubos, de modo que la fuerza total ejercida sobre la segunda piedra es el doble de la ejercida sobre la primera.

cuando los científicos repiten el experimento en tierra, observan que todos los objetos caen al mismo tiempo. ¿Qué significa esto? Que la masa inercial y la masa gravitacional son iguales.

Con su principio de equivalencia, Einstein convirtió la observación de Galileo en el fundamento de la nueva teoría, la teoría general de la relatividad. Otra manera de enunciar el principio de equivalencia de Einstein es la siguiente:

La masa inercial y la masa gravitacional son iguales, y ningún experimento puede distinguir la una de la otra.

Curvatura de los rayos luminosos

Imaginemos ahora que hay un laboratorio de óptica en la nave espacial acelerada, con una pequeñísima ventana en una de sus paredes. Un rayo de luz penetra por el agujero, cruza el laboratorio y se dirige hacia la pared opuesta (ver la figura 12-4). Como la nave espacial sigue acelerando a 1 g, aumenta su velocidad mientras el rayo cruza el laboratorio. Los científicos efectúan medidas muy precisas del rayo mientras atraviesa el laboratorio y observan que, a causa de la aceleración que llevan, la trayectoria de la luz se curva hacia el piso.

El principio de equivalencia de Einstein dice que gravedad y movimiento acelerado son equivalentes; no se puede distinguir la una del otro. Cuando la nave espacial vuelve a la Tierra y aterriza, los científicos deberían observar la misma curvatura del rayo, debida esta vez a la acción de la gravedad de la Tierra. Si Einstein seguía su principio de equivalencia al pie de la letra, la gravedad debería curvar los rayos luminosos.

Einstein se atuvo al principio de equivalencia y predijo que esta curvatura de los rayos luminosos podría medirse en el futuro, y agregó que el fenómeno era una consecuencia directa de la equivalencia entre masa y energía expresada por su ecuación $E = mc^2$. Einstein no tenía en 1907 manera de calcular la magnitud de la curvatura de los rayos luminosos causada por un campo gravitacional, pero sabía que el efecto era pequeño.

Pausa cuántica

Einstein descubrió el principio de equivalencia en 1907, y discutió en el mismo año sus consecuencias en el artículo del *Annual Review*. Dejó reposar luego su gran descubrimiento desde diciembre de 1907 (cuando se publicó el artículo del *Annual Review*) hasta junio de 1911, y volvió a trabajar en el desarrollo de las ideas que llevarían a la física cuántica.

Es un enigma este período de tres años de interrupción del trabajo de Einstein sobre la relatividad. Con la introdución de $E = mc^2$ completó su hermosa teoría especial. Luego comprendió también que la teoría especial era limitada, y quiso generalizarla. Descubrió el principio de equivalencia, su más feliz idea, que le dio la clave del rompecabezas. "El principio me impulsó hacia una teoría de la gravitación", diría más tarde.

No obstante, dejó de trabajar en relatividad durante tres años y se dedicó a sus artículos sobre física cuántica.

Cuando volvió a la teoría de la relatividad, ésta se le convirtió en una obsesión. Tardó cuatro años en desarrollarla correctamente. Finalmente resultó una teoría que la mayoría de los físicos considera la más elegante de la historia.

Intentos por extender la teoría de la relatividad

Einstein volvió por fin al problema de generalizar la relatividad, en 1911. Se había trasladado de la Universidad de Zurich a la Universidad Karl-Ferdinand de Praga. Estaba contento en su nuevo cargo, y con su linda oficina. No obstante, le molestaba que todos lo consideraran una celebridad. Ahora tenía más tiempo para investigar, así que retornó a su principio de equivalencia y a la extensión de la relatividad, para incluir el movimiento acelerado. Su predicción de la curvatura de los rayos luminosos debida a la gravedad lo condujo a comprender que no podía emplear la familiar geometría euclidiana (la que todos aprendemos en el colegio). Necesitaba una geometría diferente, con la que pudiera describir un espacio-tiempo curvo.

Para hallar una nueva geometría necesitaba ampliar sus conocimientos matemáticos, de suerte que bajó por las escaleras al Instituto de Matemáticas para hablar con los expertos. Sin embargo, de modo inesperado, pronto encontró la ayuda necesaria en matemáticas avanzadas.

De vuelta a Zurich

Einstein hizo un corto viaje a Zurich en el verano de 1911, y allí se encontró con su viejo amigo Marcel Grossmann, que era por entonces el decano de matemáticas y física del Instituto Politécnico, su alma máter. Grossmann quería atraer a Einstein al Politécnico, y éste estaba interesado en considerar una propuesta.

Einstein recibía en esa época ofertas de varias universidades prestigiosas. Una de las primeras vino de Hendrik Lorentz de la Universidad de Utrecht, y después llegaron más: de la Universidad de Leyden, la Universidad de Viena y la Universidad de Columbia. Pero su corazón estaba todavía con el politécnico.

Después de recibir elogiosas recomendaciones del matemático francés Jules Henri Poincaré y de la célebre científica Marie Curie, el Ministerio Federal del Interior suizo le hizo una propuesta el 31 de enero de 1912. La oferta era un contrato de trabajo por diez años en el politécnico. Einstein aceptó orgulloso, y la familia volvió a Zurich en agosto.

Colaboración entre dos viejos amigos

Poco después de llegar a Zurich, Einstein se dio cuenta de que la geometría correcta, la que buscaba para generalizar su relatividad, era la llamada *geometría de Riemann*. Esta geometría, desarrollada en 1854 por el matemático alemán Bernhard Riemann, trabaja con superficies curvas en lugar de planos, como lo hace la geometría euclidiana. Un ejemplo específico de estas superficies curvas es la superficie de una esfera. Para trabajar con la geometría de Riemann, Einstein debía escribir las ecuaciones que describen el movimiento en espacios curvos y no en espacios planos.

Sabía que tenía bastante trabajo por delante. En octubre de 1912 manifestó al físico Arnold Sommerfeld en una carta que estaba dedicado exclusivamente a la generalización de la relatividad especial y que nunca en su vida había trabajado tan duro. Agregaba que, comparada con lo que tenía entre manos, la relatividad especial era un juego de niños.

Por esta época, más o menos, Einstein pidió a Grossmann que lo ayudara con las complejas matemáticas. Éste era doctor en matemáticas y había sido profesor durante varios años. Era un año mayor que Einstein y había sido su condiscípulo y amigo de confianza en la universidad. Sus pulidos y organizados apuntes de clase le habían servido mucho a Einstein para preparar los exámenes.

Grossman estaba feliz de colaborar con Einstein. Le advirtió, sin embargo, que no se haría responsable de nada de física. Ésta iba a ser, por supuesto, la tarea de Einstein.

Los siguientes tres años fueron los más exigentes de su vida. Al final tenía una nueva teoría de la gravedad que reemplazaba y contenía la de Newton. La llamó *teoría general de la relatividad*. Los científicos concuerdan hoy en que la hermosa teoría es no sólo su obra maestra, sino además la más perfecta teoría de toda la historia de la física e inclusive, según algunos, de toda la ciencia.

Encuentro con un amigo en la cuarta dimensión

Retrocedamos por un momento: en 1907, el año del principio de equivalencia, su antiguo profesor de matemáticas en la universidad, Hermann Minkowski, había construido una elegante y poderosa formulación en cuatro dimensiones de la teoría especial de la relatividad: tres dimensiones para el espacio y una para el tiempo.

Al principio Einstein encontró la formulación algo pedante y superflua, pero al estudiarla con más detalle le gustó, y terminó empleándola en el desarrollo de su teoría general.

La idea básica del espacio-tiempo de cuatro dimensiones es fácil de visualizar. De hecho, se usa a todas horas. Supongamos que hemos aceptado la invitación a cenar de una amiga, el 29 de julio, viernes, a las 7 p.m., en un restaurante del centro de la ciudad. El restaurante queda en el piso 44 del edificio del Banco Central, situado en la esquina de la calle principal con carrera séptima.

Para encontrarnos con la amiga en el restaurante, el viernes, necesitamos ponernos de acuerdo sobre cuatro números: tres que describen la ubicación específica del restaurante (calle principal, carrera séptima, piso 44) y otro que describe el tiempo (7 p.m. del viernes). Si vamos a las 8 p.m. del miércoles al restaurante no nos encontraremos.

En la mecánica de Newton, los tres números que describen la ubicación en el espacio se suelen separar del que describe el tiempo. En términos prácticos, no es necesario agrupar los cuatro números siempre. Si después de cenar con nuestra amiga queremos encontrar el auto que dejamos estacionado en un parqueadero, esperamos a que la comida termine, tomamos el ascensor, caminamos hasta la calle octava con la avenida del río y allí lo encontramos.

Pero es necesario emplear las cuatro dimensiones de una vez en relatividad especial, porque espacio y tiempo están relacionados. Si la amiga viaja a una buena fracción de la velocidad de la luz, el próximo viernes para ella puede que sea en febrero de 2027 para nosotros.

Espacio y tiempo en pie de igualdad

La teoría general tiene muchas matemáticas. Al igual que la teoría especial, la teoría general de la relatividad de Einstein se basa en dos postulados. El primero es el principio de equivalencia, el cual afirma que gravedad y aceleración son equivalentes, y que es imposible distinguir entre las dos.

El segundo postulado afirma que el espacio y el tiempo se tratan igual. Si nuestra amiga relativista de la cena llega puntual con nosotros, no importa que haya estado viajando casi a la velocidad de la luz y que no haya envejecido lo mismo que nosotros. Desde nuestra perspectiva, mientras la amiga viajaba, su espacio se contrajo y su tiempo se dilató (es decir, que fluía más lentamente). Pero desde su punto de vista, *nuestro* espacio y *nuestro* tiempo cambiaron.

Como la amiga estaba mucho más lejos del restaurante que nosotros, tuvo que moverse casi a la velocidad de la luz para llegar al tiempo con nosotros. Nosotros estábamos más cerca, y no tuvimos que correr tan rápido. La relatividad especial dice que nuestro espacio no cambia tanto como el de ella, pero que nuestro tiempo cambia más. Nuestro espacio y nuestro tiempo cambian de modo diferente de los de ella, pero los cambios son tales que nos encontramos en el mismo lugar a la misma hora. *Nuestro espacio-tiempo y el de ella son el mismo.*

Por complejas que sean las matemáticas que describen los dos movimientos, cuando estamos en el restaurante con ella, nuestra posición en el espacio-tiempo es la misma. Para Einstein, las ecuaciones están allí para indicar los detalles del movimiento. En últimas, la física trata de eventos que coinciden en el espacio y en el tiempo.

Eventos simultáneos

Al buscar la descripción matemática correcta del espacio-tiempo, Einstein encontró que, entre los muchos conjuntos de ecuaciones posibles, las correctas son las que describen la coincidencia del evento: aquéllas que nos ponen correctamente en el restaurante con nuestra amiga, al mismo tiempo. A esto lo llamó *principio de covariancia*, el cual se expresa como sigue:

La física está descrita por ecuaciones que tratan en pie de igualdad todas las coordenadas del espacio-tiempo.

A partir de estos dos principios, Einstein desarrolló su teoría general de la relatividad. Luego de cuatro años de muy intenso trabajo, en los que hubo muchas salidas en falso y callejones sin salida, finalmente salió airoso. La teoría es muy matemática y sus detalles son difíciles de entender, aún hoy. Sus implicaciones son revolucionarias.

El nuevo sistema del mundo

Einstein publicó su versión final de la teoría a comienzos de 1916, en los *Annalen der Physik*, la misma prestigiosa revista donde había publicado su teoría especial de la relatividad, su formula $E = mc^2$ y sus demás artículos importantes. El artículo de la relatividad general fue titulado "Formulación de la teoría general de la relatividad".

El artículo comienza con el enunciado de que todas las leyes de la física deben ser válidas en cualquier marco de referencia animado de cualquier tipo de movimiento. La relatividad no está ya restringida al movimiento uniforme: el movimiento acelerado está incluido.

Con esta proposición, Einstein creó una teoría de la gravedad, un sistema del mundo, con un conjunto de ecuaciones básicas que, cuando se resuelven, proporcionan las leyes que cumple el universo.

En las siguientes secciones se muestran algunas consecuencias importantes de la teoría.

Un espacio-tiempo curvo

En relatividad general los objetos producen una deformación del espacio-tiempo que los rodea, lo cual afecta el movimiento de cualquier cuerpo que entra en esta región del espacio-tiempo. Einstein había pensado ya en esta posibilidad desde 1907, cuando desarrolló su principio de equivalencia. Pero necesitaba las complejas matemáticas de Marcel Grossmann para construir una teoría completa de la gravedad.

Aunque esta distorsión del espacio-tiempo ocurre en cuatro dimensiones, veamos lo que ocurre en dos. Imaginemos una lámina de plástico flexible estirada por los cuatro extremos y sujeta con algunas tachuelas, como la que se muestra en la figura 12-5. Éste es nuestro espacio-tiempo de cuatro dimensiones en dos dimensiones. Ahora ponemos de alguna manera una bola de billar en medio de la lámina. El peso de la bola estira el plástico y produce una hondonada. Si colocamos ahora una canica sobre la lámina de plástico, ésta rueda hacia la bola de billar. Si empujamos la canica hacia los lados, ésta describe una curva alrededor de la hondonada y comienza a moverse en una espiral descendente hasta chocar con la bola de billar.

La bola de billar no atrae a la canica. Ésta rueda hacia la bola de billar a causa de la hondonada que se formó en la lámina de plástico, la distorsión del espacio. De manera similar, el Sol crea una depresión en la estructura del espacio-tiempo. La Tierra, los planetas y cometas se mueven en este espacio-tiempo distorsionado. El Sol no atrae a la Tierra. La depresión que el Sol crea en el espacio-tiempo hace que la Tierra se mueva a su alrededor. El Sol modifica la geometría del espacio-tiempo.

En relatividad general no existe la fuerza gravitacional. La gravedad es producto de la geometría.

Medida de la desviación de la luz

Consideremos la trayectoria de la luz en el espacio-tiempo curvo. Cuando la luz pasa cerca del Sol, en donde el espacio-tiempo está distorsionado, los rayos luminosos se desvían (ver la figura 12-6). Einstein había propuesto la idea en 1907, pero entonces no tenía las ecuaciones para calcular el valor de tal desviación. En 1911 contaba con ellas, aunque todavía no eran muy correctas que digamos.

Einstein sabía que el efecto del espacio-tiempo curvo sobre los rayos luminosos era muy pequeño y difícil de detectar. Se necesita un cuerpo masivo, como el Sol, para que haya una desviación aprecia-

Figra 12-5:
Un espacio-tiempo de dos dimensiones.

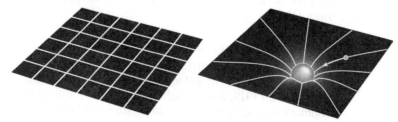

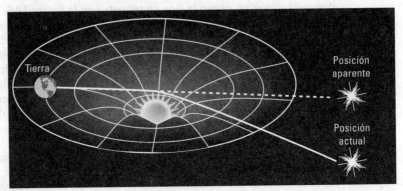

Figura 12-6:
La luz de una estrella es desviada al pasar cerca del Sol, en donde el espacio-tiempo es curvo.

ble de la luz. Calculó que un haz de luz de una estrella que pasara rozando el Sol sería desviado en un ángulo muy pequeño, algo así como el equivalente a una moneda vista desde una distancia de 2,5 kilómetros. La magnitud del ángulo podría medirse con facilidad, si se pudiera ver la estrella a pleno día, junto al Sol.

Por fortuna para Einstein, se pueden ver las estrellas durante un eclipse total de Sol.

Guerra por los falsos valores

El astrónomo alemán Erwin Findlay-Freundlich organizó en 1914 una expedición a Rusia para comprobar la desviación de la luz prevista por Einstein, aprovechando un eclipse solar que sería visible allí. La expedición terminó con la guerra. Los astrónomos fueron capturados como prisioneros de guerra y, aunque fueron liberados pocas semanas después, el equipo fue confiscado. No pudieron hacer ninguna observación para probar las predicciones de Einstein.

Aunque con seguridad los astrónomos no estarían de acuerdo, este giro de los acontecimientos fue favorable a Einstein, porque los resultados no habrían confirmado sus predicciones. En 1911, cuando calculó por primera vez el valor de la desviación de los rayos luminosos por el Sol, no estaba en lo correcto. Todavía no había encontrado las ecuaciones apropiadas, y sus cálculos daban un valor falso.

Cuadros de una expedición

Una vez publicada en 1916 la versión definitiva de la teoría general, Einstein volvió a calcular el valor de la desviación de la luz causada por el Sol. En 1919, el respetado astrónomo británico Arthur Eddington organizó una segunda expedición, esta vez a la isla del Príncipe, en

África occidental, para comprobar las predicciones de Einstein y el nuevo valor.

En los 19 días anteriores al eclipse no cayó una gota de agua en la isla del Príncipe. Pero el día del fenómeno había niebla. Al comenzar el eclipse no se vieron las estrellas; sólo el disco lunar podía verse a través de las nubes. De todos modos, Eddington y su asistente tomaron fotografías. Sabían que tenían sólo cinco minutos y dos segundos para que su misión fuera exitosa. Tan pronto como el Sol saliera de detrás del disco lunar, todo habría terminado: el cielo sería demasiado brillante para ver las estrellas.

Por breves momentos, algunas estrellas se veían a través de las nubes. En 5 de las 16 fotografías tomadas por Eddington y su asistente había estrellas. Era suficiente. De vuelta a Inglaterra, Eddington midió las fotografías con gran cuidado e hizo sus cálculos. Los resultados mostraron que la luz de las estrellas había sido desviada exactamente la misma cantidad calculada por Einstein a partir de sus ecuaciones.

Einstein tenía razón. El Sol distorsionaba el espacio-tiempo, desviando la luz de su trayectoria recta hacia la Tierra.

Explicación de la órbita de Mercurio

Entre los cálculos que Einstein realizó para estar seguro de que sus ecuaciones eran correctas, había algunos relacionados con la órbita de Mercurio. Sesenta años antes, el astrónomo francés Urbain Joseph Le Verrier había descubierto que la órbita de Mercurio no se cerraba sobre sí misma formando una elipse, como decían las leyes de Johannes Kepler que debía ocurrir (ver el capítulo 4). Los otros planetas obedecían las leyes de Kepler, Mercurio no. Su órbita era abierta y giraba como un trompo en rotación (ver la figura 12-7).

Mercurio es un planeta pequeño cuya órbita, la más próxima al Sol, es muy alargada. Sus vecinos son Venus, la Tierra y Marte. Estos planetas atraen a Mercurio en direcciones diferentes, modificando su órbita. Incluso Júpiter, que está mucho más lejos, produce un pequeño cambio en la órbita de Mercurio (a causa del tamaño de Júpiter).

Le Verrier tuvo en cuenta todas las modificaciones causadas en la órbita de Mercurio por la atracción de estos planetas, pero se quedó corto. El déficit era pequeñísimo, sólo 43 segundos de arco (hay 3.600 segundos de arco en 1 grado de arco) por siglo. El valor moderno del déficit está entre 42,91 y 43,33. Los astrónomos dan un

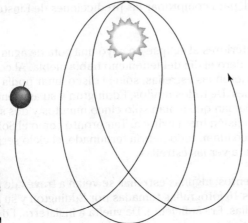

Figura 12-7:
La órbita de
Mercurio no
es cerrada,
como la de
los demás
planetas.

rango y no un valor único, para tener en cuenta los pequeños errores de medida.

Los astrónomos pensaron durante muchos años que la diferencia entre el valor calculado y el observado era causada por un planeta desconocido; comenzaron a buscarlo y hasta lo bautizaron: Vulcano. Al poco tiempo alguien aseguró que lo había descubierto. Pero otros astrónomos no confirmaron el hallazgo. En realidad Vulcano no existía. Con el tiempo los astrónomos se convencieron de que no había ningún planeta desconocido cerca del Sol.

Cuando Einstein publicó su teoría general, el problema de la órbita de Mercurio continuaba sin resolverse. Nadie entendía un comportamiento que no concordaba con la física de Newton. Einstein pensó que la órbita de Mercurio era una buena prueba para su teoría. Calculó la influencia de la distorsión del espacio-tiempo en la vecindad del Sol sobre la órbita de Mercurio. Sus ecuaciones le dieron un valor de 42,98 segundos de arco por siglo, precisamente el valor medido por los astrónomos.

Einstein dijo después del cálculo que "estuvo desbordado por la emoción" durante unos días. La nueva teoría había pasado la primera prueba, y por añadidura había explicado por fin un problema de astronomía no resuelto en mucho tiempo.

La teoría general de la relatividad de Einstein explicó el comportamiento de la órbita de Mercurio. El espacio es plano en mecánica newtoniana y los planetas se mueven alrededor del Sol en órbitas elípticas (ver el capítulo 4). En relatividad general el espacio-tiempo es curvo, y cuando se trata de ajustar la órbita elíptica a este espacio curvo la órbita se deforma y el planeta no describe siempre la misma trayectoria.

Imaginemos que el espacio de Newton es una hoja de papel plana. Dibujamos una elipse cerrada en la hoja, por donde se supone que el planeta se mueve, de acuerdo con las leyes de Kepler (ver la parte superior de la figura 12-8).

Hagamos ahora un pequeño corte triangular en la hoja de papel y unamos los bordes, según se muestra en los dibujos central e inferior de la figura 12-8. Tenemos entonces una hoja de papel curvada. La elipse está ahora deformada y abierta, y el planeta se mueve en una elipse ligeramente desplazada.

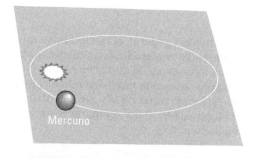

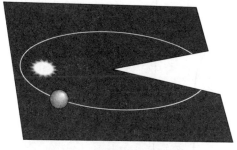

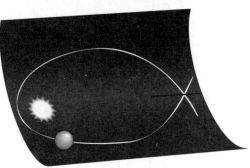

Figura 12-8: La órbita de Mercurio en el espacio newtoniano plano y en el espacio-tiempo curvado.

Envejecer en cámara lenta

Como se explica en el capítulo 10, de acuerdo con la teoría especial de la relatividad, si usted se mueve con respecto a mí, desde mi perspectiva su tiempo fluye más lentamente. Si se mueve con una velocidad próxima a la de la luz durante cuatro años, según su reloj y su calendario, podrían pasar diez años según mi reloj y mi calendario. El tiempo fluye más lentamente en un marco de referencia en movimiento.

No obstante, el marco de referencia móvil depende de quién es el observador. Desde su perspectiva, yo me muevo con una velocidad próxima a la de la luz, y, según sus medidas, mi tiempo fluye más lentamente.

Relojes acelerados

De acuerdo con la relatividad general, el tiempo fluye más lentamente en un marco de referencia acelerado. Imaginémonos en un laboratorio a bordo de una nave espacial con aceleración. Nuestros colegas científicos han colocado en la nave dos relojes situados lejos el uno del otro. Uno está en la nariz de la nave y el otro cerca de la parte trasera (ver la figura 12-9). Para comparar los relojes emplean una señal electromagnética.

Figura 12-9:
Comparación de relojes en el laboratorio acelerado.

Se trata de relojes atómicos muy precisos, que cuentan las oscilaciones de la luz emitidas por un átomo de cesio. El grupo de científicos que está junto al reloj delantero puede también detectar la luz emitida por el reloj trasero y ver la hora que marca. Sin embargo, cuando les llega la señal se han movido (una distancia pequeñísima) del lugar donde estaban cuando la señal fue emitida.

La señal de atrás —cuando es detectada por el grupo de adelante— cambia a causa del movimiento del grupo. Este fenómeno se debe al llamado *efecto Doppler*, que es el mismo principio empleado por el radar Doppler utilizado por el canal local de televisión para rastrear el clima.

Experimentamos el efecto Doppler en la autopista cuando oímos la disminución del tono del sonido de la bocina de un automóvil que pasa a toda velocidad. Para el conductor del auto el sonido no cambia, pero para nosotros sí. El cambio del tono del sonido ocurre porque los frentes de onda se aproximan unos a otros cuando el vehículo que hace sonar la bocina se acerca a nosotros, y se alejan unos de otros en la dirección opuesta (ver la figura 12-10). Los frentes de onda comprimidos corresponden a un tono más alto, y los dilatados corresponden a un tono más bajo.

Algo similar ocurre con los relojes de la nave espacial. La señal que recibe el grupo de adelante está afectada por el fenómeno Doppler, y los frentes de onda están más lejos unos de otros porque los científicos se están alejando. Los detectores del grupo de adelante cuentan menos frentes de onda por segundo, y los científicos concluyen que el reloj de atrás de la nave marcha más despacio que el del frente.

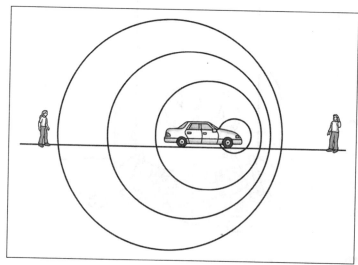

Figura 12-10:
El efecto Doppler, o cambio en la longitud de onda de una señal móvil.

Para confirmar el resultado, el grupo de atrás detecta la luz del reloj de adelante. Como este grupo acelera hacia el lugar en que la señal fue emitida, detecta unos frentes de onda comprimidos, y su detector cuenta más ondas por segundo. Para este grupo, el reloj de adelante marcha más rápido que el de ellos. Las conclusiones de los dos grupos concuerdan.

La gravedad disminuye la marcha del tiempo

Según el principio de equivalencia de Einstein, no existe ninguna diferencia entre gravedad y movimiento acelerado. Cuando la nave espacial aterriza en la Tierra, los relojes deben comportarse de la misma manera.

Cuando la nave aterriza, el reloj de atrás sigue marchando más lentamente que el de adelante (ver la figura 12-11). El reloj de atrás está más cerca de la superficie de la Tierra, donde la gravedad es algo mayor. El reloj del frente está más lejos, donde la gravedad es algo

Figura 12-11:
El reloj de la parte trasera de la nave marcha más lentamente que el de adelante.

menor. Este fenómeno constituyó una de las primeras predicciones de Einstein. Se puede formular de la manera siguiente:

El tiempo fluye más lentamente en un campo gravitacional.

La predicción de Einstein ha sido comprobada con éxito muchas veces. La primera prueba directa se realizó en 1960, en el edificio de física de la Universidad de Harvard. Para la altura de la torre, 24 metros, la diferencia en la marcha de los relojes fue en extremo pequeña: de 1 parte en mil billones (un 1 seguido de 15 ceros). Con todo, es una diferencia real.

El viajero más joven

La relatividad general supera la aparente contradicción acerca de cómo envejece un viajero espacial en comparación con la gente que quedó en tierra.

Según la teoría especial de la relatividad, el tiempo fluye más lentamente en el marco de referencia móvil. Si decolamos en una nave espacial y aceleramos hasta alcanzar una velocidad igual a $0,9c$ con respecto a la Tierra, un observador en la Tierra mide nuestro tiempo y concluye que marcha más lentamente. Como el movimiento es relativo, podemos afirmar que es el observador quien se aleja de nosotros, con la Tierra y todo el sistema solar, a la velocidad $0.9c$. Para nosotros, el tiempo del observador en tierra fluye más lentamente.

No obstante, al regresar a la Tierra años después, sólo nosotros somos más jóvenes de lo esperado.

La teoría general de la relatividad de Einstein nos da la explicación. Para alcanzar la velocidad de $0,9c$ necesitamos acelerar; continuamos luego a la misma velocidad, desaceleramos hasta detenernos, damos la vuelta y aceleramos de nuevo hasta alcanzar $0,9c$ en dirección contraria; finalmente desaceleramos y aterrizamos de regreso a la Tierra. Mientras aceleramos, nuestro reloj marcha más lentamente que el del observador en tierra, porque él no acelera. El observador terrestre, por su parte, está en el campo de gravedad de la Tierra (que es equivalente a una aceleración). Pero nuestra aceleración debe ser mucho mayor que la aceleración de la gravedad terrestre para poder alcanzar $0,9c$ dos veces durante el viaje, que dura cuatro años para nosotros los viajeros.

Cuando volvemos a casa, diez años terrestres después, somos seis años más jóvenes de lo que seríamos si nunca hubiéramos viajado.

Celebridad internacional

Los resultados de la expedición a la isla del Príncipe, dirigida por Arthur Eddington, se convirtieron en noticia de primera plana en los principales diarios de Europa y Estados Unidos. *The New York Times* publicó un artículo con el siguiente titular: "Revolución en la ciencia. Nueva teoría del universo. Destronadas las ideas de Newton". Los diarios europeos se apresuraron a contratar a científicos de renombre para que escribieran artículos que explicaran a los lectores las teorías de Einstein. En Alemania, el *Frankfurter Zeitung* le solicitó un artículo al físico Max Born. El *Times* de Londres le pidió al propio Einstein una descripción en palabras simples para sus lectores.

El *Berliner Illustrierte Zeitung* publicó en primera página, el 14 de diciembre de 1919, una fotografía de Einstein con la siguiente leyenda: "Nuevo gigante en la historia del mundo: Albert Einstein, cuyas investigaciones constituyen una revolución total en nuestra visión de la naturaleza y se equiparan a los descubrimientos de Copérnico, Kepler y Newton". De la noche a la mañana, Einstein era célebre en todo el mundo (ver la figura 12-12).

Figura 12-12: Einstein, aquí en una fotografía tomada en 1916, se volvió célebre en todo el mundo gracias a su teoría general.

Algunas de las predicciones de la teoría general de la relatividad han sido comprobadas por medio de experimentos. Otras esperan todavía la tecnología adecuada a la teoría para ser medidas. En el capítulo 14 se verá lo que se ha confirmado hasta ahora.

Capítulo 13

"Los huecos negros no son tan negros"

En este capítulo

▶ Una geometría para el espacio-tiempo

▶ Teoría de los huecos negros

▶ En busca de un hueco negro

▶ ¿Cómo están hechos los huecos negros?

▶ Los huecos negros emiten radiación

▶ Posibilidad de los viajes en el tiempo

*L*a teoría general de la relatividad nos muestra cómo la luz queda atrapada en un *hueco negro* — una estrella con una gravedad tan fuerte que nada puede escapar de allí. Aunque su propia teoría general de la relatividad predice la existencia de huecos negros, a Einstein nunca le gustó la idea. Pensaba que los huecos negros "olían mal" y murió antes de que se descubrieran.

En este capítulo se explica cómo surgió la idea de los huecos negros, dos siglos antes de la teoría de Einstein. Se presenta además la evolución de nuestras ideas sobre el particular desde los tiempos de Einstein. ¿Y sobre la posibilidad de que los huecos negros nos permitan viajar en el tiempo? No se vayan, que este asunto también se trata en el capítulo.

La geometría del espacio-tiempo a partir de las ecuaciones de campo de Einstein

Einstein completó en 1915 su teoría general de la relatividad, después de un combate de ocho años en busca de las ecuaciones correctas. Cuando por fin terminó, la llamó "teoría de incomparable belleza" y "el más valioso descubrimiento de mi vida". Desde entonces los físicos han estado de acuerdo con él. En un seminario realizado en 1968 en Trieste, Italia, Paul Dirac, el célebre científico inglés, afirmó que la teoría general de la relatividad era "probablemente el mayor descubrimiento científico de la historia".

La teoría general de la relatividad se resume en una ecuación llamada *ecuación del campo de Einstein,* la cual dice que la curvatura del espacio-tiempo está determinada por la materia y la energía. La ecuación del campo de Einstein se subdivide en un conjunto de diez ecuaciones separadas, cuya solución es de extrema dificultad. Se han obtenido pocas soluciones exactas, aun hoy.

Medida de la curvatura del espacio-tiempo

De acuerdo con la teoría general y la ecuación del campo de Einstein, el Sol modifica el espacio-tiempo a su alrededor, curvándolo de tal modo que cambia el movimiento de cualquier cosa que viaje por ese espacio-tiempo (los detalles están en el capítulo 12). El Sol no es el único que curva el espacio-tiempo. Todo, inclusive nosotros, o una manzana, produce una curvatura del espacio-tiempo. Pero es imposible medir qué tanto se curva el espacio-tiempo alrededor de objetos ordinarios. Y sería muy difícil medirlo incluso para la Tierra. Sólo objetos muy pero muy grandes, como el Sol, las estrellas y las galaxias, pueden producir una curvatura del espacio-tiempo que se puede medir. La curvatura del espacio-tiempo en la vecindad del Sol, por ejemplo, es sólo de dos partes por millón.

La curvatura del espacio-tiempo puede medirse directamente (como se explica en el capítulo 12, la expedición de Arthur Eddington midió en 1919 la desviación de la luz de las estrellas por el Sol). Pero la curvatura se puede calcular también a partir de la teoría, con la ecuación del campo de Einstein. Así la descubrió él, y predijo cuál sería la magnitud de la desviación que Eddington observó después.

La ecuación del campo de Einstein suministró a los físicos una poderosa herramienta para calcular de manera exacta el movimiento de las galaxias y sus interacciones, y la evolución del universo. La ecuación del campo de la relatividad general responde todas estas preguntas. Obtener las respuestas, sin embargo, no es tarea fácil.

Su primer libro

Luego de la publicación del artículo final sobre relatividad general, Einstein pensó que necesitaba escribir una presentación clara de la teoría para que otros físicos pudieran estudiarla y comprenderla. Los elementos de la teoría estaban dispersos en muchos de los artículos que había publicado en los ocho años que gastó desarrollándola. Un buen número de éstos contenía errores que corrigió más tarde, y había callejones sin salida que después suprimió. Quería reunir estos elementos en un único artículo coherente, pero esperaba que alguien le ahorrara ese tiempo.

Einstein conocía a Hendrik Antoon Lorentz y sabía que era excelente para presentar este tipo de trabajos, así que fue a visitarlo para tratar de convencerlo de que escribiera el artículo, y le dijo: "Por desgracia, la naturaleza me ha negado el don de la comunicación, con el resultado de que lo que escribo puede ser correcto, pero es altamente indigerible".

Lorentz no mordió el anzuelo, y Einstein tuvo que sentarse a escribir. Terminó en marzo de 1916 el artículo de 50 páginas, y lo envió a los *Annalen der Physik* con el título "Fundamentos de la teoría general de la relatividad". El editor de la revista decidió imprimirlo en un folleto separado, y así se convirtió en el primer libro de Einstein.

Desarrollo de la geometría de Schwarzschild

El gran astrofísico Karl Schwarzschild utilizó por primera vez la ecuación del campo de Einstein en diciembre de 1915. Schwarzschild leyó el artículo final de Einstein sobre la teoría general de la relatividad en el número de noviembre de 1915 de los *Proceedings of the Prussian Academy of Science*. De inmediato se propuso calcular las predicciones de la teoría con respecto a las estrellas.

Schwarzschild dividió el problema en dos partes:

✔ En primer lugar restringió el problema al exterior de la estrella. En pocos días logró obtener la solución exacta de las ecuaciones del campo para la curvatura del espacio-tiempo fuera de la estrella (para poder hacer el cálculo, Schwarzschild supuso que la estrella no rotaba sobre sí misma).

La primera solución era muy elegante. De inmediato Schwarzschild se la envió a Einstein, quien quedó agradable-

mente sorprendido y contestó al punto que "no había esperado que uno pudiera formular la solución exacta del problema
de una manera tan sencilla". Einstein presentó en nombre
de Schwarzschild el trabajo ante la Academia de Ciencias de
Prusia, en la reunión del 13 de enero de 1916.

✔ Pocos días después recibió otro artículo de Schwarzschild.
Esta vez se trataba del cálculo de la geometría del espacio-
tiempo en el interior de cualquier estrella. Unas semanas después Einstein presentó este segundo trabajo de Schwarzschild
ante la academia.

Schwarzschild estableció en sus dos artículos la geometría del espacio-tiempo alrededor de las estrellas. La geometría de Schwarzschild
había de convertirse en pocos años en la herramienta estándar de
los físicos.

Es de notar que Schwarzschild no realizó el trabajo en su conforta-
ble oficina del Observatorio Astrofísico de Postdam (del cual era
director), cerca de Berlín, sino en el frente ruso de la Primera Guerra
Mundial, a donde había llegado como voluntario del ejército alemán.
Hizo sus cálculos en las duras condiciones de la guerra, en un clima
severo y con graves problemas de salud.

Por desgracia, Schwarzschild no viviría para ver las notables consecuencias de lo que había realizado. Contrajo una enfermedad en el
frente ruso y murió a los 41 años de edad, sólo cuatro meses antes
de que Einstein presentara su segundo y último artículo sobre relatividad general.

La idea del hueco negro

La idea del hueco negro no se originó con Einstein o Schwarzschild.
En realidad data de fines del siglo XVIII, época en que el científico
británico John Michell escribió un artículo sobre lo que le ocurriría
a un rayo de luz de una estrella que se contrae hasta alcanzar un
tamaño inferior a cierto límite, pero conserva toda su masa.

Luz atrapada

Michell pensaba, como Isaac Newton, que la luz estaba formada por
pequeñas partículas, o *corpúsculos,* como Newton las llamaba. Esos
corpúsculos debían tener masas muy pequeñas y sentir, por lo tanto, la atracción gravitacional de la estrella.

Pensemos que un corpúsculo de luz es como una esferita. Si lanzamos una bola hacia arriba desde la superficie de la Tierra, la bola sube, disminuye su velocidad, con el tiempo se detiene y cae luego hacia el suelo, como se muestra en la figura 13-1. Si la lanzamos con mayor fuerza, la bola alcanza una mayor altura, antes de detenerse y caer. Si la lanzamos con una velocidad de 11 kilómetros por segundo, la bola deja la Tierra y nunca vuelve. La velocidad de 11 kilómetros por segundo se llama *velocidad de escape*.

Si pudiéramos pararnos en la superficie del Sol, deberíamos lanzar la bola con una velocidad de 617 kilómetros por segundo para que saliera del Sol y no volviera. Como la velocidad de la luz es mucho mayor que estos valores, Michell pensaba que los corpúsculos de luz que salían del Sol no se veían muy afectados por la gravedad solar (la velocidad de la luz era ya conocida con alguna precisión en tiempos de Michell; los detalles están en el capítulo 7).

¿Mas qué ocurriría con una estrella de mucho menor tamaño que el Sol pero con una masa igual a la masa solar? En tal caso, la velocidad de escape sería mayor que la del Sol. Por medio de la ley de la gravitación universal de Newton, Michell calculó la velocidad de escape de estrellas pequeñas y de gran masa. A medida que la estrella se hace más pequeña su superficie está más cerca de su centro, en su superficie la gravedad es más fuerte y es mayor la velocidad de escape.

Figura 13-1:
La gravedad
disminuye
la velocidad
de la bola,
hasta que
se detiene y
cae, a menos
que la lancemos con
la velocidad
de escape
(dibujo de la
derecha).

Predicción de la existencia de estrellas negras

Michell comprendió que cabía la posibilidad de que existiera una estrella tan pequeña y con tanta masa que su velocidad de escape fuera igual a la velocidad de la luz. Una estrella todavía más pequeña, con la misma masa, tendría un campo gravitacional tan intenso que la luz no podría escapar. La luz quedaría atrapada en el interior de la estrella. Los corpúsculos de luz subirían primero, luego disminuirían su velocidad, se detendrían y caerían de nuevo a la superficie de la estrella (ver la figura 13-2).

Michell calculó este tamaño crítico de la estrella, para el cual la velocidad de escape es igual a la velocidad de la luz. Una estrella con la masa del Sol debe tener un diámetro inferior a 6 kilómetros para ser una estrella oscura, de la cual la luz no puede escapar. Una estrella con una masa igual al doble de la masa solar tiene un diámetro crítico igual al doble del anterior, unos 12 kilómetros. Para una estrella igual a tres soles, el diámetro crítico se triplica (ver la figura 13-3).

Michell pensaba que el universo debía contener un gran número de estrellas más pequeñas que su tamaño crítico. Esas estrellas, invisibles para nosotros, eran huecos negros.

Michell presentó en noviembre de 1783 sus ideas ante la Sociedad Real de Londres. Pocos días después, Pierre Simon de Laplace, filósofo y matemático francés, mencionó la posible existencia de esas estrellas oscuras en su popular libro *Sistema del mundo,* sin men-

Figura 13-2:
La luz quedaría atrapada en una estrella tan pequeña y con tanta masa que su velocidad de escape fuera igual a la velocidad de la luz.

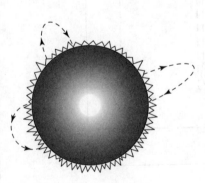

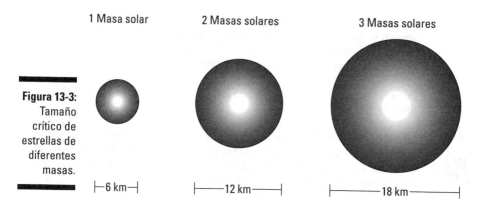

Figura 13-3: Tamaño crítico de estrellas de diferentes masas.

cionar a Michell (Laplace, hombre brillante e instruido, era a veces renuente a dar el debido crédito a otros).

A comienzos de 1800, el enfoque corpuscular de la luz fue puesto en duda por los experimentos de Thomas Young, quien demostró que la luz es en realidad una onda. Su teoría ondulatoria, que explicaba las observaciones sobre el comportamiento de la luz, fue aceptada por todos (en el capítulo 7 se describe el experimento de Young. Como se explica en el capítulo 16, Einstein demostró después que la naturaleza de la luz es más compleja que la propuesta por Young). A finales del siglo XIX los científicos creían que, como la luz es una onda y no un conjunto de partículas, no podía ser afectada por la gravedad. Y hasta ahí llegó la idea de las estrellas oscuras. Por un tiempo.

Resurge la teoría de los huecos negros

La idea de las estrellas oscuras, o huecos negros (como los llamamos hoy), estaba en el refrigerador cuando Schwarzschild resolvió las ecuaciones del campo de Einstein y propuso su geometría. La geometría de Schwarzschild revivió la idea de los huecos negros, porque predijo que para cada estrella existe un tamaño crítico que depende de su masa. El tamaño crítico calculado por Schwarzschild fue el mismo hallado por Michell: 6 kilómetros de diámetro, o 3 kilómetros de radio, para una estrella con la misma masa del Sol. Este radio crítico se llama hoy *radio de Schwarzschild*. Si una estrella era más pequeña que su tamaño crítico, la luz quedaba atrapada. Había regresado la idea de los huecos negros.

No obstante, hay un problema con el modo de pensar de Michell sobre las estrellas oscuras. No se puede tratar la luz como si estuviera compuesta de bolitas que lanzamos al aire. Las bolitas disminuyen su velocidad a causa de la gravedad. Pero la teoría especial de la relatividad de Einstein afirma que la luz viaja siempre a la misma velocidad; la gravedad no puede disminuirla.

Pero entonces, ¿cómo revivieron los cálculos de Schwarzschild la idea de Michell?

La relatividad de Einstein abrió la puerta. Espacio y tiempo son absolutos en la mecánica de Newton, pero la velocidad de la luz puede cambiar. En la relatividad de Einstein espacio y tiempo son relativos, pero la velocidad de la luz es absoluta (hay que volver a los capítulos 9 y 10 para refrescar la memoria).

Como se explica en el capítulo 12, la luz emitida desde un fuerte campo gravitacional está afectada por el desplazamiento Doppler, que produce un alargamiento de la distancia entre los frentes de onda, de acuerdo con la teoría general de la relatividad. A un campo gravitacional más fuerte corresponde un mayor alargamiento. La luz no disminuye su velocidad en un campo gravitacional mayor; continúa viajando a la velocidad que dicta la teoría especial de la relatividad (c). Pero su longitud de onda cambia.

En la figura 13-4 vemos estrellas de la misma masa pero con diferente radio. La estrella de la mitad tiene un radio menor que la de arriba y, por consiguiente, un mayor campo gravitacional. Su onda luminosa está alargada en comparación con la onda luminosa de la estrella de arriba.

Figura 13-4:
La luz emitida desde un campo gravitacional sufre el efecto Doppler y las ondas se alargan. También el tiempo fluye más lentamente.

Radio crítico

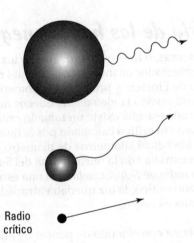

Si una estrella tiene un campo gravitacional lo suficientemente fuerte, la onda luminosa se alarga tanto que se aplana, es decir, su longitud de onda se vuelve infinitamente larga (no puede medirse). En la figura 13-4, la estrella de abajo muestra esta situación. Como no hay onda, no hay luz. El campo gravitacional que alarga la longitud de onda hasta el infinito corresponde a una estrella de radio igual al radio de Schwarzschild.

Otra manera de considerar la situación es la siguiente: en un campo gravitacional el tiempo fluye más lentamente (ver el capítulo 12). A mayor intensidad del campo gravitacional más lento es el flujo del tiempo (por ejemplo, un reloj marcha ligeramente más rápido en el desván que en el sótano, porque la gravedad es más fuerte en el sótano). A una distancia igual al radio de Schwarzschild, visto desde fuera, el tiempo se dilata una cantidad infinita; el tiempo deja de fluir. Desde nuestro punto de vista, fuera de la estrella, no hay luz. Como la estrella sigue emitiendo luz, ésta debe quedar atrapada. La estrella es un hueco negro.

Frente al escepticismo de Einstein

Einstein estaba muy contento con la primera solución exacta de su ecuación del campo obtenida por Schwarzschild. Los científicos podían usar ahora esta solución para calcular las propiedades gravitacionales de planetas y estrellas. Por ejemplo, la órbita de Mercurio fue rápidamente calculada como resultado del trabajo de Schwarzschild. Einstein había utilizado métodos aproximados para calcularla como primera prueba del poder de la teoría general (ver el capítulo 12), pero no había obtenido una solución exacta. Gracias a Schwarzschild, la solución exacta era posible. Cuando se hicieron los cálculos, el resultado resultó igual al calculado previamente por Einstein.

Sin embargo, Einstein no estaba muy feliz con la idea de los huecos negros. No pensaba que el universo estuviera hecho de esa manera. No le gustaba que su ecuación fallara en el centro del hueco negro o en la superficie con el *radio de Schwarzschild* (antes de que la expresión hueco negro existiera, estas entidades se llamaban *singularidades de Schwarzschild*).

Einstein publicó en 1935 un cálculo que interpretó como prueba de que los huecos negros no podían existir. Tomó un grupo de partículas sometidas a la gravedad, moviéndose en órbitas circulares alrededor del centro del grupo, de modo que formaran una esfera. Luego hizo que el grupo fuera haciéndose más y más pequeño, con las partículas moviéndose cada vez más rápido para mantener el equilibrio. Cuando el radio de su esfera llegó a ser 1,5 veces el radio de Schwarzschild, los cálculos mostraron que las partículas debían moverse a velocidades mayores que la de la luz para evitar ser atraídas hacia el centro, y que toda la cosa quedara reducida a un punto. Pero nada puede moverse más rápido que la luz. "El resultado esencial de esta investigación" —escribió Einstein en su artículo— "es una clara comprensión de las razones por las cuales las 'singularidades de Schwarzschild' no existen".

El cálculo de Einstein era correcto, lo cual obviamente creó un problema adicional para la teoría de los huecos negros. Pero hasta Einstein cometía un error de vez en cuando.

Einstein supuso que necesitaba evitar que el grupo de partículas en movimiento colapsara y se convirtiera en un punto. Para la época, era la única cosa lógica que se podía hacer, basada en observaciones. Nadie había descubierto todavía la posibilidad de que una estrella colapsara. Para prevenir el colapso del grupo, las velocidades de las partículas debían incrementarse hasta más allá de la velocidad de la luz, lo cual contradecía la teoría especial de la relatividad. Pero, por impedir el colapso del grupo, Einstein se equivocó por completo (no era la primera vez que no dejaba que sus ecuaciones lo llevaran a lugares ignotos; hay otro ejemplo de lo mismo en el capítulo 18).

Estudio de las estrellas que colapsan

A pesar del escepticismo de Einstein acerca de la existencia de los huecos negros, otros científicos continuaron empleando las bases de la teoría general y los cálculos de Schwarzschild en el estudio de las estrellas.

Por ejemplo, pocos años después de que Einstein intentara probar que los huecos negros no podían existir, J. Robert Oppenheimer y sus estudiantes de postgrado de la Universidad de California, Berkeley, trataban de averiguar qué pasaría después de que una estrella agotara su combustible nuclear. Oppenheimer, quien más tarde dirigió el grupo de científicos que inventó la bomba atómica, era en esa época uno de los científicos de primera línea de Estados Unidos.

Oppenheimer sabía que el físico indio Subrahmanyan Chandrasekhar había calculado hacía poco que una estrella con una masa de casi un 50 por ciento más que la masa solar se contraía hasta convertirse en enana blanca, una estrella con la masa del Sol y el tamaño de la Tierra. Como en el volumen del Sol caben más de un millón de Tierras, se trata de una contracción asombrosa. Esta contracción no es súbita, sin embargo; ocurre en millones de años.

Identificación de otros casos extremos

Oppenheimer deseaba saber qué pasaba con estrellas de masas todavía mayores. Sus cálculos mostraron que una estrella más grande (de mayor masa) colapsaba para convertirse en una *estrella neutrónica,* compuesta principalmente de neutrones (una de las partículas que componen el núcleo de los átmos). Los neutrones fueron descubiertos en 1932, y en el año siguiente dos físicos de Caltech (Instituto Tecnológico de California) —Fred Zwicky y Walter Baade— sugirieron que las estrellas compuestas únicamente de neutrones podían ser el resultado final del colapso de estrellas mayores que las estudiadas por Chandrasekhar, y emitieron la conjetura de que las estrellas neutrónicas se forman en las explosiones llamadas *supernovas.*

Las estrellas neutrónicas reales fueron descubiertas en la década de 1960 y desde entonces no han dejado de ser estudiadas. Son tan densas que si pudiéramos traer a la Tierra un fragmento de estrella neutrónica del tamaño de un cubo de azúcar, la muestra pesaría 100 millones de toneladas.

J. Robert Oppenheimer

Oppenheimer se graduó en Harvard en 1922. Obtuvo una licenciatura en química pero se pasó a física en la escuela de estudiantes graduados. Decidió hacer su postgrado en Europa, que era entonces la meca de la física teórica. Estuvo en la Universidad de Gotinga en el programa de doctorado, y trabajó con Paul Dirac, Max Born y otras luminarias.

Después de graduarse de doctor recibió ofertas de Caltech, Berkeley, Harvard, y de dos universidades europeas. Berkeley le interesaba porque en esa época no había allí un programa de física teórica, y veía la oportunidad de organizarlo. Pero temió encontrarse aislado, por lo cual decidió aceptar los ofrecimientos de Caltech y Berkeley, y pasar medio año en cada universidad. Caltech era el lugar apropiado para "ver si estaba demasiado fuera de base", según dijo.

Teoría del colapso final

Los cálculos de Oppenheimer mostraron que había un límite superior en el tamaño de las estrellas que colapsaban para convertirse en estrellas neutrónicas. El rango de masas iba desde 1,5 hasta 3 masas solares (las estrellas de masas menores que 1,5 masas solares colapsan para convertirse en enanas blancas). ¿Qué pasaba con las estrellas de masas mayores que 3 masas solares?

Oppenheimer le propuso este problema a Hartland Snyder, otro de sus estudiantes de doctorado. Éste calculó que si la estrella original tenía una masa mayor que 3 masas solares, una vez terminado el combustible nuclear comenzaría a colapsar y seguiría haciéndolo indefinidamente. Oppenheimer y Snyder escribieron en un artículo que "cuando todas... las fuentes de energía se han terminado, una estrella suficientemente masiva colapsará; [su contracción] continuará indefinidamente".

Oppenheimer estaba perplejo; "los resultados son demasiado extraños", declaró a un amigo. Para los físicos los resultados eran asombrosos. El artículo de Oppenheimer y Snyder fue publicado en 1939. Sin embargo, los acontecimientos políticos en la Europa de entonces forzaron a los físicos a pensar en la posibilidad de la fusión nuclear. Los neutrones eran la clave de tales procesos nucleares. Nadie tenía tiempo ahora para pensar en los procesos nucleares de las estrellas. El propio Oppenheimer fue llamado pronto a dirigir el proyecto Manhattan.

Renovado interés en los huecos negros

Pasada la Segunda Guerra Mundial, muy pocos científicos recordaban los artículos de Oppenheimer sobre el colapso de las estrellas. El propio Oppenheimer se ocupaba de otros asuntos.

En la década de 1950 comenzó a crecer el interés en la relatividad general. Por primera vez, en 1955, hubo una conferencia internacional sobre la teoría de la relatividad, que fue seguida por una serie de eventos internacionales sobre relatividad y gravitación, que continúa hoy.

Un espacio-tiempo para los huecos negros en rotación

Roy Kerr, neozelandés que trabajaba en la Universidad de Texas, encontró en 1963 una nueva solución de la ecuación del campo de Einstein, que describía esta vez la curvatura del espacio-tiempo fuera de una estrella en rotación. Brandon Carter, Roger Penrose y otros relativistas hallaron que esta solución no describía la geometría del espacio-tiempo de una estrella en rotación sino la de un hueco negro en rotación.

El hueco negro de Kerr era una extensión de los huecos negros de Schwarzschild, que no rotaban. Se trataba de una solución más general con nuevas y muy importantes propiedades. El trabajo de Kerr reavivó el interés en la física de los huecos negros.

Descubrimiento de quásares y púlsares

En 1960, el astrónomo estadounidense Alan Sandage utilizó el telescopio de 200 pulgadas del monte Palomar, al norte de San Diego, California (que era entonces el mayor telescopio óptico del mundo), para descubrir una "estrella" en la posición de una fuente de ondas de radio que había sido detectada el año anterior. Había un par de cosas extrañas en el descubrimiento: en primer lugar, las estrellas ordinarias no suelen emitir fuertes ondas de radio; en segundo lugar, el espectro de la estrella tenía características que los astrónomos no pudieron identificar, lo que no ocurre en circunstancias normales.

Pronto se descubrieron otras "estrellas" del mismo tipo. La más famosa fue bautizada 3C 273. Los astrónomos no tardaron en encontrar la causa de las extrañas características del espectro de 3C 273 y de las otras "estrellas": el espectro mostraba un corrimiento Doppler debido a la gran velocidad con que el objeto se alejaba de la Tierra. Los cálculos mostraron que 3C 273 se movía a 45.000 kps, o sea a un 15 por ciento de la velocidad de la luz. Los objetos en cuestión no eran estrellas. Eran nuevas fuentes de emisión de fuertes ondas de radio. Los astrónomos las llamaron _radiofuentes cuasi-estelares_ o _quásares_ (quasi-stellar radio sources), es decir, fuentes emisoras de ondas de radio parecidas a estrellas. Pronto se encontraron otros quásares que no emitían ondas de radio (resulta que solo un 10 por ciento de los quásares son emisores de ondas de radio).

Los quásares son objetos sorprendentes. En su mayoría están muy lejos, a más de 3.000 millones de años luz de la Tierra. Son de un brillo extraordinario, lo que nos permite observarlos desde la Tierra a tan enormes distancias. En realidad son más brillantes que muchas galaxias. Muestra galaxia, la Vía Láctea, brilla con la luz de 25.000 millones de soles. 3C 273 es tan brillante como 35 *billones* de soles.

En 1968, el astrónomo británico Donald Lynden-Bell, que trabajaba entonces en Caltech, propuso que esta energía increíble era generada por un hueco negro extraordinariamente masivo que absorbía los gases circundantes. A medida que los gases caen hacia el hueco negro se libera energía gravitacional en forma de radiación. Hoy hay consenso sobre esto.

Hombrecillos verdes

En 1967, Jocelyn Bell estudiaba bajo la dirección de Anthony Hewitt para obtener su doctorado en la Universidad de Cambridge. Su tesis estaba relacionada con el estudio de las emisiones de ondas de radio de varias fuentes astronómicas. Acababan de construir con su ayuda un gran conjunto de antenas de radio en un terreno de 1,6 hectáreas situado en plena campiña inglesa. Jocelyn estaba recolectando datos cuando notó que una de las antenas recibía una señal muy regular de un lugar específico del cielo. Las señales se recibían cada segundo y cada tercio de segundo. De inmediato telefoneó a Hewitt, quien corrió a observar el fenómeno. Por algún tiempo, medio en serio y medio en broma, bautizaron las señales con el nombre de *LGM* (Little Green Men, hombrecillos verdes en español).

Antes de Navidad, Bell fue a la casa de Hewitt para discutir el modo de anunciar el descubrimiento sin provocar un circo por parte de los medios de comunicación. No se les ocurría nada. Ella regresó a su casa esa noche sintiéndose disgustada por tener que terminar su tesis mientras "unos tontos hombrecillos verdes tenían que escoger mi antena y mi frecuencia, precisamente, para comunicarse con nosotros".

Después de cenar, Hewitt regresó al laboratorio y descubrió que el radiotelescopio de Bell había detectado una señal similar proveniente de otra parte del cielo. Tal cosa alejó de la mente de Jocelyn los LGM, pero no de la prensa sensacionalista británica. Después de anunciar Hewitt el descubrimiento, los reporteros invadieron el lugar y trataron de entrevistar a la joven y atractiva astrónoma que había hablado con los extraterrestres.

Las fuentes emisoras de ondas de radio de Bell fueron llamadas *púlsares*, y desde entonces se han detectado muchos. Los astrónomos descubrieron después que los púlsares son estrellas neutrónicas que rotan rápidamente y emiten fuertes ondas de radio de sus regiones polares.

Unos astrónomos descubrieron en Inglaterra, por la misma época, una nueva fuente pulsante de ondas de radio a la que llamaron *púlsar,* abreviatura de las palabras inglesas *pulsating radio star* (ver el recuadro titulado "Hombrecillos verdes"). Andando el tiempo fueron descubiertos muchos otros objetos del mismo tipo. Los púlsares resultaron ser estrellas neutrónicas que rotan muy rápido.

Estos descubrimientos estimularon el interés de físicos y astrofísicos por los huecos negros. La física de los huecos negros ha sido en las últimas tres décadas una muy activa área de investigación.

Comienza la cacería

Oppenheimer había descubierto en 1939 que las estrellas con masas mayores que 3 masas solares colapsaban indefinidamente. Después de este hallazgo, algunos científicos comenzaron a considerar la posibilidad de encontrar huecos negros reales. Pero era difícil pensar en cómo hacerlo puesto que realmente no podemos verlos.

En 1964, Yakov Zel'dovich en la Unión Soviética halló la manera de ver un hueco negro. Sabía que un viento de gas barre las superficies de muchas estrellas. El Sol, por ejemplo, tiene su viento solar, compuesto principalmente de protones y electrones, que fluye del Sol en todas direcciones con velocidades de unos 400 kilómetros por segundo. El viento solar no es muy fuerte en comparación con el viento de muchas estrellas.

Si una estrella con un fuerte viento solar está cerca de un hueco negro, la enorme gravedad del hueco atrae este gas y lo calienta. Zel'dovich calculó que el gas se calentaría varios millones de grados. Los objetos calientes irradian energía. En condiciones normales esta energía corresponde al rango infrarrojo del espectro (ver el capítulo 7) y a veces al rango visible. Cuando la temperatura es del orden de millones de grados, la energía irradiada toma la forma de rayos X. Zel'dovich pensaba que podría "ver" los huecos negros si detectaba estas emisiones de rayos X en la vecindad de una estrella.

Había un problema, sin embargo (siempre lo hay...). No se pueden detectar los rayos X del espacio desde la superficie de la Tierra. Y en 1964 no había telescopios espaciales que pudieran detectarlos en el espacio.

Algunos científicos recursivos lo intentaron mediante el envío de detectores de rayos X en cohetes, y lograron registrar algunas fuentes de rayos X. No obstante, la verdadera búsqueda de huecos negros se inició en 1970 con el lanzamiento del satélite *Uhuru* de la NASA, dedicado a la astronomía de rayos X. Este satélite descubrió 339 estrellas de rayos X. Al *Uhuru* le siguió ocho años más tarde el telescopio de rayos X *Einstein* de la NASA.

Con *Uhuru* y *Einstein* los científicos descubrieron varios candidatos a hueco negro. El más promisorio fue llamado Cygnus X-1, que los especialistas abrevian Cyg X-1 (ver el recuadro titulado "Apuesta a favor de los huecos negros").

Hay otros candidatos hoy en día. Los científicos tratan de detectar la energía que fluye hacia un hueco negro. Si tienen éxito, éste será un método de detección más directo. En el futuro estaremos tan seguros de la existencia de los huecos negros como lo estamos hoy de que el Sol existe.

¿Cómo se producen en el universo los huecos negros?

En el centro de la constelación de Orión el Cazador hay tres estrellas brillantes que se supone representan el cinturón del cazador. Tres estrellas más débiles bajo el cinturón representan su espada. Una débil estrella en medio del cinturón no es en realidad una estrella sino una gran nube de gas llamada Nebulosa de Orión. Esta *nebulosa,* situada a 1.500 años luz de nosotros y con una extensión transversal de 15 años luz, es un lugar donde nacen las estrellas.

Algunas regiones de mayor concentración de polvo interestelar de esta nebulosa se separan para formar grandes esferas. Estas esferas, o *protoestrellas*, comienzan a contraerse a causa de la gravedad y su temperatura aumenta. En cierto punto del proceso la temperatura es tan elevada que se inicia la fusión nuclear. Ha nacido una estrella.

Gigantes

El Sol comenzó su vida de este modo hace unos 5.000 millones de años. El Sol es una estrella de mediana edad que brillará durante otros 5.000 millones de años, antes de consumir por completo su combustible nuclear. Después de 10.000 millones de años, sin combustible para gastar, el Sol (y las demás estrellas con masas hasta de 4 masas solares, aproximadamente) comenzará a contraerse. Sin combustible, el núcleo solar será incapaz de contrarrestar la gravedad. La concentración volverá a calentar el núcleo, que comenzará a irradiar energía hacia fuera. Las capas superiores del Sol empezarán a expandirse, y la estrella se convertirá en una *gigante roja*.

Cuando termine esta segunda fase, la gravedad actuará sobre el núcleo solar, produciendo de nuevo la contracción hasta formar una *enana blanca*. En esta etapa, el Sol volverá a la vida e irradiará durante unos cuantos millones de años adicionales. Después todo terminará. El Sol se convertirá en una *enana negra*, una masa quemada, una estrella muerta.

Apuesta sobre los huecos negros

Según los cálculos de los científicos, Cyg X-1 debería tener una masa igual a unas 6 masas solares, el rango correcto de los huecos negros. En 1974, todos señalaban a Cyg X-1 como un hueco negro. A pesar de esto, el famoso físico Stephen Hawking de la Universidad de Cambridge apostó con Kip Thorne, físico estadounidense de Caltech, a que Cyg X-1 no era un hueco negro. De ganar Hawking, Thorne le compraría una suscripción anual de la revista *Private Eye*. Si Thorne ganaba, Hawking le compraría una suscripción anual de la revista *Penthouse*.

En su exitoso libro *Breve historia del Tiempo*, Hawking relata que la apuesta fue para él como una póliza de seguros. Había pasado mucho tiempo estudiando los huecos negros, y si éstos no existían ganaría por lo menos su suscripción de *Private Eye*. En su muy conocido libro *Black Holes and Time Warps* (Los huecos negros y el tiempo se curvan), Thorne cuenta que no creía que ganara. Estaba convencido de que Cyg X-1 era un hueco negro pero no pensaba que pudiera probarlo.

Cuando Hawking y Thorne hicieron la apuesta, los científicos estimaban que había un 80 por ciento convencido de que Cyg X-1 era un hueco negro. Cuando en 1988 se publicó *Breve historia del tiempo*, el nivel de certeza había crecido hasta 95 por ciento, pero Hawking no aceptaba la derrota.

Cierta noche de 1990, mientras Thorne estaba en Moscú, Hawking y sus amigos irrumpieron en la oficina de Thorne en Caltech, encontraron la apuesta, la sacaron de su marco y escribieron en ella la nota de aceptación con la huella digital de Hawking a manera de firma. La certeza de que Cyg X-1 era un hueco negro seguía en 95 por ciento.

Una mayoría de científicos estuvo de acuerdo en que Hawking tenía razón al aceptar que Cyg X-1 era muy probablemente un hueco negro. Hoy la evidencia sigue siendo casi igual. El grado de certeza no es del 100 por ciento porque Cyg X-1 se detecta de modo indirecto, y se puede siempre hallar otra explicación posible aunque menos probable.

No hay todavía estrellas de esta clase en ninguna parte. El universo no ha vivido lo suficiente para que una estrella como el Sol termine su vida y muera.

Supernovas

No todas las estrellas terminan como el Sol. Las estrellas de masa mayor explotan y forman una supernova. Una de estas supernovas fue descubierta en 1987 en nuestro patio trasero; se observó en la Gran Nube de Magallanes, galaxia satélite de nuestra Vía Láctea. El núcleo de las supernovas como ésta colapsará y se convertirá en una estrella neutrónica.

Estrellas de más masa, con núcleos de más de 3 masas solares, colapsarán también. Como Oppenheimer y Snyder descubrieron teóricamente, en tal situación nada detiene el colapso. La estrella se convierte en un hueco negro.

Entonces, ¿qué es, finalmente, un hueco negro?

¿Conocen los científicos las propiedades de un hueco negro?

En los años 60 y 70, "edad de oro" de la investigación en huecos negros, los especialistas gastaron mucho tiempo haciendo cálculos complejos con las ecuaciones de la relatividad general, tratando de extraer lo que pensaban debería ser la estructura de los huecos negros. Realizaron también complicadas simulaciones y modelos en el computador, como guía de los complejos cálculos.

Toda esta febril actividad produjo resultados interesantes. El más importante es la afirmación de que un hueco negro es siempre una esfera perfecta, independientemente de la forma de la estrella que le dio origen. Si hay una montaña en la estrella, el hueco negro será redondo. Si la estrella tiene una deformación cualquiera incluso si es una estrella cuadrada , el hueco negro que produce es redondo (ver la figura 13-5). ¿Qué ocurre con las montañas o las deformaciones? Desaparecen en forma de radiación de ondas gravitacionales.

Estas respuestas son en apariencia sencillas, pero llegar a ellas exigió años de complejísimos cálculos y discusiones entre los especialistas del área. Se descubrió además que si la estrella original

Figura 13-5:
Los huecos
negros son
redondos,
sin importar
cuál era la
forma de la
estrella.

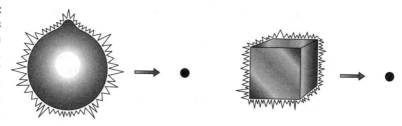

tenía un campo magnético, el hueco negro resultante succiona este campo y lo pone detrás de su horizonte de eventos, superficie de una esfera de radio igual al radio de Schwarzschild, es decir, frontera del hueco negro. Las líneas del campo magnético no salen del hueco negro.

Los huecos negros no tienen pelo

De hecho, nada sale de un hueco negro: ni montañas ni prominencias ni campos magnéticos. Este hallazgo movió al renombrado físico estadounidense John Wheeler, quien antes había acuñado el término *hueco negro,* a declarar que un hueco negro no tenía pelo. Con esta afirmación en apariencia cruda, Wheeler quería recalcar el concepto de que un hueco negro modificaba muchas propiedades físicas para terminar en una forma muy simple.

La frase prendió pronto en los congresos y reuniones internacionales. Llegado el tiempo de que los científicos publicaran artículos de investigación sobre el tema en revistas reconocidas, las cosas se tornaron algo más difíciles. El editor de la prestigiosa revista estadounidense *Physical Review* advirtió a los científicos que su revista no permitiría semejantes obscenidades. Algunas revistas europeas y rusas, publicadas en idiomas en que la frase tenía connotaciones análogas, también se negaron a emplearla.

Los físicos siguieron usando la frase en sus conferencias. Con el tiempo perdió su carácter libidinoso y se volvió sinónimo de lo que pretendía Wheeler. Los editores de revistas bajaron la guardia y ahora se la encuentra en numerosos libros y artículos científicos. Sería muy difícil encontrar un libro de divulgación sobre huecos negros que no la utilice.

Si los huecos negros no tienen pelo, ¿tienen algo?

Resulta que realmente no pueden librarse de todo (¡al fin y al cabo tienen algo de vello!). Los huecos negros conservan todo aquello que según la física no puede ser aniquilado; las cosas que obedecen las llamadas leyes de conservación. La física afirma que los huecos negros deben conservar su masa, su carga eléctrica y su rotación. Si se desembarazaran de estas propiedades, los físicos tendrían que revisar todas sus leyes y comenzar de nuevo (mejor se quedan con las leyes que han descubierto y ven qué tan lejos pueden llegar).

En 1965, los conocidos físicos británicos Stephen Hawking y Roger Penrose demostraron que el espacio-tiempo se vuelve infinito dentro de un hueco negro, lo que significa que la gravedad en su interior es infinita. Este alargamiento infinito del espacio-tiempo se llama *singularidad* (ver la figura 13-6).

Los huecos negros no son tan negros

Parece que los huecos negros se tragan todo lo que ven y no dejan salir nada. Hasta la luz queda atrapada en su interior.

En 1971, Yacov Zel'dovich, uno de los iniciadores del programa de armas nucleares de la Unión Soviética, tuvo la extraña idea de que los huecos negros envían hacia el exterior radiación y partículas. ¿Acaso no sabían todos que nada sale de un hueco negro? ¿Por qué Zel'dovich sostenía ahora que algo sale?

Zel'dovich intentaba aplicar algunas ideas de física cuántica al estudio de los huecos negros, que se tratan con la relatividad general. Con todo, Zel'dovich no sabía suficiente relatividad general para realizar cálculos sobre huecos negros, de suerte que hizo sus cálculos para una esfera metálica y logró mostrar que la esfera debe irradiar una pequeña cantidad de energía a causa de la interacción con el espacio-tiempo circundante.

Figura 13-6:
El espacio
tiempo se
estira hasta
el infinito
dentro de
un hueco
negro.

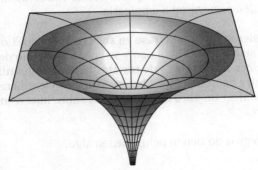

Zel'dovich publicó su idea en una prestigiosa revista de física, pero nadie le prestó atención. La mayoría creyó que se trataba de una locura.

En 1973, Stephen Hawking visitó la Unión Soviética para hablar de física con los colegas rusos. Cuando Zel'dovich y Hawking se encontraron, discutieron la idea de Zel'dovich de los huecos negros emisores. Hawking se interesó en el asunto pero no le gustaba el modo como Zel'dovich había empleado la física cuántica y la relatividad general, así que decidió hacerlo de la manera correcta. Cuando hubo terminado, confirmó lo que Zel'dovich había sostenido, es decir, que un hueco negro en rotación emite energía y partículas. Pero fue más allá. Hawking demostró que incluso cuando el hueco negro deja de rotar continúa emitiendo energía y partículas. Su descubrimiento recibió el nombre de _radiación de Hawking_.

Como a Hawking le gusta decir, "los huecos negros no son tan negros". Hawking sostuvo al principio que la radiación sale al azar del hueco negro y no lleva información sobre lo que pasó. Otros científicos no estuvieron de acuerdo. En 1997, Hawking y Kip Thorne apostaron con John Preskill de Caltech a que si una enciclopedia es aspirada por un hueco negro, la información se perdería para siempre. La radiación de Hawking emitida por el hueco negro no contendría ninguna información de la enciclopedia.

Recientemente Hawking cambió de posición y aceptó que estaba equivocado. Sus cálculos muestran que la radiación de Hawking está relacionada con la información que entra en el hueco negro. El contenido de la enciclopedia saldría poco a poco con la radiación. Hawking aceptó su derrota en la conferencia en que presentó su artículo; le regaló a Preskill una enciclopedia de béisbol.

Viaje al interior de un hueco negro

Si un astronauta tuviera el valor necesario para viajar al interior de un hueco negro, ¿qué vería?

Imaginemos una nave interestelar que llega a una región cercana a un hueco negro de 4 masas solares. Si el comandante maniobra correctamente, puede poner su nave en órbita alrededor del hueco negro. Los astronautas de la nave no sentirán nada distinto de lo que ven y sienten cuando están en órbita alrededor del Sol, por ejemplo.

Si una astronauta intrépida abandona la nave en un pequeño vehículo de servicio y se dirige hacia el hueco negro, las cosas comienzan a salirse de lo ordinario. Supongamos que la astronauta debe reportarse a la nave cada diez segundos. Al comienzo las señales se reciben en la nave cada diez segundos, según lo convenido. Cuando el vehículo se aproxima al horizonte de eventos del hueco negro, las señales llegan a la nave a intervalos cada vez más prolongados. En lugar de cada diez segundos, las señales llegan cada 20, 45, 90 segundos. Pronto los astronautas de la nave deben esperar minutos para detectar la siguiente señal. Entonces los minutos se vuelven horas, días y meses. Con el tiempo se ven a sí mismos esperando un par de años la siguiente señal. Finalmente los años pasan sin que llegue ninguna. La astronauta del vehículo cruzó el horizonte de eventos y cayó en el hueco negro.

Sin embargo, para la astronauta el tiempo fluye normalmente. Cada diez segundos envía su señal. Cruza el horizonte de eventos, y su reloj sigue marchando a la tasa normal. Con todo juicio sigue enviando sus señales.

Pero las señales han sufrido el efecto Doppler a causa de la enorme gravitación del hueco negro. Desde la nave interestelar, el tiempo de la astronauta marcha más lentamente. Al cruzar el horizonte de eventos, el efecto Doppler que afecta su señal se vuelve infinito, que es otra manera de decir que la señal desaparece.

Aunque la astronauta del vehículo observa que su reloj marcha como de costumbre, las cosas no son normales para ella. El peor problema es la presencia de enormes fuerzas de marea que amenazan con destruir su vehículo y a ella misma. Este viaje imaginario no tiene un final feliz. Nuestra astronauta no sobrevivirá mucho tiempo.

Posibilidad de los viajes en el tiempo

¿Ofrecen los huecos negros la posibilidad de viajar en el tiempo? Como se ve en el capítulo 12, el viaje al futuro es posible. De hecho, lo hacemos todo el tiempo (en grado mínimo). Cada vez que montamos en avión, en tren o en automóvil nos movemos con respecto a los que se quedan. De acuerdo con la relatividad general, el tiempo fluye más lentamente en el marco de referencia acelerado. Como debemos acelerar para alcanzar nuestra velocidad de crucero, nuestro tiempo fluye a una tasa menor comparado con el de quienes se quedaron. Ahora bien, mientras viajamos a la velocidad de crucero con respecto a los que dejamos, la relatividad especial dice que nuestro tiempo fluye más lentamente.

Al final del viaje seremos más jóvenes que quienes no viajaron. Sin embargo, la diferencia de edades se mide en pequeñísimas fracciones de segundo. En un vuelo de Los Ángeles a Tokio a 1.000 kph, uno viaja diez nanosegundos hacia el futuro, que es lo mismo que decir que será diez nanosegundos más joven. Si tomamos una nave espacial que viaja a una velocidad de $0,99995c$, para un lindo paseo de 10 años a nuestra vecindad galáctica, viajaremos 1.000 años hacia el futuro. ¡Cuando volvamos a la Tierra no reconoceremos el lugar!

Visita al pasado

Si viajamos al futuro, ¿podemos regresar? O mejor aún, ¿podemos viajar del presente hacia el pasado?

La relatividad especial nos permite ver el pasado. De hecho, este fenómeno ocurre todo el tiempo. Cuando miramos el Sol, lo vemos como era hace 8 minutos. Éste es el tiempo que gasta la luz en viajar desde el Sol hasta la Tierra. Las imágenes que nos llegan del vehículo explorador de la NASA en Marte viajan también a la velocidad de la luz. Los científicos del Laboratorio de Propulsión a Chorro (JPL) ven el vehículo como era hace 20 minutos. Hasta donde saben, el vehículo tuvo una falla hace 15 minutos.

Cuando uno mira a una amiga sentada al otro extremo de la mesa, la ve como era hace 3 nanosegundos. No ha cambiado mucho en esos 3 nanosegundos, de suerte que no hay ninguna diferencia en su apariencia. Pero si viaja a otro sistema planetario situado a 20 años luz de nosotros, la imagen que uno recibe hoy es la que envió hace 20 años.

Lo que queremos saber realmente es si podemos visitar el pasado y volver al presente. Hablamos de viajes reales en el tiempo, como en _Volver al futuro_ o _Peggy Sue got married_.

La respuesta lacónica es: tal vez, pero no con la tecnología actual.

Exploración de los huecos de gusano

En 1988, Kip Thorne and Michael Morris de Caltech, y Ulvi Yurtsever de la Universidad de Michigan, publicaron el primer artículo serio sobre la posibilidad de construir una máquina del tiempo. Se titulaba "Huecos de gusano, máquinas del tiempo y la condición de energía débil", y fue publicado en la prestigiosa revista _Physical Review Letters_, que tiene una muy estricta política de aceptación de artículos. En el trabajo, los tres físicos presentaron las conclusiones de su estudio sobre las posibilidades del viaje en el tiempo.

La idea del estudio surgió con Carl Sagan, quien escribía por entonces su novela de ciencia ficción *Contact* y el guión cinematográfico correspondiente. La historia trata del viaje en el tiempo, y Sagan quería que Thorne le dijera si el viaje en el tiempo era factible desde la perspectiva científica. En su calidad de astrónomo, Sagan conocía bien la teoría de la relatividad y los huecos negros, y lo que las teorías afirman hoy sobre el viaje en el tiempo. Sin embargo, deseaba saber por boca de científicos de alto nivel que trabajaban en relatividad y huecos negros si el viaje en el tiempo era posible para una civilización lo suficientemente avanzada.

Einstein había considerado un problema semejante. En 1935, él y su colaborador Nathan Rosen, también físico, emplearon la relatividad general para examinar la forma del espacio-tiempo cerca de una estrella de gran masa. Encontraron que el espacio-tiempo formaba un túnel, un hueco en el universo. Al examinar con más cuidado las ecuaciones, Einstein comprendió que el túnel conducía a otra región del universo (ver la figura 13-7), y quedó perturbado con tan extraña solución.

Einstein sabía que para pasar por el túnel se requerían velocidades mayores que la de la luz. Como tal cosa estaba prohibida por la relatividad especial, tomó sus conclusiones como una singularidad matemática sin realidad física. El *puente de Einstein-Rosen*, como se lo llama, apareció posteriormente en otras soluciones de la ecuación del campo de Einstein. Pero Einstein no se preocupaba por la reaparición del puente, porque la relatividad no permitía cruzarlo.

En 1963, cuando Kerr obtuvo su solución de la ecuación del campo de Einstein, que describía el espacio-tiempo de un hueco negro en rotación, la idea del puente de Einstein-Rosen revivió. Kerr encontró que su hueco negro rotante no se reduce a un punto, como el de Schwarzschild. En lugar de ello, al colapsarse se reduce a un anillo.

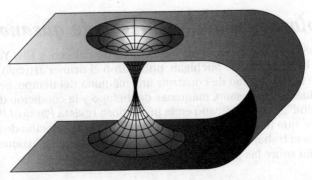

Figura 13-7: El puente de Einstein-Rosen, que conecta dos regiones del universo.

En tal caso, se podría en principio atravesar el túnel. Habría que cruzarlo por el medio con mucho cuidado, sin desviarse demasiado del eje (ver la figura 13-8). El puente de Einstein-Rosen es un _hueco de gusano_ que conecta dos regiones del universo.

Empleo de una máquina del tiempo

Thorne y sus colaboradores comprendieron que el puente de Einstein-Rosen podía emplearse como máquina del tiempo. Si movemos una de las bocas del puente a la vecindad de una estrella neutrónica mientras el otro extremo permanece aquí, la mucho mayor gravedad de la estrella neutrónica aminoraría el flujo del tiempo.

Si la diferencia de tiempo entre las dos bocas del puente es de 100 años, un astronauta que penetrara por nuestra abertura saldría por el otro lado con 100 años en el futuro. Al retornar, el astronauta volvería a nuestro tiempo.

Sin embargo, Thorne nos advierte que, para que sea posible pasar por el hueco de gusano, éste debe contener cierta materia exótica no descubierta todavía. Thorne quería ver si alguna ley de la física prohibía la existencia de una máquina del tiempo. La materia exótica requerida para el hueco de gusano, según Thorne, no existe todavía, pero las leyes de la física no prohíben su existencia. Esta materia

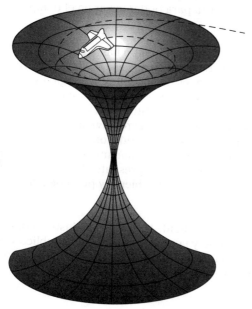

Figura 13.8:
Un astronauta a punto de atravesar el puente de Einstein-Rosen.

exótica debe generar antigravedad, o repulsión gravitacional, para permitir que el astronauta pase por el hueco de gusano sin que éste colapse sobre él. La repulsión gravitacional puede generarse por medio de energía negativa o de presión negativa.

Los físicos han descubierto energía negativa en algunos sistemas cuánticos. Ya el físico holandés Hendrik Casimir había pronosticado en 1948 la existencia de tales sistemas. El efecto Casimir fue observado por primera vez en 1958 (ver el capítulo 19). Los científicos intentan aplicarlo hoy en la operación de máquinas en miniatura. Es posible que la materia exótica de Thorne, con energía negativa capaz de generar antigravedad, sea descubierta un día de éstos.

Prohibición de las lazadas de tiempo

Supongamos que los científicos sean un día capaces de resolver todos los problemas de ingeniería y construir una máquina del tiempo que utilice el puente de Einstein-Rosen. ¿Sería realmente posible el viaje en el tiempo con todas sus paradojas?

Imaginemos a una persona que viaja en el tiempo, observa un hombre a punto de cometer un asesinato y alerta a un policía. El hombre muere en un intercambio de disparos. Más tarde la persona descubre que se trataba de su abuelo, quien no había todavía conocido entonces a su abuela. Como ya murió, los padres de la persona no nacerán, y ésta no existirá para poder viajar en el tiempo y llamar al policía.

Podríamos también viajar en el tiempo hasta enero de 1905 y encontrarnos con Albert Einstein en su casa de Berna, tal vez la tarde en que volvió a casa después de sostener una larga discusión con Michele Besso sobre los problemas del electromagnetismo y el principio de relatividad (ver el capítulo 9). Le manifestamos que la solución es mantener el principio de relatividad y hacer que la velocidad de la luz sea constante para todos los observadores no acelerados. Luego abandonamos su apartamento, montamos en nuestra máquina del tiempo y volvemos al presente. Al otro día, Einstein dice a Besso que ha resuelto el problema y procede a desarrollar la relatividad.

¿Quién descubrió la relatividad? Le dijimos a Einstein cómo hacerlo. Einstein nos escuchó y la desarrolló. Luego la publicó y se hizo famoso. Nosotros conocimos su descubrimiento en su libro y viajamos en el tiempo para decirle cómo lograrlo.

Igualmente desconcertante es el viajero del futuro que estudia cómo se construye la máquina del tiempo que está a punto de utilizar. Viaja luego en el tiempo, encuentra al inventor de la máquina del tiempo y le dice cómo construirla.

Todas estas paradojas indujeron a Stephen Hawking a proponer la hipótesis de que parece existir una agencia para la protección de la cronología que salvaguarda la historia y previene la modificación del pasado por parte de los viajeros en el tiempo. Su hipótesis de protección de la cronología, que resulta de los cálculos de relatividad general realizados por él, prohíbe estas lazadas en el tiempo.

Con todo, la teoría de la relatividad permite estas lazadas en el tiempo. La hipótesis de protección de la cronología de Hawking tendría que estar apoyada en una nueva física. Los físicos han sugerido que tal vez la mecánica cuántica serviría. Ciertos cálculos indican que si hay partículas que viajan a su propio pasado, la interacción de la partícula con su forma anterior crea una oleada incontrolable de energía que destruye el hueco de gusano.

¿Es posible el viaje en el tiempo? Las leyes actuales de la física no lo prohíben, pero tampoco lo apoyan. Es necesario descubrir una nueva física para responder la pregunta.

Si el viaje en el tiempo es posible, ¿dónde están los viajeros? Como dice Stephen Hawking: "La mejor prueba de que es imposible el viaje en el tiempo, y de que siempre lo será, es que nunca hemos sido invadidos por hordas de turistas provenientes del futuro".

Capítulo 14

¿Tuvo razón Einstein acerca de la relatividad?

. . . .

En este capítulo

▶ Las primeras pruebas de la relatividad

▶ Prueba de la relatividad general por las naves espaciales

▶ Conexión entre los GPS y la relatividad

▶ Misiones de la NASA para comprobar las teorías de Einstein

▶ No existen pruebas absolutas de las teorías

. . . .

L os científicos han examinado las predicciones de Einstein desde Marte, la Luna y las órbitas de las naves espaciales. El último intento de la NASA, la *Sonda de gravedad B*, fue lanzada en abril de 2004, luego de 35 años de diseño y ensayo. La misión medirá, con mucha precisión, cómo se curvan el espacio y el tiempo por la presencia de la Tierra y, más profundamente, cómo la rotación de la Tierra arrastra consigo el espacio-tiempo. Estos efectos, aunque pequeños para la Tierra, tienen consecuencias trascendentales para la naturaleza de la materia y la estructura del universo.

Aunque la *Sonda de gravedad B* es uno de los más estudiados proyectos emprendidos jamás por la NASA, no es ciertamente el primer intento de comprobación de la teoría de la relatividad de Einstein. En este capítulo se hace un resumen de otras pruebas que se llevaron a cabo en el siglo pasado. Además, se ve cómo miles de personas prueban todos los días la teoría de la relatividad, mediante el uso de los aparatos de localización GPS. Finalmente se presentan las razones por las cuales estamos seguros de que Einstein tenía razón.

Primeras pruebas de la relatividad

El trabajo científico de Einstein está en el corazón de la física actual. Por ejemplo:

✔ Su teoría especial de la relatividad, que se presenta en la parte III de este libro, mostró que las leyes de movimiento de Newton (ver el capítulo 4) son sólo una aproximación.

✔ Su teoría general de la relatividad, que se detalla en el capítulo 12, produjo cambios radicales en nuestras nociones de gravedad y espacio, y mostró también que la mecánica de Newton es una aproximación. Según Newton, la gravedad es una fuerza que hace que los objetos "sientan" la presencia de otros objetos. Pero Einstein dice que gravedad es geometría, que la gravedad es el resultado de la distorsión del espacio-tiempo.

✔ Su introducción de la idea del cuanto de luz, que se trata en la parte V, fue el punto de partida de una nueva área de la física que no existía antes.

¿Cómo percibimos estas teorías en la vida diaria? ¿Podemos *ver* a qué se refería Einstein?

La discrepancia entre la relatividad especial y la mecánica de Newton, por ejemplo, es imperceptible en los movimientos que experimentamos en la vida diaria. Ni los astronautas de la lanzadera espacial pueden medir la discrepancia. La velocidad de la lanzadera en órbita es de unos 28.000 kilómetros por hora (kph), o sea 23 veces la velocidad del sonido. Aunque la lanzadera se mueve mucho más rápido que lo que puede moverse cualquier auto, sólo se está moviendo a unos tres centésimos del 1 por ciento de la velocidad de la luz. A estas velocidades tan bajas no se notan los efectos relativistas descritos por Einstein; no se ve que el espacio y el tiempo están conectados en el espacio-tiempo. La velocidad medida en la lanzadera es igual a la medida por las estaciones de rastreo en tierra. Las distancias que recorre la lanzadera son iguales para los astronautas y para los técnicos en tierra.

Los sutiles cambios introducidos por la relatividad general en la teoría de la gravedad de Newton parecen también lejanos de nuestra experiencia diaria. La curvatura del espacio-tiempo no puede medirse sin instrumentos de máxima precisión que observan las galaxias y quásares distantes.

Con todo, ambas teorías, junto con la física cuántica, están más próximas a nosotros de lo que imaginamos. Cámaras digitales, teléfonos celulares, computadores y unidades GPS emplean una o varias teorías de Einstein.

En este sentido, las teorías de Einstein han sido comprobadas. A pesar de ello, los científicos continúan realizando pruebas refinadas de las teorías especial y general de la relatividad. No es sino mirar en Internet bajo el título "tests of relativity" (pruebas de la relatividad), y encontraremos más de 1.000 entradas, muchas referidas a artículos de investigación actual que explican los delicados experimentos diseñados para comprobar las teorías.

¿Cómo se prueba una teoría? Se comprueban sus predicciones.

La teoría especial de la relatividad predice lo siguiente:

✔ Los relojes marchan más despacio en el marco de referencia móvil.

✔ Las longitudes se acortan en el marco de referencia móvil.

✔ La masa se incrementa en el marco de referencia móvil.

La teoría general de la relatividad predice lo siguiente:

✔ La gravedad disminuye la marcha del tiempo. El tiempo fluye más lentamente en el sótano (donde el campo gravitacional es mayor) que en el piso superior de un edificio.

✔ Las señales sufren el efecto Doppler en los campos gravitacionales.

✔ El espacio-tiempo es curvo.

Experimentos para probar la relatividad especial: extensión de la vida

Uno de los primeros experimentos para probar la relatividad hacía intervenir al *muón*, partícula elemental de corta vida, cuya existencia se alarga cuando viaja a velocidades próximas de la velocidad de la luz (el fenómeno se describe en el capítulo 10). El muón viaja en la atmósfera a velocidades del orden de $0,998c$, y a esta velocidad su vida se prolonga 16 veces. Cuando los científicos miden en sus laboratorios la vida de los muones (en el laboratorio los muones están en reposo) obtienen valores muy pequeños, demasiado pequeños para que estas partículas alcancen a viajar desde la alta atmósfera, en donde se originan, hasta el suelo. Se detectan, sin embargo, en el suelo, porque sus vidas se prolongan al viajar a tan altas velocidades.

En 1976, unos físicos del Laboratorio Europeo de Física Nuclear (CERN), situado en Ginebra, Suiza, aceleraron muones generados en el laboratorio, en un acelerador de partículas, hasta alcanzar velocidades de $0,9994c$ (ver la figura 14-1). La vida del muón se incrementaba en un factor de 30. En reposo en el laboratorio, las partículas tienen una vida igual a 2,2 microsegundos. Haciendo un viaje de placer en una pista de 14 metros de diámetro, un muón típico completa 14 ciclos antes de desaparecer. Pero a un 99,94 por ciento de la velocidad de la luz, el muón alcanza a dar más de 400 vueltas en la pista antes de morir. Estas medidas concuerdan con los pronósticos de la relatividad especial con un error de 2 partes en 1.000.

Se han realizado desde entonces experimentos similares con una precisión aún mayor. Medir el incremento relativista en la vida de los muones es hoy un ejercicio de laboratorio para estudiantes de postgrado del CERN y de otros laboratorios de todo el mundo.

Cuando uno vuela hacia el este se vuelve más joven: el tiempo relativista

En 1971, J.C. Hafele de la Universidad de Washington y Richard Keating del Observatorio Naval de Estados Unidos llevaron dos relojes atómicos alrededor del mundo, en vuelos comerciales, para comprobar la dilatación del tiempo pronosticada por la relatividad

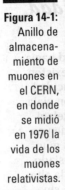

Figura 14-1:
Anillo de almacenamiento de muones en el CERN, en donde se midió en 1976 la vida de los muones relativistas.

Fotografía del CERN

especial. Uno de los vuelos se dirigió hacia el este y el otro hacia el oeste. Los relojes fueron después comparados con el reloj atómico de referencia del Observatorio Naval de Estados Unidos, situado en Washington D.C.

Hafele y Keating realizaron su experimento con un presupuesto restringido y compraron tiquetes de vuelos comerciales. Sus relojes estaban conectados a la fuente de energía de los aviones y se colocaron en las paredes frontales de las cabinas de clase turista (como empleado del gobierno, a Keating no le estaba permitido viajar en primera clase).

De acuerdo con la relatividad especial, el reloj que vuela hacia el este debe marchar más lentamente porque se mueve con respecto al reloj del Observatorio Naval (como veremos en un momento, el efecto sobre el reloj que vuela hacia el oeste es diferente, porque el avión se mueve en sentido contrario al de la rotación terrestre). Pero la relatividad general prescribe que ambos relojes volantes deben marchar más rápidamente, porque la gravedad es ligeramente menor en el aire que en tierra. Los dos efectos tienden a compensarse, y el resultado final depende de la velocidad de los aviones y de la altura de los vuelos.

Para el experimento de Hafele y Keating, la relatividad especial predijo que el reloj del avión que vuela hacia el este debía atrasarse 184 nanosegundos con respecto al reloj que queda en tierra; y la relatividad general predijo que ambos relojes volantes debían adelantarse 144 nanosegundos. El efecto neto pronosticado por la relatividad fue de 40 nanosegundos de retraso para el reloj del avión que vuela hacia el este en su viaje alrededor del mundo. El retraso observado fue de 59 nanosegundos.

La relatividad nos ofrece la manera de permanecer jóvenes: viajar rápido, a baja altura y siempre hacia el este. Si viajamos hacia el oeste envejeceremos más porque iremos en sentido contrario a la rotación terrestre. Visto desde el espacio, un reloj en tierra se mueve en realidad más rápido que un avión que viaja hacia el oeste (ver la figura 4-2). El resultado es que el reloj que viaja hacia el oeste marcha más rápido que un reloj en tierra y, por lo tanto, si viajamos hacia el oeste nos envejeceremos más rápido, pero sólo unos cuantos nanosegundos (no hay que preocuparse: en nuestro próximo viaje hacia el oeste adquiriremos las mismas canas que si nos quedamos en tierra).

Los resultados de Hafele y Keating concordaron muy bien con las predicciones sobre la marcha de los relojes, tanto de la teoría especial como de la teoría general. Otros experimentos más recientes y

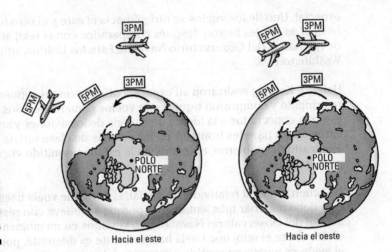

Figura 14-2:
Visto desde el espacio, un reloj en tierra se mueve más rápido que nuestro avión que viaja hacia el oeste.

Hacia el este   Hacia el oeste

más refinados han coincidido también con la dilatación del tiempo pronosticada por la relatividad especial y con la dilatación temporal pronosticada por la relatividad general.

Experimento de gravedad: primera comprobación relativista de la NASA

El experimento de Hafele y Keating fue un bonito primer intento de comprobación directa de la teoría de la relatividad. Pero llevar relojes en vuelos comerciales no es el modo ideal de realizar un experimento de precisión. Un método mejor consiste en embarcar los relojes en un satélite.

La NASA presentó un proyecto en tal sentido en 1970, con Robert Vessot y Martin Levine de Harvard como investigadores principales. La idea consistía en poner en órbita un reloj atómico con un cohete Titán. Sin embargo, restricciones de presupuesto obligaron a la NASA a contentarse con un vuelo suborbital en el cohete Scout D. Ésta fue la misión de la *Sonda de gravedad A*, que voló en 1976.

En junio de 1976, Vessot fue al centro de lanzamiento de cohetes de la NASA, situado en la isla Wallops, Virginia, para encargarse del reloj del cohete, mientras Levine viajaba al Centro Espacial Kennedy de la Florida para controlar el reloj que iba a permanecer en tierra. El 18 de junio, a las 6:41 a.m., dio comienzo la misión *Sonda de gravedad A*. El cohete llevó un reloj atómico hasta una altura de 10.000 kilómetros, en un vuelo suborbital de dos horas.

Los relojes atómicos transmitieron sus señales continuamente. La instrumentación electrónica instalada a bordo del cohete estaba diseñada para compensar el efecto Doppler que afectaba la señal del cohete durante el ascenso y el descenso (este efecto Doppler es un alargamiento de la longitud de onda de la señal emitida por el cohete a medida que se aleja del detector en tierra, y el posterior acortamiento cuando el cohete se aproxima al suelo durante el descenso; el fenómeno se explica en el capítulo 12).

Con la eliminación del efecto Doppler ordinario, las cosas serían más sencillas; la señal recibida del reloj del cohete reflejaría sólo cambios debidos a la relatividad. Con el cohete en movimiento, el reloj de a bordo debería marchar más lentamente que el de tierra. Además, a medida que el cohete ganara altura, el campo gravitacional más débil aceleraría el reloj de a bordo.

Inicialmente, la gran velocidad del cohete se tradujo en una marcha más lenta del reloj. El cohete no había ganado mucha altura, de modo que la gravedad no había cambiado lo suficiente para acelerar la marcha del reloj. Entonces el tic-tac del reloj del cohete era inicialmente más lento que el del reloj de tierra. Unos tres minutos después, cuando el cohete había desacelerado un poco y ganado más altura, el tic-tac de los dos relojes iba a la par. Más tarde, el reloj del cohete aceleró a causa de la mayor altura (y la gravedad más débil) y la menor velocidad. La figura 14-3 muestra las distintas etapas del movimiento del cohete; los puntos de la figura representan las tasas de los pulsos de ambos relojes.

Figura 14-3: Cuando la velocidad del cohete es grande, el reloj de a bordo marcha más lentamente. Cuando la altura es grande, la marcha del reloj se acelera.

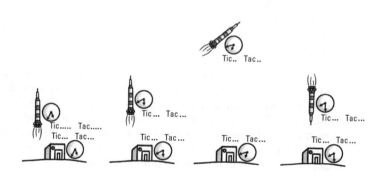

El cohete Scout D alcanzó la altura máxima a las 7:40 a.m. Al regreso, a medida que la velocidad se incrementaba y la altura disminuía, los dos efectos se invirtieron, y se cancelaron mutuamente hacia las 8:31 a.m. Después, la dilatación temporal de la relatividad especial dominó, y disminuyó la marcha del reloj del cohete.

El cohete cayó en el océano Atlántico, unos 1.450 kilómetros al este de Bermuda. El grupo de investigación demoró dos años en analizar todos los datos. El resultado final fue el siguiente: los efectos de la dilatación del tiempo de la relatividad espacial y de la contracción del tiempo de la relatividad general concordaron con los previstos por la teoría con una precisión de 70 partes por millón.

Con este delicado experimento, el grupo de Vessot y Levine mostró con gran precisión que el tiempo fluye más lentamente en el marco de referencia en movimiento y en fuertes campos gravitacionales. El tiempo fluye en realidad más lentamente cuando nos movemos y cuando bajamos al sótano.

Confirmación de los efectos de la gravedad sobre la luz

La teoría especial de la relatividad está basada en la constancia de la velocidad de la luz. Muchos experimentos han comprobado que la hipótesis de Einstein es correcta: siempre observamos que la luz viaja a la velocidad c, independientemente de cómo nos movemos. La luz viaja a 299.792 kilómetros por segundo (kps), exactamente, en el vacío. En el aire la luz va algo más despacio, y en el vidrio aún más. Cuando sale del vidrio retoma su velocidad algo mayor. Estos cambios no contradicen la relatividad. La velocidad de la luz en el aire es siempre la misma, y no depende de cómo nos movemos en el aire cuando la medimos.

Resulta que los campos gravitacionales, además de curvar los rayos de luz, aparentemente la retardan. Pero si pensamos medir el efecto necesitamos un campo gravitacional muy fuerte. El fenómeno es la combinación de la curvatura del espacio producida por el fuerte campo gravitacional y el retardo gravitacional. Einstein trabajó un modelo gravitacional que tenía en cuenta el retardo gravitacional. Sin embargo, no lo desarrolló por completo.

Cálculo de la influencia del Sol

La luz que llega a la Tierra procedente de un objeto distante viaja por un espacio distorsionado, y parece disminuir su velocidad debido a la curvatura del espacio producida por el Sol. Cuanto más cercana del Sol está la trayectoria de la luz, mayor es la disminución de su velocidad. Por ejemplo, una señal luminosa procedente de Marte se demora más cuando pasa rasante por el Sol, a causa de la depresión del espacio (ver la figura 14-4). Lejos del Sol la curvatura no es tan pronunciada, y la trayectoria de la luz se presenta más como lo predice la teoría de Newton.

En la década de 1960, el físico del MIT Irwin Shapiro hizo algunos cálculos para ver cuánto se demoraría en llegar a la Tierra una señal procedente de un objeto lejano si la señal pasaba rozando el Sol. Como en el primer modelo de Einstein, los cálculos de Shapiro mostraron que la señal se retardaría debido a la gravedad del Sol. En el caso de una señal de radar que chocara con Venus, Shapiro calculó que la señal se demoraría 10 microsegundos más en llegar, cuando Venus se encontrara en el otro lado del Sol.

Por la misma época, Duane Muhleman y Paul Reichley, del Laboratorio de Propulsión a Chorro (JPL) de la NASA, estudiaron el comportamiento de una señal de radar que choca con Venus, e hicieron un cálculo similar. Como en los cálculos de Shapiro, sus resultados mostraron que la señal gastaría 10 microsegundos adicionales para salir reflejada de Venus, pasar junto al Sol y llegar a los detectores en la Tierra.

Obtener los ecos de radar de los planetas no era asunto fácil en los años 60. Pero los Laboratorios Lincoln del MIT estuvieron a la altura de la tarea. En 1967, Shapiro y su grupo verificaron por primera vez los retardos temporales. Midieron varios centenares de señales de radar reflejadas por Venus y realizaron cálculos detallados. Los resultados coincidieron, dentro de un 20 por ciento, con el retardo pronosticado por la relatividad general.

Figura 14-4:
La fuerte gravedad alrededor del Sol produce la curvatura del espacio.

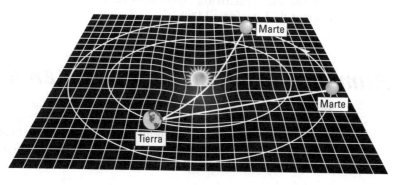

El retardo temporal de una señal proveniente de Marte

También en la década del 60, el JPL de la NASA estaba dedicado a la exploración de Marte. La nave *Mariner 4* llegó a Marte en 1965 y cambió nuestra visión del planeta. Se trataba de la primera nave espacial en llegar a salvo a Marte. El vehículo tomó las primeras fotografías cercanas de la superficie: 21 asombrosas fotografías de otro planeta. Como resultado del éxito, la NASA envió dos naves espaciales adicionales en misión de sobrevuelo a Marte, *Mariner 6* y *Mariner 7*. Las dos naves enviaron 58 fotografías cercanas de la superficie de Marte e importantes datos sobre la composición del casquete polar sur.

Luego de los sobrevuelos, las dos naves fueron estacionadas en una órbita alrededor del Sol, similar a la órbita de Marte. Muhleman y Reichley sabían que los dos *Mariner* estarían cercanos a Marte más tarde, cuando el planeta estuviera del otro lado del Sol, visto desde la Tierra. Aunque las misiones habrían ya terminado, los dos científicos solicitaron a la dirección de la NASA prolongarlas lo suficiente para cronometrar las señales y hacer el experimento de relatividad general. La NASA aprobó. Los resultados confirmaron las predicciones, dentro de un margen de error del 5 por ciento.

La NASA planeaba una gran misión a Marte para la década siguiente. Las misiones *Viking* de 1976 y 1977, con vehículos que llegaron a la superficie de Marte, fueron de un éxito sin precedentes. Las hermosas y detalladas fotografías en color de la superficie y de la atmósfera del planeta asombraron no sólo a los científicos sino al público general. Las misiones fueron también un éxito para la teoría general de la relatividad. Aunque el propio Einstein nunca había propuesto este experimento particular para comprobar el retardo de una señal por la gravedad, resultó ser el más preciso de cuantos se hicieron jamás. De acuerdo con las medidas de los *Viking*, el retardo de la señal previsto por la relatividad general es correcto dentro de un margen de error de 1 parte en 1.000.

Aumenta la precisión del sistema GPS

Millones de personas en todo el mundo —usuarios de los aparatos receptores del Global Positioning Satellite System, GPS (sistema de posicionamiento global por satélite)— comprueban diariamente los efectos de retardo de las señales previstos por la relatividad especial y la relatividad general.

El sistema GPS, que se inició en 1978 con el lanzamiento del satélite *Navstar* del Departamento de Defensa de Estados Unidos, es un conjunto de 24 satélites que están en órbita alrededor de la Tierra a 14.000 kph y a 20.000 km de altura. Todos los satélites llevan un reloj atómico tan preciso que gana o pierde sólo un segundo en 3 millones de años.

El aparato receptor tiene un reloj de cuarzo menos preciso, como el de nuestros relojes de pulsera digitales. Si no se aplica una corrección, los receptores pierden la sincronización con los satélites. Para sincronizar los relojes, por lo menos cuatro satélites están siempre a la vista de cualquier receptor en tierra. Las señales de tres satélites suministran suficiente información para obtener la posición por triangulación, mientras las medidas del cuarto satélite dan un factor de corrección.

Con un receptor GPS de precio moderado, que se puede comprar en un centro comercial, uno puede determinar su posición con una precisión de un par de metros y obtener la hora local con una precisión de 50.000 millonésimos de segundo. En un automóvil, el receptor GPS nos da la posición, la velocidad y la dirección en unos cuantos segundos.

Para lograr esta precisión, los receptores deben marchar al paso con los relojes de los satélites, dentro de un margen de error de 20 a 30 nanosegundos. Pero incluso con el factor de corrección del cuarto satélite, los relojes pierden la sincronización y la precisión a causa de los efectos relativistas.

- ✔ A 14.000 kph, los relojes de los satélites le dan dos vueltas diarias a la Tierra; obviamente se mueven más rápido que los relojes en tierra. De acuerdo con la teoría especial de la relatividad de Einstein, el reloj de un satélite que se mueve con respecto a otro situado en tierra marcha más despacio: en este caso pierde 7 microsegundos diarios (ver el reloj con velocidad de la figura 14-5).

- ✔ Además, a 20.000 km de altura, el campo gravitacional es más débil que al nivel del suelo. En consecuencia, y según la teoría general de la relatividad, el reloj del satélite marca segundos más rápidamente que el reloj en tierra: en el caso presente gana unos 45 microsegundos diarios (ver el reloj bajo gravedad de la figura 14-5).

Si se combinan los dos efectos, el resultado neto es que los relojes de los receptores se atrasan 38 microsegundos diarios, como se muestra en el reloj del lado derecho de la figura 14-5. A esta tasa, los

Figura 14-5:
El reloj atómico de un satélite del sistema GPS y el de un receptor en tierra perderán la sincronización en dos minutos a causa de los efectos relativistas.

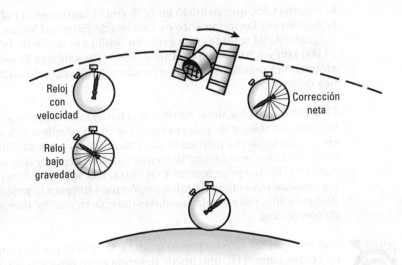

Reloj con velocidad

Corrección neta

Reloj bajo gravedad

relojes perderán la precisión de los 30 nanosegundos requeridos en sólo dos minutos (esta precisión garantiza un error de menos de 10 metros en la navegación).

Para prevenir este problema, el sistema GPS fue diseñado con una corrección relativista ya incluida. El ritmo del tic tac de los relojes de los satélites fue disminuido antes del lanzamiento para compensar la contracción del tiempo en órbita. Y los computadores de los receptores tienen programas que incluyen fórmulas relativistas. Los errores relativistas se cancelan en los nuevos modelos de receptores GPS, que emplean el sistema de aumento de gran área (ver el recuadro titulado Sistemas GPS mejorados).

Estas correcciones relativistas resultan de las teorías de Einstein, de suerte que los 30 millones de usuarios del sistema GPS, que obtienen su posición precisa, están constantemente comprobando la corrección de las predicciones de Einstein. El sistema GPS funciona.

Medida de la curvatura del espacio-tiempo

En 1950, Leonard Schiff, director del departamento de física de la Universidad de Stanford, nadaba durante su hora de descanso para

Sistemas GPS mejorados

El sistema de aumento de gran área (wide area augmentation system, WAAS), diseñado por la Administración Federal de la Aviación de Estados Unidos, ha mejorado la precisión de las señales GPS en la mayor parte de Estados Unidos, hasta de 1 a 2 metros horizontalmente, y de 2 a 3 metros verticalmente. El sistema emplea 25 estaciones terrenas que comprueban las lecturas GPS con las coordenadas de los mapas y producen correcciones. Estas correcciones se enlazan con los satélites geoestacionarios de relevo, que las transmiten a los receptores WAAS. Con este método los errores relativistas se cancelan.

el almuerzo las 300 yardas en la piscina de Stanford, cuando fue abordado por dos colegas que deseaban hablar de giróscopos (los giróscopos se basan en un principio de física según el cual un objeto en rotación libre mantiene su orientación mientras no haya influencias externas).

Schiff era físico nuclear y había trabajado en mecánica cuántica, pero se había interesado recientemente en la relatividad, y había estado pensando en emplear giróscopos muy precisos para comprobar la teoría. Uno de los colegas, William Fairbank, experto en bajas temperaturas, había estado pensando también en giróscopos pero quería experimentar con ellos a bajas temperaturas. El tercer profesor, Robert Cannon, experto en giróscopos, había trabajado en sistemas de orientación para submarinos, aviones y cohetes, antes de ser profesor en Stanford.

Luego del baño, Schiff comunicó a sus colegas que se le había ocurrido una idea para observar, empleando giróscopos, la curvatura del espacio-tiempo y la manera como la rotación de la Tierra arrastra el espacio-tiempo. Según Einstein, el giróscopo permanece fijo en el espacio-tiempo. Si el espacio-tiempo se curva por la presencia de la Tierra, el giróscopo debería "ver" esto. Si el espacio-tiempo es arrastrado por la Tierra, el giróscopo debería igualmente ser arrastrado.

Arrastre del espacio-tiempo: el universo en un balde

La idea de Schiff era novedosa, pero el fenómeno era ya conocido desde tiempo atrás. Sólo dos años después de que Einstein desarrollara su teoría general de la relatividad, Josef Lense y Hans Thirring, dos físicos alemanes, emplearon la teoría de Einstein para mostrar que un gran objeto en rotación curva el espacio-tiempo y además lo arrastra consigo. Los físicos llaman a este fenómeno el *arrastre del marco de referencia*.

Una manera de visualizar el arrastre del marco de referencia es la siguiente: en un cubo de pintura blanca ponemos un poco de pintura negra, sin mezclarla; ahora introducimos una pequeña brocha en la pintura y la hacemos girar. ¿Qué observamos? La pintura negra tiende a girar alrededor de la brocha y forma un remolino (ver la figura 14-6). La brocha en rotación arrastra consigo la pintura.

La rotación es relativa, como se ve por el fenómeno de arrastre del marco de referencia. Consideremos otro balde, lleno esta vez de agua, que cuelga de una soga. Si comenzamos a girar el balde, ¿qué observamos? Al principio el agua comienza a girar poco a poco, y trata de alcanzar al balde. Después, cuando agua y balde giran al tiempo, la superficie del agua se vuelve cóncava hacia arriba (ver la figura 14-7). Esto ocurre porque las moléculas de agua, una vez en movimiento, quieren conservar su movimiento. Ni más ni menos lo que nos dice la primera ley de movimiento de Newton (ver el capítu-

Figura 14-6:
La brocha en rotación arrastra consigo la pintura.

Figura 14-7:
La superficie del agua en un balde en rotación toma una forma cóncava.

lo 4). Algunas moléculas se amontonan contra las paredes del balde, pero, como no hay espacio para todas, unas se amontonan detrás de las primeras, y las demás detrás de éstas, lo que da a la superficie la forma cóncava que observamos. Hoy consideramos este fenómeno como algo completamente natural.

Newton no pensaba en 1689 que el fenómeno era natural, y quería llegar hasta el fondo del asunto. ¿Con respecto a qué giraba el agua? No con respecto al balde, puesto que éste gira con el agua. ¿Con respecto al resto del universo? Si éste es el caso, imaginemos entonces que realizamos el experimento en un universo completamente vacío: un universo en que están solos el balde y el agua. ¿Qué ocurre ahora? ¿Toma el agua la misma forma cóncava o permanece plana? ¿Con respecto a qué gira el agua? En un universo vacío no tenemos nada para referir el movimiento.

Newton pensaba que incluso en un universo vacío tenemos el espacio como referencia. El agua gira con respecto al espacio.

Newton propuso una variación de este experimento imaginario. Volvamos al experimento original, con el balde que cuelga de la soga. Ahora, en lugar de hacer girar el balde, supongamos que nosotros giramos, con el salón donde nos encontramos y con todo el edificio y todas las cosas del universo alrededor del balde. Los sistemas solares, las galaxias, los cúmulos… el universo entero gira alrededor del balde. ¿Qué ocurre ahora con la superficie del agua? ¿Se vuelve cóncava o permanece plana?

Newton no pudo responder la pregunta.

¿Qué opinaba Einstein de este par de experimentos mentales? En relatividad no existe el espacio absoluto. Esta idea es el núcleo de la relatividad especial (ver el capítulo 10). La idea de Newton según la cual en un universo vacío el agua gira con respecto al espacio es falsa. Pero el espacio no es relativo. Para Einstein, el espacio es relativo y el tiempo es relativo, pero el espacio-tiempo es absoluto. Según Eisntein:

> *El agua del balde, en un universo donde no hay nada más, gira con respecto al espacio-tiempo.*

¿Qué ocurre entonces con el segundo experimento imaginario? ¿Con aquél para el cual Newton no tuvo respuesta? ¿Tenía Einstein una respuesta? En principio, la tenía. De acuerdo con la relatividad general, no importa si decimos que el balde gira y el universo no, o que el universo gira y el balde no. En ambos casos la superficie del agua se vuelve cóncava. *La rotación es relativa.*

Supongamos ahora que colocamos nuestro balde en una cáscara vacía y de gran masa. Supongamos que la cáscara es tan grande como la Tierra y que contiene toda su masa. Dentro de la cáscara no hay gravedad. La cáscara atrae al balde desde todas las direcciones, y todas estas atracciones se cancelan. Esto sigue siendo cierto incluso si ponemos el balde lejos del centro de la cáscara (ver la figura 14-8). La porción de cáscara más cercana atrae al balde con mayor fuerza que la porción lejana, con la diferencia de que el balde "ve" una mayor parte de la porción lejana. Este efecto es cierto tanto en mecánica newtoniana como en relatividad general.

Ahora comenzamos a hacer girar esta Tierra hueca. Según Newton nada debería ocurrir, puesto que la cáscara no ejerce ninguna fuerza sobre el balde. Según Einstein, la cáscara en rotación arrastra consigo al espacio-tiempo. Por la acción de las fuerzas de arrastre del marco de referencia, el agua se mueve ligeramente hacia las paredes del balde y toma una forma cóncava. Si agrandamos más y más la cáscara y al mismo tiempo aumentamos su masa, el efecto del espacio-tiempo debería aumentar. Si la cáscara alcanza el tamaño del universo y contiene toda la masa del universo, el arrastre del marco de referencia aumenta de tal modo que la curvatura del agua es igual a la forma que toma ésta cuando el balde gira.

Figura 14-8:
Un balde
dentro
de una
cáscara no
experimen-
ta ninguna
fuerza gra-
vitacional.
Todas las
partes de
la cáscara
atraen
en todas
direcciones
con una
fuerza igual.
Todas las
atracciones
se cance-
lan.

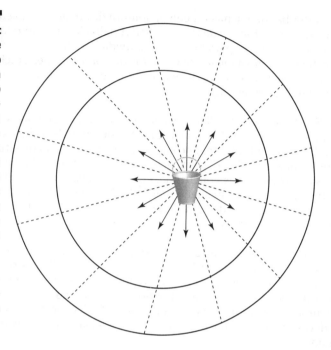

No era fácil demostrar esta idea matemáticamente. En 1912, aun antes de completar la teoría general, Einstein realizó algunos cálculos sobre este efecto de arrastre del marco de referencia en una cáscara. En 1965, dos físicos teóricos lograron resolver de manera parcial el problema. En Alemania finalmente, en 1985, Herbert Pfister y K. Braun completaron los cálculos y mostraron que, en efecto, la idea original de Einstein era correcta. El espacio-tiempo dentro de una cáscara es arrastrado por ésta.

¿Puede este efecto comprobarse experimentalmente? Esto era lo que Schiff y sus amigotes nadadores querían saber.

La misión

Schiff y sus dos colegas le pasaron a la NASA la idea de utilizar un giróscopo para medir la curvatura del espacio-tiempo y detectar el arrastre del marco de referencia. Resultó que la NASA planeaba lanzar un observatorio orbital y estaba interesada en la investigación. De inmediato comenzaron cuatro años de planeación, desarrollo y despliegue.

La NASA bautizó la misión con el nombre de *Sonda de gravedad B*. En 1976, la misión *Sonda de gravedad A* había llevado un reloj atómico en un cohete para medir la relatividad del tiempo prevista por Einstein. La nueva misión iba a medir dos predicciones adicionales de Einstein: la curvatura del espacio-tiempo y el efecto de arrastre del marco de referencia.

La *Sonda de gravedad B* fue lanzada en la nariz de un cohete Delta 2, el 20 de abril de 2004, desde la base Vandenberg de la Fuerza Aérea, en California. El satélite, que entró en órbita a 540 km de altura sobre la superficie de la Tierra, llevaba instrumentos de la tecnología más avanzada jamás construida. Por desgracia, Leonard Schiff no estuvo allí para ver su sueño realizado. Murió en 1971 a la edad de 55 años. El director de la misión es ahora Francis Everitt de la Universidad de Stanford.

Las piezas centrales de la misión son los cuatro giróscopos: cada uno es una esfera de vidrio de cuarzo de 4 cm de diámetro, que gira a 10.000 revoluciones por minuto (rpm). Son los objetos esféricos más perfectos de la historia, pulidos con un rango de error de unas cuantas capas atómicas (ver la figura 14-9). El cuarzo utilizado en las esferas fue tratado hasta lograr uno de los materiales más puros del mundo.

Los giróscopos debían tener este grado de perfección porque la misión mediría los dos efectos relativistas con una precisión asombrosa. Si las esferas no fueran casi perfectamente redondas, la Tierra las atraería a cada una con fuerzas ligeramente diferentes, causando una rotación del giróscopo y echando a perder la precisión de las

Figura 14-9:
Los giróscopos de vidrio de cuarzo medirán las predicciones de la relatividad general.

Fotografía cortesía de la NASA

medidas. También debían contener el mismo material en todas partes, para que la Tierra atrajera a todas las partes con igual fuerza.

Schiff había calculado que, a 640 km de altura, la curvatura del espacio-tiempo haría girar al giróscopo 6,6 segundos de arco por año y que el arrastre del marco de referencia lo haría girar 42 milisegundos de arco por año. Un ángulo de un segundo de arco es pequeñísimo. Si observamos un reloj redondo, cada marca de minuto de tiempo está separada 6 grados de arco de la siguiente o de la anterior. Un grado tiene 60 minutos, 3.600 segundos, o 3.600.000 milisegundos de arco. Así que las marcas de minutos de tiempo de nuestro reloj están separadas por 21,6 millones de milisegundos de arco (ver la figura 14-10). La *Sonda de gravedad B* debe medir los 42 milisegundos de arco con una precisión de medio milisegundo de arco. ¡Esto es como mirar de filo una hoja de papel a una distancia de 160 km! Ahora comprendemos la exigencia de ultraprecisión en la manufactura de los giróscopos.

Si los giróscopos son esferas casi perfectas, ¿cómo se sabe hacia dónde se mueven? El objetivo general de la misión es medir pequeñísimas desviaciones en la orientación de las esferas en rotación. Para lograr esto, las esferas fueron revestidas de una capa de *niobio*, elemento que se vuelve superconductor cuando se enfría a temperaturas muy bajas, próximas del cero absoluto. En un superconductor no hay resistencia al paso de la corriente y, por consiguiente, ésta genera un campo magnético con los polos norte y sur alineados con el eje de rotación de la esfera. La medida del campo magnético indica a los científicos la dirección de rotación de las esferas.

Como el niobio necesita temperaturas muy bajas para volverse superconductor, en la misión se incluyeron 650 galones de helio su-

216.000.000 milisegundos de arco

Figura 14-10: Hay 21,6 millones de milisegundos de arco entre las marcas de minuto de tiempo de un reloj redondo.

perfluido. Esta cantidad mantendrá fríos los giróscopos durante 16 meses, duración estimada de la misión.

Muchas dificultades tecnológicas adicionales debieron ser superadas para llegar a este punto. Se escribieron cerca de 100 tesis doctorales sobre nuevas tecnologías en los casi 40 años que fueron necesarios para desarrollar la misión. Si el experimento tiene éxito, será la comprobación más precisa de la relatividad general realizada hasta el momento.

Entonces, ¿tenía razón?

No es posible probar que una teoría científica es correcta. Se puede, sin embargo, demostrar que es incorrecta. "No podría haber destino mejor para cualquier… teoría", escribió Einstein, "que mostrar el camino hacia una teoría más completa dentro de la cual sobreviva, como un caso límite".

Si no es posible probar que las teorías científicas son correctas, ¿cómo saben los científicos que están bien encaminados? La técnica es simple y poderosa. Utilizan la teoría para hacer predicciones de los resultados de experimentos. Si las predicciones resultan correctas, la teoría gana fuerza. A medida que más predicciones se confirman, se fortalece la teoría.

Es comprensible por qué no es posible probar la corrección de una teoría: existe siempre la posibilidad de que alguien realice el experimento o la observación que no compruebe una o más predicciones de la teoría. Si la *Sonda de gravedad 2* determina que no existe el arrastre del marco de referencia, que el espacio-tiempo no es arrastrado por la rotación de la Tierra, entonces esta predicción de la relatividad general es falsa. Pero no sería sólo esa predicción; se habría demostrado que la teoría es incorrecta, o, con mayor probabilidad, incompleta.

Por otra parte, si la *Sonda de gravedad B* mide un arrastre del marco de referencia con los valores pronosticados por la relatividad general, todo lo que podemos decir es que la teoría es muy fuerte, que ha pasado todas las pruebas diseñadas durante casi un siglo. Pero no podemos afirmar que los experimentos futuros serán igualmente exitosos.

Parte V
El cuanto y el universo

DESPUÉS DEL CIRCO, BOZO EL FÍSICO CONTINUÓ DISTINGUIÉNDOSE POR SU TRABAJO SOBRE LA DUALIDAD ONDA PARTÍCULA DE FÉLIX TIMBRE, LOS JERINGAZOS DE QUARKS Y LA TEORÍA CUÁNTICA DE LAS CAÍDAS APARATOSAS.

©RICHTENNANT

Teoría de las supertontas

En esta parte...

La teoría cuántica se inició en 1905, año milagroso de Einstein, con su artículo sobre el efecto fotoeléctrico. Einstein produjo su segunda revolución en física con este trabajo. En esta parte se explican las razones de esta revolución y la manera como cambió nuestra concepción de la realidad.

Además, se presenta la célebre carta de Einstein al presidente Franklin Delano Roosevelt sobre la posibilidad de una bomba atómica, y se relata la limitada participación de Einstein en su desarrollo. Finalmente se destaca la relevancia del trabajo de Einstein y el importante papel que juega en las teorías actuales del universo y en la unificación de toda la física. Con esta unificación soñó Einstein toda su vida.

Capítulo 15

Los átomos antes de Einstein

En este capítulo

▶ La tesis de doctorado de Einstein

▶ Naturaleza del átomo

▶ Comprensión refinada del átomo y sus componentes

▶ Los cuantos de luz

▶ El átomo de Bohr

C omo se explica en el capítulo 4, la idea del átomo no se originó en el mundo moderno. El filósofo griego Demócrito, que vivió en el siglo V a. C., fue quien primero puso sobre el papel la idea de que las cosas están hechas de pequeñas partículas llamadas átomos, palabra que significa "indivisible".

Pero la raza humana se distrajo un poco y olvidó todo lo relacionado con el átomo durante dos milenios. En el siglo XIX, el químico inglés John Dalton revivió la idea y la respaldó con algunos experimentos.

En su tesis de doctorado, Einstein mostró al mundo la manera de determinar las dimensiones reales de los átomos. Pero no sacó sus ideas de la nada; como siempre, empleó, a modo de palanca, el saber de su tiempo. En este capítulo se presenta el conocimiento de entonces, se da un breve paseo por lo que Einstein sabía del átomo cuando trabajaba en su tesis de doctorado, y se explican algunos descubrimientos importantes realizados en vida de Einstein, que cambiaron nuestra manera de pensar acerca de la materia.

Comprobación de la realidad de los átomos

La tesis de doctorado de Einstein se titulaba "Nueva determinación de las dimensiones moleculares". La escribió en el asombroso rapto

La física atómica griega

En el siglo V a.C., Demócrito pensaba que todo estaba hecho de átomos de diferentes tamaños, masas y colores, y explicaba que las distintas sustancias que vemos son combinaciones de tales átomos.

Los antiguos griegos, sin embargo, no hicieron mucha ciencia tal como la entendemos hoy. Con excepción de Arquímedes (cuyo trabajo se describe en el capítulo 4), los pensadores griegos pensaban, no hacían experimentos. Sus ideas eran mucho más avanzadas que su tecnología. Se requieren instrumentos delicados para comprobar que los átomos existen, y los griegos no los tenían.

No es de extrañar que la idea del átomo no se popularizara. Apareció Aristóteles con una idea mucho más sencilla: hay sólo cuatro elementos, la tierra, el agua, el aire y el fuego, que componen todas las cosas. Aristóteles explicaba que estos cuatro elementos tienen su propio lugar natural, y que el movimiento es un intento por alcanzar esta posición natural. Su idea, fácil de digerir, se popularizó.

creativo de su año milagroso (ver el capítulo 3). Esta tesis hacía parte de su segundo intento de doctorarse. Lo había intentado antes, en 1901, año y medio después de graduarse en el Politécnico de Zurich (en ese entonces sometió a consideración una tesis sobre las fuerzas moleculares, que fue rechazada. Ver el recuadro titulado "La tesis rechazada de Einstein").

Einstein describía en su tesis doctoral un nuevo método para calcular el número de Avogadro. Este número había sido descubierto en 1811 por el físico italiano Amadeo Avogadro, en relación con su conjetura de que volúmenes iguales de cualquier gas, sometidos a la misma temperatura y presión, contienen igual número de moléculas; las propiedades físicas y químicas del gas no afectan el número de moléculas. La teoría de Avogadro inspiró experimentos cuyos resultados determinaron con el tiempo que el volumen específico de cualquier gas (22,4 litros, es decir, el volumen de una caja que contiene un balón de básquetbol) contiene lo que llamamos hoy el *número de Avogadro* de moléculas. El número de Avogadro es igual a 600.000 trillones (6 seguido de 23 ceros) de moléculas. ¡Número sobrecogedor!

En su trabajo doctoral, y en el artículo que escribió luego sobre el *movimiento browniano* (movimiento constante de partículas pequeñísimas que había sido observado por el botánico escocés Robert

Brown), Einstein se preocupaba por "descubrir hechos que garantizaran tanto como fuera posible la existencia de átomos de tamaño
definido y finito".

Hoy podemos ver los átomos. El moderno microscopio analizador
por efecto túnel detalla superficies con una resolución atómica. La
figura 15-1 muestra una imagen de átomos de grafito obtenida con
uno de tales microscopios. El grafito es una forma de carbón; cada
promontorio es un átomo de carbón. La distancia entre átomos de
carbón adyacentes es de 25 mil millonésimas de centímetro.

Incluso en la década del 50, los microscopios de campo iónico per-
mitían a los científicos obtener imágenes directas de los átomos.
Esto no ocurría a comienzos del siglo. A pesar de que muchos químicos y físicos aceptaban la realidad de los átomos, algunos todavía
estaban dudosos. Entonces Einstein se propuso ofrecer pruebas
irrefutables de su existencia.

Comprensión del átomo con un grano de sal

Los átomos son cosillas complejas. Tomemos el salero y esparzamos
unos granos sobre la mesa. Cada uno de estos granos tiene 1 *trillón*
(1 seguido de 18 ceros) de átomos de sodio y el mismo número de
átomos de cloro. ¿Cómo hicimos para descubrir las cosillas de que
está hecho el diminuto grano de sal? No fue fácil.

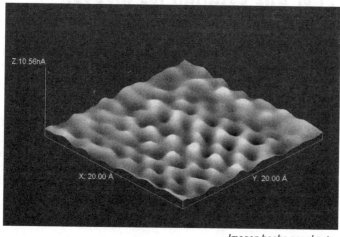

Figura 15-1:
Imagen de
átomos de
grafito obte-
nida con un
microscopio
analizador
por efecto
túnel.

Imagen hecha por el autor

La tesis rechazada de Einstein

El primer intento de Einstein por doctorarse no tuvo éxito por una combinación de política y algo de inmadurez de parte suya. Una vez graduado del politécnico, había sido aceptado como estudiante doctorando por el doctor Alfred Kleiner de la Universidad de Zurich y trabajaba en una tesis sobre las fuerzas moleculares.

Se interesaba por entonces en el trabajo del físico Paul Drude sobre teoría de los metales, según el cual los electrones se comportaban como un gas dentro del metal. Einstein quedó impresionado con este trabajo pero encontró un par de fallas en la teoría de Drude. Al parecer no estaba de acuerdo con la hipótesis de Drude según la cual había cargas positivas y negativas en el metal. La segunda objeción de Einstein residía en el uso que Drude había dado a la teoría estadística de Ludwig Boltzmann sobre el movimiento molecular. Aquí también había encontrado una laguna.

Einstein le escribió a Drude para manifestarle su preocupación. En su respuesta, Drude desechaba sus desacuerdos y agregaba que un eminente colega apoyaba su teoría. Einstein se enfadó. En una carta a su novia, Mileva Maric, prometió atacar a Drude en los *Annalen der Physik* (lo que iba a ser algo difícil porque Drude era el editor de la revista).

Einstein incluyó en la tesis sus críticas a la teoría de Drude, aunque no estaban directamente relacionadas con el tema. Como Kleiner no iba a aprobar una tesis que criticaba a Drude o ponía en duda la bien establecida teoría de Boltzmann, la rechazó.

¿Por qué estallan los globos?

El primer paso de la larga marcha fue dado en 1738, año en que el matemático suizo Daniel Bernoulli utilizó la idea de que los gases están compuestos por pequeñas partículas para explicar la presión que ejercen tales gases sobre el recipiente que los contiene. Bernoulli explicó que la presión se debe a las colisiones de las partículas contra las paredes del recipiente.

Según Bernoulli, si tenemos un gas en un recipiente, la presión del gas depende de la velocidad de las moléculas que chocan contra las paredes del recipiente y de la frecuencia de los choques. La velocidad de las moléculas está relacionada con la temperatura. Si conservamos iguales el volumen, la presión y la temperatura, tenemos siempre el mismo número de moléculas.

Ochenta años antes que Bernoulli, Robert Boyle, contemporáneo de Newton, había realizado experimentos con gases y había descubierto la que conocemos hoy como _ley de Boyle_, que explica el incremento de la presión del gas cuando el volumen disminuye (siempre y cuando mantengamos el gas a temperatura constante). Por ejemplo, si apretamos un globo, la presión aumenta; si seguimos apretándolo más y más, la presión crece tanto que el globo estalla.

Bernoulli analizó el incremento de las colisiones de las partículas cuando el volumen del recipiente disminuye, lo mismo que el globo. Su análisis lo condujo a conclusiones matemáticas idénticas a la ley de Boyle. Era la primera vez que alguien utilizaba la idea de los átomos como componentes de la materia y lograba calcular una propiedad de alguna cosa.

Explicación de los elementos

El siguiente paso importante hacia la comprensión del átomo fue el descubrimiento de que la reducción de ciertas sustancias por medios químicos tiene un límite. Tales sustancias básicas, o _elementos,_ se combinan de manera específica y predecible para formar todas las sustancias que conocemos.

En 1808, el gran químico John Dalton comprobó que podemos explicar las reglas químicas que gobiernan la combinación de los elementos entre sí mediante las tres hipótesis siguientes:

✔ Cada elemento está compuesto de un átomo determinado.

✔ Todos los átomos del mismo elemento son idénticos, y diferentes de los átomos de otros elementos.

✔ Estos átomos se combinan de manera específica para formar todas las sustancias que vemos en el universo.

Otra línea de trabajo, sin relación inicial con la búsqueda del átomo, seguía su curso en el siglo XIX. Michael Faraday, científico autodidacta inglés que inventó la noción de campo (ver el capítulo 6), estudiaba la manera en que la corriente eléctrica descompone el agua y otros compuestos químicos. Sostenía Faraday que la electricidad no era un fluido sino que estaba constituida por pequeñas partículas que llevaban la carga eléctrica, como Benjamin Franklin había sugerido. Algún tiempo después los científicos comenzaron a llamar _electrones_ a tales partículas.

Descubrimiento de los electrones

A finales del siglo XIX, los científicos que estudiaban la electricidad comenzaron a utilizar un aparato construido con un tubo de vidrio sellado (al cual se le había extraído el aire) que tenía un pequeño disco de metal en cada extremo (ver la figura 15-2). Los discos de metal estaban conectados a una batería, y la idea era observar lo que pasaba con la electricidad en el vacío del tubo.

Al conectar los discos de metal a la batería, el tubo brillaba con una extraña luz verde. El fenómeno era entonces inexplicable. Los físicos llamaron *cátodo* al disco de metal que emitía el resplandor y *ánodo* al disco opuesto. El cátodo estaba conectado al borne negativo de la batería y el ánodo al positivo. Los rayos fueron llamados *rayos catódicos*, y todo el aparato se llamó *tubo de rayos catódicos*, o CRT (por sus siglas en inglés). (Probablemente el lector usa todo el tiempo el CRT; el tubo de televisión es un CRT, y los antiguos modelos de computadores también los empleaban.)

En 1897, en el laboratorio Cavendish de Cambridge, Inglaterra, el físico J.J. Thomson, director de laboratorio, diseñó experimentos en un esfuerzo por entender la naturaleza del misterioso brillo verde de los CRT. Thomson y sus 20 coinvestigadores lograron desviar el haz de luz verde y descubrieron que tenía carga negativa. Thomson concluyó que el brillo verde era producido por partículas individuales que pasaban a través del vacío del tubo, y logró medir su carga. Estas partículas cargadas negativamente fueron llamadas más tarde *electrones*.

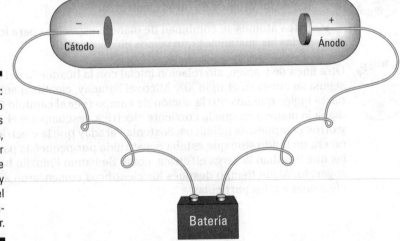

Figura 15-2:
Un tubo de rayos catódicos, precursor del tubo de televisión y del CRT del computador.

Cátodo

Ánodo

Batería

Thomson logró también medir la razón entre la masa y la carga del electrón. Sus medidas le hicieron ver que los electrones eran unas 2.000 veces más pequeños que el átomo más pequeño: el del hidrógeno.

El flan de ciruelas

Los átomos no son entonces las cantidades más pequeñas de materia, como dijo Dalton. Estos electrones son mucho más pequeños todavía. ¿Están los átomos hechos de electrones? Esta posibilidad sonó interesante en los oídos de Thomson. Sin embargo, la materia es neutra, y los electrones tienen carga negativa.

Thomson necesitaba en el átomo algún cuerpo de carga positiva que contrabalanceara los electrones negativos y formara un átomo neutro, de suerte que propuso un modelo en forma de flan de ciruelas. Los electrones eran las ciruelas y el flan representaba el cuerpo positivo del átomo (ver la figura 15-3).

Thomson propuso su modelo, e inmediatamente después ocurrieron dos descubrimientos importantes que lo volvieron obsoleto. En Alemania, Wilhelm Roentgen descubrió una poderosa radiación que llamó *rayos X*. En París, Henri Becquerel, y Pierre y Marie Curie, al experimentar con cristales de uranio, descubrieron que ciertos átomos emiten radiación de un tipo que no habían visto antes. El nuevo fenómeno fue llamado *radiactividad*.

¿Cuál era la causa de estos nuevos rayos? El átomo de Thomson, con electrones en un "flan" positivo, no explicaba la emisión de es-

Figura 15-3:
El primer modelo de átomo, con los electrones negativos como ciruelas en un flan positivo.

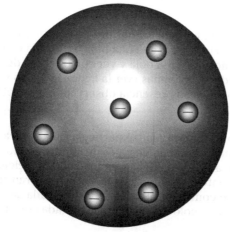

tos rayos por parte de ciertos átomos. Estaba claro que había otras cosas dentro de los átomos.

El neozelandés Ernest Rutherford, otrora estudiante de Thomson, observó que la radiactividad descubierta por los científicos franceses era de dos clases. Rutherford colocó hojas de aluminio delante del dispositivo detector de la radiación y observó que podía detener fácilmente una clase de radiación, a la que llamó *rayos alfa*, en tanto que la otra, llamada *rayos beta*, requería más hojas de aluminio para ser detenida (más tarde, los físicos descubrieron otro tipo de radiación, los *rayos gama*). Como se explica en la próxima sección, Rutherford comprobó después que los rayos alfa tienen carga positiva. El grupo de París, por su parte, comprobó que los rayos beta son negativos.

Experimentos con el átomo

Los científicos requerían un método que les permitiera observar el interior del átomo. Sabían que los átomos eran demasiado pequeños para ser vistos incluso con los más poderosos microscopios disponibles.

Rutherford y su asistente, Hans Geiger, descubrieron que cuando una partícula alfa golpeaba una pantalla revestida de cierta manera, el revestimiento emitía un destello. El revestimiento le dio a Rutherford la herramienta que necesitaba. No podía ver el átomo, pero podría observar lo que el átomo producía en las partículas alfa si las lanzaba contra él. Como ahora tenía un método de detección de las partículas alfa, podía ver dónde golpeaban y si los átomos modificaban o no su trayectoria.

Pensemos en el experimento de Rutherford de la manera siguiente: si estamos en un cuarto oscuro con una bola barnizada de pintura fluorescente, podemos lanzar la bola y ver cómo rebota después de chocar contra paredes y columnas (ver la figura 15-4). No vemos las paredes, pero deducimos su presencia observando el rebote de la bola.

He aquí lo que hizo Rutherford: lanzó partículas alfa contra átomos de oro para ver cómo rebotaban después de chocar con los invisibles átomos. Con la ayuda de Geiger empleó el radio, elemento radiactivo, como fuente de partículas alfa, las cuales eran sus proyectiles, y las dirigió contra los átomos de una delgada lámina de oro. Detrás de la lámina colocó una pantalla pintada con su nuevo

recubrimiento (ver la figura 15-5). Rutherford pidió a Geiger tomar los datos y cambiar la posición de la pantalla para observar cómo eran desviadas las partículas alfa.

Recordemos que J.J. Thomson había descubierto que los átomos contienen electrones negativos. Pero otros científicos, y el propio Thomson, sabían que dentro del átomo tenía que haber también algo positivo, porque los átomos son eléctricamente neutros. ¿Qué era esa cosa positiva? ¿Y dónde estaba? Rutherford quería saberlo.

Los destellos en la pantalla de Rutherford proporcionaron la respuesta. Geiger estaba tomando datos en el laboratorio. Podía ver la mayoría de los destellos cuando la pantalla estaba colocada justo detrás de la lámina de oro, o desviada un par de grados. Rutherford

Figura 15-5:
El célebre
experi-
mento de
Rutherford.

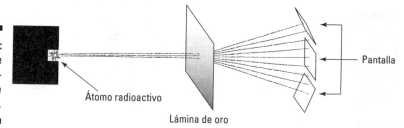

Átomo radioactivo

Lámina de oro

Pantalla

esperaba este resultado. Una veloz partícula alfa pasaba por la nube de electrones del átomo de oro y, en general, continuaba su camino. De vez en cuando, no obstante, era posible que una partícula alfa se acercara a uno o dos electrones de modo que su repulsión eléctrica la desviara un poco. Pero la repulsión no la desviaría mucho porque las partículas alfa llegaban muy rápido.

Rutherford quería ver lo que ocurría si movía la pantalla todavía más lejos del haz de partículas. Pidió entonces a Ernest Marsden, estudiante brillante, mover la pantalla hasta unos 45 grados y tomar los datos. Marsden obedeció y detectó unos cuantos destellos. Estimulado por este resultado, Marsden decidió desplazar todavía más la pantalla, 50, 60 grados, y detectó algunos destellos. ¿Setenta? Todavía uno que otro. Seguía contando destellos con la pantalla situada a 75 y 80 grados. De seguro, si ponía la pantalla en ángulo recto con el haz de partículas, obtendría algo. Lo hizo, y vio unos destellos.

¿Y si ponía la pantalla al otro lado del haz? Todavía unos destellos. ¿Y si la llevaba detrás de la fuente emisora? Aun allí obtuvo algunos destellos. Marsden rindió un informe a Rutherford. Éste, que comprendía perfectamente lo que hacía, estaba asombrado. Era como disparar un proyectil de 35 centímetros contra un papel de seda y esperar verlo rebotar hacia uno, diría después.

Creación de un nuevo modelo

Estas rápidas partículas alfa encontraban algo muy fuerte en el núcleo que las repelía. Rutherford realizó algunos cálculos y decidió que, para que el fenómeno ocurriera, el átomo debía de tener en su centro un muy pequeño núcleo de carga positiva, un núcleo cargado positivamente. Además, el núcleo contenía la mayor parte de la masa del átomo. (ver la figura 15-6).

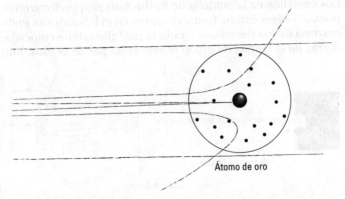

Figura 15-6:
El experimento de Rutherford visto de cerca.

Átomo de oro

Rutherford publicó sus resultados en 1911. En su artículo propuso un nuevo modelo del átomo, con un minúsculo núcleo cargado positivamente que contenía el 99,9 por ciento de toda la masa del átomo. En este modelo, los electrones cargados negativamente están distribuidos en todo el volumen del átomo, como un sistema planetario (ver la figura 15-7). La carga total de los electrones es igual y opuesta a la carga del núcleo.

Además, según Rutherford, el átomo es muy pequeño. Si alineamos 10 billones de átomos uno junto al otro, la fila mide un centímetro. Por otra parte, el átomo es casi vacío. Si el átomo es tan grande como una sala de conciertos, el núcleo sería como una arveja situada en el centro, rodeada de electrones que vuelan a su alrededor como abejas.

Las cosas estaban muy bien ahora. Había incluso un candidato a partícula positiva que vivía en el núcleo: el protón. En 1886, en Alemania, Eugen Golstein había observado partículas cargadas positivamente con una masa 1.836 veces mayor que la del electrón. Aunque eran más masivas, la cantidad de carga eléctrica que tenían era igual a la del electrón.

Predicción de un colapso hipotético

Los físicos pronto calcularon que el núcleo del hidrógeno es un único protón. El hidrógeno es sencillo: un protón en el centro que forma el núcleo y un electrón que se mueve a su alrededor.

Otros átomos son más complejos y se mostraron más exigentes. Las medidas y los cálculos no funcionaban para tales átomos. El problema principal se presentaba con los electrones en movimiento alrededor del núcleo. El electromagnetismo de James Clerk Maxwell afirmaba que una carga eléctrica en movimiento en una trayectoria

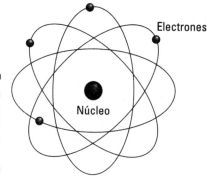

Figura 15-7:
Modelo nuclear del átomo de Rutherford.

Electrones

Núcleo

curva irradiaba energía, lo cual significaba que los electrones deberían perder energía a medida que se movían en el átomo; entonces entrarían en una espiral para caer finalmente al núcleo. Los físicos calculaban que este colapso ocurriría en un microsegundo, más o menos. Pero el colapso no ocurre: los átomos son estables.

La solución vino de dos científicos que ni siquiera trabajaban en la física del átomo en esa época: Max Planck y Einstein.

Descubrimiento de los cuantos

Por la época en que J.J. Thomson hacía sus experimentos con tubos de rayos catódicos, Max Planck trataba en Alemania de resolver otra gran incógnita de la física de entonces. El problema se relacionaba con el modo en que los objetos irradian energía. Andando el tiempo, los científicos encontraron la razón por la cual los electrones del átomo no caen al núcleo. Pero antes de resolver el problema, Planck tuvo necesidad de la interpretación de Einstein.

Para entender el problema con el que luchaban los científicos, consideremos un ejemplo familiar. Cuando prendemos una estufa eléctrica vemos que el fogón comienza a calentarse antes de experimentar cualquier cambio apreciable de color. En pocos minutos el elemento comienza a enrojecer y, con el tiempo, cuando está caliente, adquiere una tonalidad naranja.

Esta radiación térmica es una onda electromagnética. A veces no podemos verla, si la radiación está en el rango infrarrojo, por ejemplo. Otras veces la radiación está en el rango visible del espectro. Y otras más, la radiación está en las longitudes de onda cortas de la región ultravioleta.

Desacuerdo entre la teoría y el mundo real

¿Cuál es el origen de esta radiación térmica? Cuando Planck comenzó a estudiar el problema, el modelo vigente suponía que la energía térmica emitida por un objeto provenía de los continuos cambios de energía de las partículas cargadas que oscilaban al interior de la materia (ver la figura 15-8). En este modelo la distribución de energías correspondiente a longitudes de onda cada vez más cortas crecía cada vez más, y finalmente tendía al infinito. Esta predicción era

Max Planck

Planck nació en Kiel, Alemania, en 1858. Sexto hijo de un profesor de leyes en la Universidad de Kiel, descendía de una estirpe de académicos; su abuelo y su bisabuelo habían sido también profesores.

Cuando tenía nueve años, su padre aceptó un empleo en la Universidad de Munich. En el colegio al que asistió en Munich había un excelente profesor de matemáticas y física, y el joven se interesó mucho en estas dos disciplinas. Siempre estuvo entre los mejores estudiantes.

Planck entró a estudiar física en la Universidad de Munich pero no congenió con su profesor, Philipp von Jolly. Von Jolly le dijo que no había en física nada nuevo que descubrir. Descontento con la universidad, decidió trasladarse a la Universidad de Berlín, donde enseñaban los célebres físicos Hermann von Helmholtz y Gustav Kirchhoff.

Como Einstein años después, Planck se interesó en temas que no se enseñaban en los cursos; estudió el trabajo de Rudolf Clausius sobre termodinámica en los artículos originales. Luego de graduarse, Planck escribió una tesis sobre la segunda ley de la termodinámica y la presentó a la Universidad de Munich para obtener el título de doctor. La tesis fue aprobada y Planck obtuvo su doctorado en física a los 21 años.

Como muchos doctores en física de la época, Planck estaba interesado en una carrera académica. En esa época en Alemania, si uno quería ser profesor debía comenzar como instructor, o *Privatdozent*, cargo con responsabilidades docentes pero sin salario. Los Privatdozent recibían pequeños honorarios de los estudiantes por la administración de exámenes. Pero se necesitaba otro trabajo para sobrevivir. Planck fue Privatdozent en Munich de 1880 a 1885. En 1885 fue promovido a la categoría de profesor asociado, lo que significaba tener finalmente un salario regular por enseñar.

Con ingresos estables, se casó con su novia de la niñez, Marie Merck. En 1889 se trasladó a la Universidad de Berlín como profesor de tiempo completo, en reemplazo de Kirchhoff, quien se jubilaba.

Planck fue también un pianista dotado; antes de decidirse por la física, había pensado seriamente en una carrera musical. Se convirtió en uno de los científicos más importantes de su tiempo, y se hizo acreedor en 1918 al premio Nobel de física por su descubrimiento del cuanto de energía.

no sólo imposible sino contraria a lo que Planck y otros científicos observaban.

Los físicos observaban que, para longitudes de onda cortas, la distribución de energía era cada vez menor y se acercaba a cero para longitudes de onda muy cortas. Estas longitudes de onda muy

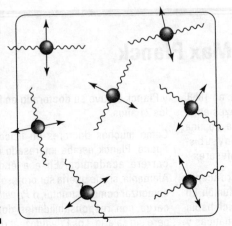

Figura 15-8:
El calor irradiado por un objeto proviene de los cambios de energía de las partículas cargadas que oscilan dentro del objeto.

cortas corresponden al rango ultravioleta del espectro. Los físicos llamaban a este problema la *catástrofe ultravioleta.*

El modelo predecía que los objetos deberían irradiar mayor energía en longitudes de onda cortas. La observación mostraba que los cuerpos emiten una menor energía a tales longitudes de onda. El problema era serio, porque la solución propuesta por los físicos estaba fundamentada en un muy sólido marco teórico, pero los datos del mundo real no se ajustaban al modelo. Los especialistas andaban preocupados porque su fracaso en explicar las nuevas observaciones significaba que la *termodinámica,* es decir, el estudio del calor y los fenómenos térmicos, era defectuosa.

En 1900, siendo Planck profesor de física en la Universidad de Munich, decidió ocuparse del problema de la radiación térmica. Empleó el electromagnetismo de Maxwell para construir una teoría que conectaba el calor o la energía térmica del cuerpo emisor con las partículas cargadas oscilantes. Para hacerlo debía utilizar los métodos estadísticos que Ludwig Boltzmann había inventado para la distribución de energías en las colisiones moleculares.

División de la energía en paquetes

Para derivar su fórmula a partir de los métodos estadísticos de Boltzmann, Planck tuvo primero que dividir la energía total irradiada por un objeto en muchos paquetes de igual energía, y contó luego las posibles maneras de distribuir los paquetes entre todas las partículas oscilantes. Planck dio a conocer sus resultados en una serie de artículos publicados entre 1897 y 1900.

La fórmula de Planck, conocida hoy como _ley de Planck,_ concordó perfectamente con las observaciones. No obstante, Planck no estaba satisfecho con el método que había empleado para deducirla, pues no le gustaba utilizar métodos estadísticos en física. Pero su ecuación funcionaba.

La comunidad científica no valoró al principio la importancia del descubrimiento de Planck. El mismo autor no entendía bien lo que había hecho. Su idea de dividir la energía de los osciladores en paquetes, o _cuantos_ (como se los llama hoy), significó un punto crucial en la historia de la física e hizo posible el desarrollo de la física atómica, logrado posteriormente por Einstein y otros.

Exploración del átomo de Bohr

La ley de Planck, con su división de la energía total irradiada por un objeto caliente en paquetes o cuantos de energía, fue más tarde generalizada por Einstein en una idea revolucionaria que inició la teoría cuántica. Estos desarrollos se presentan en el capítulo 16. Por ahora volvamos al problema del colapso del electrón en órbita alrededor del núcleo en el modelo de Rutherford.

Según la teoría del electromagnetismo de James Clerk Maxwell, el electrón cargado que se mueve alrededor del núcleo emite energía. (Del mismo modo las cargas oscilantes de Planck de un objeto caliente emiten energía radiante.) Al perder energía, las cargas deberían caer en el núcleo en aproximadamente un microsegundo, pero no lo hacen. Los átomos son estables.

Rutherford propuso su modelo en 1911. Planck había publicado en 1900 su solución de la catástrofe ultravioleta y la explicación de la distribución de la energía radiante emitida por los objetos. En 1905, su año milagroso, Einstein generalizó la idea de Planck de los cuantos de energía para convertirla en una propiedad de la luz y de la radiación.

Todos los elementos estaban reunidos para resolver el enigma del colapso del átomo. Pero nadie lo hizo. Por lo menos no de inmediato.

Canicas que suben a puntapiés por una escalera

En 1913, el físico danés Niels Bohr propuso un nuevo modelo del átomo que evitaba el colapso del electrón. El modelo era similar al modelo planetario de Rutherford, pero con una diferencia importante. En el nuevo modelo los electrones giran en órbitas específicas, que Bohr llamó órbitas estacionarias, alrededor del núcleo. En estas órbitas los electrones están a salvo. No emiten energía.

En la teoría de Bohr se les permite a los electrones cambiar de órbita. Cuando saltan a una órbita más baja emiten energía. Al llegar allí quedan de nuevo a salvo, en otra órbita estacionaria. Al ganar energía saltan a una órbita superior.

Los electrones del átomo de Bohr se comportan como canicas en una escalera (ver la figura 15-9). Si colocamos con cuidado una canica en el extremo de uno de los peldaños, permanece allí a salvo. Podemos suministrarle algo de energía si le damos un puntapié. Al hacerlo, la canica salta hacia arriba uno, dos o más peldaños, y se queda allí, quieta. Cuando la canica pierde energía, cae uno, dos o varios peldaños. No podemos darle a la canica un puntapié para que suba dos peldaños y medio, por ejemplo. La canica que rueda por un peldaño no cae y permanece flotando en el aire en medio de dos peldaños. Las *órbitas permitidas* a la canica son los peldaños.

Bohr dijo que lo mismo ocurre con los electrones. Éstos pueden permanecer sólo en las *órbitas permitidas*. Los lugares situados entre estas órbitas no están permitidos.

Las energías que los átomos pierden o ganan al saltar entre órbitas son paquetes o cuantos de Planck. A los electrones les está permitido perder o ganar energía sólo en la forma de tales cuantos.

Figura 15-9:
Los electrones se comportan en el átomo de Bohr como canicas en una escalera. Se les permite permanecer en ciertas órbitas específicas.

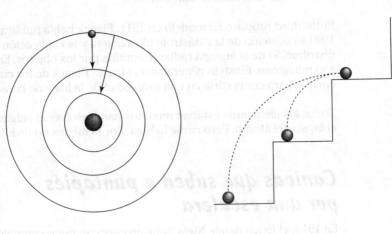

Bohr utilizó la teoría de Planck para calcular las energías de las órbitas estacionarias permitidas del átomo. Al comparar sus cálculos con los datos experimentales, su teoría concordó exactamente.

Necesidad de una nueva física

La teoría de Bohr significaba un gran avance hacia la comprensión del átomo, pero era la última palabra. Cuando Bohr intentó aplicar su teoría a otros átomos más complejos, las cosas no marcharon tan bien. Las energías de sus órbitas permitidas no coincidían con las energías medidas para tales átomos.

Los físicos pronto comprendieron que hacía falta algo más. La física de Newton y Maxwell, remendada con los descubrimientos de Planck y Bohr, no funcionaba. Unos cuantos físicos sabían que se necesitaba una nueva física. El joven Einstein, de 26 años, iba a proporcionarles la llave de esta nueva física. En el capítulo 16 están los detalles del asunto.

Capítulo 16

El salto cuántico:
Dios juega a los dados

En este capítulo

- ▶ Las partículas de luz
- ▶ La noción de onda aplicada a la materia
- ▶ Se favorece la comprensión del funcionamiento del átomo
- ▶ La mecánica ondulatoria
- ▶ Rendición frente a la mecánica cuántica

*L*a relatividad no fue la única teoría revolucionaria de Einstein. También hizo posible la teoría cuántica.

La teoría cuántica nació en marzo de 1905 con el primer artículo del año milagroso de Einstein (ver el capítulo 3). Su título fue "Sobre un punto de vista heurístico acerca de la producción y transformación de la luz". Si buscamos la palabra *heurístico* en un diccionario veremos que su significado es "que sirve para guiar, descubrir o revelar; válido para la investigación empírica, pero imposible de probar". Esta definición resume la opinión de Einstein sobre la teoría cuántica.

Después de ayudar a crear la teoría cuántica, Einstein lo pensó mejor dadas sus consecuencias. Nunca aceptaría que "Dios jugara a los dados con el universo", según sus propias palabras. Durante toda su vida Einstein creyó que la teoría cuántica no decía la última palabra y que algún día sería reemplazada por la verdadera teoría del átomo.

Sin embargo, como se ve en este capítulo, los científicos piensan que la teoría cuántica llegó para quedarse.

Descubrimiento del cuanto

En 1900, Max Planck aplicó las ideas sobre mecánica estadística de Ludwig Boltzmann a los datos observados por los físicos en la radiación emitida por los objetos calientes. En la región de altas energías existía un problema: las ecuaciones daban respuestas sin sentido.

Planck encontró una solución al problema, pero para ello tuvo que dividir la energía emitida por el objeto en paquetes de igual cantidad de energía. En el capítulo 15 se dice que Planck no quedó muy contento con la utilización de la estadística en física, y no entendía bien las consecuencias de lo que había hecho. Entonces, hasta 1905, año de la publicación del artículo "heurístico" de Einstein, el artículo de Planck permaneció como un método para reproducir con éxito los datos de la observación.

La "idea revolucionaria" de Einstein

En su artículo de marzo de 1905, Einstein comenzó exponiendo las razones por las cuales las ecuaciones existentes no eran realmente aplicables al problema de la radiación de los objetos. En la región de bajas energías las ecuaciones funcionaban bien, pero fallaban en la región de altas energías. Einstein explicaba la razón por la cual las soluciones de la ecuación daban una energía infinita en la región de energías elevadas.

En seguida se propuso estudiar el problema en una forma "que no está basada en una descripción de la generación y propagación de la radiación". En otras palabras, no iba a utilizar el método de Planck. Decidió comenzar por algunos principios básicos de la física. Al terminar había demostrado que la radiación de los objetos calientes se comporta como si estuviera formada por *cuantos* (paquetes) independientes de energía. Einstein supuso que la energía de cada cuanto está relacionada con la longitud de onda de la radiación emitida: cuanto más corta es la longitud de onda, mayor es el valor de la energía.

Hasta aquí no había nada revolucionario. Según la hipótesis de Planck y de todos, estos cuantos de luz podían interpretarse como una propiedad curiosa de la radiación de los objetos calientes. Pero Einstein dio un gran paso (que con el tiempo le valdría el premio Nobel de física, que ganó en 1922): declaró que materia y radiación pueden interactuar sólo intercambiando estos cuantos de energía.

Einstein afirmó lo siguiente:

✔ La luz (y toda radiación electromagnética) está formada por cuantos de energía, paquetes cuya energía está relacionada con la longitud de onda de la luz (o de la radiación electromagnética en general).

✔ A menor longitud de onda, mayor es la cantidad de energía de un cuanto de luz, o *fotón*.

✔ Los fotones son indivisibles.

La luz no se comporta sólo como una onda, como habían mostrado los experimentos de Thomas Young (ver el capítulo 7). Por contraste, según Einstein, la luz está formada de cuantos de energía, y estos cuantos (o fotones) son como partículas. No son exactamente como pequeñas partículas de polvo, pero la luz exhibe propiedades de partícula. Un fotón tiene una cantidad fija de energía y ejerce una presión sobre los objetos. Interactúa con otras partículas como lo hacen las partículas, no en forma de onda. La luz es grumosa.

En el capítulo 7 se explica que el experimento de Young demostró de una vez por todas que la luz es una onda, y que su famoso experimento de interferencia se repite hoy en todos los colegios del mundo para mostrar a los estudiantes la naturaleza ondulatoria de la luz. Las ondas no son partículas. Ondas y partículas poseen propiedades muy diferentes. Las dos ideas son contradictorias; como el día y la noche, el sí y el no. Si tenemos una no podemos tener la otra. Entonces, ¿es la luz una onda o está compuesta de partículas?

Es ambas cosas. Antes de la aparición de Einstein esta afirmación no hubiera tenido sentido. Pero en la física cuántica, iniciada por Einstein, lo tiene. Sin embargo, los físicos se demorarían 20 años en resolver esta aparente contradicción intrínseca.

Cuantos de diferentes energías

Con el nuevo enfoque de Einstein sobre la naturaleza de la luz, la ley de radiación de Planck se convirtió en la explicación aceptada de la radiación emitida por los objetos calientes. Esta ley indica que la energía térmica emitida por un objeto se origina en las partículas cargadas oscilantes al interior del objeto, y que las oscilaciones poseen solamente ciertas energías específicas. Einstein no había estado antes satisfecho con la ley de radiación de Planck, porque le parecía que carecía de sentido. Con su nuevo enfoque, no obstante, cobraba significación, y estaba dispuesto a aceptarla. "La teoría de Planck hace uso implícito de... la hipótesis del cuanto de luz", diría.

La idea del cuanto de luz de Einstein explicaba el extraño resultado obtenido por los físicos en el estudio de la radiación de los objetos calientes. Medían la energía irradiada en diferentes longitudes de onda y observaban que todo iba bien para longitudes de onda largas e intermedias. Pero para longitudes de onda muy cortas las medidas mostraban muy poca radiación. No comprendían tan extraño resultado. Sus ecuaciones predecían que para longitudes de onda cada vez más cortas las energías deberían ser más y más grandes. Como se ve en la figura 16-1, el resultado de sus ecuaciones era muy diferente del de sus experimentos.

La idea del cuanto de luz aclaró el resultado de los experimentos. Planck había propuesto que la radiación emitida por un objeto proviene de las partículas cargadas oscilantes al interior del objeto (ver el capítulo 15). La energía de cada fotón depende de la longitud de onda de la partícula oscilante (ver la figura 16-2). En el rango de longitudes de onda corta, la radiación de un objeto caliente se compone de fotones de alta energía (los fotones de longitud de onda corta tienen mayor energía). Muy pocos osciladores poseen fotones con estas energías, de suerte que se emiten sólo unos pocos fotones de alta energía. Por esta razón los científicos detectaban muy poca radiación de estas longitudes de onda cortas.

En el rango de longitudes de onda largas los fotones poseen bajas energías, y hay muchos más osciladores con estas energías, así que se emiten muchos más fotones de bajas energías; pero, como la energía de cada uno es baja, la cantidad total de energía no es muy elevada. En el rango de longitudes de onda medias tenemos una buena cantidad de osciladores que emiten fotones con energías

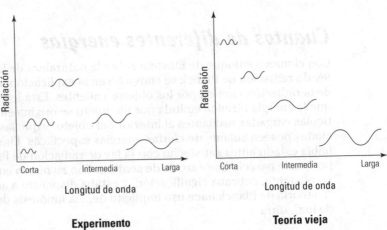

Figura 16-1: Un objeto caliente no irradia mucha energía de longitud de onda corta, pero en teoría los resultados deberían ser diferentes.

Figura 16-2:
Los fotones de baja energía tienen longitudes de onda largas, mientras que los de alta energía tienen longitudes de onda cortas.

Fotón de baja energía
(longitud de onda larga)

Fotón de alta energía
(longitud de onda corta)

moderadas. Como resultado de lo anterior, la mayor emisión ocurre en el rango de longitudes de onda medias, como mostraban los experimentos.

La gran perspicacia de Planck, validada por la generalización de Einstein, consistió en comprender que las energías están relacionadas con las diferentes longitudes de onda de la luz emitida por los osciladores, en lugar de suponer que las energías se distribuyen por igual, como afirmaban las teorías previas. El golpe de ingenio de Einstein consistió en tomar esta idea y convertirla en propiedad fundamental de la naturaleza. La luz y la radiación electromagnética en general están formadas de cuantos: la luz está "cuantizada".

La diferencia de tamaño de estos cuantos está determinada por una constante hoy llamada _constante de Planck_. Como se muestra en la figura 16-3, las radiaciones de longitudes de onda cortas transportan más energía (peldaños más altos) y son idénticas entre sí. Pero estas radiaciones son diferentes de las de longitudes de onda más largas. Así como separamos los peldaños de una escalera, en la misma forma separamos los fotones.

Figura 16-3:
La luz y la radiación electromagnética en general están cuantizadas. Todos los fotones irradiados a una determinada longitud de onda tienen la misma energía y son idénticos.

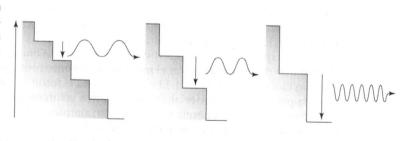

Entonces, según Einstein y Planck:

> *La cantidad de energía de un cuanto de luz o fotón está relacionada con la longitud de onda de la luz; esta energía está "cuantizada", y la diferencia entre las distintas energías está determinada por la constante de Planck.*

Solución del problema del efecto fotoeléctrico

Otro tenaz problema de física que resistía cualquier intento de explicación era el llamado *efecto fotoeléctrico*. El fenómeno, observado por Heinrich Hertz en 1887, intrigaba a los físicos.

¿En qué consiste el efecto fotoeléctrico? Si dirigimos un haz de luz hacia un cierto material detectamos electrones emitidos por el material (es lo que ocurre en las celdas solares que mueven nuestros modernos aparatos, desde las calculadoras, pasando por los calentadores de piscinas hasta los vehículos marcianos). Los electrones emitidos por el material forman la corriente eléctrica que mueve el aparato. Si aumentamos la intensidad de la luz obtenemos mayor electricidad de la celda (ver la parte superior de la figura 16-4). Sin embargo:

✔ La velocidad de los electrones emitidos no cambia cuando se incrementa la intensidad.

✔ Y lo que es peor, si aumentamos la longitud de onda más allá de cierto valor no obtenemos nada de la celda, sin importar la intensidad de la luz (ver la parte inferior de la figura 16-4).

La solución llegó nuevamente de la idea del cuanto de luz de Einstein. ¿Cómo resuelve el cuanto de luz el primer problema? Cuando dirigimos el haz de luz hacia el material, enviamos fotones de una cierta energía. Supongamos que la luz es *monocromática* (de un solo color). En este caso la longitud de onda de la luz es fija y todos los fotones que golpean la superficie tienen la misma energía. Al chocar uno de los fotones con el material, transmite toda su energía a un electrón del material. El electrón toma el fotón y utiliza su energía para salir del material. Si aumentamos la intensidad del haz no incrementamos la energía de cada fotón; simplemente enviamos más fotones de igual energía. La probabilidad de que un electrón tome más de un fotón es muy pequeña, de suerte que al aumentar la intensidad de la luz se producen más electrones. Sin embargo, sus velocidades no se afectan.

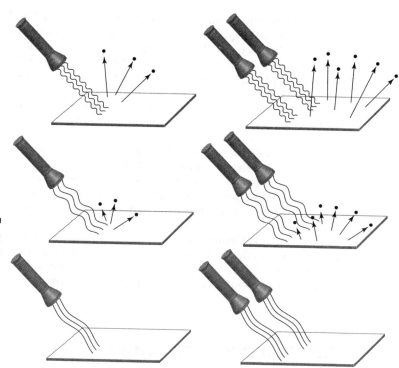

Figura 16-4:
Experimentos
incompren-
sibles con
un haz de luz
que alumbra
ciertos mate-
riales.

La solución del segundo problema es más sencilla. El electrón necesita energía para abrirse paso por el material y salir. La energía que recibe de la luz llega con los fotones de energía fija. Cada fotón debe suministrar a un electrón la energía suficiente para salir del material. Si enviamos un haz de luz de fotones de baja energía, es decir, luz de longitud de onda larga, estos fotones no poseen la energía mínima requerida. Al aumentar la intensidad de la luz incrementamos el número de fotones de baja energía, no su energía.

Ondas de materia

¿Cómo reaccionaron los físicos al ver resueltos estos dos tenaces y prolongados interrogantes? No es de extrañar que se mostraran escépticos. Einstein era un desconocido en 1905. No obstante, ante la montaña de asombrosos artículos publicados ese año, era difícil ignorarlo. Planck fue uno de los primeros físicos que reconoció su genialidad y uno de los primeros defensores de la teoría de la relatividad.

La idea del cuanto de luz era otra historia. Ni siquiera Planck la aceptó, a pesar de que permitía explicar su propio descubrimiento. Incluso en 1913, cuando Einstein era ya reconocido como uno de los más destacados físicos europeos (en ese tiempo la física se hacía principalmente en Europa), había una fuerte oposición a su idea del cuanto de luz. Cuando Einstein fue propuesto en 1913 como miembro de la Academia de Ciencias de Prusia, Planck y otros físicos ilustres escribieron la siguiente recomendación oficial:

> *Sólo se puede decir que, entre todos los grandes problemas en que la física moderna es tan rica, no hay uno solo al que Einstein no haya contribuido de manera notable. Si algunas veces se ha equivocado en sus especulaciones, por ejemplo con su hipótesis del cuanto de luz, ello no constituye un gran argumento en contra suya.*

Durante 15 años Einstein permaneció solitario en su creencia en la idea del cuanto de luz. En 1918 declaró no abrigar más dudas acerca de la realidad de los cuantos, "aunque todavía estoy solo en esta convicción". Después, las cosas comenzaron a cambiar muy rápidamente.

Nueva manera de contar

En junio de 1924, Einstein recibió una carta de un joven y desconocido físico indio llamado Saryendra Bose, profesor de la Universidad de Dacca. Con la carta venía un artículo en el cual Bose derivaba la fórmula de la radiación de Planck. Bose imaginaba un gas de fotones, utilizaba los métodos estadísticos que se aplicaban a los gases normales para contar los fotones de forma novedosa y suponía que es imposible distinguir los fotones. Einstein se interesó de inmediato en la derivación de Bose y tradujo el artículo al alemán para su publicación en una revista. Luego generalizó el nuevo método de conteo y lo aplicó a átomos y moléculas. El método se conoce hoy como *estadística de Bose-Einstein.*

De nuevo Einstein dio un salto. A partir de estos estudios concluyó que no sólo la luz posee un carácter dual, el de comportarse como una onda y una partícula; también la materia debería tener este comportamiento.

Medida de la onda del electrón

Ese mismo año, Louis de Broglie, estudiante de doctorado de la Universidad de París, terminó su tesis de grado, en la que proponía extender el carácter dual de la luz de Einstein a las partículas de materia. La materia, afirmaba De Broglie en su tesis, debería poseer también propiedades ondulatorias. "Luego de profundas reflexiones", escribió De Broglie, "tuve la idea, en 1923, de que el descubrimiento de Einstein de 1905 debería generalizarse a todas las partículas materiales y en especial a los electrones". De Broglie calculó en su tesis la longitud de onda que debería tener el electrón.

El profesor Paul Langevin era buen amigo de Einstein. Cuando su estudiante de doctorado, Louis de Broglie, le entregó la tesis para su aprobación, dudaba sobre la conveniencia de otorgar el doctorado por una investigación basada en una idea que resultara, a la postre, incorrecta. Entonces le pidió a su estudiante una tercera copia de·la tesis y se la envió a Einstein para que la comentara. "Se trata de una muy notable publicación", escribió Einstein a vuelta de correo. De Broglie defendió su tesis el 25 de noviembre de 1924. Recibió el premio Nobel de física en 1929 por su descubrimiento.

Superátomos

El premio Nobel de física fue concedido en 2001 a tres físicos por su creación experimental del primer condensado de Bose-Einstein, nuevo estado de la materia pronosticado por Bose y Einstein cuando propusieron su teoría. Los científicos son Carl E. Wieman de la Universidad de Colorado, Boulder; Eric A. Cornell del Instituto Nacional de Patrones y Tecnología; y Wolfgang Ketterle del MIT.

En un condensado de Bose-Einstein se enfría un gas a temperaturas tan bajas que los átomos comparten todos el mismo nivel cuántico de energía. Los mil millones de átomos del gas, o número semejante, se convierten en un "superátomo". Para obtener este superátomo los tres científicos tuvieron que bajar la temperatura del gas a menos de mil millonésimos de grado, es decir, hasta muy cerca del cero absoluto, impidiendo todo el tiempo la licuefacción o incluso la solidificación del gas. La hazaña se logró atrapando los átomos con láseres.

Este estado de la materia proporcionará a los científicos una nueva ventana sobre el mundo cuántico y les permitirá experimentar más sobre la naturaleza de la materia. El condensado tiene también posibles aplicaciones prácticas. El grupo de Ketterle en el MIT logró en 1997 extraer partes del condensado como gotas de un grifo. Esperan lograr crear un láser atómico que podría usarse para construir mejores giróscopos y relojes atómicos más precisos. Otros científicos han logrado manipular condensados en microchips, lo que permitiría en el futuro la creación de nuevos instrumentos pequeños y artefactos electrónicos.

De Broglie sugirió formas de comprobar su idea de las ondas de materia mediante la observación de patrones de interferencia con electrones. Dos físicos de Estados Unidos observaron tres años después un patrón de interferencia con haces de electrones. El patrón de interferencia es la marca registrada de las ondas; sólo éstas interactúan en esta forma. Las ondas de materia de De Broglie constituyen el fundamento de los microscopios electrónicos actuales.

Descubrimiento de la nueva mecánica del átomo

Niels Bohr dio en el verano de 1922 una serie de conferencias sobre los nuevos avances de la física en la Universidad de Gotinga. Werner Heisenberg, estudiante de doctorado de la Universidad de Munich, estaba entre los asistentes. En una de las conferencias el joven Heisenberg hizo un comentario crítico. Bohr quedó intrigado e invitó al estudiante a una caminata al monte Hain para discutir sus preguntas. Impresionado por Heisenberg, Bohr lo invitó a ingresar a su instituto de Conpenhage después del grado. Años después Heisenberg escribiría: "Mi carrera científica comenzó esa tarde".

En 1924, luego de obtener su doctorado, Werner Heisenberg aceptó la oferta de Bohr e ingresó al Instituto Niels Bohr. Tenía 23 años. Allí se reunió con un grupo de jóvenes y brillantes físicos de Europa, Estados Unidos y Rusia, que estudiaban los problemas del átomo. Cerca de un año después fue invitado a regresar a Gotinga como asistente de Max Born, director del instituto de física.

Estudio del espectro de los átomos

En Gotinga, Heisenberg comenzó a observar los espectros de los átomos que los científicos obtenían en distintos laboratorios del mundo. Los espectros venían siendo estudiados durante años.

Para observar un espectro en particular colocamos un gas de un elemento determinado (helio, por ejemplo) en un recipiente de vidrio y lo iluminamos con una luz de gran intensidad (ver la figura 16-5). Si miramos la luz a través de un prisma veremos el *espectro*, arco iris de colores. Si ponemos el prisma en frente de la luz incidente notamos que el arco iris presenta vacíos, pequeñas zonas oscuras donde no hay luz. Si ahora corremos el prisma hacia un lado y observamos la luz dispersada por el gas, notamos que, en lugar de las zonas oscuras, hay zonas brillantes sobre el arco iris.

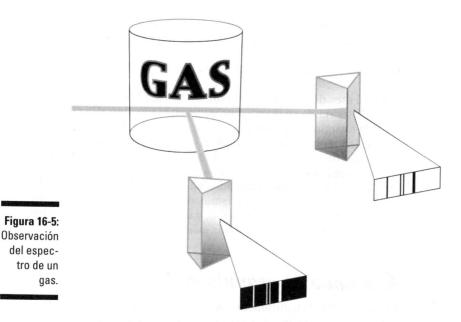

Figura 16-5:
Observación
del espec-
tro de un
gas.

Cada elemento tiene su conjunto específico de líneas. El hidrógeno, por ejemplo, tiene un conjunto característico de líneas brillantes, rojas, azules y color púrpura; el helio en cambio se identifica fácilmente por sus dos líneas amarillas brillantes muy próximas una de la otra. El conjunto de líneas es la huella digital de los átomos.

Heisenberg estaba interesado en hallar una expresión matemática para las líneas del espectro del hidrógeno; no logró encontrar la ecuación correspondiente, pero en el proceso resolvió otro problema.

En el modelo de Bohr del átomo (que se explica en el capítulo 15) los electrones giran alrededor del núcleo en órbitas de energía específica. Estas energías están cuantizadas; los electrones saltan de una órbita a otra cuando absorben o emiten un fotón con la energía correcta, pero, ¿cuáles son las órbitas reales de los electrones en el átomo? ¿Son circulares o casi circulares, como las de los planetas? Heisenberg descubrió que no es necesario responder esta pregunta. Sólo importa lo que se puede medir, como las longitudes de onda y el brillo de las líneas espectrales del átomo.

Heisenberg tuvo un brote de fiebre del heno en la primavera de 1925, le pidió unos días de permiso a Born y fue a Helgoland, islita del mar del Norte. Lejos del polen podía pensar con claridad. Comprendió entonces que debía simplificar el problema si quería llegar a alguna parte. Comenzó de la nada, modelando las vibraciones atómicas según el movimiento de ida y vuelta de un péndulo. A los pocos días tenía algunos cálculos prometedores, y al volver a Gotinga había descubierto la nueva mecánica del átomo.

Hacia el mes de julio había terminado de escribir su primer artículo sobre la teoría de su nueva mecánica, en el que describía los cambios de energía del átomo por medio de un arreglo de números que obedecían reglas sencillas. Le pidió a Bohr revisar el artículo, y éste reconoció de inmediato los arreglos de números: eran matrices, entidades que los matemáticos habían descubierto poco antes (ver en este capítulo el recuadro titulado "La matriz"). Las reglas descubiertas por Heisenberg eran las mismas del álgebra de matrices. Born envió el artículo para publicación, y su estudiante Pascual Jordan ayudó a Heisenberg a desarrollar más la teoría.

El mundo es granuloso

El importante descubrimiento de Heisenberg consiste en que las cantidades que se pueden medir, como la posición y la velocidad, no pueden representarse con números sencillos, como los que utilizamos a diario. Las cantidades mencionadas deben representarse con estos arreglos, estas matrices, y deben obedecer sus reglas especiales.

Por ejemplo, con números ordinarios, si multiplicamos 2 por 3 obtenemos 6. También tenemos el mismo resultado si invertimos el orden de los factores: 3 por 2 es lo mismo que 2 por 3. Esto no ocurre

La matriz

Una matriz es una entidad matemática con reglas específicas que nos dicen cómo trabajar con ella. Cuando Heisenberg descubrió que las matrices son las herramientas apropiadas para describir los procesos atómicos, los físicos comenzaron a interesarse en ellas. Hasta entonces muy pocos científicos sabían de su existencia. El entrenamiento universitario estándar para estudiantes de ciencias físicas incluye hoy un estudio completo de las matrices. El álgebra de matrices no es difícil y puede ser a veces divertida. Claro que la película es mejor.

con las matrices. Las matrices son remilgadas a la hora de manipularlas. Por ejemplo, la manera como rotamos un objeto en el espacio se describe por medio de matrices. Observemos las situaciones A y B de la figura 16-6 para darnos una idea de cómo funciona el asunto.

Situación A

Comenzamos con un libro que descansa sobre la mesa en posición horizontal, con la carátula hacia arriba, de manera que podemos leerla (ver la figura 16-6). Ahora efectuamos las dos rotaciones siguientes:

1. **Levantamos el libro hacia nosotros tomándolo por el extremo más lejano, de manera que el libro reposa ahora sobre su extremo inferior.** La carátula queda en frente de nosotros.

2. **A partir de esta posición, rotamos el libro en el sentido contrario de las manecillas del reloj.** Terminamos con el lomo en frente nuestro.

Situación B

Ahora volvemos a poner el libro sobre la mesa en su posición original, e invertimos el orden de las dos rotaciones:

1. **A partir de su posición original, rotamos el libro en el sentido contrario de las manecillas del reloj.** El libro sigue horizontal sobre la mesa pero el lomo queda en frente nuestro.

2. **Levantamos el extremo más lejano hacia nosotros.** El libro reposa ahora sobre el lomo.

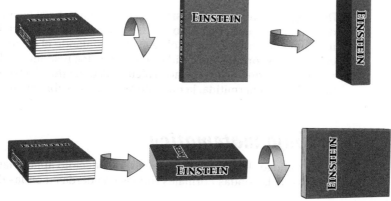

Figura 16-6: El orden en que rotamos el libro es importante. Los átomos poseen propiedades análogas.

El orden en que efectuamos las dos rotaciones es importante. La posición final del libro es diferente en cada caso. Heisenberg, Born y Jordan hallaron que cuando manipulamos en forma análoga los átomos, cuando invertimos el orden de las operaciones que efectuamos, la configuración final cambia. Y la diferencia está relacionada con la constante de Planck.

La constante de Planck mide el "tamaño del salto" de los cuantos. Si la constante de Planck fuera igual a cero no importaría el orden de las operaciones que efectuamos con cantidades atómicas. Pero la constante de Planck no es igual a cero. Entonces el mundo es granuloso, cuantizado, cambia a saltos y no de modo continuo. Los saltos son pequeñísimos (la constante de Planck es muy pequeña); en el mundo normal de nuestra experiencia no los percibimos, ni siquiera con instrumentos de precisión (pensemos en una fotografía digital; a menos que ampliemos la fotografía sustancialmente, no percibimos que la imagen está compuesta de puntos individuales o píxeles). El mundo es suave y continuo en apariencia. El tamaño de la granulación queda determinado por la constante de Planck.

El que Heisenberg descubriera todo esto en pocos días, así como la manera de reinventar las herramientas matemáticas que necesitaba, sólo puede explicarse como producto de una mente privilegiada.

La mecánica de ondas

Erwin Schrödinger, profesor de física de la Universidad de Zurich, le escribió a Einstein el 3 de noviembre de 1925: "Hace unos días leí con el mayor interés la ingeniosa tesis de Louis de Broglie, que finalmente logré conseguir; con ella... su segundo artículo... es ahora y por primera vez claro para mí".

De Broglie sostenía en su tesis que al electrón debe asociarse una onda (ver la figura 16-7). La onda asociada a un electrón en órbita en un átomo debería cerrarse sobre sí misma cuando el electrón está en una de las órbitas permitidas, en uno de los peldaños del modelo atómico de Bohr. Si intentamos calcular la onda del electrón para una órbita no permitida, la onda no se cerraría sobre sí misma.

Trabajo matemático

A Schrödinger le intrigaba la idea, así que decidió aplicar las matemáticas de las ondas normales (ondas en cuerdas u ondas de soni-

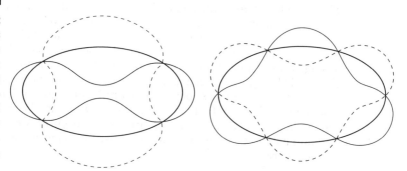

Figura 16-7:
Las ondas
de De
Broglie para
electrones
en órbita al-
rededor del
núcleo de
un átomo.

do, por ejemplo) para calcular los niveles atómicos permitidos, pero los resultados no coincidían con los datos espectrales. Schrödinger resolvió que no valía la pena proseguir y dejó de lado los cálculos por varios meses.

Por fortuna Schrödinger fue invitado a dictar un seminario en la universidad sobre el trabajo de De Broglie. La discusión realizada durante el seminario lo motivó a volver a sus cálculos. En un par de meses obtuvo una ecuación de onda que describía la conducta ondulatoria del electrón en el espacio y en el tiempo, y establecía la conexión entre la onda y la partícula. Con esta nueva ecuación, Schrödinger logró calcular correctamente el espectro de la luz del hidrógeno, en pleno acuerdo con los datos experimentales.

Schrödinger publicó en enero de 1926 un artículo con su ecuación de onda, unos seis meses después de la publicación de Heisenberg sobre su propia teoría. El mundo tenía ahora dos teorías a falta de una: la mecánica matricial y la mecánica de ondas. Poco tiempo después, el físico inglés Paul Dirac demostró que las dos versiones son equivalentes. Ambas versiones sobrevivieron, y las usamos hoy. Los estudiantes de física aprenden primero la mecánica de ondas de Schrödinger, porque es más fácil de comprender si se está familiarizado con las ondas normales. Los estudiantes de postgrado estudian la más abstracta y algo más poderosa mecánica matricial (existe una tercera versión, inventada por el propio Dirac, que es más refinada y potente. Los estudiantes de postgrado la utilizan a veces en sus tesis).

Aceptación del principio de incertidumbre

¿Qué son las ondas en la mecánica ondulatoria de Schrödinger? ¿Son las propias partículas moviéndose arriba y abajo como una onda? Max Born suministró la respuesta. Las ondas son ondas de probabilidad: la probabilidad de hallar al electrón en un determinado lugar del espacio y el tiempo.

¿Son los electrones ondas o partículas? Al igual que la luz y la radiación electromagnética en general, los electrones son *a la vez* partículas y ondas. ¿Cómo puede ser esto? Ya conocemos la herramienta. Es un asunto de física cuántica. En el experimento de Thomas Young (ver el capítulo 7) hacemos pasar dos haces de luz coherente (haces de luz que oscilan al paso) a través de dos rendijas estrechas. Los dos haces se superponen y producen zonas brillantes donde las ondas se refuerzan, y zonas oscuras donde las ondas se anulan la una a la otra. Las zonas brillantes y oscuras forman el llamado patrón de interferencia que constituye la firma de la onda (ver la figura 16-8).

Einstein demostró que la luz posee también propiedades de partícula: sus partículas son los fotones. Pero, ¿podemos pensar en luz compuesta por estos fotones, que son como partículas, que produce un patrón de interferencia? Se nos ocurre argumentar que los fotones, que viajan a la velocidad de la luz, no son realmente lo mismo que partículas "reales", como los electrones. Con todo, veremos que los electrones son también muy extraños con respecto a las ideas que tenemos sobre la naturaleza y la realidad. Vamos a experimentar con un electrón y veremos lo que sucede.

Emplearemos el mismo montaje del experimento de Young: dos rendijas estrechas y una pantalla. La fuente de electrones es un cañón de electrones de un aparato viejo de televisión. Los electrones que salen del cañón forman la imagen en la pantalla de la televisión así: cada uno de ellos golpea el fósforo de la pantalla y lo hace brillar. Si dejamos las dos rendijas abiertas y prendemos el cañón de electrones vemos el patrón de interferencia en la pantalla. Excelente. Los electrones se comportan como ondas, y las ondas interfieren de este modo (ver la figura 16-9).

Figura 16-8: Patrón de interferencia en el experimento de la doble rendija de Young.

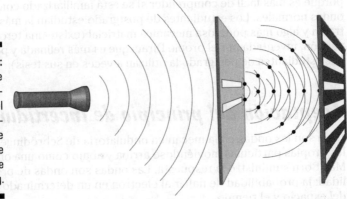

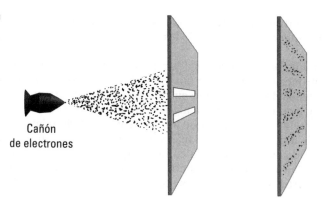

Figura 16-9: Los electrones exhiben un patrón de interferencia, característico de las ondas.

Ahora cubrimos una rendija y prendemos el cañón (ver la figura 16-10). Esta vez no hay interferencia: vemos sólo una zona brillante en la pantalla, resultado de los muchos electrones que pasaron derecho por la rendija y de aquéllos que pasaron rozando sus lados y pensamos fueron desviados algo. Si cubrimos esta rendija y destapamos la otra obtenemos el mismo resultado.

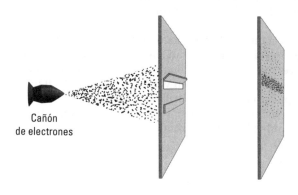

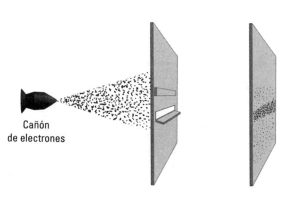

Figura 16-10: Si cubrimos una rendija desaparece el patrón de interferencia. Los electrones se comportan como partículas.

Los electrones se están comportando ahora como partículas. ¿Cómo saben que cubrimos una de las rendijas?

Destapemos de nuevo las dos rendijas e intentemos observar los electrones cuando pasan por ellas. Para hacerlo instalemos dos pequeños detectores, uno en cada rendija, y observemos (es posible que los detectores envíen algo de luz sobre los electrones y detecten la luz reflejada). Vemos que los electrones individuales pasan a través de una de las dos rendijas y chocan contra la pantalla. Aquí no hay nada extraño: tal es la conducta que se espera de las partículas. Pero ahora no aparece el patrón de interferencia. Los electrones se comportan como partículas (ver la figura 16-11).

¿Será que el detector perturba los electrones cuando tratamos de observarlos? Podemos reducir la intensidad de la luz del detector. Pero la luz está hecha de fotones. Reducir la intensidad es equivalente a enviar menos fotones a interactuar con los electrones. Reducimos la intensidad hasta enviar un solo fotón por cada electrón que pasa (correcto, porque nuestro detector es muy sensible y puede detectar fotones individuales). Si hacemos el experimento, observando cada electrón con un único fotón, no obtenemos ningún patrón de interferencia. Los electrones se comportan como partículas.

Reducimos la intensidad un poco más. Ahora tenemos menos fotones y algunos electrones pasan sin ser detectados. Si observamos la pantalla vemos las zonas brillantes formadas por las partículas frente a las rendijas, pero también vemos un débil patrón de interferencia sobrepuesto a las zonas brillantes. Reducimos más la intensidad y el patrón de interferencia se vuelve más intenso, al tiempo que las zonas brillantes frente a las rendijas son ahora más débiles (ver la figura 16-12).

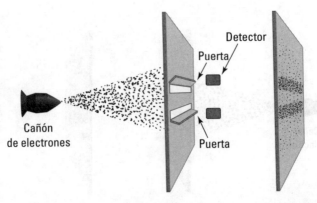

Figura 16-11: Cuando observamos cada electrón que pasa, desaparece el patrón de interferencia.

Detector

Puerta

Cañón de electrones

Puerta

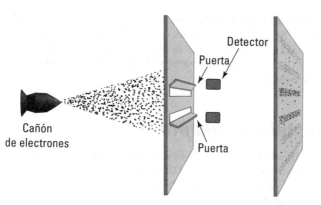

No podemos ganar. Los electrones burlan cualquier intento de observarlos sin perturbarlos. El electrón es una partícula cuando intentamos detectarlo como partícula, y es una onda cuando tratamos de observarlo como onda. Heisenberg descubrió este fenómeno previamente y lo llamó _principio de incertidumbre_. El problema no reside en que no somos lo suficientemente inteligentes o que no disponemos de los mejores instrumentos. El universo es así.

El experimento de Young detecta ondas. Si no intentamos observar el electrón, éste se comporta como una onda y forma un patrón de interferencia. Si tratamos de observarlo, lo buscamos como partícula y eso es lo que vemos. Los intentos que se realizan para observar el electrón modifican su comportamiento.

Rendición ante la nueva física

¿Cuál es la verdadera naturaleza del electrón? Tras muchos años de profundas reflexiones y discusiones con Einstein, Niels Bohr llegó a la conclusión de que la pregunta carece de significado. Según Bohr, no tiene sentido preguntar qué es realmente un electrón. No se trata de que la física nos diga qué es; más bien debe decirnos algo sobre el comportamiento del mundo.

El principio de incertidumbre de Heisenberg afirma que no podemos determinar con absoluta precisión la posición de un electrón y al mismo tiempo medir hacia dónde y qué tan rápido se dirige. Un electrón ocupa un lugar en el espacio únicamente cuando se observa en esa posición. Si volvemos a observar su posición y lo encontramos en otro lugar, lo encontramos allí y es todo lo que podemos decir. Cómo llegó allí y de dónde es una pregunta sin significado en física.

El principio de incertidumbre no se aplica sólo a los electrones y átomos. Se aplica a todas las cosas. Sin embargo, como hace intervenir la constante de Planck, que es muy pequeña, no percibimos su efectos cuando observamos moverse las pelotas de béisbol, los autos o los planetas.

Einstein no aceptó

Einstein, el iniciador de la física cuántica, rechazó la interpretación de Bohr. No pensaba que el universo estaba construido sobre la base de la incertidumbre exhibida por la física cuántica. "Dios no juega a los dados con el universo", dijo cierta vez. No podía aceptar que el universo es impredecible y está hecho de incertidumbre.

Por el contrario, Einstein creía que las incertidumbres existen porque no sabemos suficiente. Existen variables ocultas que no vemos, pero que descubriremos algún día. En otras palabras, la física cuántica es incompleta.

Einstein propuso en 1935 un experimento muy ingenioso para demostrar que el principio de incertidumbre y la naturaleza impredecible de la física cuántica no eran correctos. Publicó un artículo sobre el particular con sus colaboradores Boris Podolsky y Nathan Rosen.

En su *experimento EPR* (como se llama, por los nombres de los autores), Einstein imaginó que una partícula en reposo en el laboratorio se parte en dos pedazos iguales que se alejan el uno del otro (ver la figura 16-13). Propuso dejar que los fragmentos volaran una gran distancia. Supongamos que la partícula original estaba en un laborato-

Figura 16-13:
El experimento mental EPR. Una partícula que está inicialmente en reposo se parte en dos fragmentos iguales que se alejan uno del otro.

rio en la superficie de la Tierra. Supongamos también que la llegada de los dos fragmentos es observada por dos detectores: uno está en la Estación Espacial Internacional y el otro en la lanzadera espacial (ver la figura 16-14). Una astronauta de la Estación Espacial mide la velocidad de uno de los fragmentos, cuando éste llega. Ésta es también la misma velocidad que lleva el otro fragmento que se mueve en dirección opuesta hacia la lanzadera.

El astronauta de la lanzadera espacial mide la posición del fragmento que llega. En ese momento conoce la posición, la velocidad y la dirección de su partícula, a pesar de que no midió sino una cantidad, y los conoce con precisión. Aquí no hay incertidumbre. El principio de incertidumbre de Heisenberg afirma que no podemos conocer la posición y la velocidad de uno de los fragmentos con precisión absoluta. Si conocemos una no podemos conocer la otra. Y ahora salía Einstein a proponer un experimento ingenioso para demostrar lo contrario.

Bohr se atiene a su interpretación

¿Era la teoría cuántica tan fácil de destronar? Este sencillo experimento imaginario decía que el principio de incertidumbre de Heisenberg no era válido. El principio de incertidumbre es el corazón de la física cuántica, de suerte que si no es válido, todo el edificio se desploma.

La respuesta de Bohr al experimento EPR de Einstein fue inesperada. Afirmó que, habiendo estado en contacto los dos fragmentos, permanecían unidos para siempre, sin importar la distancia a la que se encontraran. Una vez separados, continúan formando el sistema que observamos y medimos.

Figura 16-14:
Unos astronautas de la Estación Espacial y de la lanzadera espacial realizan experimentos con los fragmentos.

Cuando el astronauta de la Estación Espacial mide la velocidad del fragmento que le llega, la posición del otro fragmento, que llega a la lanzadera, cambia de tal modo que es imposible para el otro astronauta medirla con cualquier precisión.

Einstein nunca aceptó esta idea. La llamó "acción a distancia fantasmal". ¿Cómo es posible que una partícula situada en un lugar se vea afectada por las medidas que efectuamos sobre otra partícula que está muy lejos de la primera? Para que esto ocurra es necesario que una señal viaje instantáneamente de una partícula a la otra, lo cual es imposible, porque de acuerdo con la relatividad ninguna señal puede viajar más rápido que la luz.

Hubiera sido más fácil observar, mediante un experimento real, lo que en realidad ocurre. Pero un experimento tan refinado estaba fuera de las posibilidades tecnológicas en vida de Einstein y Bohr.

La discusión no se resolvió en vida de los dos hombres de ciencia. Los físicos, en su gran mayoría, se pusieron del lado de Bohr; su *interpretación de Copenhage* de la física cuántica, como se llama, fue aceptada por la mayoría.

En 1965, diez años después de la muerte de Einstein, el físico escocés John Bell, que trabajaba en Ginebra en el acelerador europeo de partículas, comenzó a estudiar el experimento EPR y produjo un potente teorema matemático que conocemos hoy con el nombre de *desigualdad de Bell:* este teorema hace posibles los experimentos EPR reales.

El teorema tiene naturaleza estadística, y la razón de su necesidad reside en que el principio de incertidumbre de Heisenberg sólo se aplica a muchas medidas. No es aplicable a una sola medida sino a las medidas efectuadas sobre muchos electrones. Es una proposición sobre el promedio estadístico de muchas medidas.

Einstein estaba equivocado

En 1982, el físico francés Alain Aspect realizó el primer experimento EPR real con fotones. En lugar de posición y velocidad, midió otra propiedad llamada *polarización*. La polarización es la orientación del campo electromagnético del fotón. Sus resultados fueron claros. El mundo se comporta como decía Bohr. No existen variables ocultas por descubrir; no hay teoría que cambie las raíces de la física cuántica.

Einstein estaba equivocado esta vez. El electrón no es ni una onda ni una partícula. Si no lo observamos, no ocupa ninguna posición en el espacio. Si lo observamos, está donde lo encontramos. Si lo observamos de nuevo en otro lugar, allí está. Pero el electrón no viaja de una posición a la otra. Los físicos dicen que viaja por "túneles" del espacio entre una posición y otra. Aunque no muy preciso, el término ayuda a los físicos a hablar por lo menos del fenómeno. Esto es más fácil que decir que el electrón fue observado aquí; luego se propagó por el espacio y reapareció en la segunda posición, en donde se hizo una segunda medida. Esta última frase es de hecho más precisa, pero vemos que puede convertirse en algo muy complicado. Los especialistas que trabajan en física cuántica se enfrentan diariamente a esta situación y suelen dejarla en el ámbito matemático, donde las ecuaciones la describen correctamente.

Teletransporte

"Ponme en el haz, Scotty". La célebre orden de la serie de televisión *Viaje a las estrellas* fue inventada por limitaciones de presupuesto. Durante la producción de la serie original, no había un modo convincente de hacer aterrizar la nave en cada episodio, de suerte que el productor tuvo la idea del teletransporte de personas y cosas. Científicos de IBM y de la Universidad de Michigan están hoy un poco más cerca de lograr el teletransporte.

El primer intento de teletransporte tuvo lugar en 1997. Dos grupos de investigación emplearon un método propuesto por Charles Bennett del Centro de Investigaciones Watson de la IBM, en Yorktown Heights, Nueva York, basado en el experimento imaginario EPR original. El primer grupo, en Austria, informó los resultados del teletransporte de un fotón. En Italia se llevó a cabo un experimento análogo. En ambos experimentos, dos fotones en correlación mutua, o fotones imbricados, fueron emitidos por el mismo átomo con idéntica polarización. Cuando se modificaba la polarización de uno, el compañero correlacionado se polarizaba en la dirección opuesta. Bennett había propuesto avanzar un paso más: usar la información enviada al compañero correlacionado para reproducir el estado de la primera partícula, que había cambiado a causa de las medidas. Como los fotones son idénticos, reproducir el estado del fotón original sobre el segundo equivale a transmitir la partícula.

Desde entonces otros han intentado experimentos similares. En 2004, Boris Blinov y sus colaboradores de la Universidad de Michigan lograron correlacionar un fotón y un ión (átomo eléctricamente cargado). El próximo paso del grupo es correlacionar dos iones ampliamente separados, primero correlacionando cada ión con su fotón y luego correlacionando los dos fotones.

¿Suena todo esto muy extraño? Así es el universo. Lo interesante es que los científicos han encontrado aplicaciones reales que sacan ventaja de este comportamiento fantasmagórico. La primera es la llamada *unión de Josephson*, componente electrónico de cierta clase que emplea el "efecto túnel" de los electrones entre materiales superconductores. La unión se emplea hoy en aparatos con variadas aplicaciones.

Según la física cuántica, los electrones, fotones, átomos y demás partículas que se han descubierto constituyen, en la mente de los físicos, la representación de lo que son en realidad relaciones matemáticas que conectan sus observaciones.

Los científicos llegaron a este descubrimiento paso a paso. Al comienzo creían que se trataba de objetos pequeños, de partículas minúsculas, mucho más pequeñas que las partículas de polvo o humo que habían estudiado. Cuando descubrieron finalmente la física cuántica y lo que ésta dice sobre el mundo, los nombres de las partículas se habían vuelto ya familiares.

La conclusión que podemos extraer de todo lo anterior es la siguiente: a la escala pequeñísima del átomo, el mundo no se parece al que vemos a diario. Ese mundo es imposible de imaginar; sólo mediante las matemáticas pueden los científicos darle sentido y emplearlo en aplicaciones prácticas. Los electrones existen y son manipulables. Si miramos la televisión esta noche veremos a estos electrones, que no podemos imaginar, dirigirse con maravillosa precisión a los diferentes puntos de la pantalla para formar las siempre cambiantes imágenes que nos dan la ilusión de movimiento.

Capítulo 17

Einstein y la bomba atómica

· ·

En este capítulo

▶ Una carta al presidente

▶ Bases de la física y la fisión nucleares

▶ Origen y desarrollo de la bomba

▶ Einstein pacifista

· ·

*T*al vez la más dramática entre las muchas aplicaciones de la ecuación $E = mc^2$ es la bomba atómica. La física cuántica y la ecuación de marras la hicieron posible.

¿Cómo pasaron los científicos de la ecuación $E = mc^2$ a las reacciones en cadena y a la bomba? Los físicos no estaban interesados en construir una bomba ni nada por el estilo. Trataban de descubrir la estructura de la materia, la composición del átomo, el modo en que funciona el universo. Al hacerlo, tropezaron con las enormes energías almacenadas en el núcleo y descubrieron, lenta pero seguramente, cómo liberarla. Los acontecimientos políticos modificaron una actividad intelectual y la convirtieron en un esfuerzo bélico.

En este capítulo se explica de dónde salió la bomba y cuál fue su conexión con la teoría de Einstein; se discute la carta de Einstein al presidente Franklin Delano Roosevelt y sus esfuerzos posteriores a favor de la disuasión de la guerra; y se repasan las etapas principales que llevaron de la ecuación $E = mc^2$ a la bomba (claro, el tema es física nuclear, pero al lector le sorprenderá cuán fácil es). Hacia el final del capítulo sabremos cómo funciona una bomba atómica (pero, gracias a Dios, ¡no seremos capaces todavía de fabricarla!).

Advertencia al presidente: la carta de Einstein

"Señor: Cierto trabajo reciente de E. Fermi y L. Szilard, que me ha sido comunicado en manuscrito, me hace esperar que el elemento uranio puede convertirse en una nueva e importante fuente de energía en un futuro inmediato". Con estas ahora famosas palabras comenzaba la carta enviada en 1939 por Einstein al presidente Roosevelt.

Einstein no envió la carta para hacer alarde del trabajo de sus colegas científicos. La escribió para advertir al presidente sobre la posibilidad de que la Alemania nazi estuviera desarrollando una bomba nuclear, y urgirlo a iniciar un esfuerzo serio para que Estados Unidos la desarrollara primero. El autor de la carta fue en realidad el físico Leo Szilard. No obstante, Enstein escribió un primer borrador, y firmó la carta definitiva como si el texto fuera suyo. Einstein era el primer científico del mundo, y Szilard —físico nuclear que investigaba sobre el uranio y la reacción en cadena— pensó que la única forma de que el presidente leyera la carta era si Einstein era el autor. Éste la firmó a regañadientes ("De usted, sinceramente. A. Einstein"), y al hacerlo cometió "el peor error" de su vida, según sus propias palabras.

En la carta no se menciona la ecuación $E = mc^2$, ni la relatividad, ni se dice nada del trabajo de Einstein. La bomba sería una aplicación directa de la ecuación, y en esa época los físicos que la desarrollaron lo sabían. Sin embargo, Einstein no estuvo involucrado en esta investigación. La física nuclear era probablemente la única área de la física que no conocía. La disciplina se había desarrollado mientras él trataba de unificar la gravedad con el resto de la física (ver el capítulo 19).

Szilard no trataba de seducir a Einstein para que se uniera al esfuerzo de investigación. Por el contrario, deseaba con urgencia acercarse al presidente. Alemania había invadido y conquistado Polonia y estaba próxima a aplastar a Bélgica. Las noticias de Alemania que llegaban a oídos de los científicos sobre el desarrollo de la bomba eran alarmantes, y el presidente debía ser informado sin hacer demasiado ruido. Szilard no era tan importante como para ser escuchado. Einstein sí.

Al final del capítulo se relata cómo Einstein finalmente firmó la carta y lo que pasó después de que el presidente la recibió. Antes de llegar allá, hay que recorrer el camino que condujo al desarrollo de la bomba nuclear.

La física nuclear en pocas palabras

La energía de una bomba nuclear proviene del interior del núcleo del átomo. La masa se convierte en energía de acuerdo con la ecuación $E = mc^2$. Esta energía es la energía de ligadura del núcleo, el pegante que lo mantiene unido (en el capítulo 11 hay detalles sobre esta energía de ligadura).

Emisión de partículas

En algunos casos las fuerzas nucleares no son capaces de mantener el núcleo unido; éste pierde entonces algunas de sus partículas. El físico francés Henri Becquerel descubrió accidentalmente este fenómeno en 1896. Becquerel, intrigado por los experimentos que hacía Wilhelm Roentgen en Alemania con rayos X (ver el capítulo 15), obtuvo en el laboratorio una sal de uranio para ver si lograba observar esos rayos X.

En el laboratorio del Museo de Historia Natural de París (en donde su padre y su abuelo habían sido también profesores de física), Becquerel comenzó sus experimentos espolvoreando la sal de uranio sobre una placa fotográfica y exponiendo ésta última al sol, pues pensaba que la luz solar activaría los rayos X. Cierto día nublado en que no pudo realizar uno de sus experimentos, puso la placa fotográfica con la sal de uranio en un cajón. Varios días después reveló la placa fotográfica, de todos modos, pensando que iba a obtener una imagen débil. Pero la imagen era muy nítida, de alto contraste. Pronto comprendió que había descubierto un nuevo tipo de radiación intensa.

Cuando Pierre y Marie Curie tuvieron noticia del experimento de Becquerel, comenzaron a buscar otros elementos que emitieran rayos similares. Encontraron que el uranio y el torio emiten la misma radiación. Luego, en 1898, descubrieron dos nuevos elementos: el polonio (así llamado en honor de la tierra nativa de Marie) y el radio. Los Curie llamaron al fenómeno *radiactividad*.

En Inglaterra, Ernest Rutherford diseñó experimentos para investigar este nuevo fenómeno de la radiactividad y logró comprobar que existen dos variedades de rayos: unos más penetrantes que otros. Los menos penetrantes, que llamó rayos *alfa*, tienen carga eléctrica positiva. Los Curie descubrieron en París que los otros rayos, llamados *beta*, están cargados negativamente.

Limitaciones de la fuerza nuclear

¿Por qué estos núcleos liberan partículas? Se supone que la fuerza nuclear es en extremo fuerte (ver el capítulo 11). ¿Por qué no es capaz de mantener todas estas partículas dentro del núcleo?

La respuesta es que la fuerza nuclear tiene un radio de acción muy corto; es capaz de mantener unidas partículas cercanas unas de otras. Si las partículas están muy separadas la fuerza no actúa. Si las partículas son protones, que tienen carga positiva, la fuerza eléctrica sola trata de separarlas (ver la figura 17-1).

Las partículas del núcleo están empaquetadas en el núcleo de un átomo, y cada una interactúa con sus vecinas más cercanas. En un núcleo con más de 30 partículas, una de las partículas del centro no siente la fuerza nuclear de una de las de la periferia. Por ejemplo, en la imagen de la izquierda de la figura 17-2, cada una de las partículas del grupo siente la fuerza nuclear de las otras del grupo (sus vecinas cercanas), pero no siente la de la partícula próxima del borde.

Pensémoslo del modo siguiente: Supongamos que el lector forma parte de un grupo de amigos que trata de mantenerse unido mientras nada en aguas turbulentas. Si todos deciden tomarse de las manos, cada uno estará agarrado de sus dos vecinos. El apretón de un nadador que ocupa un extremo de la larga fila, sin importar cuán fuerte lo sienta su vecino, no ejerce ninguna influencia sobre el nadador del otro extremo. Si el agua se agita mucho, el grupo puede partirse y crear pequeños grupos de dos, tres o tal vez cuatro personas, como se muestra en la imagen derecha de la figura 17-2.

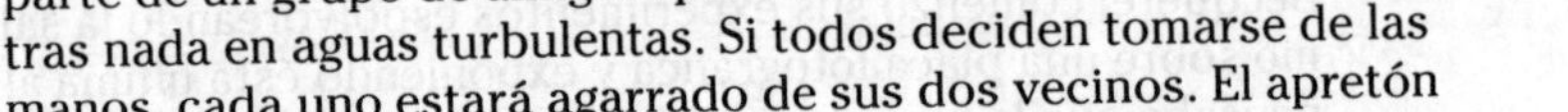

Figura 17-1:
Las partículas del núcleo sienten la fuerza nuclear sólo cuando están muy próximas unas de otras.

Eléctrica
Nuclear

Figura 17-2: Las partículas nucleares agrupadas son atraídas por las otras partículas del grupo, así como los nadadores están agarrados a sus vecinos.

La repulsión eléctrica es semejante a las aguas turbulentas que rompen el grupo inicial; la repulsión entre los protones trata de quebrar un núcleo grande. Sin embargo, en el núcleo hay quienes ayudan a mantener unida la cosa: los neutrones. Los neutrones no tienen carga eléctrica, y la única fuerza que sienten es la fuerza nuclear. Son los expertos nadadores que no se dejan separar por las aguas agitadas. Si los hay suficientes entre los nadadores, el grupo no se romperá.

Estudio del decaimiento alfa

Semejante al grupo de nadadores expertos, un núcleo con igual número de protones y neutrones es estable y permanece siéndolo. Pero si un núcleo tiene demasiados protones, la repulsión eléctrica total puede superar a las fuerzas nucleares de atracción y producir la separación de una parte del núcleo (ver la figura 17-3).

Figura 17-3: Un núcleo con demasiados protones puede descartar una partícula alfa.

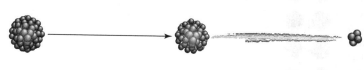

El trozo que abandona el núcleo suele ser una *partícula alfa*, grupo de dos protones y dos neutrones (esta partícula es también el núcleo del átomo de helio). Resulta que estas cuatro partículas se mantienen estrechamente unidas por la fuerza nuclear, de suerte que este grupo constituye una configuración muy estable de partículas nucleares. Éstas son las partículas identificadas por Rutherford como radiación alfa. Los físicos llaman *decaimiento alfa* al fenómeno de emisión de estas partículas por parte del núcleo.

Detección del decaimiento beta

Parece que fuera bueno para el núcleo tener un buen número de neutrones porque éstos no sienten la repulsión eléctrica sino sólo la atracción nuclear. Son nadadores expertos en aguas turbulentas. No obstante, estos nadadores expertos no tienen mucho vigor. Un neutrón individual, fuera del núcleo, dura sólo 15 minutos. Luego de los 15 minutos se convierte en un protón, un neutrón y una pequeña partícula llamada *neutrino*. Este fenómeno se llama *decaimiento beta*.

Dentro del núcleo, y rodeados de otras partículas, los neutrones duran mucho más. Cuando hay suficientes protones en la cercanía, un fenómeno de física cuántica impide que los neutrones produzcan más protones. La física cuántica describe el fenómeno dándole a cada protón del núcleo su propio espacio, su propia ranura. Cuando hay suficientes protones, todas las ranuras están ocupadas y no se admiten protones adicionales (ver la figura 17-4).

En un núcleo con demasiados neutrones, un neutrón de los bordes del núcleo puede decaer en un protón porque habrá ranuras vacías para que el nuevo protón se instale. Por consiguiente:

Figura 17-4:
Cuando todas las ranuras están ocupadas no se admiten protones adicionales en el núcleo.

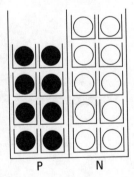

P   N

Un núcleo con demasiados neutrones es inestable y decae en un protón, un electrón y un neutrino.

Los protones creados por este decaimiento permanecen en el núcleo. Los electrones no pertenecen al núcleo; no hay allí ranuras para ellos. Lo mismo ocurre con los neutrinos. Por consiguiente, los electrones y neutrinos son expulsados (ver la figura 17-5). Los neutrinos son muy difíciles de detectar; pueden atravesar la Tierra y salir por el otro lado sin experimentar colisión alguna. En cambio los electrones son fáciles de detectar. Estos electrones disidentes crean los *rayos beta* observados por Rutherford y los Curie.

En ambos casos, es decir, en los decaimientos alfa y beta, el núcleo radiactivo se transforma en el núcleo de otro elemento al emitir las partículas alfa o beta.

Existe otra clase de decaimiento radiactivo, en la cual el núcleo inestable emite sólo radiación de mucha energía, sin expulsión de partículas. La radiación es electromagnética y recibe el nombre de *rayos gama*. En este caso el núcleo simplemente entrega parte de la energía que recibió previamente, pero no pierde su identidad (ver la figura 17-6).

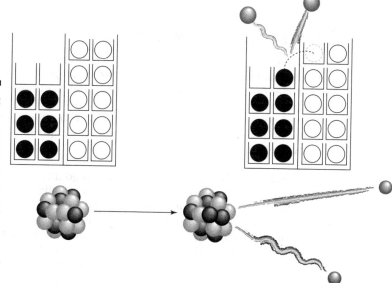

Figura 17-5: Los electrones formados en el decaimiento beta son expulsados del núcleo porque allí no hay ranuras para ellos.

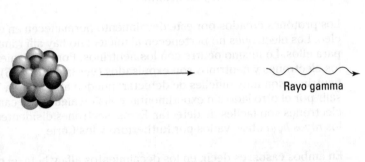

Figura 17-6:
Un núcleo puede también emitir radiación electro-magnética de alta energía en la región gama del espectro.

Rayo gamma

Descubrimiento de la fisión nuclear

En la década del 30, al tiempo que aplicaban las reglas de la física cuántica al núcleo atómico y lograban explicar los fenómenos descritos en la sección anterior, los físicos comenzaron a considerar otros modos en los que un núcleo pesado podía decaer y emitir energía. Hay que recordar que su objetivo era comprender la naturaleza del átomo; nadie tenía armas en mente (no todavía).

Resultados engañosos

En 1934, en su laboratorio de Roma, el físico italiano Enrico Fermi utilizaba neutrones de un núcleo radiactivo como proyectiles para bombardear núcleos de uranio, y creía que estaba produciendo nuevos elementos, a los que llamaba *elementos transuránicos*. Describió sus experimentos en un artículo que publicó en la revista *Nature*. Los científicos de todo el mundo quedaron muy impresionados con los nuevos elementos de Fermi.

Una química llamada Ida Noddack escribió luego un artículo en el que sostenía que Fermi no había presentado en realidad ninguna prueba de que estaba produciendo estos núcleos transuránicos. Por el contrario, Noddack pensaba que los experimentos mostraban que Fermi había en realidad partido el núcleo de uranio en dos núcleos más pequeños. Publicó su artículo en Alemania, en el *Journal of Applied Chemistry*, revista que normalmente los físicos no leían.

Sin embargo, unos cuantos físicos sí leyeron el artículo, pero no lo entendieron. Pensaban que el nuevo elemento formado en los experimentos de Fermi debía tener una masa cercana a la del elemento bombardeado. Fermi también lo leyó y, después de realizar algunos cálculos, resolvió que Noddack estaba equivocada; la posibilidad de generar elementos mucho más livianos, como ella sugería, era muy baja.

A la postre resultó que Noddack estaba adelantada para su época. Simplemente los físicos no sabían suficiente sobre las propiedades de los núcleos como para comprender que lo que ella sostenía era lo que ocurría realmente en los experimentos de Fermi.

El uranio se parte

La respuesta final a este problema llegó pocos años después, en plena Segunda Guerra Mundial. La física austríaca Lise Meitner y su grupo llevaron a cabo en su laboratorio una investigación de cuatro años cuyo resultado no sólo explicó lo que Fermi había logrado sino que, en el proceso, descubrió la *fisión nuclear*, el mecanismo de la bomba.

Al igual que Noddack y muchos científicos que trabajaban en física nuclear en esa época, Meitner se interesaba en los experimentos de Fermi. Pero, al contrario de Noddack, Meitner y sus colaboradores concluyeron al comienzo que Fermi producía nuevos elementos transuránicos.

Meitner comenzó a trabajar en Alemania con un modelo que explicaba el experimento de Fermi, pero las cosas no funcionaban. No podía comprender cómo, al bombardear uranio con un solo neutrón, como Fermi hacía, se producían cuatro o cinco decaimientos beta. En un artículo escrito en 1937, afirmaba que los resultados eran "difíciles de reconciliar con los conceptos actuales de la estructura nuclear".

En París, los Curie evaluaban los resultados del experimento de Fermi. A partir de sus datos identificaron pruebas convincentes de que estaba creando un nuevo elemento, pero no sabían cuál era.

Como se relata en el recuadro que sigue, Lise Meitner fue obligada a abandonar la Alemania nazi en 1938, y viajó a Estocolmo para continuar su trabajo.

En Alemania quedó Otto Hahn, su colaborador de siempre. Hahn y su asistente identificaron el nuevo elemento creado por Fermi como *radio*, elemento radiactivo descubierto por los Curie varios años antes. El correo entre Berlín y Estocolmo fue entregado por la noche, de suerte que Meitner se enteró inmediatamente de la interpreta-

Lise Meitner

Lise Meitner nació en Viena de ascendencia judía pero fue bautizada y educada como protestante. Se interesó en la física al leer sobre el trabajo de Pierre y Marie Curie. Estudió en la Universidad de Viena, en donde era profesor Ludwig Boltzmann, y obtuvo su doctorado en física en 1906.

Al año siguiente entró a trabajar a la Universidad de Berlín, en donde se inició su colaboración con Otto Hahn, químico de su misma edad. Los dos jóvenes científicos trabajaban en radiactividad y tuvieron mucho éxito; en 1918 anunciaron el descubrimiento de un nuevo elemento radiactivo. Por entonces ambos se habían trasladado al Instituto Kaiser Wilhelm, en donde ella dirigía el laboratorio de física y él el de radioquímica.

Hacia 1938, Meitner era considerada uno de los científicos líderes del mundo en física nuclear. Einstein la llamaba "nuestra Madame Curie". Un químico orgánico llamado Kurt Hess, investigador desconocido y envidioso, quien se convirtió en el primer nazi activo del instituto, inició una campaña para salir de Meitner. Cuando ella le mencionó el asunto a Hahn, su colaborador y amigo de toda la vida, él fue de inmediato a hablar con el director del instituto. Éste le ordenó despedir a Meitner.

Hahn la despidió. Habían trabajado juntos por más de 20 años; se respetaban y conocían bien. Ella escribió en su diario: "Hahn dice que no debo volver al instituto. Me ha... despedido".

Es probable que Hahn haya sentido temor por el futuro del instituto y por el suyo propio. Pero sin Meitner en la escena, él sería el único receptor de la gloria que los éxitos de ambos traería. Hahn se beneficiaba con la ausencia de Meitner.

En agosto de 1938 Meitner abandonó la Alemania nazi para radicarse en Estocolmo, Suecia.

ción de Hahn. Pero no pensaba que Hahn tenía razón. Para producir radio era necesaria la emisión de dos partículas alfa. No creía que el neutrón lento del experimento de Fermi tuviera la energía suficiente para dejar fuera de combate ni siquiera a una simple alfa.

Meitner sugirió al grupo de Hahn intentar un nuevo experimento. El asistente de Hahn escribió posteriormente, refiriéndose a la sugerencia: "Por fortuna su opinión y juicio tenían tanto peso para nosotros que comenzamos de inmediato... los experimentos". El experimento demostró que el elemento producido no era radio sino *bario*, elemento mucho más liviano que el uranio.

Meitner y Hahn acababan de descubrir la fisión nuclear. Noddack había tenido razón. Fermi no estaba produciendo elementos transuránicos sino partiendo átomos.

En el artículo con los resultados, Hahn sugería que el núcleo de uranio se había partido en dos fragmentos. Meitner quedó muy decepcionada por no haber podido participar en tan "hermoso descubrimiento", pero sabía que alguien "no ario" no podía figurar en la publicación.

Imaginar gotas de líquido

Meitner viajó en diciembre de 1938 a Copenhage para visitar a su sobrino Otto Frisch, que trabajaba como físico en el Instituto Niels Bohr. Tía y sobrino salieron una fría mañana de invierno a caminar en la nieve, y comenzaron a discutir los resultados del grupo de Berlín. Ella había sugerido que el núcleo de uranio se había partido en dos fragmentos similares, y uno de ellos era un núcleo de bario. ¿Cómo era posible que un neutrón lento tuviera la suficiente energía para producir tal división?

Niels Bohr, jefe de Frisch, había expuesto la idea de que una gran gota de líquido sería un buen modelo de un núcleo pesado. Una gota grande de líquido es frágil y se divide fácilmente en pequeñas gotitas. Si hay suficiente energía, la gota comienza a alargarse más y más, y oscila de arriba abajo hasta que se rompe (ver la figura 17-7). Las gotitas nuevas son mucho más estables y difíciles de dividir. La *tesión superficial* —fuerza que mantiene unidas las moléculas de líquido en la superficie— es mucho mayor en las gotitas nuevas (las pompas de jabón grandes son mucho más frágiles que las pequeñas por la misma razón).

Figura 17-7: Si suministramos la energía suficiente podemos dividir una gota grande de líquido en pequeñas gotitas.

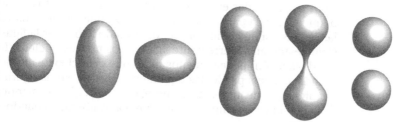

Un núcleo pesado que se perturba un poco, decía Bohr, se comporta como la gran gota oscilante: vibra hasta que se parte en dos fragmentos. Aunque la fuerza nuclear es muy fuerte, tiene corto rango. Frisch sabía que en un núcleo tan grande como el del uranio la tensión superficial no es muy fuerte. Meitner hizo cálculos de memoria con $E = mc^2$ y obtuvo el valor de la enorme cantidad de energía liberada por la división del núcleo de uranio. Las cosas cobraban sentido. Frisch sugirió el nombre de *fisión* para el fenómeno.

En los experimentos de Fermi, el neutrón suministra la energía necesaria para dar inicio a las vibraciones del núcleo de uranio. Cuando las vibraciones son suficientemente grandes, el núcleo de uranio se parte en dos fragmentos, producto de la fisión (ver la figura 17-8).

Figura 17-8:
La fisión
nuclear
explicada por
medio del mo-
delo de la gota
de líquido.
Cuando el nú-
cleo se parte,
libera nuevos
neutrones
que sirven de
proyectiles
para produ-
cir nuevas
fisiones.

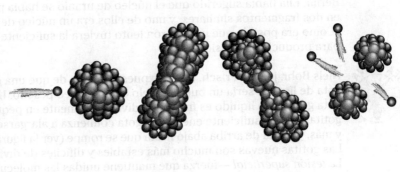

Los dos fragmentos más pequeños, como las gotitas de líquido, son más difíciles de dividir. Sus tensiones superficiales son mucho mayores. Las partículas nucleares —protones y neutrones— de sus núcleos están ligadas entre sí con mayor fuerza. En estos núcleos más pequeños, cada partícula siente la fuerza nuclear de la mayoría de las demás, ya que ninguna está demasiado lejos (ver la figura 17-9). Como están más fuertemente ligados, los nuevos núcleos (fragmentos de la fisión) poseen menos masa que el núcleo de uranio más grande, con sus partículas débilmente ligadas (ver la figura 17-10). La diferencia de masas es la energía, $E = mc^2$, que las mantiene unidas en el núcleo primitivo. Esta energía es liberada cuando el núcleo se parte.

Figura 17-9:
Rango de la
fuerza nu-
clear para
la partícula
del centro

Rango de la fuerza nuclear
para la partícula
del centro

Figura 17-10:
Los frag-
mentos de la
fisión tienen
menor masa
que el núcleo
original de
uranio.

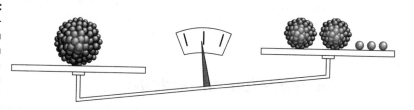

Durante esa caminata matinal en la nieve, Lise Meitner y su sobrino
Otto Frisch comprendieron la física de la fisión nuclear. Encontraron
la explicación correcta de los experimentos realizados en Roma por
Fermi, y de aquéllos realizados por sugerencia de Meitner en Berlín,
llevados a cabo por Otto Hahn y el que había sido su grupo de trabajo. El artículo de Hahn salió en enero de 1939, sin el nombre de
Meitner. Meitner y Frisch publicaron su interpretación en *Nature* un
par de semanas después.

Otto Hahn ganó el premio Nobel de química en 1944 por el descubrimiento. Solo.

El comité Nobel cometió así uno de sus mayores errores. Hahn había contribuido sustancialmente al descubrimiento, pero Meitner
había orientado la investigación hasta su culminación. El premio ha
debido ser compartido por ambos. El comité no investigó a fondo el
asunto y no vio las razones políticas que subyacían tras la omisión
del nombre de Meitner en varios de los artículos fundamentales.

Fabricación de la bomba

Meitner y su grupo descubrieron el modo de liberar la enorme energía almacenada en el núcleo. Pero todavía no pensaban en construir bombas.

Las energías del núcleo son enormes sólo por comparación. La energía liberada en la división de un núcleo de uranio es sólo una billonésima parte de la energía que se necesita para levantar una pelota de béisbol del suelo hasta el pecho. Incluso si consideramos el gran número de átomos presentes en una muestra de uranio, ¿cómo bombardearlos todos al tiempo para obtener energía en suficiente cantidad para utilizarla? Porque si no se hace esto, los núcleos liberan sus diminutas porciones de energía en tiempos diferentes, y no hay energía suficiente para su empleo.

La reacción en cadena

Había un científico que pensaba en bombas en esa época, pero nadie lo escuchaba. Desde 1932, Leo Szilard tenía la idea de que los neutrones serían mejores proyectiles para el núcleo que las partículas alfa que Rutherford y otros empleaban.

Szilard ideó el modo de liberar toda la energía de una vez. Pensaba que, si se usaban neutrones, tal vez se hallaría un elemento que liberara dos o más neutrones al ser bombardeado por un neutrón. Entonces se tendrían dos neutrones que servirían de proyectiles para generar cuatro neutrones adicionales, con los cuales se bombardearían cuatro núcleos, y así sucesivamente. Szilard llamó al fenómeno *reacción en cadena*.

En una reacción en cadena, el elemento bombardeado con un neutrón libera neutrones; estas nuevas partículas se utilizan como proyectiles para bombardear otros núcleos. El resultado es una reacción descontrolada que libera una gran cantidad de energía.

Cuando se les pidió a los científicos desarrollar una bomba nuclear para contribuir al esfuerzo bélico, la idea de Szilard pasó a ocupar el centro del escenario. La fisión nuclear no había sido descubierta cuando Szilard propuso su idea por primera vez, y nadie sabía que los núcleos grandes pueden dividirse en dos fragmentos mediante un neutrón relativamente lento. Szilard había propuesto bombardear todos los elementos con neutrones hasta que apareciera uno que liberara neutrones adicionales. Esto no era práctico.

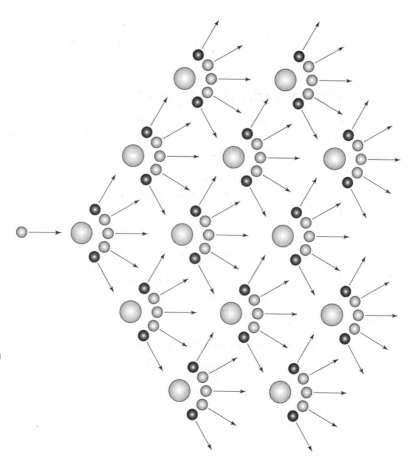

Figura 17-11:
Reacción en
cadena.

Entendida la fisión nuclear, el caminó quedó despejado. La división del uranio en dos fragmentos de fisión por medio de un neutrón generaba tres nuevos neutrones que servían de proyectiles para tres nuevas y posibles fisiones. Estas tres fisiones generaban a su vez nueve neutrones bala, que se convertían en 27 nuevos neutrones, y así sucesivamente. Szilard tenía su reacción en cadena.

En 1942, Enrico Fermi logró producir su primera reacción en cadena en el laboratorio de física nuclear que había montado en la Universidad de Chicago (Fermi había abandonado su Italia nativa y se había trasladado a Estados Unidos, huyendo del régimen fascista de Mussolini).

En la reacción en cadena de Fermi la masa del núcleo de uranio más la del neutrón que lo parte es mucho mayor que la masa total de los fragmentos de fisión producidos. La ecuación de Einstein, $E = mc^2$, dice que la energía del núcleo de uranio y la energía del neutrón son mayores que la energía de todos los fragmentos de la fisión. Esta energía se libera cuando el núcleo de uranio se divide.

Percepción de la fuerza

El muy limitado radio de acción de la fuerza nuclear es la razón por la cual las partículas del núcleo de uranio no están tan ligadas como lo están en los fragmentos de la fisión. En un núcleo con muchas partículas, como el uranio, una partícula no siente la fuerza nuclear de las partículas situadas al otro lado del núcleo, las cuales están fuera del alcance de la fuerza nuclear (ver la parte derecha de la figura 17-12).

Por contraste, en un núcleo con muy pocas partículas, como el helio (que tiene sólo cuatro partículas), una partícula siente la fuerza nuclear de todas las demás (ver la parte izquierda de la figura 17-12). Pero la fuerza total que experimenta no es tan grande. Es mucho mayor la fuerza experimentada por una partícula de las 16 que forman el núcleo del oxígeno.

Identificación del núcleo más estable

Existe un tamaño máximo del núcleo para el cual todas sus partículas perciben la presencia de las demás. En un núcleo de este tamaño, una partícula adicional no incrementará la fuerza total sobre cada una de las demás partículas. Las partículas en un núcleo más pequeño experimentan una fuerza total menor.

Figura 17-12:
Una partícula en un núcleo pequeño percibe las demás. Una partícula situada cerca del borde de un núcleo grande no percibe las del centro.

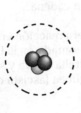
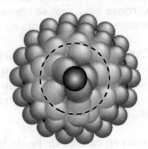

Teniendo en cuenta la repulsión eléctrica de los protones, el radio de acción de la fuerza nuclear es suficiente para mantener unidas las 56 partículas del núcleo de hierro. El llamado *hierro 56* es el más fuertemente ligado, el núcleo más estable que hay. Un núcleo pesado como el del uranio 235 (que tiene 235 partículas nucleares) tiene demasiadas partículas no ligadas a muchas otras. Cuando este núcleo es perturbado por un neutrón que se acerca, por ejemplo, se parte fácilmente en dos fragmentos mucho más estables, liberando energía en el proceso.

Representación de imanes

Comprenderemos la razón de la liberación de energía si imaginamos, por ejemplo, cuatro imanes en herradura pegados (ver la parte izquierda de la figura 17-13). En esta configuración los imanes no están apareados y su atracción mutua se debilita. Los separamos fácilmente.

Si sacudimos el enjambre de imanes suficientemente, se aparearán en dos grupos de dos imanes cada uno, pegados por sus polos opuestos (ver la parte derecha de la figura 17-13). Será más difícil separar las parejas ahora que cuando estaban todos los imanes en el enjambre.

Supongamos que, estando los imanes en el enjambre, sacudimos sólo uno. En el momento en que encuentre su pareja sentiremos la fuerza que hace sobre nosotros. Si realizamos el experimento con un imán gigante, la gran energía liberada en el momento de aparearse puede lastimarnos.

La división del núcleo de uranio 235 libera energía por la misma razón fundamental. La gran energía liberada por los imanes gigantes proviene de sus masas; de la conversión de masa en energía, de acuerdo con la fórmula $E = mc^2$. Si dispusiéramos de una balanza de altísima precisión, observaríamos que los imanes pesan algo menos

Figura 17-13: Se requiere más energía para separar los imanes cuando están pegados por sus polos opuestos que cuando están en el enjambre.

después de aparearse que cuando estaban en el enjambre. La energía liberada por los imanes es pequeñísima comparada con la que libera un trozo de uranio 235, porque la fuerza nuclear es mucho mayor.

Hacia la bomba nuclear

La primera reacción en cadena obtenida en 1942 estaba controlada. Fermi utilizó en el reactor nuclear de la Universidad de Chicago un dispositivo que absorbía los neutrones para controlar la tasa de la reacción. En una bomba nuclear la reacción se deja sin control.

Para que ocurra una explosión nuclear es necesario que haya suficiente uranio para mantener la reacción en cadena. Pero hace falta algo más. La generación de una reacción en cadena descontrolada depende también del diseño de la bomba. Con un buen diseño, basta con 1 kilogramo de uranio 235. Esta cantidad se llama *masa crítica*.

La masa crítica de uranio 235 explota por sí misma; cualquier neutrón aislado puede desencadenar la reacción. Por consiguiente, en una bomba nuclear, la masa crítica se reúne sólo en el instante de la explosión.

Observemos que la expresión *bomba nuclear* es más precisa que el viejo nombre de *bomba atómica*, porque la energía proviene únicamente del núcleo del átomo.

En *Little Boy* [*Muchachito*], la bomba lanzada sobre Hiroshima, Japón, el 6 de agosto de 1945, el uranio se mantuvo separado en dos mitades en los dos extremos de un diseño en forma de cigarro (ver la figura 17-14). Un explosivo unió las dos mitades para formar la masa crítica en el instante de la detonación.

Al alcanzar su masa crítica, el uranio explota en un microsegundo aproximadamente. No obstante, en una bomba nuclear el 99,9 por

Figura 17-14:
Diseño de
Little Boy,
la bomba
nuclear que
fue lanzada
sobre
Hiroshima
en 1945.

ciento de la energía es liberada en el último décimo de microsegundo de la explosión. La bomba es tan poderosa porque la súbita liberación de esta energía tiene lugar en un tiempo muy corto.

Creación de la bomba H

Otra bomba más poderosa fue inventada en Estados Unidos varios años después de la bomba de fisión nuclear ya descrita. Es la llamada *bomba de hidrógeno, bomba H* o *bomba termonuclear*. Su fuente de energía es la misma que hace brillar el Sol, la fusión nuclear, y su desarrollo fue posible también por la ecuación de Einstein, $E = mc^2$.

Se entiende por *fusión nuclear* la combinación de dos núcleos livianos que se unen para formar un núcleo más masivo. La ecuación de Einstein, $E = mc^2$, dice que las cosas tienen menor masa cuando están pegadas que cuando están sueltas. La suma de las masas de los dos núcleos, antes de combinarse, es mayor que la masa del nuevo núcleo producto de la combinación. Cuando los dos núcleos livianos se combinan para formar el nuevo núcleo, se libera energía.

Una bomba termonuclear típica une dos núcleos de dos variedades de hidrógeno, el *tritio* (un protón y dos neutrones) y el *deuterio* (un protón y un neutrón), para formar *helio* (dos protones y dos neutrones). La fusión libera un neutrón y *energía* (ver la figura 17-15).

La gran dificultad tecnológica que debía ser resuelta en el desarrollo de esta arma, el "secreto" de la bomba de hidrógeno, era la siguiente: ¿cómo acercar los núcleos lo suficiente para que la fuerza nuclear dominara la enorme fuerza repulsiva de los protones de cada uno de los núcleos originales? La solución fue rodear la bomba de hidrógeno con una bomba de fisión nuclear e inventar una técnica que

Figura 17-15:
Dos variedades de hidrógeno se unen para formar el núcleo de helio, con la liberación de un neutrón y de energía.

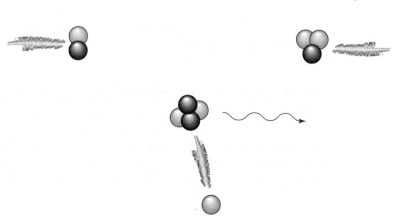

posibilitara el empleo de los rayos gama de la bomba de fisión para forzar la unión de los núcleos.

Siempre pacifista

Einstein no tuvo nada que ver en el desarrollo de las dos bombas construidas en Estados Unidos durante la Segunda Guerra Mundial y durante la Guerra Fría. Como se verá en las secciones siguientes, su ingerencia se limitó a la firma de la famosa carta al presidente Roosevelt.

Temor a una bomba nazi

Los experimentos de Fermi habían demostrado la factibilidad de la reacción en cadena. Entonces Leo Szilard, quien venía proponiendo la idea desde hacía tiempo, fue a Princeton, New Jersey, a consultar al célebre físico Eugene Wigner (Szilard y Wigner eran refugiados húngaros). Ambos sabían que Bélgica controlaba grandes cantidades de uranio en el Congo. La Alemania nazi estaba a las puertas de Bélgica, y veían con temor la posibilidad de que los alemanes tuvieran a mano el suficiente uranio para desarrollar una bomba nuclear.

La carta al presidente

Szilard sabía que Einstein era buen amigo de la reina de Bélgica y pensó que quizá éste podría escribirle una carta explicándole la urgencia de la situación. Wigner y Szilard fueron a visitarlo a su casa, cerca del Instituto de Estudios Superiores. No habían traspasado el umbral de la casa cuando Einstein ya había aceptado escribir la carta, pero quería enviársela al gobierno belga y no a la reina.

Einstein escribió un borrador y se lo entregó a Szilard y Wigner. Entonces Szilard habló con un colega, quien lo puso en contacto con Alexander Sachs, banquero y asesor del presidente Roosevelt. Sachs recomendó llevarle la carta al presidente.

Con ayuda de Sachs, Szilard escribió un borrador de la carta para Roosevelt y se la envió a Einstein, explicándole lo que había sucedido. Einstein quería una segunda reunión. Wigner andaba de viaje por la costa oeste, de modo que Szilard fue con Edward Teller, notable físico también húngaro. En la reunión, Einstein le dictó otro borrador a Edward Teller. Pocos días después Szilard envió a Einstein dos versiones basadas en el mismo borrador. Einstein firmó ambas cartas y se las mandó a Szilard.

El 11 de octubre de 1939, Sachs llevó personalmente la versión más larga de la carta al presidente. Roosevelt comprendió de inmediato la importancia del asunto. "Alex", dijo, "Después de esto tenemos que impedir que los nazis nos tomen ventaja". Luego llamó a su secretario y le dijo: "Esto requiere acción inmediata".

La acción resultante no fue la que Szilard quería. El presidente estableció un comité formado por Fermi, Szilard, Teller y Wigner. Einstein no estaba incluido. El comité envió sus recomendaciones y en seguida el gobierno destinó 6.000 dólares anuales para investigación sobre la fisión del uranio y las reacciones en cadena.

Szilard volvió donde Einstein y le pidió una segunda carta, que éste escribió. Luego de recibir la segunda carta el presidente amplió el comité para incluirlo. Einstein no aceptó.

Arrepentimiento posterior

Las cartas de Einstein no indujeron realmente a Estados Unidos a trabajar en la construcción de la bomba. La inspiración vino más bien de un informe en dos partes escrito por Otto Frisch, quien había escapado a Inglaterra, y el físico británico Rudolf Peierls. Las dos partes se titulaban: "Sobre la construcción de una 'superbomba' basada en la reacción en cadena del uranio" y "Memorando sobre las propiedades de una 'superbomba' radiactiva". El informe fue enviado a Washington por el conducto oficial. El 6 de diciembre de 1941, la víspera del ataque japonés a Pearl Harbor, el presidente Roosevelt puso en marcha el proyecto secreto llamado Ingeniería del Distrito de Manhattan, el *Proyecto Manhattan,* como se le conocería. Tres días después Alemania le declaraba la guerra a Estados Unidos.

El arma nunca se empleó contra los nazis. Cuando la Alemania nazi se derrumbó, en mayo de 1945, la bomba no estaba lista. Pero sobre Hiroshima y Nagasaki fueron lanzadas dos bombas, que terminaron la guerra con el Japón.

La carta de Einstein vino a conocerse después de la guerra. Su ecuación, $E = mc^2$, herramienta esencial en el desarrollo de la bomba, era también conocida. Algunos comenzaron a llamar a Einstein el "superpadre" de la bomba (a J. Robert Oppenheimer, director del Proyecto Manhattan, le decían "el padre".) Einstein se disgustó muchísimo con el apelativo, y declaró a propósito: "Si hubiera sabido que los alemanes no lograrían fabricar la bomba atómica, nunca habría apoyado el asunto".

Lucha por la paz

"Me negaría de plano a prestar el servicio militar, en forma directa o indirecta, y trataría de persuadir a mis amigos a tomar la misma decisión, sin importar la causa de la guerra". Éstas fueron las declaraciones de Einstein en una entrevista en 1921. El hecho de haber tomado la posición contraria al escribir la carta a Roosevelt sólo demuestra la magnitud de la amenaza que representaba Hitler para el mundo. Terminada la Segunda Guerra Mundial, Einstein volvió a sus firmes convicciones pacifistas.

Había sido pacifista desde su juventud. Decía que su pacifismo era instintivo, "es un sentimiento que se apodera de mí, porque la muerte de un hombre es repugnante". Su pacifismo no provenía de teorías intelectuales, "sino de mi profunda antipatía hacia cualquier tipo de crueldad y odio... mi pacifismo es absoluto".

En 1930, durante una estadía en Estados Unidos, Einstein pronunció un polémico discurso en el que declaró: "Si sólo el 2 por ciento de los llamados a filas se negaran a prestar el servicio, y exigieran simultáneamente la solución pacífica de todos los conflictos, los gobiernos quedarían impotentes". El 2 por ciento era tanta gente, pensaba Einstein, que no habría suficientes cárceles para encerrarlos a todos. El discurso apareció en *The New York Times* y preocupó a mucha gente.

La amenaza de Hitler obligó a Einstein a convertirse en un "pacifista militante", según sus palabras. Durante la guerra aceptó ser consultor de la Marina. Su trabajo consistía en señalar los errores cometidos en el diseño de nuevas armas y sugerir ideas para mejorarlas. La tarea era fácil para Einstein, y similar en algunos aspectos a su antiguo trabajo en la oficina de patentes de Berna.

Pasada la guerra, y hasta su muerte en 1955, Einstein se opuso a la proliferación de armas nucleares y adelantó una campaña constante a favor de su abolición. Fundó con Szilard, en 1946, el Comité de Emergencia de Científicos Atómicos, y fue su director y presidente de la junta directiva. Los objetivos de la organización consistían en educar al público sobre la naturaleza de las armas atómicas. Además de Einstein y Szilard, el comité incluía a Linus Pauling, Harold Urey, y a los célebres físicos Hans Bethe y Victor Weisskopf. Con todo, la organización no logró la influencia esperada por sus fundadores. El comité permaneció activo hasta 1950.

El *Bulletin of the Atomic Scientists*, organización similar, fue fundado en 1945 por científicos que habían trabajado para el Proyecto Manhattan en la Universidad de Chicago. Einstein fue uno de los patrocinadores. El boletín continúa hoy adelantando su misión educativa.

Capítulo 18

El mayor disparate de Einstein

En este capítulo

▶ Definición de la frontera del universo

▶ Predicción de la forma del espacio

▶ Se reconoce la expansión del universo

*L*uego de completar "su más bello descubrimiento", es decir, la ecuación del campo de la teoría general de la relatividad (ver el capítulo 12), Einstein comenzó a utilizarla para descubrir los secretos de la naturaleza y ver cómo funciona el universo. El primer secreto al que se enfrentó era el mayor y más fundamental de todos: la esencia del universo. Quería saber cómo está hecho y cómo funciona el universo. Al terminar el trabajo había creado una nueva área de la física. Y cometió un grave error.

En este capítulo se introducen las ecuaciones de Einstein para el universo y se presentan los primeros modelos desarrollados con base en éstas. Como cosa extraña, Einstein se asustó con sus ecuaciones e introdujo lo que llamó después su más grande disparate.

En busca de la frontera del universo

En febrero de 1917, Einstein expuso un trabajo para la Academia de Ciencias de Prusia en el que presentaba su modelo del universo. El modelo mostraba serias contradicciones con los intentos previos basados en la física de Newton.

Desplome del universo de Newton

Einstein comenzaba su artículo con un listado de las cosas incorrectas en el universo de Newton. Este universo inmutable se extendía hasta el infinito y estaba lleno de estrellas que sentían la gravedad de las demás, de acuerdo con la ley de la gravitación universal (ver el capítulo 4).

Einstein y otros señalaban que, a causa de la gravedad, el universo de Newton era cambiante. Además, la idea de un universo infinito era problemática y, andando el tiempo, los científicos lograron demostrar que era imposible. Un universo infinito colapsaría.

Pero la idea de un universo finito es igualmente problemática. Si el universo no se extiende hasta el infinito, si el espacio tiene un límite, entonces la siguiente pregunta es: ¿Qué hay del otro lado? ¿Qué hay más allá de la frontera del universo? Una respuesta del tipo "otro universo" no sirve, ya que podemos seguir preguntando lo mismo: ¿Este otro universo es infinito o tiene límite? Y así sucesivamente.

Si el universo tiene un borde podríamos viajar hasta allá y pasar una mano fuera. Al hacer esto, ¿extendemos el universo? ¿Creamos más universo?

Estas preguntas sobre un universo basado en la física de Newton nunca han sido respondidas. La física de Newton nos muestra cómo funciona el sistema solar, cómo se mueven y viven las estrellas en las galaxias, y cómo es la interacción entre éstas últimas. Los científicos emplean hoy su mecánica para calcular órbitas de satélites y estaciones espaciales, y para enviar naves espaciales a Marte. Pero no podemos utilizarla para comprender el funcionamiento del universo en conjunto, o para saber si tiene un fin o si se extiende sin límite.

"Finito" e "ilimitado" son términos compatibles

El modelo de Einstein, resumido en el artículo expuesto ante la Academia ("Observaciones cosmológicas basadas en la teoría general de la relatividad"), presentaba un universo sin cambios, sin fronteras, pero de tamaño finito. El modelo tenía las propiedades siguientes:

✔ Exceptuando las diferencias locales, todas las cosas del universo están hechas del mismo material.

✔ La apariencia del universo es la misma en todas direcciones y desde cualquier lugar (a gran escala, con las diferencias locales).

✔ El universo es finito e ilimitado.

✔ El universo es estático, lo que significa que ha existido desde siempre y continuará existiendo en la misma forma general. No hubo principio ni habrá fin, pero hay cambios locales.

Einstein comprendió rápidamente que la última hipótesis era incorrecta. Con esta excepción, su modelo es, en términos generales, muy parecido al que utilizamos hoy.

La primera propiedad del modelo de Einstein nos facilita la vida. Si suponemos que el universo cambia con el lugar, el modelo se complica en extremo. A pesar de que los científicos hablan hoy de las extrañas formas de materia que han descubierto, de acuerdo con las observaciones de los últimos 100 años, el universo a gran escala parece estar hecho del mismo material. En el capítulo 19 hay más información sobre el particular.

La segunda propiedad ha sido comprobada recientemente (ver el capítulo 14). La materia del universo, en forma de galaxias y cúmulos de galaxias, parece estar distribuida del mismo modo en todas direcciones.

A primera vista la tercera propiedad es una contradicción. Einstein dice que el universo no se extiende indefinidamente pero que no tiene bordes. Él no sacó esta propiedad de la nada. Sus ecuaciones del campo la requerían. Manifestó a su amigo Michele Besso lo siguiente: "En gravitación busco ahora las condiciones límite en el infinito. De seguro es interesante saber en qué medida existe un mundo finito, es decir, un mundo de extensión finita naturalmente medible, en el cual toda inercia es en verdad relativa".

El universo que las ecuaciones de Einstein ofrecen tiene extensión finita en el espacio. Las tres dimensiones del espacio son cerradas, de modo similar a como las dos dimensiones de la superficie de una esfera son cerradas. Imaginemos un universo de dos dimensiones en donde viven seres de dos dimensiones (ver la figura 18-1). En este universo hay estrellas y planetas. Las estrellas son discos de gases calientes que emiten luz y calor. Los planetas son discos oscuros mucho más pequeños, que están en órbita alrededor de algunas estrellas. Todo ocurre en la superficie de la esfera. En este universo no existe un "arriba" ni un "abajo".

La superficie de este universo es finita e ilimitada. Un ser de dos dimensiones que viaja en este universo se mueve sobre la superficie de la esfera, sin encontrar nunca un borde. El viajero vuelve con el tiempo a su posición inicial. En este universo sin bordes, el viajero no puede extender hacia afuera su mano plana de dos dimensiones

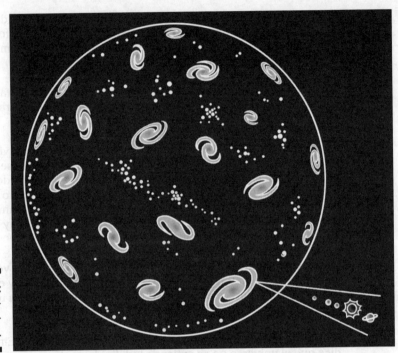

Figura 18-1:
Un univer-
so bidimen-
sional.

(tampoco puede levantarla, porque no hay un "arriba"). Está por
siempre pegado a la superficie.

El modelo de Einstein es la versión tridimensional del universo esférico descrito. Nuestro espacio es ilimitado pero finito. Este modelo
no tiene los problemas del de Newton. No se extiende indefinidamente, pero no podemos viajar hasta el borde y sacar la mano. No
hay borde, ni tampoco otro lado.

Cálculo de la curvatura del universo

¿Cómo emprenderíamos el descubrimiento de la forma del universo?
Es más fácil pensar en un universo de ficción de dos dimensiones.

Ejemplo en dos dimensiones

Supongamos que Redondo es un planeta habitado que se mueve
alrededor de una estrella amarilla en este universo de dos dimensiones. Redondo es un mundo muy plano, y sus habitantes han creído

siempre que el universo entero es plano, como un disco. Los científicos han hecho medidas muy precisas de diferentes formas geométricas; todos trabajan de acuerdo con los teoremas de geometría plana que aprendieron en el colegio. Por ejemplo, la suma de los ángulos de un triángulo suma siempre 180 grados.

Los científicos discutieron durante años si su universo plano se extendía indefinidamente, con un número infinito de estrellas y planetas, o si era finito y tenía frontera. Pero si era finito, ¿qué había más allá del borde?

Hace unos 90 años un célebre científico descubrió que este universo no es plano sino curvo. Redondo es plano, pero el universo entero es en realidad esférico. Si uno de los habitantes de Redondo pudiera viajar durante millones de años en línea recta, con el tiempo volvería al punto de partida después de haberle dado la vuelta al universo.

Entonces los científicos propusieron construir un enorme triángulo con rayos láser disparados desde una nave espacial que fue lanzada con este propósito hace algunos años. Cuando midieron los ángulos del triángulo, su suma resultó ser mayor que 180 grados (ver la figura 18-2). Los sabios concluyeron que el universo es curvo. Es una esfera.

En Redondo todos quedaron sorprendidos pero felices por haber descubierto la forma del universo. Pero no podían imaginárselo. Sabían lo relacionado con líneas curvas, como los círculos, pero no tenían el concepto de superficie curva. ¿Curva en qué dirección? No tenían arriba ni abajo. Pero los físicos podían verlo mediante sus ecuaciones.

Figura 18-2:
Los científicos de Redondo midieron los ángulos de un gran triángulo trazado en el espacio.

Cilindro de cuatro dimensiones

Einstein no propuso enviar una nave espacial con rayos láser para medir la curvatura del universo. Realizó en cambio un experimento imaginario.

Imaginemos una rueda giratoria. La geometría que aprendimos en el colegio nos enseña que si medimos la circunferencia del disco y dividimos este valor por el diámetro obtenemos el número π. Según la relatividad especial, sin embargo, obtendremos un menor valor de la longitud de la circunferencia si la rueda gira, porque la longitud se contrae en la dirección del movimiento (ver el capítulo 9). La rueda está en movimiento con respecto a nosotros, y medimos una longitud menor en el marco de referencia móvil (ver la figura 18-3). El diámetro no cambia porque forma un ángulo recto con la dirección de la rotación, y sólo aquellas longitudes paralelas a la dirección del movimiento se contraen.

El acortamiento de la circunferencia con respecto al diámetro de la rueda se debe a la curvatura del espacio. Para comprender la razón de esto dibujemos un disco en una hoja de papel. Recortemos ahora una cuña del círculo (para obtener la circunferencia más corta que medimos arriba) y unamos los bordes del papel. El papel se curvará (ver la figura 18-4). Lo mismo hicimos antes para ilustrar la órbita de Mercurio en el espacio-tiempo curvo del Sol (ver el capítulo 12). En ese caso el espacio se curva localmente debido a la presencia del Sol. Ahora todo el espacio-tiempo es curvo. El acortamiento de la circunferencia de la rueda giratoria es una propiedad del espacio-tiempo y no depende de la cercanía del Sol o de cualquier masa.

Figura 18-3:
Si medimos la circunferencia de una rueda que gira a velocidades relativistas obtenemos un valor menor.

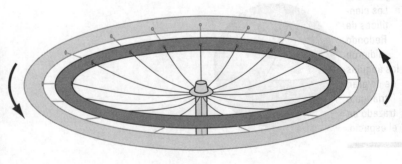

Figura 18-4:
Recortemos una cuña del disco. Si unimos los bordes del disco otra vez, obtenemos un espacio curvo.

También podemos intentar lo que hicieron los sabios de Redondo: sumar los ángulos de un gran triángulo trazado en el espacio. Descubriremos que suman más de 180 grados. Nuestro espacio-tiempo es curvo.

En realidad las tres dimensiones del espacio se curvan. No así la dimensión del tiempo. El espacio-tiempo es un cilindro de cuatro dimensiones con el espacio curvo y la dimensión temporal recta (ver la figura 18-5). ¿En qué dirección se curva el espacio? Así como los habitantes de Redondo no podían imaginar su superficie curva, nosotros tampoco podemos imaginar nuestro espacio curvo. Pero nuestros físicos pueden verlo en sus ecuaciones.

El modelo de universo de Einstein

Según la cuarta hipótesis de Einstein el universo es estático, ha existido siempre en la misma forma general y permanecerá así para

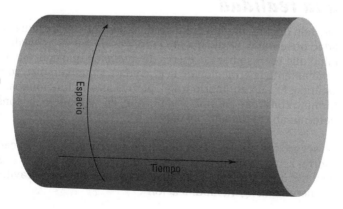

Figura 18-5:
El espacio-tiempo de Einstein es curvo como un cilindro.

Espacio

Tiempo

El País de la Esfera

Dionys Burger, matemático holandés, escribió en 1960 una historia sobre un mundo de dos dimensiones, llamado país de la Esfera, en la que describe las molestias y tribulaciones de Hexágono, uno de los habitantes del país. El libro era la continuación de *Flatland* (Tierraplana), relato clásico de ciencia ficción publicado en 1880 por el erudito shakesperiano Edwin Abbot.

siempre. Esta hipótesis era desconcertante. Cuando hizo por primera vez los cálculos, sus ecuaciones del campo le dieron un universo dinámico, en expansión o en contracción.

Sin embargo, a Einstein no le gustaron los resultados de su modelo. Un universo en expansión o contracción era una noción extraña. Podía ocurrir, por supuesto. La física de las dos opciones era clara y directa. El colapso era causado por la atracción entre las estrellas, que las hacía moverse de su posición actual hacia el centro del universo. La expansión requería de algún tipo de gran explosión en el pasado distante, que empujaba las estrellas hacia fuera. Su modelo incluía ambas posibilidades. Pero las observaciones de la época no mostraban nada por el estilo. El universo observado por los astrónomos era estático.

Cambiar la ecuación para ajustarse a la realidad

Einstein decidió modificar su modelo para que representara la realidad observada. Se dio cuenta entonces de que si agregaba un término que representara la fuerza de repulsión que contrabalanceara exactamente la atracción de la gravedad, su universo se volvería estático. Era un equilibrio frágil, pero el asunto funcionaba. Llamó al término *constante cosmológica* porque, en su modelo, la constante determinaba el tamaño del universo.

De seguro fue una decisión difícil. En su artículo para la academia escribió: "Voy a llevar al lector por el mismo camino que seguí, más bien tortuoso y duro... Las ecuaciones del campo de gravitación requieren una ligera modificación".

Un modelo de universo vacío

Poco después de que Einstein propusiera su modelo de universo, el astrónomo holandés Willem de Sitter utlizó las mismas ecuaciones del campo para construir otro modelo. El universo de De Sitter era estático como el de Einstein, pero en oposición al de Einstein, estaba vacío. Aunque esto suena extraño, el universo tomado en conjunto está casi vacío; las estrellas y galaxias están esparcidas en distancias muy grandes, de modo que la densidad del universo es casi cero.

Los científicos comprendieron pocos años después que el universo de De Sitter no era realmente estático, como su autor creía. Podríamos pensar que De Sitter fue descuidado al desarrollar su modelo o que los físicos no leyeron con atención los artículos. No es así. El problema es que la ecuación del campo de Einstein no es fácil de resolver, y utilizarla para construir un modelo de universo es complicadísimo. Hoy los físicos han desarrollado refinadas herramientas matemáticas que los ayudan a emplear la relatividad general sin caer en estos problemas. Arthur Eddington —el astrónomo inglés que organizó la expedición de observación del eclipse para probar la relatividad general (ver el capítulo12)— introdujo partículas de materia en el modelo de De Sitter y descubrió que se separaban.

En el modelo de Einstein el espacio es curvo pero el tiempo no lo es. En el modelo de De Sitter espacio y tiempo son curvos. Si imaginamos el espacio representado por una dimensión en lugar de tres, el modelo de Einstein se representa por un cilindro, con el tiempo recto sobre el eje, mientras que el universo de De Sitter es más parecido a la superficie de una esfera, con el tiempo también curvo.

Einstein no estaba contento con la apariencia del modelo de De Sitter. Había supuesto que la relatividad general daba una solución única, pero estaba claro que no era el caso. Cuando se propuso por primera vez el modelo, astrónomos y físicos prestaron mucho interés. Hoy sabemos que la densidad de masa del universo, aunque pequeña, no es lo suficientemente pequeña para sustentar un modelo de universo vacío.

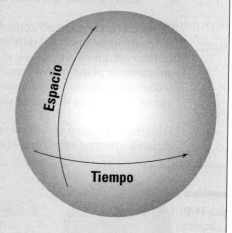

Rechazo del modelo ruso

Pocos años después de la aparición del modelo estático de Einstein, el científico ruso Alexander Friedmann decidió remover la constante cosmológica del modelo. Friedmann quería volver a la forma original de las ecuaciones y sacar las conclusiones del caso. Encontró que el modelo predecía un universo en expansión, tal como Einstein lo había descubierto primero. Pero Einstein lo había rechazado desde el comienzo y no se había detenido en los detalles antes de modificarlo con la constante cosmológica.

Friedmann lo estudió en detalle y descubrió que había dos posibles resultados de la expansión, que dependían de la densidad de masa total del universo:

✔ Si el universo posee una densidad de masa muy elevada, se expanderá primero pero luego (porque en este caso el campo gravitacional es muy fuerte) la expansión se detendrá y comenzará la contracción. Este tipo de universo se llama *universo cerrado*. Este universo posee curvatura esférica, como en el modelo de Einstein.

✔ Si la densidad de masa del universo es muy baja, la gravedad no es tan fuerte como para detener la expansión, que continuará para siempre en la misma proporción. Éste es un *universo abierto*, también curvo, pero la curvatura no es cerrada como la curvatura esférica del primer tipo. Es una curvatura abierta, como la de una silla de montar (ver la figura 18-6).

Existe un tercer caso no considerado por Friedmann en la época. Si la densidad de masa del universo cae justo en la mitad de los dos valores extremos anteriores, si toma un valor crítico, el universo es un universo plano que se expande por siempre, pero la expansión se reduce gradualmente. Sin embargo, la gravedad no es lo suficientemente fuerte para detenerla por completo.

Friedmann publicó en 1924 dos artículos con sus cálculos. Al principio Einstein no creyó que el modelo era correcto. Al estudiarlo en

Figura 18-6:
Los tres
tipos de
universo de
Friedmann.

detalle se convenció de que los artículos de Friedmann eran correctos, pero no creía que representaban el universo real. Seguía aferrado a su universo estático, sin expansión. El modelo de Friedmann era en realidad su propio modelo sin la constante cosmológica.

Si hubiera sido más valeroso y se hubiera atenido a lo que las ecuaciones le decían, si hubiera sido más como el rebelde Einstein que aceptó sus ecuaciones a pesar de que le decían cosas locas que no habían sido observadas —que la masa curva el espacio, que la luz es desviada por la gravedad y que el tiempo se dilata—, entonces habría acertado. Pero esta vez se equivocó.

Observación de la expansión del universo

Por la época en que Einstein trabajaba en su modelo de universo, un astrónomo estadounidense de nombre Vesto Slipher comenzaba a observar la prueba de que los cúmulos estelares lejanos estaban alejándose de nosotros. Sin embargo, a causa de la Primera Guerra Mundial, Einstein no se enteró de la investigación de Slipher.

Slipher había observado las estrellas lejanas durante varios años. Hacia 1914 había recolectado datos que mostraban que la luz de muchas estrellas lejanas presentaba un corrimiento hacia el extremo rojo del espectro por efecto Doppler (la longitudes de onda se habían dilatado), lo que significaba que se alejaban de nosotros (ver el capítulo 12). Slipher observaba en realidad galaxias, aunque en esa época los astrónomos no sabían que esas manchitas blancas en el cielo contenían miles de millones de estrellas.

Sigue una breve introducción a la estructura del universo: una galaxia típica, como nuestra Vía Láctea, contiene cien mil millones de estrellas que se mantienen agrupadas por la gravedad. Las galaxias forman cúmulos (ver la figura 18-7). Nuestro cúmulo, el llamado Grupo Local, contiene unas 30 galaxias. También hay supercúmulos. El Grupo Local forma parte del supercúmulo de Virgo.

Nada de esto se conocía cuando Einstein y Friedmann trabajaban en sus modelos. En ese tiempo los astrónomos creían que el universo contenía estrellas y *nebulosas* (manchas difusas brillantes en el cielo). Algunos astrónomos habían sostenido que tal vez esas nebulosas eran *universos-isla*, grandes aglomeraciones de estrellas. Pero como las nebulosas estaban tan lejos, los telescopios existentes no eran lo suficientemente potentes para determinar si contenían estrellas.

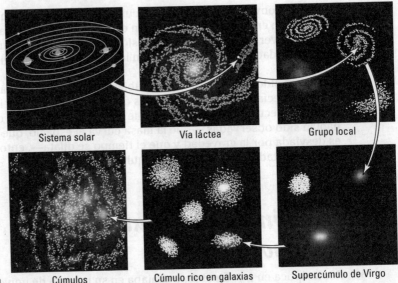

Sistema solar   Vía láctea   Grupo local

Figura 18-7:
La estruc-
tura del
universo.

Cúmulos   Cúmulo rico en galaxias   Supercúmulo de Virgo

Exploración de los universos-isla

En 1924, el astrónomo estadounidense Edwin Hubble demostró que
las nebulosas son universos-isla, exteriores a nuestra Vía Láctea.
Con un telescopio de 2,5 metros recién instalado en el Observatorio de Mount Wilson en California, logró distinguir las estrellas
individuales en las nebulosas. La noticia causó sensación entre los
astrónomos del mundo y en la comunidad científica. Hubble había
descubierto las *galaxias*, lejanísimos universos compuestos por
innumerables estrellas.

El descubrimiento de Hubble fue uno de los más importantes hallazgos de la historia de la astronomía. Pero no fue el más importante de
los descubrimientos de Hubble. En 1929 demostró que el universo
está en expansión.

Medida de distancias a las estrellas

Después de descubrir las galaxias, Hubble comenzó a estudiar sus
propiedades. Lo primero que deseaba saber eran sus distancias. Los
astrónomos habían desarrollado varios métodos para determinar
las distancias a las estrellas. El más sencillo era el *método de la paralaje* (ver el capítulo 4), que emplea la simple geometría para medir el
desplazamiento aparente de las estrellas en el cielo a medida que la

Tierra va cambiando de posición en su órbita alrededor del Sol. Pero el método funcionaba bien sólo para las estrellas cercanas. Para una estrella lejana el desplazamiento era indetectable.

Los astrónomos descubrieron con el tiempo que algunas propiedades de las estrellas podían emplearse para comparar sus distancias relativas. Así lograron calibrar un nuevo método por comparación con el método de la paralaje.

En 1912, Henrietta Leavitt, del Observatorio de la Universidad de Harvard, descubrió un método de esta clase. Era asistente de investigación en el observatorio, y observaba y estudiaba una clase de estrellas conocidas como *estrellas variables*, cuyo brillo cambia periódicamente. Estaba dedicada a estudiar un grupo específico de tales estrellas en la Pequeña Nube de Magallanes, agrupación de estrellas visible en el hemisferio sur.

Leavitt medía el intervalo de tiempo entre el brillo mínimo y el máximo, y encontró que este intervalo variaba entre un día y varios meses. Estas estrellas habían sido observadas antes en otros lugares y eran conocidas como *estrellas cefeidas,* porque la primera en ser descubierta pertenecía a la constelación de Cefeo. Las cefeidas son estrellas gigantes brillantes que se pueden ver a grandes distancias.

Después de muchas medidas realizadas en cuatro años, Leavitt analizó sus observaciones y encontró una relación directa entre el brillo de una cefeida y el tiempo que se demora en pasar del brillo mínimo al brillo máximo. Si una estrella cefeida es 1.000 veces más brillante que el Sol y se demora 3 días en pasar del mínimo brillo al máximo, una estrella 10.000 veces más brillante que el Sol pasa del mínimo al máximo en 30 días. Si medimos estos intervalos de tiempo conocemos el brillo de la estrella. Y se trata del brillo real y no del brillo aparente que observamos desde la Tierra, porque todas estas cefeidas particulares pertenecen a la Pequeña Nube de Magallanes, lo que significa que están aproximadamente a la misma distancia de nosotros.

Leavitt comprendió que podía emplear la relación *período-luminosidad,* como se llama su método, para determinar las distancias a las estrellas. Pero primero tenía que calibrarla. Para calibrar la relación debía encontrar una cefeida cercana a la Tierra, de modo que pudiera emplear uno de los otros métodos para calcular la distancia. Conocida la distancia por el otro método, tomaba el método en sentido inverso y empleaba su relación período-luminosidad para encontrar las distancias a otras cefeidas en otras posiciones.

El método de Leavitt funciona así: supongamos que estamos observando una galaxia lejana y queremos saber a qué distancia está de nosotros. Buscamos cefeidas en la galaxia y medimos el intervalo de tiempo que se demora una de ellas en pasar del mínimo brillo al máximo. Este intervalo de tiempo nos da el brillo real de la cefeida. A partir del brillo podemos conocer la distancia, del mismo modo como conocemos la distancia a una bombilla que vemos brillar a lo lejos si sabemos que la bombilla tiene 100 vatios.

Henrietta Leavitt descubrió así el primer método para medir distancias a galaxias lejanas. Su método se perfeccionó con los años y es hoy una de las más importantes herramientas para medir distancias.

Se descubre que las galaxias se alejan

Con los telescopios de Mount Wilson y el método de Henrietta Leavitt, Hubble comenzó a medir las distancias a sus nuevas galaxias. Hacia 1929 había medido las distancias a unas 24 galaxias. Al comparar luego sus distancias con los espectros de Vesto Slipher

Edwin Hubble

Edwin Hubble se convirtió en una de las figuras cimeras de la astronomía. Era algo pedante. Hablaba con un acento adquirido en Inglaterra, a donde fue como becario Rhodes, fumaba pipa y hacía volutas de humo que solía lanzar por encima de la mesa. Era teatral, sin necesidad: la afectación es ritual de hombres insignificantes, y sin embargo los artículos y descubrimientos de Hubble fueron de gran importancia histórica.

Había comenzado su vida profesional como abogado. Luego de estudiar física en la Universidad de Chicago, estuvo en Oxford estudiando leyes como becario Rhodes. Al regresar a Estados Unidos, en 1913, pasó el examen del colegio de abogados. Después de ejercer durante un año decidió volver a la Universidad de Chicago a estudiar astronomía. Allí obtuvo su doctorado en 1917.

Hubble recibió poco después del grado una invitación a ingresar al Observatorio de Mount Wilson, en esa época el mejor del mundo. Hubble le envió el siguiente telegrama al director del observatorio: "Siento no poder aceptar su invitación. Voy a la guerra".

Al regresar de la Primera Guerra Mundial, Hubble fue a Mount Wilson, donde comenzó su larga y fructífera carrera.

obtuvo un resultado sorprendente: descubrió que todas las galaxias del universo se alejan unas de otras, y que cuanto más lejos están, más rápido se mueven. El universo está en expansión.

Hubble hizo así el descubrimiento más importante en el estudio de la naturaleza del universo. La expansión implica alguna clase de explosión. El universo nació de una explosión, y aquí vivimos.

Hubble publicó sus resultados avanzado el año. En su artículo mencionaba que los modelos de universo basados en la relatividad general de Einstein predecían la expansión. No así el modelo de Einstein, pues éste había introducido la constante cosmológica para impedir que su universo se expandiera. De escuchar lo que decían sus ecuaciones, Einstein habría previsto el descubrimiento de Hubble.

Frente al hallazgo de Hubble, Einstein se dio cuenta de que su modelo estático era falso y rindió las armas. Había rechazado el modelo de universo de Friedmann, que en esencia era el suyo propio sin la constante cosmológica, pero reconocía ahora que se había equivocado. En su libro *The Meaning of Relativity* (Significado de la relatividad) Einstein escribió más tarde: "Friedmann encontró el camino de salida de su posible dilema. Demostró que es posible, según las ecuaciones del campo, tener un [universo] finito sin agrandar estas ecuaciones del campo". Y sin necesidad de agregar la constante cosmológica".

Al físico y cosmólogo George Gamow le manifestó que la idea de la constante cosmológica había sido el mayor disparate de su vida.

¿Lo fue en realidad? En el capítulo 19 veremos que hay dudas sobre esta afirmación.

Capítulo 19

Ningún disparate, después de todo

En este capítulo

▶ Revisión de la visión einsteniana del universo

▶ La expansión es acelerada

▶ Resurrección de la constante cosmológica de Einstein

▶ Intentos de unificación de la física

▶ Tras el sueño de Einstein

Como se dijo en el capítulo 18, Einstein desarrolló una teoría del universo a partir de las ecuaciones del campo de la teoría general de la relatividad. Sus cálculos iniciales mostraban un universo en expansión o en contracción, lo que consideró un error. Su modelo era un universo estático y finito. Después de todo, nadie había observado la expansión del universo.

Para que sus cálculos se ajustaran a las observaciones de la época, introdujo un factor de corrección denominado *constante cosmológica*. Por desgracia para Einstein, el astrónomo Edwin Hubble demostró en 1929 que el universo está en expansión. Eisntein debería de haber confiado en su ecuación del campo.

¿Cómo es posible que el mejor cerebro del siglo XX haya cometido lo que él mismo llamó su "mayor disparate"? En este capítulo se explica que en últimas el disparate de Einstein resultó no ser un error. Además, se muestra que su trabajo guió la física y la astronomía en el siglo XX y continúa orientándolas.

Reevaluación del universo de Einstein

La constante cosmológica ha resucitado en años recientes para ayudar a los científicos a entender nuevos y enigmáticos hallazgos en el comportamiento del universo. Resulta que Einstein puede haber tenido razón, después de todo. En esta sección se analiza de cerca el modo en que Einstein introdujo la constante cosmológica en las ecuaciones del universo.

La energía produce gravedad

Planetas, estrellas, galaxias, manzanas y pelotas de béisbol experimentan todos la fuerza de gravedad en el universo de Newton. La intensidad de la gravedad depende de sus masas y de la separación entre ellas (ver el capítulo 4). En el universo de Einstein la intensidad del campo gravitacional no se debe sólo a las masas y las distancias; intervienen también la energía y la presión.

Einstein comprendió que la energía contribuye a la gravedad. ¿Por qué? Porque la ecuación $E = mc^2$ lo dice (ver el capítulo 11). Un pájaro que vuela tiene un poco más de masa que cuando está posado en una rama. El pequeñísimo incremento de masa proviene de la energía del movimiento del pájaro. Toda forma de energía contribuye a la masa total. Si el pájaro se calienta al sol, su masa también aumenta. La Tierra y el caliente pájaro volador se atraen mutuamente con una fuerza un poco mayor que la que actúa cuando el pájaro se posa en una rama que está a la sombra (es claro que no podemos medir la fuerza adicional: ¡el incremento es del orden de la centésima parte de una billonésima de kilogramo!).

La presión negativa produce antigravedad

La presión también produce gravedad, según la teoría general de la relatividad, aunque su contribución suele ser muy pequeña. ¿Cuán pequeña? Consideremos lo siguiente: la masa del aire en una habitación, y su contribución a la gravedad, es muy pequeña. En comparación, la contribución de la presión del aire es menor que cien mil millonésimas de la contribución de la masa.

En condiciones normales la presión empuja hacia fuera, como la presión del aire en las llantas de nuestro automóvil. ¿Qué ocurriría si la presión fuese negativa? En relatividad general una presión negativa produce gravedad repulsiva, es decir, ¡antigravedad!

Planetas, estrellas y galaxias se atraen mutuamente con gravedad que atrae, es decir atractiva, en el universo de Einstein. Al igual que en el universo de Newton, esta gravedad atractiva proviene de las masas de los planetas, estrellas y galaxias. Pero en el universo de Einstein los planetas, las estrellas y las galaxias se atraen con una gravedad *adicional*, creada por todas las formas de energía que poseen y por las presiones positivas que ejercen.

¿Qué es la gravedad negativa? En 1917, cuando Einstein desarrollaba su modelo, nadie había oído hablar de presión negativa. Sus ecuaciones le hicieron ver que las presiones negativas eran posibles. Sin presión negativa, que produce gravedad repulsiva, el universo de Einstein, como el de Newton, podía colapsar.

Einstein desarrolló su modelo 12 años antes de que Hubble descubriera la expansión del universo (ver el capítulo 18). El universo observado no se expandía y ciertamente no estaba colapsando. Era estático. Einstein vio que sus ecuaciones admitían la gravedad que repele, es decir repulsiva. Si el universo tenía la cantidad adecuada de antigravedad podía contrarrestar la atracción de la gravedad, prevenir el colapso y permanecer en su estado perfecto de equilibrio estático.

La constante cosmológica produjo el efecto deseado. Mediante la adición de este término, el universo de Einstein se llenó de esta exótica forma de energía que creaba la antigravedad y mantenía el universo en equilibrio. Según Einstein:

> *La constante cosmológica ejerce una fuerza gravitacional repulsiva; produce antigravedad.*

De no haber incluido este término en sus ecuaciones habría comprendido que, para prevenir el colapso gravitacional, las estrellas del universo se alejan unas de otras, y habría pronosticado la expansión del universo 12 años antes del descubrimiento de Hubble.

Como se dijo en el capítulo 18, Hubble demostró que no son las estrellas las que se alejan unas de otras sino las galaxias, esos universos-isla que había descubierto. Las estrellas permanecen dentro de las galaxias más o menos a las mismas distancias mutuas.

Exploración del universo desbocado

Dos años después de que Hubble descubriera la expansión del universo, al observar un cúmulo de miles de galaxias distante unos

370 millones de años luz, el astrónomo Fritz Zwicky de Caltech descubrió que las galaxias de la parte exterior del cúmulo se movían demasiado rápido para su gusto. Sus cálculos le mostraban que, a las velocidades que medía, estas galaxias terminarían por ser expulsadas del cúmulo; sin embargo permanecían en el grupo. Para mantenerlas agrupadas se requería una atracción gravitacional de unas 100 veces más galaxias de las que veía, y estas galaxias de más no estaban allí. Zwicky concluyó que debían existir masas adicionales que no emiten luz.

Vera Rubin y Kent Ford del Instituto Carnegie de Washington observaron en la década del 70 el movimiento de las estrellas en muchas galaxias. De acuerdo con sus conclusiones, los movimientos eran inexplicables a menos que existiera un gigantesco halo de *materia oscura* invisible rodeando las galaxias.

Hoy, más de tres décadas después, los astrónomos piensan que el universo está lleno de materia oscura, forma invisible de materia que sólo puede ser "vista" a través de la atracción gravitacional que ejerce sobre la materia visible que forma las estrellas y galaxias.

¿Qué es la materia oscura? Nadie lo sabe. No obstante, los científicos saben que no se trata de la familiar materia ordinaria. La materia oscura no está hecha de protones, neutrones, electrones y demás partículas que conforman los ladrillos conocidos de la materia común.

Aunque no saben qué es, los astrónomos han logrado deducir con bastante precisión que hay unas cinco veces más materia oscura en el universo que materia ordinaria. Lo que vemos con nuestros ojos y telescopios no es todo lo que hay en el cielo.

Aceleración de la expansión

Para físicos y astrónomos, 1998 fue un gran año. Dos grupos de investigación independientes, el Proyecto Cosmológico Supernova y el Grupo de Búsqueda de Supernovas con Gran z obtuvieron el mismo resultado: la expansión del universo se está acelerando.

Saul Perlmutter del Laboratorio Nacional Lawrence de Berkeley y Brian Schmidt de la Universidad Nacional de Australia dirigieron los dos grupos de investigación. Los directores y sus investigadores intentaban medir en realidad la desaceleración del universo, no su aceleración. Para el trabajo utilizaban los objetos llamados *supernovas*, tremendas explosiones de estrellas que suelen tener mucha más masa que nuestro Sol (ver el capítulo 13).

Supernovas de brillo estándar

La supernovas se clasifican en categorías según sus características espectrales. Una clase particular de supernova, llamada supernova del Tipo Ia, resulta de la explosión de una estrella del tamaño del Sol que forma parte de un *sistema binario*, configuración en que dos estrellas cercanas se mueven una alrededor de la otra. Cuando la estrella gasta todo su combustible nuclear, comienza a sustraer materia de su compañera, creciendo en tamaño hasta alcanzar cerca de una y media masas solares (en otras palabras, su masa es una y media veces la masa del Sol). En este punto, llamado *límite de Chandrasekhar*, la temperatura y presión al interior de la estrella son tan grandes que provocan una explosión nuclear. Como estas explosiones ocurren siempre exactamente cuando se alcanza el límite de Chandrasekhar, las supernovas exhiben el mismo brillo. Y son muy brillantes. Desde la Tierra las vemos como a medio camino del límite del universo visible. El telescopio espacial Hubble logra detectarlas a distancias mucho mayores.

¿Por qué es tan importante este fenómeno? Porque suministra a los astrónomos lo que llaman una *unidad de brillo estándar*, que permite determinar la distancia a las galaxias. Una *unidad de brillo estándar* es una estrella que siempre tiene el mismo brillo. Es como si tuviéramos fuentes conocidas de luz esparcidas por todo el universo. Si sabemos, por ejemplo, que todos los automóviles tienen luces delanteras de 100 vatios, podemos deducir a qué distancia están de nosotros midiendo qué tan débiles se ven los faros desde donde nos encontramos.

Empleando este maravilloso instrumento de medida, los grupos de Perlmutter y Schmidt descubrieron que, en los últimos 5.000 millones de años, la expansión del universo ha venido acelerándose.

La NASA dotó en 2002 al telescopio espacial Hubble de un nuevo instrumento: la cámara panorámica avanzada. Esta cámara convirtió al Hubble en un cazador de supernovas. Adam Riess del Instituto Científico del Telescopio Espacial confirmó, utilizando el nuevo instrumento, que en las épocas tempranas de la historia del universo la expansión se había retardado. Pero hace unos 5.000 millones de años el retardo se detuvo por algún tiempo y luego la expansión comenzó su aceleración actual.

¿Cómo ocurre esto? Según el modelo aceptado del universo, basado en la relatividad general —en esencia el modelo de Friedmann descrito en el capítulo 18—, materia, presión y energía generan gravedad atractiva que retarda la expansión. ¿Cómo se acelera la expansión? Y peor aún, ¿por qué cambia de una expansión normal a una expansión desbocada?

Resurrección de la constante cosmológica: Einstein tenía razón, después de todo

Algo está empujando y separando las galaxias ahora. Alguna fuente de energía alimenta la expansión e impregna todo el universo. ¿Qué puede ser? Resulta que la mejor manera de explicar la expansión desbocada del universo es mediante la constante cosmológica de Einstein. La constante cosmológica llena el universo de gravedad repulsiva, precisamente lo que se necesita para acelerar la expansión.

La clave del funcionamiento de la constante cosmológica reside en la contribución de la presión negativa a la gravedad. La presión negativa, que crea gravedad repulsiva, es constante en el universo; no aumenta con la distancia (como lo hace la porción de gravedad proveniente de la materia ordinaria) ni requiere la presencia de materia o energía para operar. La constante cosmológica actúa en el espacio vacío: es una propiedad del espacio vacío.

Tras la pista de los cambios de gravedad

La tasa de expansión del universo depende de la lucha entre dos gigantes: las porciones atractiva y repulsiva de la gravedad (ver la figura 19-1). A medida que el universo se expande y las galaxias se alejan unas de otras, la porción atractiva de la gravedad disminuye. Sin embargo, la porción repulsiva de la gravedad es la misma en todo el universo y permanece constante incluso con la expansión. El

Figura 19-1:
La porción atractiva de la gravedad disminuye con la expansión, pero la porción repulsiva permanece absolutamente constante.

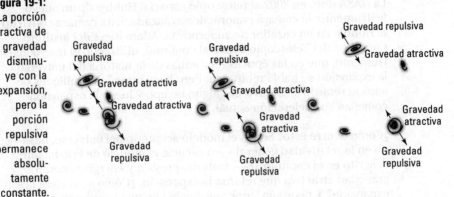

que una de las dos porciones se imponga depende de las distancias entre las galaxias.

Cuando nuestro universo estaba en sus comienzos, las galaxias se encontraban más cercanas unas de otras de lo que están hoy. En consecuencia la gravedad atractiva normal era mucho más intensa que la gravedad repulsiva y mantenía las galaxias más fuertemente ligadas, retardando la expansión del universo (ver el lado izquierdo de la figura 19-1).

Después de un tiempo —digamos 5.000 millones de años— las galaxias se encontraban lo suficientemente lejanas unas de otras, de suerte que la gravedad atractiva disminuyó e igualó en intensidad a la gravedad repulsiva. En este punto ambas se compensaron; las galaxias no sintieron más la fuerza gravitacional de cualquiera de los dos tipos de las demás galaxias (ver el diagrama central de la figura 19-1). Pero, incluso sin fuerza gravitacional, las galaxias siguieron alejándose unas de otras de acuerdo con la primera ley de Newton (ver el capítulo 4).

La gravedad no desaparece *dentro* de las galaxias, sólo *entre* ellas. La gravedad atractiva de la masa y la energía depende de la distancia. Las estrellas de una galaxia están tan cerca unas de otras que la gravedad atractiva es más fuerte que la repulsiva. Las galaxias permanecen con sus estrellas ligadas unas con otras por la gravedad, como siempre.

A medida que las galaxias continúan alejándose unas de otras, la porción atractiva de la gravedad disminuye todavía más, y prevalece entonces la gravedad repulsiva constante, acelerando la expansión del universo (ver la parte derecha de la figura 19-1). Tal es la época en que vivimos.

En 1998, luego de sus pasmosas observaciones, Perlmutter y Schmidt sugirieron que tal vez Einstein tenía razón: el universo posee una constante cosmológica que genera la actual aceleración y produjo el anterior retardo. Michael Turner, de la Universidad de Chicago, propuso darle un nuevo nombre a la constante cosmológica: llamarla *energía oscura*.

Fotografía del universo temprano: ¡el espacio es plano!

Otro notable resultado fue obtenido en 2002 por la Sonda Wilkinson de anisotropía de las microondas (WMAP por sus siglas en inglés), satélite lanzado por la NASA con el fin de tomar fotografías del universo temprano y medir el calor restante de la gran explosión que dio origen al universo. El satélite WMAP descubrió que el universo es uniforme.

¿Cómo es posible tomar una fotografía del universo temprano? La clave está en imaginarse el comienzo del universo. Cien mil años después del inicio de la expansión, protones y electrones se unieron por vez primera para formar átomos. Como éstos son neutros, los fotones (paquetes de energía que conocimos en el capítulo 16), que sólo interactúan con materia cargada eléctricamente, iniciaron su existencia independiente, separados de la materia. Doscientos mil años después el universo se volvió transparente a la luz.

La vida de un fotón es infinita. Los fotones de esos días primitivos han viajado por el universo sin ser perturbados y nos dan la fotografía que el WMAP intenta captar. Hoy quedan de esos fotones originales unos 400 millones por metro cúbico del espacio (aquí hay una anécdota divertida para referir en la próxima fiesta: al cambiar de canal en la televisión se ve la estática; cerca del 1 por ciento de esa estática se debe a los fotones primitivos).

Hoy, pasados 14 mil millones de años, los mencionados fotones forman la Radiación Cósmica de Fondo; los científicos la llaman CMB, por sus siglas en inglés. Cuando los fotones iniciaron su jornada, la temperatura del universo era de unos 3.000 grados kelvin (como se explica en el capítulo 5, el *kelvin* es la unidad de la escala de temperatura absoluta). Esta temperatura era muy uniforme en todo el universo. Desde entonces los fotones se han enfriado debido a la expansión del universo. La temperatura de la CMB es hoy de sólo 2,7 grados kelvin, pero sigue siendo en extremo uniforme.

Los resultados del WMAP muestran pequeñas variaciones de temperatura de la CMB. La luz capturada en la imagen de la fotografía temprana proviene de una región situada a unos 13 mil millones de años luz de la Tierra. Los detalles de la imagen muestran patrones que representan pequeñísimas diferencias de temperatura del orden de la millonésima de grado. Midiendo la distancia entre dos regiones y conociendo la distancia recorrida por los fotones desde su nacimiento, los científicos han logrado dibujar un gran triángulo en el cielo, cuyos lados unen las dos regiones y la Tierra. Los ángulos de este triángulo suman 180 grados con alta precisión, lo que significa que el espacio es plano y no curvo, como se había supuesto durante casi un siglo.

Este resultado es asombroso. Y hay más. Si el espacio es plano la densidad del universo es igual a la *densidad crítica* (valor promedio de las densidades de un universo cerrado y uno abierto, como se explica en el capítulo 18). Esta densidad es una cantidad pequeñísima. Hay que escribir 28 ceros después de la coma decimal y escribir un 1 en la posición 29. Ésta es la fracción de un gramo de materia (y energía) por metro cúbico del espacio.

A partir del descubrimiento de que el espacio es plano, los científicos han logrado emplear los datos del WMAP para clasificar la materia del universo. Sus cálculos muestran que la materia común —los átomos que forman el Sol, la Tierra, los seres vivos, las estrellas y las galaxias… todo lo que vemos a nuestro alrededor— suma sólo el 5 por ciento de la masa crítica (resultado que concuerda muy bien con otros cálculos basados en los procesos nucleares que ocurrieron en el universo temprano).

Los datos del WMAP muestran además que la materia oscura contribuye con el 25 por ciento de la masa del universo. Esto deja al 70 por ciento restante de la masa del universo sin explicación. La única candidata al 70 por ciento faltante es hoy la energía oscura, la constante cosmológica de Einstein. La figura 19-2 ilustra la composición de la materia del universo, según los porcentajes de materia normal, materia oscura y energía oscura.

Volvamos a los estudios sobre la supernova del Tipo Ia que presentamos en la sección titulada "Aceleración de la expansión". Tales estudios indican que la expansión acelerada del universo se explica por la acción de la gravedad repulsiva. Específicamente señalan que la energía oscura (representada por la constante cosmológica) debe contribuir con cercad del 70 por ciento de la densidad crítica

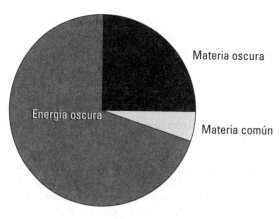

Figura 19-2: La materia normal suma el 5 por ciento de la masa total del universo. El resto es materia oscura invisible y energía oscura.

del universo. ¡Notable resultado! Un experimento independiente nos dice ahora que la energía oscura alcanza el mismo valor no representado por materia oscura y materia común.

En ciencia nada está comprobado para siempre. Todo lo que los científicos esperan es que sus predicciones concuerden con la observación. Justo ahora todo parece coincidir. Los estudios sobre materia oscura, los análisis de la expansión acelerada mediante las supernovas y los datos del WMAP apuntan a la misma conclusión: el universo posee una geometría plana y está formado en su mayor parte por material que no vemos.

¿Qué es la constante cosmológica?

¿Qué es, finalmente, la energía oscura? ¿En qué consiste esa exótica forma de energía introducida por Einstein en 1917?

Cosa extraordinaria, la respuesta no viene de la relatividad sino de otra rama de la física que se originó con Einstein: la física cuántica. Y la respuesta que nos da la física cuántica es más extraña que todo lo que hemos analizado en este libro. La energía oscura, representada por la constante cosmológica, es la energía del vacío, la energía de la nada.

Creación de partículas de la nada

Esta singular noción de energía del vacío está en el corazón de la física actual, que tiene sus raíces en Einstein y en las teorías construidas con base en sus ideas, como la física cuántica. Una vez culminada la física cuántica en la década de los 20, los físicos tuvieron a su disposición una poderosa herramienta que podía responder preguntas como las siguientes:

✔ ¿Qué es una fuerza?

✔ ¿Cómo actúa la fuerza entre dos electrones?

✔ ¿Cómo sabe un electrón que hay otro electrón cerca para poder repelerlo?

Einstein respondió una pregunta similar con la relatividad general. La Tierra sabe que el Sol está cerca porque éste curva el espacio a su alrededor. La Tierra se mueve por este espacio lo mejor que puede. Intenta moverse en línea recta, pero la línea recta en este espacio curvo es la órbita casi circular alrededor del Sol. La fuerza se convierte en geometría.

¿Qué ocurre con los electrones? ¿Cómo sienten la presencia de otro de sus congéneres? El físico inglés Paul M. Dirac combinó en 1927 la relatividad especial de Einstein, el electromagnetismo de James Clerk Maxwell y la física cuántica para producir la *teoría cuántica del campo*. Dos años después, los físicos estadounidenses Richard Feynman y Julian Schwinger, e independientemente el físico japonés Sin-Itiro Tomonaga, desarrollaron la teoría de Dirac y produjeron una nueva y hermosa teoría cuántica del electrón llamada *electrodinámica cuántica*, o QED por sus siglas en inglés. Esta teoría nos dice qué es una fuerza y cómo sabe un electrón que hay otro en la vecindad.

Según la teoría de Maxwell, un electrón acelerado emite una onda electromagnética (ver el capítulo 6). El teléfono inalámbrico de la casa funciona así: la unidad básica acelera a un lado y otro los electrones en la antena, y éstos generan la onda electromagnética que viaja a la velocidad de la luz hasta el receptor. La física cuántica afirma que la onda electromagnética está formada por fotones. Los electrones acelerados producen fotones.

Los electrones sienten la presencia de sus congéneres del modo siguiente: envían fotones a uno y otro lado. Cuando dos electrones viajeros se encuentran, intercambian fotones. Otras preguntas posibles son las siguientes:

✔ ¿De dónde provienen estos fotones?

✔ ¿Llevan los electrones a su alrededor fotones para el caso de que se encuentren con otros electrones?

✔ ¿Cómo saben con cuántos electrones se encontrarán?

Las respuestas a las preguntas anteriores son todavía más extrañas. Los electrones no llevan fotones consigo. De acuerdo con la electrodinámica cuántica los fotones se crean de la nada. Su existencia está permitida por el principio de incertidumbre de Heisenberg (ver al capítulo 16). El principio de incertidumbre afirma que no podemos determinar con precisión absoluta la posición de un electrón y al mismo tiempo medir a dónde se dirige y con qué velocidad. Dice también que no podemos medir simultáneamente y con absoluta precisión la energía de una partícula y por cuánto tiempo posee esta energía.

La incertidumbre mencionada es la clave de todo. Resulta que el principio de incertidumbre de Heisenberg permite que las cosas pasen subrepticiamente. Podemos prestar toda la energía que nece-

La presión del vacío: el efecto Casimir

El físico holandés Hendrik Casimir tuvo en 1948 una ingeniosa idea para comprobar que el espacio está lleno de partículas virtuales. Propuso colocar dos láminas descargadas en una cámara al vacío. Cuando las placas están muy próximas pero sin tocarse, el espacio entre ellas excluye partículas virtuales mayores que una cierta longitud de onda. Como las partículas virtuales de longitud de onda mayor pueden aparecer fuera de las placas, hay más partículas afuera que adentro. Este desequilibrio debe empujar las placas una contra la otra.

Cuando Casimir propuso la idea, ésta no era más que una idea, un experimento imaginario, porque la tecnología de los años 40 y 50 no estaba a la altura de la tarea. Pero a los pocos años varios científicos ensayaron el experimento y obtuvieron resultados alentadores. Un experimento llevado a cabo en 1977 en la Universidad de Washington confirmó el *efecto Casimir,* como se llama hoy.

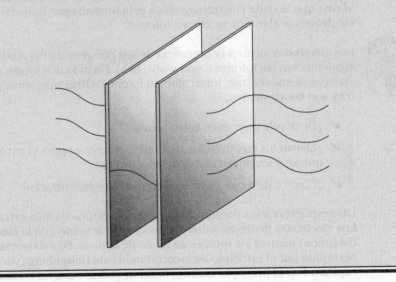

sitamos y, siempre que la devolvamos en el tiempo previsto, podemos emplearla en lo que gustemos. Supongamos que un niño inescrupuloso toma "en préstamo" 100 dólares de sus padres, invierte rápidamente el dinero en acciones cuya cotización está en ascenso y las vende a 150 dólares antes de que los padres se den cuenta. Ha sacado cien dólares de la nada, de dinero que no tenía. Y sus padres no se enteraron.

Este esquema ilegal está permitido en el mundo cuántico. "Prestamos" energía para crear una partícula, por ejemplo. La energía necesaria para crearla viene caída del cielo, sale de la nada (en realidad sale del vacío, de la negrura). La prestamos, la utilizamos y creamos nuestra partícula. La partícula cumple su función, vive su vida y desaparece. Ahora recobramos nuestra energía y la devolvemos al vacío. Si todo esto ocurre en el tiempo permitido, perfecto.

Las partículas creadas a partir del vacío se llaman *partículas virtuales*:

> *Partícula virtual es aquélla que se crea de la nada y que existe sólo durante el intervalo de tiempo permitido por el principio de incertidumbre de Heisenberg.*

Las partículas virtuales existen sólo durante un tiempo efímero y luego desaparecen. Por contraste, las partículas reales existen durante largo tiempo o para siempre. Los fotones reales son eternos.

Se llena el vacío hasta el tope

Como podemos ver, las conclusiones a las que llega la electrodinámica cuántica son sorprendentes. Con todo, la teoría funciona, y mejor que cualquier teoría creada por el hombre. La QED (teoría cuántica del campo) es la teoría más precisa de la historia. Se ha comprobado que sus predicciones son válidas con una precisión de una parte en mil millones.

La QED nos dice que el vacío no lo es en realidad. Está repleto de estas partículas virtuales que aparecen de pronto para desaparecer casi de inmediato. El vacío, fecundo en partículas virtuales, posee energía.

El físico ruso Yakov Zel'dovich demostró en 1967 que la energía del vacío era la que Einstein necesitaba para crear la antigravedad. La energía del vacío, energía oscura que impregna el universo y genera en la actualidad su expansión acelerada, está representada por la constante cosmológica.

Tras la unificación de la física

Einstein (y todo el mundo) creyó que había cometido un error severo al introducir la constante cosmológica, y la suprimió a regañadientes cuando conoció la evidencia de la expansión del universo.

Pero no hubo ningún error. Hoy sabemos que su constante cosmológica, la energía oscura (como la llaman hoy los científicos), es la gravedad repulsiva que causa la aceleración de la expansión del universo. La energía oscura es además el componente principal del universo.

Aunque perdió la oportunidad de predecir la expansión del universo descubierta por Hubble, Einstein terminó teniendo razón a la postre. Pero no vivió para reír de último.

Einstein estaba en la Universidad de Berlín cuando publicó el artículo de la constante cosmológica. Se había trasladado en 1914 del Politécnico de Zurich a Berlín, atraído por un cargo de profesor sin responsabilidades docentes. Fue además director del Instituto de Física Kaiser Wilhem. Allí permaneció hasta 1933, año en que el peligro del régimen nazi lo obligó a abandonar Europa por Estados Unidos.

Luego del extraordinario éxito de la teoría general de la relatividad y de la confirmación de la desviación de los rayos luminosos por la expedición de observación del eclipse solar de 1919, dirigida por Arthur Eddington, Einstein comenzó a pensar en el paso siguiente. La teoría general de la relatividad había sido una extensión de la teoría especial. Con ella había logrado construir un modelo del universo. Era tiempo de seguir adelante. Ahora quería extender la teoría general y fundirla con el resto de la física en una sola teoría del campo unificado.

Reconstrucción de la relatividad en un espacio-tiempo de cinco dimensiones

Había en 1919 sólo dos campos en física: el campo electromagnético y el campo gravitacional. El electromagnetismo era ya el resultado de la unificación de los campos eléctrico y magnético (como se explica en el capítulo 6, éste fue el gran logro de Maxwell, y lo que despertó en Einstein el interés por la física en la universidad).

Einstein no era el único que pensaba en unificar el electromagnetismo y la gravedad. Por ejemplo Hermann Weyl, de la Universidad de Zurich, desarrolló ecuaciones que intentaban unificar el electromagnetismo y la relatividad general. Y Theodor Kaluza, matemático alemán, reescribió las ecuaciones del campo gravitacional de Einstein en un espacio-tiempo de cinco dimensiones (en lugar de cuatro, como había hecho Einstein).

El universo de Kaluza tenía cuatro dimensiones espaciales y una temporal. En el espacio podemos subir o bajar (esto es una dimensión), tomar a la izquierda o a la derecha (segunda dimensión) y avanzar o retroceder (tercera dimensión). ¿Cuál podía ser la cuarta dimensión? Kaluza afirmaba que la cuarta dimensión representaba el campo electromagnético.

Einstein apreciaba el enfoque de Kaluza pero rápidamente percibió sus limitaciones. La principal era que nadie había _visto_ jamás una cuarta dimensión espacial. No existían pruebas de otra dirección en el espacio.

Obra inconclusa

Estimulado por la teoría de Kaluza, a pesar de sus limitaciones, Einstein comenzó pronto a trabajar con criterios análogos y publicó en 1922 y 1923 cinco artículos con ligeras variaciones sobre las ideas de Kaluza y Weyl.

Einstein publicó en 1925 un artículo en el que presentaba la primera versión completa de su teoría del campo unificado, sólo para rechazarla rápidamente después de haber sido publicada. Se había dado cuenta de que no funcionaría. En una carta a un colega escribió: "Tengo de nuevo una teoría de la gravitación y la electricidad, muy bella pero dudosa".

El físico sueco Oscar Klein extendió y depuró al año siguiente la teoría de Kaluza, y tuvo una ingeniosa idea sobre un planteamiento que los científicos habían revivido hacía poco. Manifestó que no vemos la cuarta dimensión espacial de Kaluza porque es curva, está enrollada en un pequeñísimo círculo que no podemos ver. Es una dimensión oculta.

Einstein continuó trabajando en diferentes intentos de producir una teoría del campo unificado, publicando y rechazando sus resultados. Algunos eran extensiones de la teoría de Kaluza-Klein, y otros seguían enfoques diferentes.

Einstein murió a la 1:15 a.m. del lunes 18 de abril de 1955 a la edad de 76 años. El día anterior había llamado por teléfono a su secretaria para pedirle un cuaderno en el que había estado trabajando en la última versión de su teoría del campo unificado. Estaba demasiado enfermo para lograr avanzar algo, de suerte que murió sabiendo que su obra quedaba inconclusa.

Resurrección del sueño de Einstein

La construcción de una teoría del campo unificado, sueño de toda la vida de Einstein, quedó inconclusa pero no cayó en el olvido. Muchos físicos van hoy tras ideas similares en su intento por desarrollar una teoría que abarque toda la física.

Considerando el asunto retrospectivamente vemos hoy que el enfoque de Einstein no era viable. Al comenzar su trabajo existían sólo dos campos conocidos, el electromagnético y el gravitacional. Desde entonces los físicos han descubierto otros:

- ✔ El campo nuclear fuerte que genera la fuerza que mantiene unidas las partículas nucleares.

- ✔ El campo nuclear débil que regula el decaimiento beta.

Hay cuatro campos en la naturaleza conocidos hoy: el campo electromagnético, el campo gravitacional, el campo nuclear fuerte y el campo nuclear débil. En pos de la unificación, los físicos buscan un único campo, origen de los cuatro campos mencionados.

Unificación de los dos primeros campos

El año anterior a la muerte de Einstein, dos físicos del Laboratorio Nacional de Brookhaven, C.N. Yang y Robert Mills, comenzaron a trabajar sobre una idea de Heisenberg. Éste comprendió que si reemplazamos todos los fotones del universo por neutrones, el campo nuclear permanecería inmodificado (los físicos llaman *operación simétrica* a esta clase de proceso). A partir de esta idea en apariencia simple, Yang y Mills produjeron un conjunto de nuevos campos (su operación simétrica fue el movimiento circular de una partícula en una quinta dimensión). Después de analizar el asunto identificaron un campo con el fotón. La electrodinámica cuántica había demostrado que el fotón era portador de los campos eléctricos y magnéticos.

Los otros dos campos describían fotones cargados, pero nadie había visto hasta entonces semejante cosa. La teoría de Yang y Mills durmió durante años hasta la década del 50, cuando tres físicos, trabajando independientemente, tuvieron éxito allí donde Einstein había fracasado.

Steven Weinberg y Sheldom Glashow de la Universidad de Harvard, y Abdus Salam del Imperial College de Londres, aportaron piezas fundamentales para la primera unificación de campos lograda después de que Maxwell unificara los campos eléctrico y magnético.

Weinberg, Glashow y Salam unificaron el campo electromagnético y el campo débil, que regula el decaimiento beta. Uno de los pasos que hizo posible la unificación fue la identificación de los fotones cargados de Yang y Mills como portadores de la fuerza débil.

Los tres físicos llamaron _electrodébil_ a este nuevo campo.

> _El campo electrodébil unifica los campos electromagnético y débil, responsable éste último del decaimiento beta._

Los fotones cargados, portadores de la fuerza electrodébil, fueron identificados como partículas W y Z. Las partículas W y Z fueron descubiertas en 1983, durante una serie de delicadísimos, ingeniosos y complicados experimentos realizados en el CERN (Laboratorio Europeo de Física Nuclear) por un grupo dirigido por el físico italiano Carlo Rubbia. Los experimentos debían reproducir las condiciones presentes en el universo temprano, cuando existían esos campos que hoy no subsisten en la naturaleza. (La unificación electrodébil mereció el premio Nobel de 1967, adjudicado a Weinberg, Salam y Glashow. Rubbia y Simon van der Meer, ingeniero que diseñó los experimentos en el CERN, lo ganaron en 1984.)

El paso siguiente

Animados por el éxito de la teoría electrodébil, varios científicos comenzaron a trabajar en la siguiente unificación. Quienes más han avanzado son Sheldon Glashow y Howard Georgi de la Universidad de Harvard. Su teoría, refinada después por Helen Quinn y Weinberg, emplea también argumentos de simetría para introducir un conjunto de nuevos campos que han sido identificados con las partículas W y Z del campo electrodébil, y con los portadores de la fuerza nuclear fuerte (llamados _gluones_). La _gran teoría unificada,_ como la llaman sus autores, intenta unificar la fuerza electrodébil con la fuerza nuclear fuerte.

En contraste con la unificación electrodébil, la gran unificación de Glashow y Georgi no ha sido confirmada experimentalmente. La teoría presenta además varios problemas. Al principio predijo que los protones debían decaer en otras partículas. Hecha la predicción, varios laboratorios de todo el mundo comenzaron a realizar delicados experimentos para observar el decaimiento del protón. Ninguno de los experimentos detectó pruebas del fenómeno. Entonces se introdujeron nuevos refinamientos en la teoría, que ya no incluye la exigencia del decaimiento de los protones, pero las nuevas versiones de la teoría tampoco han sido confirmadas hasta ahora.

Los físicos piensan hoy que la unificación electrodébil es correcta, y que las ideas subyacentes a la gran unificación son probablemente correctas. Creen que, andando el tiempo, las mismas ideas, más refinadas, conducirán a una teoría exitosa. Sin embargo, en años recientes ha aparecido un enfoque diferente que mantiene ocupados a los físicos.

Amarrar todo con cuerdas

La gravedad fue el punto de partida de Einstein en sus intentos de construir una teoría del campo unificado. Es de notar que ninguno de los modernos enfoques de unificación parte de la gravedad. Es un hecho que ninguno *incluye* la gravedad.

Los científicos comprendieron que comenzar por la gravedad no llevaría a ninguna parte. La razón principal reside en que la relatividad general, la teoría de la gravedad, es una teoría del campo pero no una teoría *cuántica* del campo, como la teoría electrodébil. Antes de integrar la gravedad a las otras fuerzas hay que cuantizarla. Como las otras fuerzas operan en el mundo de la física cuántica, la gravedad debe modificarse para que opere también en ese mundo. Hasta ahora nadie ha sido capaz de hacerlo.

No obstante, existe otro enfoque hacia la unificación: la *teoría de supercuerdas*. Esta teoría propone unir la relatividad general y la gravedad cuántica. De este modo no es necesario cuantizar por separado la gravedad para luego unificarla; más bien, la gravedad queda cuantizada automáticamente.

La teoría se inició en 1968 con un joven doctor becado en el CERN, que trató de desenredar la complicada mezcolanza de las muchas partículas generadas en los aceleradores de partículas de todo el mundo. Gabriele Veneziano encontró que una expresión matemática descubierta hacía dos siglos por Leonhard Euler se ajustaba de manera precisa a los datos recolectados sobre la fuerza nuclear fuerte. Pero no sabía por qué funcionaba.

Varios científicos demostraron dos años después que la fórmula de Veneziano describía en realidad el movimiento cuantizado de cuerdas subatómicas. Tales cuerdas conectaban las partículas que sentían la fuerza nuclear fuerte. En esa época, sin embargo, casi nadie se interesó en tan oscuro enfoque. Los físicos se hallaban ocupados buscando la gran unificación.

Con todo, dos físicos se interesaron en el asunto. John Schwartz de Caltech y Michael Green del Queen Mary College de Londres persistieron en el estudio de estas extrañas cuerdas, y depuraron la teoría de ciertas inconsistencias matemáticas. Hacia 1984 lograron su objetivo. La nueva versión, llamada ahora *teoría de supercuerdas*, propone que los electrones y demás partículas elementales son pequeñísimas cuerdas de energía vibrantes. Tales cuerdas son entidades verdaderamentte unidimensionales, con longitud pero sin espesor.

Estas cuerdas vibran como las de una guitarra, y cada partícula posee una vibración característica. Por $E = mc^2$ sabemos que la energía de la cuerda vibrante da la masa de la partícula. Otras propiedades de la partícula, como la carga eléctrica, están codificadas en las cuerdas. De hecho, en la teoría de supercuerdas, todas las propiedades de las partículas que los científicos observan en el laboratorio pueden calcularse directamente partiendo de la teoría.

La teoría de supercuerdas es muy atractiva porque incorpora automáticamente la gravedad y las otras tres fuerzas de la naturaleza. Aunque actualmente se trata de un trabajo en desarrollo, promete ser algún día la verdadera teoría del campo unificado. Si resulta ser correcta en los años venideros, se habrá cumplido el sueño de toda la vida de Einstein, y se abrirá para nosotros una ventana hacia los más profundos misterios del universo.

Parte VI
El turno de las decenas

La 5a ola
por Rich Tennant

EINSTEIN TRABAJA EN UNO DE SUS CONCEPTOS
ACERCA DEL TIEMPO: EL "BUEN TIEMPO"

En esta parte...

L a vida de Einstein, al igual que su ciencia, fue fascinante. Se interesó, además de la física, en filosofía, en particular en la filosofía de la ciencia. Einstein manifestó asimismo, una y otra vez, ser religioso. En esta parte veremos qué entendía por ser religioso.

Para completar la visión de Einstein, el hombre, se incluyen cortas biografías de diez mujeres que influyeron en su vida.

Capítulo 20

Diez reflexiones sobre las creencias religiosas y filosóficas de Einstein

En este capítulo

▶ Patrimonio religioso de Einstein

▶ La religión de Einstein

▶ Opiniones filosóficas de Einstein

*L*as creencias religiosas de Einstein constituyen parte importante de su personalidad. Tales creencias han sido a menudo incomprendidas o citadas fuera de contexto. Algunos, creyendo que Einstein ha debido apoyar sus opiniones, han utilizado sus afirmaciones para sostener que Einstein creía en el Dios de su religión. Otros sostienen que era ateo.

Las opiniones religiosas de Einstein influyeron sobre mucha gente. El físico Max Jammer declaró que después de la publicación de su libro *Einstein and Religion* recibió cartas de algunos científicos agnósticos, que admitían sentirse estimulados con la lectura de los conceptos religiosos de Einstein.

La filosofía de la religión y la filosofía de la ciencia fueron temas de muchos escritos de los últimos años de Einstein. No era un filósofo en el sentido académico. "Siempre me interesé en la filosofía, pero de manera secundaria", escribió. Su interés se centraba en descubrir el funcionamiento de la naturaleza. Su profundo compromiso con el significado de la teoría cuántica influyó en la opinión de los científicos durante el siglo XX.

En este capítulo se ofrecen ejemplos de las ideas de Einstein sobre religión y filosofía. Con base en este corto material, el lector se formará una buena idea de quién era el dios de Einstein, y se dará cuenta de que no era ateo. Se enterará también de sus ideas filosóficas acerca de cómo pensamos y cómo funciona la ciencia.

Lucha con el judaísmo

Como quedó dicho en el capítulo 2, Einstein nació en el seno de una familia judía, pero sus padres no eran practicantes; no observaban las costumbres tradicionales ni asistían a la sinagoga de la localidad. El padre, Hermann, consideraba las tradiciones y los ritos religiosos como "una superstición antigua" y estaba orgulloso de no practicarlos.

El niño entró a los cinco años a la escuela pública. Sus padres escogieron la escuela católica porque allí se adquiría una mejor educación. No objetaron su aprendizaje del catolicismo pero querían que aprendiera también el judaísmo, de modo que pidieron a un pariente que le enseñara en casa. Einstein adquirió al mismo tiempo las enseñanzas del catolicismo y las de la fe judía.

Al entrar a la edad de nueve años a la escuela secundaria, continuó recibiendo instrucción religiosa solamente en la escuela, esta vez en el judaísmo. Como resultado, comenzó de pronto a observar los ritos religiosos por su cuenta, guardando el sábado, comiendo alimentos kosher y componiendo himnos en honor a Dios.

Su fervor religioso terminó tan de súbito como había comenzado. A los 12 años inició las lecturas de libros de divulgación científica. Las historias de la Biblia entraban en conflicto con la ciencia que aprendía, de suerte que se sintió engañado y comenzó a desconfiar de sus maestros, de la escuela y de las autoridades eclesiásticas. Esta desconfianza se arraigó y extendió a todo tipo de autoridad.

Años después, siendo ya adulto, su sentimiento religioso retornó en forma diferente. Desarrolló entonces una propia y personal filosofía religiosa, a la que llamó su religión, y de la cual nunca se apartó.

Definición de lo que significa ser religioso

En la madurez, Einstein escribió a menudo y dictó conferencias acerca de su idea de religión. En una carta a una niña que le había preguntado si los científicos oraban, Einstein declaró que un científico no aceptaba que el curso de los acontecimientos pudiera ser influi-do por la oración, es decir, por la voluntad de un ser sobrenatural. Sin embargo, agregaba, cualquier persona comprometida en serio con la ciencia descubre que "las leyes de la naturaleza manifiestan la existencia de un espíritu superior al hombre, ante el cual, con nuestros modestos poderes, debemos ser humildes".

El novelista alemán Gerhard Haupmann le preguntó cierta vez si era profundamente religioso, y Einstein contestó afirmativamente. "Intente penetrar con nuestros medios limitados los secretos de la naturaleza y descubrirá que, detrás de todas las concatenaciones discernibles, hay algo sutil, intangible e inexplicable". Su religión fue el respeto por esta fuerza que no podía comprender.

Einstein afirmó en un ensayo escrito en 1930 que su religión era "el conocimiento de la existencia de algo que no podemos comprender, nuestra percepción de la más profunda razón y la más radiante belleza que sólo es accesible a nuestra razón en la forma más primitiva; este conocimiento y esta emoción constituyen la verdadera religiosidad. Sólo en este sentido se puede decir que soy un hombre profundamente religioso".

A pesar de estas afirmaciones, cuando llegó la hora de decidir acerca de la enseñanza religiosa de sus hijos, Einstein dijo que le disgustaba mucho que les enseñaran "algo contrario al pensamiento científico". ¿Cómo podía desaprobar que les enseñaran algo que consideraba de "la más radiante belleza"?

La educación religiosa no era más, en su opinión, que el indoctrinamiento en los rituales de una religión en particular, y para él eso no era ser religioso. Ser religioso para Einstein era experimentar la emoción que se siente frente a los misterios de la naturaleza y en la veneración de su creador. Esto es algo, decía, que no se puede enseñar en clase.

Reconciliación entre religión y ciencia

Einstein escribió, después de 1930, varios ensayos sobre religión y ciencia. En una comunicación al Congreso sobre Ciencia, Filosofía y Religión, celebrado en Nueva York en 1940, dijo que consideraba la ciencia y la religión como dos entidades mutuamente dependientes. Escribió que "ciencia sin religión es sinónimo de invalidez; religión sin ciencia es ceguera".

Aquí se refiere de nuevo al significado que daba a la palabra *religión*: esa sensación de asombro producida por la contemplación del orden del universo y la creencia en un creador de tal orden.

Einstein escribió en 1948 un ensayo titulado "¿Son la religión y la ciencia irreconciliables?", en el que discutía dos problemas:

✔ "¿Existe realmente una contradicción insuperable entre religión y ciencia?"

✔ "¿Puede la ciencia remplazar a la religión?"

Einstein afirmaba que la respuesta a estas preguntas es negativa. Ciencia y religión operan en dominios diferentes. La ciencia, decía, "es el pensamiento sistemático tendiente a hallar conexiones entre las experiencias de nuestros sentidos", mientras que la religión "se refiere a la actitud del hombre hacia la naturaleza vista como un todo, al establecimiento de ideales de la vida individual y social, y a las relaciones humanas".

Encuentro con el dios de Einstein

La idea de dios de Einstein está basada en dos creencias fundamentales:

✔ **El determinismo:** El mundo obedece las leyes precisas descubiertas por la ciencia y, una vez el universo está en movimiento, todo lo que sucede está predeterminado puesto que el universo debe obedecer esas leyes.

✔ **La negación del antropomorfismo:** Dios no posee cualidades humanas.

En un ensayo escrito en 1930, Einstein declaraba no poder concebir "un dios que premia y castiga a sus criaturas, o que posee una voluntad como la que experimentamos", y agregaba una hermosa descripción del ser que consideraba su dios: "Me siento satisfecho con el misterio y eternidad de la vida, con el conocimiento de una ínfima parte de la maravillosa estructura del mundo real, y con la devota lucha por comprender una fracción, aunque sea mínima, de la Razón que se manifiesta en la naturaleza".

En 1952 escribió que no creía en la existencia de un dios personal. "La idea de un dios personal me es ajena, y me parece cándida". Y en 1954, en respuesta escrita a una entrevista, afirmó no poder aceptar la idea de un dios basada en la autoridad de la Iglesia. "No creo en el dios de los teólogos, que premia la bondad y castiga la maldad. Mi dios crea leyes que se encargan de eso. El universo no se rige por ilusiones, sino por leyes inmutables".

Acerca del desarrollo de la religión

Einstein escribió en 1930 un artículo para *The New York Times* titulado "Religión y Ciencia", en el cual plasmó su opinión, no completamente original, sobre el inicio de las religiones. Allí explicaba que el desarrollo de la religión puede dividirse en tres etapas:

✔ En la primera etapa, desarrollada por las sociedades primitivas, existe la necesidad de apaciguar los temores: temor al hambre, a las bestias salvajes y a la muerte. Einstein llamó a esta etapa "la religión del temor".

✔ La segunda etapa trae "el concepto social o moral de Dios". Esta concepción nace del "ansia de guía, amor y consuelo". Éste es el dios que consuela, premia y castiga.

✔ La tercera y última etapa es la que Einstein llama de *la religión cósmica*, "muy difícil de aclarar... para alguien que no la posee, en especial si no existe una correspondiente representación antropomórfica de Dios". Ésta es su propia religión. En el artículo escribió que sus sentimientos religiosos "no conocen dogma, ni un dios concebido a imagen del hombre, de suerte que no puede haber iglesia cuyas enseñanzas centrales están basadas en su imagen".

Ceñido con rigor al determinismo

La física cuántica estaba completamente desarrollada hacia 1925. Esta área de la física se había iniciado con el artículo sobre el efecto fotoeléctrico escrito por Einstein en 1905, en el que demostró que la luz es grumosa (cuantizada). La teoría cuántica se volvería cada vez más exitosa con los años, "la más exitosa teoría de nuestra época", según palabras del propio Einstein.

Sin embargo, y a pesar de sus éxitos, Einstein nunca aceptó que la física cuántica era la respuesta final.

¿Qué le disgustaba de la teoría cuántica? La abolición del determinismo (ver la sección anterior titulada "Encuentro con el dios de Einstein"). El principio de incertidumbre de Heisenberg (ver el capítulo 16), corazón de la física cuántica, dice que no podemos conocer a la vez todo lo que queremos acerca del comportamiento de los objetos. Aunque el principio se aplica a todas las cosas del universo, desde los electrones hasta las estrellas, sus efectos son perceptibles sólo a nivel atómico, en donde trabajamos con partículas subatómicas.

Si el universo se comporta según el principio de Heisenberg, nunca podemos estar seguros del pasado o presente de cualquier cosa en el universo. Ni podemos enfrentar el futuro con certeza. El resultado es que todo se comporta de modo probabilístico.

"Dios no juega a los dados con el universo", dijo Einstein alguna vez. No estaba listo a abandonar el determinismo clásico de la física. Y puso en ello el mayor empeño. Einstein y Niels Bohr, principal adalid de la nueva física, discutieron interminablemente sobre el significado de la realidad. Bohr convenció a Einstein en muchas oportunidades de los errores de una argumentación particular en contra de la física cuántica. Pero Bohr no pudo responder los argumentos de Einstein relativos al problema del experimento EPR, que se explica en el capítulo 16. Einstein encontró la manera de evadir el principio de incertidumbre y determinar, con precisión absoluta, el resultado de la colisión de dos partículas y su historia futura.

La tecnología no había avanzado entonces lo suficiente para realizar el delicadísimo experimento EPR. Ahora lo ha logrado. Desde 1982 se han llevado a cabo varios experimentos EPR reales, cuyos resultados demuestran que Einstein estaba equivocado. La premisa básica de la física cuántica es correcta: el mundo no es determinístico.

Lecturas filosóficas

Como se dijo en el capítulo 2, siendo Einstein todavía muchacho, su familia invitaba a un estudiante pobre de medicina a cenar en casa una vez por semana. El estudiante, de nombre Max Talmud, que lo animaba a leer libros científicos, fue una de las influencias tempranas de Einstein. Cuando Einstein tenía 13 años de edad, Talmud le llevó la *Crítica de la razón pura* de Kant, lectura nada fácil incluso para estudiantes de filosofía. Einstein leyó el libro y lo discutió con Talmud.

Unos dos años después de terminar su educación universitaria de pregrado, cuando trabajaba en la oficina de patentes de Berna, formó con dos amigos (a quienes daba clases de física) la que llamaron *Academia Olímpica*, de la cual se habló en el capítulo 9. Los tres amigos "pasábamos dichosos en esos días en Berna", escribió más tarde Einstein. "Nuestra querida academia... era menos infantil que las muy respetables que conocí demasiado bien más tarde".

El objetivo de la academia era leer y discutir libros de física, filosofía y literatura. El grupo leyó a Platón, el tratado sobre la naturaleza humana de David Hume, el sistema de la lógica de John Stuart Mill, la ética de Benedict de Spinoza, y la crítica de la existencia pura de Richard Avenarius, entre otros libros.

Dichas lecturas estimularon las ideas de Einstein sobre la ciencia y la filosofía de la religión, y le permitieron hablar y escribir con autoridad sobre filosofía de la ciencia.

Definición del pensamiento

Einstein inicia sus notas autobiográficas con una discusión sobre la naturaleza del pensamiento. Explica que lo hace "porque la esencia de la naturaleza de alguien como yo reside precisamente en _lo que_ piensa y en _cómo_ lo piensa, no en lo que hace o sufre".

Einstein se pregunta: "¿Qué es, precisamente, pensar"? Cuando las imágenes aparecen en nuestras mentes en respuesta a estímulos de nuestros sentidos, dice, "todavía no pensamos". Cuando estas imágenes forman una serie, y una de ellas llama a otra, "esto tampoco es pensar".

Einstein dice luego que la transición entre la libre asociación o el soñar despierto y la acción de pensar "se caracteriza por el papel más o menos dominante que juega el concepto". Un concepto puede permanecer oculto en nuestra mente.

Para transmitir el concepto a otros hay que verbalizarlo, cosa que no es siempre fácil. Pero, según Einstein, el estadio más importante del pensamiento ocurre antes de alcanzar la etapa de comunicación: "No dudo de que el pensamiento transcurre en su mayor parte sin el empleo de palabras y en grado considerable de modo inconsciente".

Einstein escribió que "las entidades físicas que parecen servir de elementos al pensamiento son signos e imágenes más o menos claras que pueden combinarse y reproducirse voluntariamente". Estos elementos fueron en su caso visuales y musculares. El gran éxito de Einstein en su trabajo con complejos conceptos abstractos parece deberse a su habilidad para visualizarlos.

Interpretación del método científico

En su comunicación inaugural ante la Academia de Ciencias de Prusia, en 1914, Einstein presentó sus ideas acerca del método científico, desde el punto de vista de la física teórica. Al respecto describió su propio método de investigación científica y su interpretación del funcionamiento de la ciencia.

"El método del teórico", sostenía, "implica el uso básico de postulados generales o principios de los cuales deducimos conclusiones". La segunda parte, la deducción de las conclusiones, es fácil; los físicos se entrenan bien en esto en los estudios de postgrado. Pero la primera parte es difícil, afirmaba, porque no existen métodos o técnicas establecidos aplicables para lograrlo. "El científico debe extraer estos principios generales de la naturaleza percibiendo en conjuntos completos de hechos empíricos ciertas características generales susceptibles de formulación precisa".

Einstein dio como ejemplo su propio desarrollo de la teoría especial de la relatividad. La primera parte, la difícil, consistió en extraer de la naturaleza el principio de relatividad. Una vez logrado esto, la segunda parte fue fácil.

Su método es hasta cierto punto el que emplean todavía hoy los físicos para construir sus teorías. Es lo que llaman el *método científico,* que ha sido en extremo exitoso.

Objetivos de la ciencia

Según Einstein, la teoría física tiene dos principales objetivos:

✔ "Abarcar en la medida de lo posible todos los fenómenos y sus conexiones".

✔ "Lograr esto con base en la menor cantidad posible de conceptos lógicamente independientes y... sus relaciones mutuas (leyes básicas, axiomas)".

Einstein reformuló el segundo objetivo "con crueldad y honestidad" de la manera siguiente: "No sólo deseamos conocer *cómo* es la naturaleza (y *cómo* se desarrollan sus procesos) sino lograr, en la medida de lo posible, el objetivo tal vez utópico y en apariencia pretencioso de conocer por qué la naturaleza es *como es y no de otra manera*".

Las opiniones de Einstein a propósito de los objetivos de la ciencia y el método científico forman parte de su visión filosófica acerca de la naturaleza del universo y de los intentos del hombre por comprender su funcionamiento a través de la ciencia. Sus ideas influyeron en la interpretación del modo como se construyen las teorías científicas por parte de los modernos filósofos de la ciencia.

Las opiniones de Einstein a propósito de los objetivos de la ciencia y el método científico formaban parte de su visión filosófica acerca de la naturaleza del universo y de los intentos del hombre por comprender su funcionamiento a través de la ciencia. Sus ideas influyeron en la interpretación del modo como se construyen las teorías científicas por parte de los modernos filósofos de la ciencia.

Capítulo 21

Diez mujeres que influyeron en Einstein

En este capítulo

▶ Encuentro con la madre y la hermana de Einstein

▶ Sus esposas, hija e hijastras

▶ Otras influencias

Como se muestra en el resto del libro, resulta obvio que Einstein ejerció una enorme influencia en la comunidad científica y en todo el mundo. Pero, en contraste con Isaac Newton, no vivió aislado; disfrutaba la compañía de la gente y aprendió mucho de quienes lo rodeaban.

En los otros capítulos no se dedicó mucho espacio a la vida personal de Einstein (el capítulo 2 es la excepción). Aquí se ofrecen algunos elementos mediante la presentación de cortas biografías de diez mujeres que influyeron en su vida.

Pauline, madre de Einstein

Pauline Koch tenía 17 años cuando contrajo matrimonio en 1876 con Hermann Einstein. Mujer culta, interesada en música y literatura, era excelente pianista y disfrutaba tocando este instrumento tan a menudo como podía.

Tres años después de casarse con Hermann, Pauline tuvo su único hijo varón, Albert. En 1881, cuando Einstein tenía dos años, nació su hermana Marie, a quien siempre llamaron Maja.

Se fomenta el interés por la música

Pauline quería que sus hijos apreciaran la música y tocaran un instrumento, así que cuando Albert cumplió seis años, contrató una maestra para que le enseñara a tocar el violín. Las clases comenzaron bien, pero luego de un tiempo el niño se aburrió de la instrucción rígida, le lanzó una silla a la maestra y la expulsó de la casa. Pauline se armó de paciencia y sencillamente contrató otro profesor.

Einstein soportó las lecciones de violín que su madre le impuso. La fuerte mano de Pauline al respecto dio frutos. A los 13 años el niño descubrió a Mozart y su interés por la música dio un vuelco. Comenzó a tocar dúos con la madre al piano, costumbre que conservó hasta la muerte de Pauline. La música se convirtió en parte importante de su vida.

Pauline vivió muy orgullosa de su hijo y siempre se involucró en sus asuntos. Cuando Albert estaba en la escuela elemental, ella le escribió a su madre alabando el rendimiento escolar del niño. Cuando Einstein quiso entrar en la universidad, dos años antes de cumplir la edad exigida de 18 años, Pauline contactó a un antiguo vecino de Alemania que vivía por entonces en Zurich para ver si éste podía lograr que la universidad suprimiera el requisito. Aparentemente, Pauline dijo que Albert era niño prodigio (que no era), porque eso fue lo que declaró el antiguo vecino a los administradores de la universidad. El hecho es que logró su objetivo. La universidad suprimió el requisito de edad y Einstein pudo presentarse a las pruebas de admisión.

Oposición a Mileva

No todo marchó sobre ruedas entre Einstein y su obstinada madre. Los tiempos difíciles llegaron cuando Pauline se dio cuenta de que las relaciones entre su hijo y su novia y condiscípula, Mileva Maric, se habían vuelto serias. A Pauline nunca le gustó Mileva, pues pensaba que no era lo suficientemente buena para su brillante retoño. Además, era mayor que Albert.

La fuerte oposición de Pauline no tuvo ningún éxito con Einstein, de suerte que con el tiempo atenuó sus críticas. Sin embargo, montó en cólera cuando Maja le dijo que permitiera que Mileva y Albert se casaran. La confrontación causó una desavenencia tal entre madre e hija, que no se hablaron por algún tiempo.

Pauline nunca aceptó a Mileva. En años posteriores Einstein dijo que las relaciones entre Pauline y Mileva "bordeaban la hostilidad".

A pesar de esto, Pauline amaba a su hijo y vivía pendiente de sus éxitos. Por su parte, Einstein quería a su madre y la visitaba cuando podía, y a veces tocaban dúos al piano.

Cuando murió su esposo, en 1902, Pauline fue a vivir con su única hermana, Fanny, y su esposo. En 1911 se trasladaron a Berlín; entonces Pauline comenzó a trabajar como ama de llaves en un pueblo vecino.

En 1914 Pauline cayó enferma de cáncer. En 1918, estando muy avanzada la enfermedad, Maja la internó en un sanatorio. Einstein, quien por entonces se había casado con su segunda esposa, la sacó al año siguiente del sanatorio y la llevó a su casa. Allí murió un año después, el 20 de febrero de 1920.

Einstein había dicho alguna vez que no se preocuparía por su muerte ni por la de nadie. Pero después del fallecimiento de su madre, "Einstein lloró como cualquier hombre, y me di cuenta entonces de que en realidad era capaz de preocuparse por alguien", según declaró la esposa del astrónomo Erwin Freundlich.

Maja, hermana de Einstein

Cuando nació su hermana, Albert, que tenía entonces dos años, pensando probablemente que se trataba de un juguete, preguntó dónde estaban las ruedas. Maja (cuyo nombre de pila era Marie) nació en 1881.

En el capítulo 2 se relata que, antes de ingresar al Instituto Politécnico Federal de Zurich, Einstein asistió al colegio en Aarau, Suiza, y se alojó donde la familia Winteler. Maja ingresó después al mismo colegio y vivió también con los Winteler. Luego permaneció tres años en Aarau preparándose como maestra, y más tarde estudió lenguas romances en las universidades de Berlín y Berna.

Mientras adelantaba el postgrado en la Universidad de Berna, su hermano dictaba clases nocturnas como _Privatdozent_ o instructor en la universidad, primer escalón de la carrera académica. A veces Maja asistía a estas clases.

Maja obtuvo el doctorado en lenguas romances en la Universidad de Berna. Al año siguiente se casó con Paul Winteler, buen amigo de Einstein. La pareja vivió primero en Lucerna, Suiza, y más tarde en las cercanías de Florencia. Allí se establecieron hasta 1939, cuando el peligro nazi la forzó a abandonar Europa. (Problemas de salud impidieron el ingreso a Estados Unidos del esposo.) Pasada la guerra, Maja quiso volver a Europa y reunirse con su marido, pero su mala salud le impidió viajar. En cambio fue a vivir con Albert a Princeton.

Elsa, segunda esposa de Einstein, había muerto en 1936. Maja se reunió en Princeton con Margot Einstein, hija de Elsa, y con Helen Dukas, secretaria de toda la vida de Einstein. Las tres mujeres manejaban la casa y ayudaban a Einstein con la correspondencia, lo protegían de visitantes indeseables y le ofrecían compañía, consejo y afecto. Einstein era muy cercano a las tres, en especial a Margot y Maja.

Maja escribió un ensayo biográfico sobre su hermano, que terminó en Florencia en 1924. Este ensayo, titulado "Albert Einstein, bosquejo biográfico", es la fuente principal de recuerdos familiares sobre los primeros años de Einstein. El trabajo de Maja, que permaneció en manuscrito hasta hace poco, relata la vida de Einstein hasta 1905 y constituye en su mayor parte un proyecto abandonado. El manuscrito fue publicado en 1987 como parte de *The Collected Papers of Albert Einstein*.

Maja murió en Princeton en 1951, cuatro años antes que su célebre hermano. Einstein sufrió mucho. La había cuidado amorosamente durante sus últimos meses; le leía todas las noches "los mejores libros de la nueva y la antigua literatura". Su inteligencia era tan aguda como siempre pero hacia el final no podía hablar. "Nunca imaginé que me hiciera tanta falta", escribió Einstein en una carta poco después de su muerte.

Mileva Maric, primera esposa de Einstein

Mileva Maric era la única mujer que se especializaba en física en el Politécnico de Zurich, donde también estudiaba Einstein. En su segundo semestre comenzaron a interesarse mutuamente. Su relación se convirtió en un romance que con el tiempo condujo al matrimonio, a pesar de la oposición de la familia de Einstein (en especial de su madre).

El romance de Einstein y Mileva está bien documentado en cartas que se escribieron entre 1897 y 1903, descubiertas en 1987. No se sabía mucho de Mileva antes de la aparición de estas cartas.

En sus primeras cartas, Mileva escribe con entusiasmo sobre la física que aprendía en las clases. Con el paso del tiempo, el énfasis en la física va desapareciendo y sus cartas se convierten en cartas de amor que muestran sus sentimientos hacia Einstein y la preocupación por sus relaciones. Einstein le manifiesta su amor, le cuenta la reacción de su familia y le habla de física.

Las cartas constituyen un registro inestimable y directo del desarrollo intelectual temprano de Einstein. Con orgullo le comunica a Mileva sus ideas sobre la relatividad y sobre las inconsistencias que encuentra en algunos artículos de física que ha leído. Mileva, con su formación en física, parece su caja de resonancia.

Fundación de una familia

Como se relata en el capítulo 2, las relaciones de Einstein y Mileva progresaron durante sus años de universidad. Graduado ya del politécnico y antes del trabajo en la oficina de patentes de Berna, Einstein consiguió un empleo temporal fuera de Zurich, mientras Mileva permanecía en el politécnico (había perdido los exámenes finales y se preparaba para presentarlos de nuevo). En esos meses, Einstein iba todos los sábados a Zurich para visitar a Mileva. En una de las visitas ella le dijo que estaba embarazada.

El embarazo la perjudicó en sus estudios, que habían sido una lucha durante años. Se presentó a los exámenes finales y los perdió. Estaba desolada y abandonó la universidad. Deprimida, viajó a Hungría a casa de sus padres, que no estaban muy felices con las noticias. Al comienzo, el padre, enojado, le prohibió rotundamente casarse con Einstein.

En el invierno de 1902 Mileva dio a luz una niña, Lieserl. El parto fue difícil y Einstein estaba ausente. Se enteró del asunto por una carta que le escribió el padre de Mileva.

Nadie sabe qué fue de la única hija de Einstein. Desapareció poco después de su nacimiento y no se han encontrado rastros de ella. Es probable que Mileva la haya dado en adopción.

Cerca de un año después, el 6 de enero de 1903, Einstein y Mileva se casaron en una ceremonia civil en el palacio de justicia de Berna. Einstein trabajaba en la oficina de patentes de Berna y ganaba un salario decente como funcionario. La vida se presentaba relativamente bien para la pareja.

Poco más de un año después del matrimonio, Mileva dio a luz a su primer hijo varón, Hans Albert. Aunque él trató inicialmente de ayudarla con el niño, no era propiamente lo que se dice un buen marido. Estaba interesado en su trabajo y prestaba muy poca atención a la esposa o al hijo. La cosa empeoró durante el estallido de creatividad de su año milagroso (ver el capítulo 3). Su relación comenzó a deteriorarse.

Lucha con la depresión

Einstein se refugió en su trabajo y Mileva se deprimió. Según un visitante, la casa era un caos. Einstein trataba de ayudar, pero su corazón estaba ausente. Cargaba al niño mientras intentaba escribir sus ecuaciones en un cuaderno.

El 28 de julio de 1910 nació Eduard, segundo hijo de Einstein y Mileva. Las cosas mejoraron entre ellos, pero no por mucho tiempo. Mileva seguía deprimida y se estaba volviendo celosa de las mujeres con las que coqueteaba su esposo.

Einstein y su familia se trasladaron a Praga en 1911, en donde Einstein había aceptado una buena oferta de la universidad. Mileva odiaba la ciudad. Einstein aceptó un año después una oferta de su alma mater y volvió a Zurich. Mileva estaba encantada. Esto duró un par de años. Einstein aceptó en 1914 una oferta de la Universidad de Berlín y se trasladó allí con la familia.

Mileva fue muy infeliz ante la perspectiva de establecerse en Berlín. Elsa, una prima de su esposo, vivía en la ciudad, y Mileva estaba celosa. Además, los alemanes miraban por encima del hombro a la gente de origen serbio, como Mileva.

Hacia el divorcio

Mileva tenía razón con respecto a Elsa. Einstein comenzó a frecuentarla y ése fue el principio del fin de su matrimonio. Luego de una pelea, Einstein se fue de la casa y algún tiempo después redactó un contrato de separación en que se estipulaban sus obligaciones. Mileva y los niños volvieron a Zurich.

En 1916, en una de sus visitas a los muchachos, Einstein le pidió a Mileva el divorcio. Esto le produjo a ella un colapso nervioso, del cual se recuperó lentamente, pero entonces surgió otro motivo de preocupación: el hijo menor. Eduard era un niño muy dotado. Leía

a Goethe y Schiller en el primer grado y poseía una memoria fotográfica. Aprendía con velocidad pasmosa todo lo que se proponía.
Pero estaba perturbado (Eduard debió ser internado en un hospital
psiquiátrico en 1933, luego de presentar síntomas de inestabilidad
mental. Murió en el hospital en 1965).

Mileva y Einstein se divorciaron el 14 de febrero de 1919. Luego
del divorcio, Mileva dedicó buena parte de su vida al cuidado de
Eduard. Su salud comenzó a deteriorarse en 1947. Al año siguiente
sufrió un derrame cerebral que la dejó semiparalizada, y murió el
4 de agosto de 1948.

Mileva había comenzado al mismo nivel intelectual de Einstein;
leían, estudiaban y hablaban de física juntos. Hacia 1902 su asociación había cambiado, porque el pensamiento de Einstein se había
desarrollado y estaba en otro nivel. Pero hasta entonces su presencia le ayudó a concretar las ideas, ofreciéndole los amorosos oídos
de una colega.

Lieserl, la hija de Einstein

La única hija de Einstein nació en 1902 en Novi Sad, población situada entonces en Hungría, donde vivían los padres de Mileva. Todavía
la pareja no estaba casada, y el embarazo de Mileva se mantuvo
secreto salvo para su familia.

Einstein se hallaba en Suiza al nacer el bebé, a la espera del resultado de su solicitud de trabajo en la oficina de patentes. Cuando se
enteró del nacimiento escribió a Mileva preguntándole por la salud
de la niña, cómo tenía los ojos y a quién se parecía. Tenía mil preguntas. "La quiero tanto y ni siquiera la conozco".

Mileva respondió pero su carta no sobrevivió, así que no sabemos lo
que dijo. Einstein volvió a escribir una semana después, agradecién-
dole su "cartica", pero sin mencionar a Lieserl. Las miles de preguntas que tenía la semana anterior se habían esfumado. Se refirió en
cambio a su solicitud de trabajo en la oficina de patentes.

En otra carta, fechada en septiembre de 1903, cuando Mileva estaba
embarazada de su primer hijo, Einstein le decía que no estaba enojado porque estuviera esperando otro bebé. De hecho, decía que
había estado pensando en una nueva Lieserl, porque a Mileva "no
debería negársele el derecho que tienen todas las mujeres", y agregaba que se hallaba "muy triste por lo que le ha sucedido a Lieserl".
Aparentemente la niña había desarrollado fiebre escarlatina. "¿Cómo

quedó registrada la niña?", escribió. "Debemos tomar precauciones para que no tenga problemas más adelante".

¿Registrada dónde? ¿En el hospital a donde fue llevada enferma? ¿Qué clase de problemas? ¿Problemas de salud o problemas de nombre? Lo ignoramos. Lieserl sencillamente desapareció. En las cartas que sobrevivieron, ni Einstein ni Mileva volvieron a mencionar jamás a su hija. Su otro hijo, Hans, nunca supo que tenía una hermana.

No existen registros de nacimiento en Novi Sad ni en las regiones vecinas que puedan dar indicios sobre Lieserl. Lo más probable es que fue dada en adopción muy pronto y quedó registrada con el nombre de su nueva familia.

Elsa, segunda esposa de Einstein

Elsa era prima de Einstein, hija de su "tío rico" Rudolf Einstein y de su tía Fanny (hermana de Pauline). Elsa contrajo un primer matrimonio con Max Loewenthal, comerciante en textiles de Berlín, con quien tuvo dos hijas, Ilse y Margot, y un hijo que murió poco después de nacer.

Einstein y Elsa se encontraban a menudo cuando niños pero perdieron el contacto en la edad adulta. En uno de los viajes de Einstein a Berlín, estando todavía casado con Mileva, volvió a encontrarse con su prima. Ella se había divorciado y vivía con sus dos hijas en un apartamento justo debajo del de sus padres. Einstein se sentía cómodo con Elsa en este entorno familiar. Cuando se trasladó a la Universidad de Berlín, siguió frecuentándola con cierta frecuencia.

Después de su separación de Mileva, Einstein veía a Elsa a menudo y en septiembre de 1917 se fue a vivir con ella. Elsa estaba claramente interesada en Einstein y lo presionó para que se divorciara.

Después del divorcio, que tuvo lugar en 1919, Einstein se sintió libre para casarse con Elsa. De ella lo atraía sobre todo su cocina. Además le estaba agradecido porque lo había cuidado cuando había estado enfermo con problemas estomacales. No había pasión entre ellos. Sin embargo se casaron el 2 de junio de 1919, sólo tres meses y medio después de su divorcio de Mileva. Einstein tenía 40 años y Elsa 43. Su matrimonio parece haber sido platónico.

Aunque algunos amigos de Einstein criticaban su afán de protagonismo, Elsa era consciente de la importancia de su esposo y logró crear para él un entorno amable donde podía trabajar. Su eficiencia en el manejo del hogar le facilitó la vida a Einstein.

Como había sucedido en su matrimonio con Mileva, aparecieron los problemas a causa de los coqueteos de Einstein con otras mujeres. Él era muy famoso, de suerte que muchas mujeres de todo el mundo se sentían atraídas por él.

En 1935, después de que Einstein y Elsa se trasladaran a Estados Unidos, ella cayó enferma con problemas cardíacos y renales. Murió el 20 de diciembre de 1936.

Einstein había sido muy atento y solícito durante los últimos meses de vida de Elsa. Luego de su muerte, él se recuperó rápidamente. "Me he acostumbrado muy bien a la vida aquí", escribió. "Vivo como un oso en mi madriguera... esta condición osuna se ha acrecentado con la muerte de mi mujer y camarada, quien era mejor con los demás de lo que yo soy".

Ilse, hijastra de Einstein

Ilse era una de las hijas de Elsa. En la época en que pensaba casarse con Elsa, Einstein se sintió atraído por Ilse, que era bonita y tenía 22 años. Ilse le tenía afecto y lo respetaba. Einstein pensó seriamente y sin tapujos en escoger entre las dos.

"Ayer se planteó de pronto la pregunta sobre con quién debería casarse Albert, si conmigo o con mamá", escribió Ilse a un amigo, rogándole que destruyese la carta inmediatamente (obviamente él no le hizo caso). "Esta pregunta, formulada medio en serio y medio en broma, se volvió a los pocos minutos algo serio que hay que considerar y discutir". Einstein, decía Ilse a su amigo, estaba listo para casarse con cualquiera de las dos. Pero ella no abrigaba "sentimientos físicos" hacia él. Lo respetaba y quería mucho, pero más como a un padre.

Ilse se casó con Rudolf Kayser, perodista y hombre de letras, que escribió después una biografía de Einstein editada cuidadosamente por el propio Einstein. Kayser publicó en 1930 su libro, *Albert Einstein, A Biographical Portrait*, bajo el seudónimo de Anton Reiser. La edición inglesa fue publicada en Nueva York el mismo año.

Después de la toma del poder por los nazis en 1933, Kayser rescató de Berlín los papeles de Einstein y los sacó del país con ayuda de la embajada francesa. Los documentos fueron llevados más tarde a la casa de Einstein en Princeton, en donde permanecieron hasta después de su muerte.

Ilse vivía en París con su esposo. A los 37 años cayó gravemente enferma de tuberculosis. Ella y su hermana Margot se habían trasladado a París al tener noticia de que los nazis iban a secuestrarlas para llegar hasta Einstein. Elsa tuvo que irse sola a París para estar con su hija, ya que Einstein no podía poner los pies en Europa por el peligro nazi. Ilse murió poco después de la llegada de Elsa.

Margot, hijastra de Einstein

Margot era la otra hija de Elsa. Estaba casada con Dimitri Marianoff, periodista como el esposo de su hermana. Marianoff quería escribir una biografía de Einstein y comenzó a salir con Margot para tener acceso a él.

El plan de Marianoff tuvo éxito, pero en contraste con la biografía escrita por su otro hijo político, ésta no fue editada por Einstein. En consecuencia, muchos detalles personales que Einstein no estaba interesado en divulgar aparecieron en el libro, cosa que lo entristeció en gran manera.

El libro, titulado *Einstein: An Intimate Study of a Great Man*, ofrecía la visión detallada de Marianoff sobre la vida privada de Einstein y su opinión sobre las mujeres (la versión inglesa apareció en 1944 y está agotada).

El matrimonio de Margot y Marianoff no duró mucho. Luego del divorcio, Margot vivió en París hasta la muerte de su hermana Ilse. Entonces acompañó a su madre de vuelta a Estados Unidos y vivió con ella y con Einstein. Muerta Elsa, Margot permaneció con Albert y lo cuidó.

Helen Dukas, secretaria de Einstein

Helen Dukas fue la secretaria de Einstein desde 1928 hasta su muerte en 1955. Emigró en 1933 a Estados Unidos con Einstein y su esposa Elsa. Vivía en Princeton en casa del científico, con Elsa y Margot. Después de la muerte de Elsa, fue una de las tres mujeres (las otras dos fueron Maja y Margot) que se encargaron de los asuntos de Einstein.

Muerto Einstein, Dukas se convirtió en depositaria de su legado literario y archivista de sus papeles. Colaboró con el profesor Banesh Hoffman —quien había trabajado con Einstein en la teoría general de la relatividad— en dos libros: *Albert Einstein: Creator and Rebel* y *Albert Einstein, The Human Side*.

Marie Winteler, primer amor de Einstein

Marie Winteler fue el primer amor de Einstein. Era hija de Jost y Pauline Winteler, maravillosa familia donde se alojó el joven Albert en Aarau (ver el capítulo 2). Tenía 18 años cuando se conocieron, y rápidamente Albert se enamoró de ella. El romance contribuyó a los éxitos de Einstein en el año maravilloso que pasó en la Escuela Cantonal de Aarau, probablemente el más feliz de su vida.

Pero su amor de adolescentes no duró. Albert dejó de escribirle cuando abandonó la casa de los Winteler para estudiar en el Politécnico de Zurich.

Años después, en 1940, Marie le escribió una carta desde Europa pidiéndole un préstamo de 100 francos porque se hallaba en situación difícil a causa de las penurias de la guerra. Se sabía que Einstein ayudaba a muchos europeos que sufrían por causa de la guerra. Sin embargo, Helen Dukas, ignorando quién era, nunca le pasó a Einstein la carta.

Marie Curie

La célebre científica Marie Curie fue contemporánea de Einstein. En su carácter de científicos de primer orden en el mundo, sus vidas se cruzaron varias veces. Una de tales ocasiones se presentó en 1909, cuando a ambos se les concedió el doctorado honoris causa con motivo de la conmemoración de los 350 años de la fundación de la Universidad de Ginebra.

 Su descubrimiento de la radiactividad (junto con su esposo, Pierre, y el colega de ambos, Henri Becquerel) desempeñó un papel en el desarrollo de la ecuación de Einstein, $E = mc^2$.

En el artículo en que presentó su famosa fórmula, Einstein demostraba que la aplicación de sus ecuaciones de la relatividad especial a un átomo que emitía luz en un proceso de decaimiento radiactivo implicaba que la energía posee masa. Hubiera sido difícil para él pensar en la emisión espontánea de luz por parte de un objeto si el fenómeno no hubiera sido ya observado.

Cuando Einstein y Mileva viajaron a París en 1913, se alojaron donde los Curie. Las dos familias se entendían muy bien y llegaron a ser muy amigas. Después se visitaron varias veces para ir a caminar por los Alpes.

Más tarde, Einstein y Marie Curie formaron parte de una comisión de la Liga de Naciones, en donde tuvieron ocasión de encontrarse en varias oportunidades.

Apéndice A

Glosario

Campo: Distorsión del espacio debida a la presencia de un cuerpo que ejerce una fuerza sobre otros cuerpos.

Coherentes: Haces luminosos que vibran al mismo ritmo.

Conservación de la energía: Ley que establece que la cantidad total de energía con que se comienza un proceso debe ser igual a aquélla con que se termina.

Corriente eléctrica: Tasa a la cual se mueven las cargas eléctricas en un conductor o en el espacio vacío.

Cuantos: Paquetes indivisibles de energía. La luz y toda la radiación electromagnética se componen de *cuantos.*

Cuerpo negro: Objeto ideal que absorbe todo tipo de radiación; es también el emisor perfecto.

Decaimiento alfa: Emisión espontánea de *partículas alfa* por parte de ciertos núcleos radiactivos.

Decaimiento beta: Emisión espontánea de *electrones* y *neutrinos* por parte de ciertos núcleos radiactivos.

Difracción: Desviación o expansión de un haz luminoso al pasar por una rendija estrecha o un agujero.

Efecto Doppler: Cambio en la longitud de onda percibido por un oyente que se mueve con respecto a una fuente de ondas sonoras. Se aplica también a la luz y a las ondas electromagnéticas en general.

Electrón: Partícula fundamental indivisible que posee carga eléctrica negativa. Hasta donde sabemos, los electrones no tienen dimensión.

Enana blanca: Estrella pequeña y densa; una de las etapas finales de la vida del Sol.

Enana negra: Estrella *enana blanca* que ha consumido todo su combustible; el Sol terminará su vida como una enana negra.

Energía: Capacidad de realizar un trabajo o resultado de hacer un trabajo.

Entropía: Medida del grado de desorden de un sistema.

Epiciclos: Círculos hipotéticos descritos por los planetas en su movimiento por el cielo, según el modelo de universo de Tolomeo. Los centros de estos círculos se movían alrededor de la Tierra. Copérnico demostró la falsedad del modelo.

Espacio-tiempo: Combinación de las tres dimensiones del espacio y de la dimensión temporal; es necesario en relatividad porque espacio y tiempo están relacionados.

Espectro: Conjunto de los componentes de la emisión de radiación electromagnética, ordenados según su longitud de onda.

Estrella neutrónica: Objeto con sólo decenas de kilómetros de extensión pero con una masa igual a la masa del Sol. Las estrellas neutrónicas se componen principalmente de *neutrones*.

Éter: Sustancia invisible que llenaba todo el espacio, inventada por los físicos del siglo XIX para explicar el movimiento de la luz en el espacio. La teoría de la relatividad de Einstein acabó con el éter.

Fotón: *Cuanto* de luz.

Galaxia: Enorme isla que contiene miles de millones de estrellas que permanecen unidas por la gravedad.

Geocéntrico: Centrado en la Tierra. El modelo de universo de Tolomeo, con el Sol y los planetas girando en torno a la Tierra, era geocéntrico.

Gigante roja: Enorme estrella brillante con temperatura superficial baja. El Sol pasará sus últimos años como gigante roja, y terminará con el tiempo convertido en una estrella llamada *enana negra*, que ha consumido todo su combustible.

Horizonte de eventos: Superficie de una esfera de radio igual al *radio de Schwarzschild*.

Hueco de gusano: Túnel a través del espacio que conecta dos *huecos negros* situados en diferentes lugares del universo; no sabemos todavía si los huecos de gusano existen en la realidad.

Hueco negro: Objeto que posee una gravedad tan fuerte que ni siquiera la luz puede escapar.

Inercia: Resistencia que opone un cuerpo a cualquier intento de cambiar su movimiento.

Interferencia: Patrón que resulta de la superposición de dos movimientos ondulatorios que se encuentran. La superposición puede cancelar las ondas o reforzarlas.

Láser: La amplificación de la luz por emisión estimulada de radiación produce un rayo de luz coherente de longitud de onda única.

Ley de conservación: Ley física que especifica que determinada cantidad no puede ser destruida.

Longitud de onda: Longitud de una oscilación; distancia entre dos crestas o dos valles consecutivos de una onda.

Marco de referencia: Punto de referencia para un objeto móvil.

Masa: Medida de la resistencia que sentimos al intentar cambiar el movimiento de un objeto; es una medida de la *inercia*.

Materia oscura: Sustancia invisible y desconocida que puede detectarse sólo por sus efectos gravitacionales.

Movimiento uniforme: Movimiento en línea recta con velocidad constante.

Neutrino: Partícula subatómica; todavía no sabemos si no tiene masa o si tiene una masa pequeñísima. Desempeña un papel en la *radiactividad*.

Neutrón: Una de las partículas subatómicas que forman el núcleo del átomo.

Onda: Mecanismo de propagación de la energía.

Partícula alfa: Paquete de dos *protones* y dos *neutrones*; es también el núcleo del helio.

Partícula beta: Sinónimo de *electrón*.

Partícula virtual: Partícula que existe sólo durante los breves momentos permitidos por el *principio de incertidumbre de Heisenberg*.

Principio de incertidumbre de Heisenberg: Es imposible determinar con precisión absoluta la posición de una partícula y medir al mismo tiempo qué tan rápido se mueve y hacia dónde se dirige.

Protón: Una de las partículas subatómicas que forman el núcleo del átomo; el protón posee carga eléctrica positiva.

Púlsar: Objeto astronómico pequeño y muy denso, en rotación muy rápida, que emite luz y ondas de radio, como un faro.

Quásar: Objeto astronómico de brillo extraordinario que suele hallarse muy lejos; su brillo es como el de billones de soles.

Radiactividad: Emisión espontánea de partículas o radiación por parte de ciertos átomos.

Radio de Schwarzschild: Máximo radio de una estrella por debajo del cual la luz quedará atrapada, como en un *hueco negro*.

Rayo alfa: Sinónimo de *partícula alfa*.

Rayo beta: Sinónimo de *partícula beta*.

Rayos gama: Radiación electromagnética emitida por ciertos núcleos radiactivos.

Singularidad: Lugar donde las leyes de la física se violan o no se aplican.

Teoría de supercuerdas: Nueva teoría de la estructura de la materia en la que las partículas elementales se representan por minúsculas cuerdas vibrantes. La teoría promete unificar todas las fuerzas de la naturaleza.

Termodinámica: Estudio del calor y de los fenómenos térmicos.

Velocidad de escape: Mínima velocidad hacia arriba que hay que darle a un objeto para que abandone la Tierra y nunca caiga de vuelta. Su valor es de 11 kilómetros por segundo.

Apéndice B

Cronología de Einstein

- -

1879, 14 de marzo. Albert Einstein nace en Ulm, Alemania; sus padres son Hermann Einstein y Pauline Koch.

1880, 21 de junio. La familia Einstein se traslada a Munich.

1881, 18 de noviembre. Nace Marie (Maja), hermana de Einstein.

1884. Einstein queda fascinado con una brújula. Recordará el evento toda su vida.

1885. Einstein comienza a recibir clases de violín.

1885, 1º de octubre. Einstein entra a la escuela pública en Alemania; comienza en segundo grado. Recibe instrucción religiosa en la escuela católica e instrucción religiosa judía en casa.

1888, 1º de octubre. Einstein aprueba los exámenes de admisión y entra a secundaria en el Gimnasio Luitpold.

1889. Max Talmud, estudiante pobre de medicina, comienza sus visitas regulares a la familia Einstein.

1890. Einstein lee su "libro sagrado de geometría".

1894, junio. La familia Einstein se traslada al norte de Italia.

1894, 29 de diciembre. Einstein abandona el colegio y se une a sus padres en Italia.

1895. Se le permite presentar las pruebas de admisión al Instituto Politécnico federal de Zurich, a pesar de que le faltan dos años para tener la edad requerida. Tiene un excelente desempeño en matemáticas y física pero pierde el examen a causa de su mal rendimiento en otras áreas.

1895. Einstein ingresa a la Escuela Cantonal de Aarau, Suiza. Vive con la familia de Jost Winteler.

1896, 28 de enero. Einstein obtiene un documento por el cual deja de ser ciudadano alemán. Permanece sin nacionalidad durante cinco años.

1896, septiembre. Einstein obtiene su grado en el colegio.

1896, 29 de octubre. Einstein comienza sus estudios universitarios de física en el Instituto Politécnico Federal de Zurich.

1900, 28 de julio. Einstein obtiene el grado universitario.

1900, 13 de diciembre. Einstein envía su primer artículo científico a la revista *Annalen der Physik*.

1901, 21 de febrero. Einstein se convierte en ciudadano suizo.

1901, 19 de mayo a 15 de julio. Einstein acepta un trabajo temporal de maestro de matemáticas en el colegio técnico de Winterthur, Suiza.

1901, 20 de octubre a enero de 1902. Eintein enseña en un colegio privado de Schaffhausen, Suiza.

1902, enero. Lieserl, hija de Einstein y Mileva Maric, nace en Novi Sad, Hungría.

1902, 23 de junio. Einstein comienza a trabajar como experto técnico de tercera clase en la oficina suiza de patentes de Berna, con un salario de 3.500 francos suizos.

1902, 10 de octubre. Muere en Milán el padre de Einstein.

1903, 6 de enero. Einstein contrae matrimonio con Mileva Maric en Berna. Lieserl permanece en Novi Sad.

1904, 14 de mayo. Nace Hans Albert, primer hijo varón de Einstein y Mileva.

1905, 17 de marzo. Einstein termina su artículo sobre los cuantos de luz.

1905, 30 de abril. Einstein termina su tesis de doctorado titulada "Nueva determinación de las dimensiones moleculares".

1905, 11 de mayo. La revista *Annalen der Physik* recibe su artículo sobre el movimiento browniano.

1905, 10 de junio. La revista *Annalen der Physik* recibe su artículo titulado "Sobre la electrodinámica de los cuerpos en movimiento", teoría de la relatividad especial. Fue publicado el 28 de septiembre.

1905, 27 de septiembre. La revista *Annalen der Physik* recibe su artículo con la ecuación $E = mc^2$.

1906, 15 de enero. Einstein recibe oficialmente el doctorado de la Universidad de Zurich.

1906, 9 de noviembre. La revista *Annalen der Physik* recibe su artículo sobre teoría cuántica de los sólidos.

1907. Einstein descubre el principio de equivalencia.

1908. Einstein comienza a trabajar como *Privatdozent*, instructor de la Universidad de Berna, primer escalón de la carrera académica. Publica dos artículos con un colaborador.

1908, 21 de diciembre. Maja, la hermana de Einstein, recibe el doctorado magna cum laude en lenguas romances de la Universidad de Berna.

1909, marzo y octubre. Einstein termina dos artículos sobre la radiación del cuerpo negro.

1909. Einstein recibe su primer grado honorario de la Universidad de Ginebra.

1909, 15 de octubre. Einstein se convierte en profesor de física teórica de la Universidad de Zurich.

1910, marzo. Maja se casa con Paul Winteler.

1910, 28 de julio. Eduard, segundo hijo varón de Einstein y Mileva, nace en Zurich.

1910, octubre. Einstein termina su primer artículo sobre física estadística.

1911, 1º de abril. Einstein es profesor de tiempo completo de física en la Universidad de Praga.

1911, junio. Einstein predice la desviación de la luz.

1912, agosto. Einstein toma posesión de su cargo como profesor de física teórica del Politécnico de Zurich.

1914, 6 de abril. Einstein es profesor de la Universidad de Berlín, sin obligaciones docentes. Es además director del Instituto de Física Kaiser Wilhelm.

1915, 25 de noviembre. Einstein termina la teoría general de la relatividad, su obra maestra, y la presenta ante la Academia de Ciencias de Prusia.

1916, 20 de marzo. Se publica el primer libro de Einstein, *Fundamentos de la teoría general de la relatividad*, en *Annalen der Physik*.

1916. Einstein publica un artículo sobre ondas gravitacionales y tres más sobre teoría cuántica.

1916, diciembre. Einstein publica su libro más conocido, *Relatividad: las teorías especial y general*, que con el tiempo será traducido a todos los principales idiomas.

1917. Einstein publica un artículo sobre cosmología, en el que introduce la constante cosmológica.

1919, 14 de febrero. Einstein y Mileva se divorcian.

1919, 2 de junio. Einstein se casa en Berlín con su prima Elsa.

1919. Einstein recibe un telegrama con los resultados de la expedición británica de observación del eclipse solar, en que se confirma su predicción de la desviación de la luz.

1919. Einstein es distinguido con el doctorado honoris causa en medicina de la Universidad de Rostock, Alemania.

1920, **marzo.** Muere en su casa la madre de Einstein, Pauline.

1921, del 2 de abril al 30 de mayo. Einstein visita por primera vez Estados Unidos. Es recibido en la Casa Blanca por el presidente Warren G. Harding. Va a Chicago, Boston y Princeton, New Jersey.

1922. Einstein termina su primer artículo sobre la teoría del campo unificado.

1922, 9 de noviembre. Einstein gana el premio Nobel de física "por sus contribuciones a la física teórica y especialmente por su descubrimiento de la ley del efecto fotoeléctrico".

1924. Einstein publica un artículo sobre la asociación entre ondas y materia, su último descubrimiento importante.

1932, octubre. Einstein es nombrado profesor del Instituto de Estudios Superiores de Princeton, New Jersey. Va a compartir su tiempo entre Princeton y Berlín.

1932, 10 de diciembre. Einstein abandona Alemania en compañía de su esposa Elsa y se dirige a Estados Unidos para comenzar su primer trimestre en Princeton. La pareja retornará a Europa pero nunca volverá a Alemania.

1933. Los nazis toman el poder en Alemania.

1933, 17 octubre. Einstein, su esposa Elsa y su secretaria Helen Dukas llegan a Estados Unidos con visas de turista y van directamente a Princeton.

1935. Einstein deja Estados Unidos temporalmente y se dirige a Bermuda para solicitar un visa de residente en Estados Unidos.

1936, 20 de diciembre. Muere Elsa, la esposa de Einstein.

1936, diciembre. Hans Albert, hijo mayor de Einstein, recibe el doctorado en ciencias técnicas en el Politécnico de Zurich, alma mater de su padre (Hans y su familia viajan el año siguiente a Estados Unidos, en donde Hans será más tarde profesor de la Universidad de California, Berkeley).

1939. Maja, hermana de Einstein, llega a Princeton para vivir con Einstein el resto de sus días.

1939. Einstein firma una carta dirigida al presidente Franklin Delano Roosevelt en la que menciona la posibilidad de construir una bomba atómica y da la voz de alerta sobre sus implicaciones militares.

1940, 1º de octubre. Einstein se convierte en ciudadano estadounidense.

1943, 31 de mayo. Einstein es consultor de grandes explosivos de la marina de Estados Unidos.

1944, 3 de febrero. Una copia de su artículo de 1905 sobre la relatividad especial, escrita a mano por Einstein para la ocasión, es subastada por 6 millones de dólares como contribución al esfuerzo bélico.

1948, 4 de agosto. Mileva muere en Zurich.

1951, junio. Maja, hermana de Einstein, muere en Princeton.

1952, noviembre. Le proponen a Einstein la presidencia de Israel, oferta que rechaza.

1955. En la última carta firmada de su puño y letra, dirigida a Bertrand Russell, acepta firmar un manifiesto apremiando a todas las naciones a renunciar a las armas nucleares.

1955, 18 de abril. Einstein muere en Princeton a la 1:15 de la madrugada. Su cuerpo es cremado y sus cenizas son esparcidas en un lugar desconocido.

Índice

• A •

Aarau, Colegio Cantonal, 30, 389
Abbot, Edwin (escritor), 338
Academia Florentina, 68
aceleración
acción y reacción, ley de, 75
debida a la gravedad, 132, 195
expansión del universo, 352
experimento mental, 194
masa y aceleración, 174
segunda ley del movimiento de Newton, 75
su equivalencia con la gravedad, 195
teoría especial de la relatividad, 167
tiempo y aceleración, 210-211
acortamiento de los objetos en movimiento, 139
Adams, John (científico), 96
Administración Federal de la Aviación, E.U., 257
Albert Einstein, A Biografical Portrait (Anton Reiser), 387
Albert Einstein: Creator and Rebel (Banesh Hoffman y Helen Dukas), 389
Albert Einstein, the Human Side (Banesh Hoffman y Helen Dukas), 389
Alder, Frederich (científico), 183-184

Alfa Centauri (estrella), 169
álgebra, 27, 296
ámbar, 96
amor de Einstein por la música, 12, 13, 24, 380
Ampère, André Marie (físico), 108
Ampère, ley de, 108
Ampère-Maxwell, ley de, 110
analizador por efecto túnel, microscopio, 269
Andrómeda (galaxia), 170
Annalen der Physik (revista), 46, 50, 204, 219
Annual Review of Radioactivity and Electronics (revista), 189
antigravedad, 242, 348-349
antropomorfismo, 372
año milagroso
de Einstein, 45, 49, 78
de Newton, 72, 73, 78, 121
Aristarco (filósofo y científico griego), 61
Aristóteles (filósofo y científico griego), 60, 68, 268
Arquímedes (científico griego), 63
arrastre del marco de referencia, 258-264
arte, su apreciación por Einstein, 13
Aspect, Alain (físico), 306
astigmatismo, 126
astronauta, su entrenamiento, 193
astronomía
antiguos griegos, 60-63
babilonios, 60

Copérnico, 64
Galileo Galilei, 71
Kepler, 65-67
átomos
analogía del flan de ciruelas, 273-274
Bernoulli, cálculo de las propiedades de un gas, 270-271
composición, 179-180
Demócrito, 64, 267-268
elementos, 271
emisión de luz por, 176
espectros, 294-296
experimentos con partículas alfa, 274-276
fuerzas nucleares, 179, 312-313, 324-325, 363-364
mecánica, 296
modelo de Bohr, 281-282, 295
modelo nuclear de Rutherford, 277
observación con el microscopio de efecto túnel, 269
su número en un grano de sal, 269
superátomos, 293
tamaño, 277
Australia, Universidad Nacional de, 350
Avenarius, Richard (filósofo), 375
Avogadro, Amadeo (físico), 268
Avogadro, número de, 54, 268

• B •

Baade, Walter (físico), 227
babilonios, 60
balanza de torsión de
    Coulomb, 102
bario, 318
Becquerel, Henri (científi-
    co), 273, 311, 389
Bekenstein, Jacob (físico),
    89
Bell, desigualdad de, 306
Bell, Jocelyn (astrónoma),
    230
Bell, John (físico), 306
Bennett, Charles (científi-
    co), 307
Bernoulli, Daniel (matemá-
    tico), 270
Bernstein, Aaron (*Libros
    populares sobre la
    ciencia natural*), 26
Bessel, Friedrich (astróno-
    mo), 61
Besso, Michelangelo (Mi-
    chele), 152, 333
Betelgeuse (estrella), 149
Bethe, Hans (físico), 330
Black Holes and Time Warps
    (Kip Thorne), 233
Blinov, Boris (científico), 307
Bohr, Niels (físico)
    actitud hacia Einstein,
        12
    discusión sobre la reali-
        dad, 374
    Heisenberg, 294
    interpretación de Co-
        penhage de la física
        cuántica, 306
    modelo atómico, 281-
        283, 295
    modelo de la gota de lí-
        quido para un núcleo
        pesado, 319-320
    principio de incerti-
        dumbre, 303
    respuesta al argumento
        EPR de Einstein, 305
Boltzmann, Ludwig (físi-
    co), 93-94

bomba atómica
    carta de Einstein a
        Roosevelt, 13, 310,
        328-329
    ecuación $E = mc^2$, 13,
        15, 52-54
    Little Boy, 326
    masa crítica, 326
    reacciones en cadena,
        322-324
    su empleo en la Segun-
        da Guerra Mundial,
        53, 328-329
bomba nuclear. *Ver* bomba
    atómica
Born, Max (físico), 294,
    295, 298, 299
Bose, Saryendra (físico),
    94, 292
Bose-Einstein
    condensado de, 94, 293
    estadística de, 292
Boyle, ley de, 271
Boyle, Robert (científico),
    271
Brahe, Tico (astrónomo),
    65-66
Braun, K. (científico), 261
Breve historia del tiempo
    (Stephen Hawking),
    233
Brookhaven, Laboratorio
    Nacional, 362
Brown, Robert (botánico),
    269
browniano, movimiento,
    49, 54, 94
brújula, 23, 106-107
*Bulletin of the Atomic
    Scientists*, 330
Burger, Dionys (matemáti-
    co), 338

• C •

cadena, reacciones en,
    323-324
caída e ingravidez, 191-194
cálculo, 27-28, 74-78
calendario babilónico, 60

calor, dirección de su flujo,
    84, 86
Caltech, 227, 230, 233, 237,
    239
cámara panorámica avan-
    zada, 172, 351
Cambridge, Universidad
    de, 230, 233
campo
    definición, 102, 391
    eléctrico, 101-103, 148
    electrodébil, 363-364
    gravitacional, 103, 224
    magnético, 104-109
campos magnéticos
    descripción, 104
    generación por electri-
        cidad, 105-107
    huecos negros y campo
        magnético, 234-235
    producción de corrien-
        te eléctrica, 108-109,
        148
    propagación, 109
Cannon, Robert (científi-
    co), 257
carga eléctrica, 98-104
Carnegie, Instituto, 350
Caronte (satélite de Plu-
    tón), 169
Carter, Brandon (físico), 229
Casimir, efecto, 242, 358
Casimir, Hendrik (físico),
    242, 358
Casini, Jean Dominique
    (astrónomo), 115
Cavendish, laboratorio
    (Cambridge, Inglate-
    rra), 272
cefeidas, estrellas, 344
cerebro, examen del de
    Einstein, 9-10
CERN (Laboratorio Eu-
    ropeo de Física Nu-
    clear), 248, 363, 364
cesio, reloj atómico de, 211
Chandrasekhar, límite de,
    351
Chandrasekhar, Subrah-
    manyan (físico), 226
Chavan, Louis (alumno de
    Einstein), 185

chispas, 118
ciencia
objetivos, 376-377
reconciliación con la
religión, 371
ciudadanía alemana, 29
Clausius, Rudolf (científico), 279
CMB (Radiación Cósmica de Fondo), 354
coincidencia de un evento, 203
CoKu Tau 4 (estrella), 169
colisión de objetos, 175
color
de objetos calientes, 47, 278-281
teoría de los colores de Newton, 74, 121-123
Columbia, Universidad de, 201
Comité de Emergencia de Científicos Atómicos, 330
concepto (definición de pensamiento), 375
Congreso Internacional de Artes y Ciencias (1904), 140
Congreso sobre Ciencia, Filosofía y Religión (1940), 371
consecuencias de la teoría especial de la relatividad
contracción del espacio, 161-163
dilatación del tiempo, 160-161, 162, 249-250, 252
masa inercial, 174
mezcla de espacio y tiempo, 167-168
satélite de posicionamiento global (GPS), receptores, 255
simultaneidad, 158-159
viajes interestelares, 169-170
consecuencias de la teoría general de la relatividad en

curvatura del espacio-tiempo, 204
desviación de la luz, 205-207
envejecimiento más lento, 210-213, 248-250
explicación de la órbita de Mercurio, 207-209
huecos negros, 220-226
receptores del satélite de posicionamiento global (GPS), 254
viaje a través del tiempo, el, 238-243
conservación de la energía, 84-86, 176, 391
conservación, leyes de, 236, 393
Consideraciones y demostraciones matemáticas sobre dos nuevas ciencias relativas a la mecánica y al movimiento local. Ver Dos nuevas ciencias (Galileo Galilei)
constante cosmológica
antigravedad, 304-305
energía oscura, 309, 311, 313, 314
Friedman, remoción de la constante, 296
resurrección, 348, 352
su introducción por Einstein, 16, 295, 301, 303
Contact (película), 240
contracción del espacio, 161-164
Copenhage, interpretación de la física cuántica, 306
Copérnico, Nicolás (astrónomo), 64
Cornell, Eric A. (científico), 293
corpúsculos de Newton, 220-223
corriente eléctrica
definición, 105, 391
generación de un cam-

po magnético, 105-106
producción por un campo magnético, 108-109, 148
Coulomb, Charles Augustin de (científico), 101, 102
covariancia, principio de, 203
Crítica de la razón pura (Immanuel Kant), 26, 374
cronología, vida de Einstein, 395-400
CRT (tubo de rayos catódicos), 272
cuantos
definición, 16, 391
Max Planck y los cuantos, 47, 281, 286
cuarta dimensión, 202-203
cuerpo negro, 391
Curie, Marie (científica), 201, 273, 311, 389
Curie, Pierre (científico), 273, 311, 389
curvatura del espacio-tiempo, 204, 208, 218
Cygnus X-1 (hueco negro), 232, 233

• **D** •

Dalton, John (científico), 64, 267, 271
de Broglie, Louis (científico), 292-293, 299
De los imanes (William Gilbert), 96
de Sitter, Willem (astrónomo), 339
decaimiento alfa, 391
decaimiento beta, 314-315, 363
decaimiento radiactivo, 177
Demócrito (filósofo griego), 64, 267-268
densidad crítica, 354

Descartes, René (filósofo y matemático), 175
desorden, 88-89
determinismo, 372, 373
deuterio, 327
Dicke, Robert (científico), 197
difracción, 125, 391
dilatación de la vida de los muones, 247-248
dilatación del tiempo, 160-161, 163, 225, 248-250, 252
Dios
jugando a los dados, 285, 304
noción de Einstein, 372
Dirac, Paul (físico), 105, 218, 299, 357
Dos nuevas ciencias (Galileo Galilei), 68, 133
Drude, Paul
electromagnetismo, 39
Física del éter, 38
teoría de los metales, 270
du Fay, Charles (científico), 97
Dukas, Helen (secretaria de Einstein)
Albert Einstein: Creator and Rebel, 389
Albert Einstein, the Human Side, 389
como secretaria, 388, 389

• **E** •

eclipse solar, 206-207
ecuación $E = mc^2$
artículo de Einstein de 1905, 49, 52
Christian Huygens, 175
descripción, 15
desviación de la luz, 198
formulación, 176-180
primera ley de la termodinámica, 85
usos, 15-16, 52-53
Eddington, Arthur

(astrónomo), 19, 206-207, 214, 339
educación de Einstein
Colegio Cantonal Suizo, Aarau, 30, 32
descripción, 10
en álgebra y cálculo, 27-28
en física, 33
en geometría, 25
en griego, 25
en la escuela elemental, 23-24, 370
en la universidad, 33-41
en la escuela secundaria, 370
por cuenta propia, 27-28
relación con sus profesores, 25-26, 37, 46
religiosa, 26, 370, 371
tesis de doctorado, 50, 55
tesis de grado universitario, 41
tesis rechazada, 270
efecto del vuelo sobre el envejecimiento, 247-250
efecto Doppler
definición, 391
en los huecos negros, 238
teoría general de la relatividad, 213, 224
universo en expansión, 341
efecto fotoeléctrico, 16, 51, 290-291
Einstein and Religion (Max Jammer), 369
Einstein como activista y militante pacifista, 12, 330
Einstein, Albert: *The Meaning of Relativity*, 345
Einstein, ecuación del campo de, 218
Einstein, Eduard (hijo de Albert), 384, 385
Einstein, Elsa (esposa de Albert), 13, 384, 386-387

Einstein, Fanny (tía de Albert), 386
Einstein, Hans Albert (hijo de Albert), 384
Einstein, Hermann (padre de Albert)
educación de Albert, 23, 28-29
ocupación, 21, 27
opiniones sobre la religión, 370
su matrimonio, 379
su muerte, 382
Einstein, Ilse (hijastra de Albert), 387-388
Einstein, Jakob (tío de Albert), 27, 28
Einstein, Lieserl (hija de Albert), 386, 387
Einstein, Maja (hermana de Albert)
cercanía de Albert, 22, 37
educación, 37, 183, 381
escritos sobre Albert, 22, 24, 180, 181, 382
interés en la música, 13, 24
muerte, 382
nacimiento, 22
Einstein, Margot (hijastra de Albert), 382, 388
Einstein, Mileva. *Ver* Maric, Mileva
Einstein, Pauline (madre de Albert)
censura de Mileva, 42, 380
educación de Albert, 23, 24, 28
interés en la música, 13, 24, 380
matrimonio, 379
muerte, 381
nacimiento de Albert, 9, 379
Einstein, Rudolf (tío de Albert), 386
Einstein, telescopio de rayos X, 232
Einstein: An Intimate Study of a Great Man (Dimitri Marianoff), 388

Einstein-Rosen, puente
de, 240
El mensajero sideral (Galileo Galilei), 71
electricidad
analogías con el mag-
netismo, 104
atracción y repulsión,
98-99
electrodinámica de los
cuerpos en movi-
miento, 49
experimentos de du Fay,
97
experimentos de Franklin,
97-98
radiación electromag-
nética, 315
electrodinámica cuántica
(QED), 357, 359
electromagnetismo
Ampère, ley de, 108
brújula, 23
espectro, 120
Hertz, 117-120
inconsistencia con la
mecánica, 147-150
Maxwell, teoría de, 37,
40, 46, 111-112, 147-
148
movimiento, 147-151
movimiento absoluto,
49
Oersted, experimentos
de, 106-108
producción de corrien-
te, 108-110
radio, su invención,
118
reformulación de
Einstein, 52, 150
relatividad, 147-151
su estudio por
Einstein, 38
electrones
carga, 98, 272
como partículas, 302-
303
conducta ondulatoria,
292, 298, 300, 303
decaimiento beta, 314-
315

definición, 391
descubrimiento, 98,
179, 272-273
detección, 314
efecto fotoeléctrico,
290-191
efecto túnel, 307
electrodébil, campo, 363
energía, 282
fotones, 357
Heisenberg, principio
de incertidumbre de,
304
Lorentz, teoría de la
materia de, 139
masa, 273
no caen al núcleo, 278,
281
órbitas, 282
Paul Drude, 270
teoría cuántica, 16-18
elementos
Aristóteles, sus ele-
mentos, 268
descripción, 271
transuránicos, 316
elipse, 66
Elsa (esposa de Einstein),
13
enana blanca, 228, 233
enana negra, 233, 392
energía
cambios, 85
conservación, 85-87
cuantos, 287-290
definición, 84, 392
del movimiento, 175
del punto cero, 90
del vacío, 356
electrones, 282
faltante, 86, 180
fuerza viva, 85
invención de la pala-
bra, 86
liberación por fisión
nuclear, 322-326
ligadura del núcleo,
180
masa y energía, 15, 52,
85, 171, 177-178
negativa, 242

oscura, 353, 355, 356,
359, 360
radiación por objetos
calientes, 278-281
Sol, 85
supercuerdas, teoría
de, 364-365
teoría cuántica, 16
térmica, 287, 288
trabajo y energía, 85,
171
entropía, 88-90, 392
envejecimiento, la teoría
general de la relativi-
dad y el, 210-213
epiciclos, 62, 392
equilibrio térmico, 84, 91
equivalencia, principio de,
195, 198-200, 203
escala, 181
escape, velocidad de, 221-
223, 394
especial de la relatividad
artículos de Einstein,
49, 52, 147, 150
del espacio y del tiem-
po, 153
electromagnetismo y
relatividad, 147-151
Galileo, 131-137
Lorentz-Fitzgerald,
contracción de, 139
Poincaré, 139-140
principio de relatividad
extendido de
Einstein, 150
espacio
acortamiento, 161-163
campo eléctrico, 101-
103
curvatura, 18
movimiento de una
onda electromagnéti-
ca, 112
naturaleza relativa,
151, 163
plano, 353, 357
reconciliación con la
ciencia, 371
su cambio con el movi-
miento, 155, 161

teoría especial de la
relatividad, 14-15
teoría general de la
relatividad, 18
vacío, 152, 352
espacio-tiempo
absoluto, 260
arrastre, 258-261
campo gravitacional,
103
curvo, 204-206, 207,
208-209, 229, 258-264,
337
de dos dimensiones,
205
de cinco dimensiones,
360-361
de cuatro dimensiones,
202
dentro de los huecos
negros, 236
descripción, 15, 168,
392
Einstein-Rosen, puente de,
240
geometría, 217-219
origen matemático, 168
singularidad, 236
espectro, 120, 294-295, 392
experimento mental
Einstein y los experimen-
tos mentales, 31,
194-198
Galileo Galilei, 70-72,
133
problema EPR, 305-306
sobre el espacio curvo,
334-335
sobre el movimiento
acelerado, 194-195
sobre la dilatación del
tiempo, 160-161
sobre la masa gravi-
tacional y la masa
inercial, 196-198
sobre la simultaneidad,
158-159
sobre los cambios del
espacio con el movi-
miento, 161
Estación Espacial Internacional, 191, 194

estrellas
brillo estandar, 344, 351
cefeida, 343
distancias, 342-343
en colapso, 226-227
enana blanca, 228, 233,
391
enana negra, 233
fuerza nuclear fuerte,
363, 364
geometría del espacio-
tiempo a su alrede-
dor, 219
gigante roja, 233, 392
mecánica estadística,
83, 93-94
nacimiento, 232
neutrónicas, 227-228,
230, 233, 241, 392
órbitas estacionarias,
282-283
oscuras, 222-223
paralaje, 61, 342
partículas subatómicas,
17
protoestrellas, 232
sistema binario, 351
supernova, 227, 234, 351
tamaño crítico, 222, 223
tamaño de las molécu-
las de azúcar, 53-54
universos-isla, 342
variable, 343
velocidad de escape,
221-223
viaje interestelar 169-170
viento estelar, 231
éter
definición, 48, 392
ideas de Einstein al res-
pecto, 39-40, 53, 151
medida del tiempo con
respecto al éter, 140
movimiento absoluto,
48, 52
movimiento de la luz
por el éter, 137, 143-
145
movimiento de la Tie-
rra por el éter, 137,
143-145
viento del éter, 145

Euler, Leonhard (matemático), 364
eventos, horizonte de, 236,
238, 392
Everitt, Francis (científico), 262
experimento de la bola
arrojada desde la
cofa del vigía, 132

• *F* •

$F = ma$, ecuación, 75
Fairbank, William (científico), 257
fama
aprovechamiento por
Einsten, 12
causada por la teoría
general de la relativi-
dad, 213-215
su efecto sobre
Einstein, 11
Faraday, Michael (científico), 95, 108-110, 271
Fermi, Enrico (físico), 316,
323, 326
Feynman, Richard (físico),
357
filosofía
definición del pensa-
miento, 375
método científico, 376
objetivos de la ciencia,
376-377
su estudio por Einstein,
26, 374
física
clásica, su creación por
Newton, 72
cuántica, 179, 314, 357,
374
newtoniana, 74-77
su unificación, 359-365
Física del éter (Paul
Drude), 38
física nuclear
decaimiento alfa, 313
decaimiento beta, 314-
315

Einstein, 310
limitaciones de la fuerza nuclear, 312-313
partículas radiantes, 311
físico teórico, 11, 78
Fitzgerald, George (científico), 138
flecha del tiempo, 84, 91-94
flotación, principio de, 63
Foppl, August (*Introducción a la teoría de la electricidad de Maxwell*), 39
Ford, Kent (científico), 350
fotones
cargados, 362-363
definición, 16, 51, 392
efecto fotoeléctrico, 290
Einstein y los fotones, 49
electrones y fotones, 357
experimentos EPR con fotones, 306
su energía, 287-289
teletransporte, 307
tiempo de vida, 354
francés; su estudio por Einstein, 32
Franklin, Benjamin (científico), 97-98
Freundlich, Erwin (astrónomo), 206, 381
fricción, 72, 75
Friedmann, Alexander (científico), 340-341, 345
Frisch, Otto (físico), 319-320, 329
fuerza,
atracción entre objetos, 76-78
eléctrica, 100-101
electrodébil, 363-364
leyes del movimiento de Newton, 74-76
no contrarrestada, 74
nuclear, 179, 312-313, 363, 364

fuerza nuclear
descripción, 179-180
detección, 322-325
fuerte, 363, 364
limitaciones, 312-313
fuerza viva, 85
fusión nuclear, 228, 232
bomba de hidrógeno, 327-328
definición, 327
descubrimiento, 316-321
energía liberada, 53, 322-326
gotas de líquido como modelo, 319-320
reacciones en cadena, 322-323

• **G** •

galaxia
Andrómeda, 170
brillo, 229
definición, 392
distancias, 342-344
expansión del universo, 353
Gran Nube de Magallanes, 234
gravedad, 352-353
materia oscura, 350
su descubrimiento por Hubble, 342
Vía Láctea, 230, 234, 341
Galileo; su principio de relatividad, 137
Galileo Galilei
astronomía, 71
Dos nuevas ciencias, 68, 133
educación, 67
experimentos mentales, 70-72
experimentos sobre el movimiento, 68-72, 131-133
experimentos sobre la velocidad de la luz, 114

masa gravitacional, 197
mensajero sideral, El, 71
método científico, 70
música, 68
relatividad, 131-137
reloj, botella de vino, 69, 131
Gamow, George (físico y cosmólogo), 345
gases
Avogadro, 268
Bernoulli, 270
Boyle, ley de, 271
Geiger, Hans (científico), 274-275
generador eléctrico, 109
geometría,
de Schwarzschild, 219-220, 223
del espacio-tiempo, 217-220
euclidiana, 200, 201
riemaniana, 201
su estudio por Einstein, 25
gigante roja, 233
Gilbert, William (*De los imanes*), 96
giróscopos, 258, 261-264
Glashow, Sheldon (físico), 362, 363
gluones, 363
Goldstein, Eugen (científico), 277
gota de líquido como modelo del núcleo pesado, 319-320
GPS (satélite de posicionamiento lobal), receptores, 254-256
Gran Nube de Magallanes, 234
Gran Teoría Unificada, 363
gravedad
aceleración, 132, 195
como espacio-tiempo curvo, 103
cuántica, 364
dilatación del tiempo, 212, 241
efecto sobre el tiempo

de propagación de la
luz, 252
energía, 348
equivalencia con la
aceleración, 195
geometría y gravedad, 205
gravedad relativa, 195
Newton, 74, 75, 78
presión, 349, 351
teoría general de la
relatividad, 18, 195,
203-204, 224
Green, Michael (físico), 364
griego, su estudio por
Einstein, 25
griegos, antiguos, 60-64,
96, 268
Grimaldi, Francesco Maria
(científico), 125
Grossmann, Marcel, 34, 200
Grupo de Búsqueda de
Supernovas con Gran
z, 350

• H •

H, bomba, 327
Habicht, Conrad, 178, 180
haces coherentes, 125, 145,
391
Hafele, J.C. (científico),
248-249
Hahn, Otto (químico),
318-321
Harvey, Thomas (patólo-
go), 10
Hauptman, Gerhard
(novelista), 371
Hawking, radiación de, 237
Hawking, Stephen (físico)
Breve historia del tiempo,
233
hipótesis de protección de
la cronología, 243
huecos negros, 89, 234,
235, 236
Heisenberg, principio de
incertidumbre de,
303, 305-306, 374, 394

Heisenberg, Werner, 294-
296
helio, 294, 324, 327
Hertz, Heinrich (físico), 39,
40, 112, 117-119, 290
Hewitt, Anthony (astróno-
mo), 230
hidrógeno, 277, 295, 299
hidrógeno, bomba de, 327
hierro 56, el, 325
Hilbert, David (matemáti-
co), 168
Hoffman, Banesh (profe-
sor)
*Albert Einstein: Creator
and Rebel*, 389
*Albert Einstein, the
Human Side*, 389
Hubble, Edwin (astróno-
mo), 20, 342-344
Hubble, telescopio espa-
cial, 20, 172, 351
hueco de gusano, 241, 392
huecos negros
apuesta de Thorne y
Hawking, 233
cacería de, 231
definición, 217, 393
emisión de radiación,
236-237
entropía, 89
escepticismo de
Einstein, 217, 225-226
estrellas oscuras, 222-
223
horizonte de eventos, 235,
238, 392
huecos de gusano que los
conectan, 392
propiedades, 234-238
quasars, 229
radio de Schwarzschild,
223-225
redondez, 234
rotación, 229
teoría general de la
relatividad, 220-226
velocidad de escape,
220-223
viaje a, 237-238
Hume, David (filósofo), 375

Hurwitz, Adolf (profesor),
33
Huygens, Christian (científico), 54, 116, 175-176

• I •

imanes, 104-107
Imperial College, Londres,
362
inducción, ley de Faraday
de, 109
inercia como resistencia,
172-174, 197
inercial, masa, 172-174, 197
infrarrojo, telescopio, 169
ingravidez, 191-193
Instituto Científico del
Telescopio Espacial
(NASA), 351
Instituto de Estudios Su-
periores (Princeton,
New Jersey), 12
Instituto Nacional de
Estándares, 90
Instituto Politécnico Federal. *Ver* Politécnico
interestelar, el viaje, 169-170
interferencia
definición, 393
experimento de
Michelson y Morley,
145-147
experimentos de
Young, 126, 127
patrón de interferencia
de electrones, 292,
300, 302-303
interferómetro, 145
*Introducción a la teoría
de la electricidad
de Maxwell* (August
Foppl), 39
inverso del cuadrado, ley
del, 100, 104
Io (satélite de Júpiter), 115
irreversibilidad, 92
Italia, vida de Einstein en,
28-29

• J •

Jammer, Max (*Einstein and Religion*), 369
Jordan, Pascual, 296, 298
Josephson, unión de, 308
Journal of Applied Chemistry, 316
Júpiter, sus satélites, 114-115

• K •

Kaluza, Theodor (matemático), 360-361
Kant, Emanuel (*Crítica de la razón pura*), 26, 374
Karl-Ferdinand, Universidad, 200
Kayser, Rudolf (esposo de Ilse Einstein), 387
Keating, Richard (científico), 248-249
Kepler, Johannes (astrónomo), 65-67
Kepler, ley armónica, 66, 67
Kerr, Roy (científico), 229, 240
Ketterle, Wolfgang (científico), 293
Kirchhoff, Gustav (físico), 42, 279
Klein, Oscar (físico), 361
Kleiner, Alfred (profesor), 182, 183, 270
Koch, Caesar (tío de Einstein), 40

• L •

Laboratorio de Propulsión a Chorro (JPL), 239, 253
Laboratorio Europeo de Física Nuclear (CERN), 248, 363-364

Lagrange, Joseph-Louis (matemático), 14
Langevin, Paul (profesor), 293
lanzadera espacial, 173, 246
Laplace, Pierre Simon de (*Sistema del mundo*), 222
láser, 19, 393
Lawrence, Berkeley, Laboratorio Nacional, 350
Le Verrier, Urbain Jean Joseph (científico), 96, 207
Leavitt, Henrietta (científica), 343-344
Lense, Josef (físico), 258
Levine, Martin (científico), 250-252
ley cero de la termodinámica, 84, 90
ley de inducción de Faraday, 109
ley de la gravitación universal de Newton, 74, 75, 77, 100-101
ley de las áreas de Kepler, 67
ley de las órbitas de Kepler, 67
Libros populares sobre la ciencia natural (Aaron Bernstein), 26
Liga de Naciones, comisión de la, 390
Little Boy (bomba), 326
Loewenthal, Max (primer esposo de Elsa Einstein), 386
longitud de onda, 119-120, 126-127, 287-289, 393
Lorentz, ecuación de contracción de la longitud, 139-140
Lorentz, Hendrik Antoon (científico), 138-140, 201, 219
Lorentz-Fitzgerald, contracción de, 139
Luitpold, Gimnasio, 25-26
Luna, 76, 191

luz. *Ver también* velocidad de la luz
blanca, 123
catástrofe ultravioleta, 47
como onda, 48, 51, 125-127, 223
como onda electromagnética, 117, 118
como partículas, 117, 287
corpúsculos de Newton, 220-223
cuantos, 16, 47, 286-290
difracción, 125, 391
efecto de la gravedad, 225, 252-254
efecto fotoeléctrico, 290-291
energía de la luz emitida, 176
fotón, 16, 51, 392
interferencia, 125, 126, 145-146
longitud de onda, 120, 125-126, 224
luz y efecto Doppler, 224, 341
luz y espacio-tiempo curvo, 204-207
luz y huecos negros, 217, 220-225, 236
monocromática, 290
movimiento por el éter, 138
Newton, teoría de los colores, 121-123
refracción, 71
su desviación, 19, 125, 198-199, 205-207
teoría cuántica, 50-51
tiempo detenido, 168, 174
Lynden-Bell, Donald (astrónomo), 230

• M •

Mach Ernst (*Mecánica*), 39
Manhattan, proyecto, 228, 329

marco de referencia
descripción, 135, 393
movimiento del muón,
164
movimiento uniforme,
136
simultaneidad, 158-159
Marianoff, Dimitri
(*Einstein: An Intimate
Study of a Great Man*),
388
Maric, Mileva (esposa de
Einstein)
Academia Olímpica,
153
celos, 37
censura de Pauline
Einstein, 42, 380
como compañera inte-
lectual, 35-36
depresión, 384
divorcio, 384
encuentro con Einstein,
35
exámenes finales, 41
hijos, 384-385
intercambio de cartas,
383
muerte, 385
Mariner, misiones de la
NASA, 254
Marsden, Ernest (científico), 276
Marte, su movimiento, 65
masa
crítica, 326-327
definición, 86, 393
del electrón, 273
del núcleo, 276
del protón, 277
disminución luego de la
emisión de luz, 176
gravitacional, 172, 196-
198
inercial, 172-174, 197-
198
masa y aceleración, 175
masa y energía, 15, 52, 86,
171, 176-177
naturaleza relativa, 173
Newton, segunda ley de
movimiento, 75, 76

peso y masa, 86
masa y energía. *Ver* ecuación $E = mc^2$
materia
Bose-Einstein, conden-
sado de, 293
comportamiento ondu-
latorio, 292
Lorentz, teoría de la
materia, 139
oscura, 350, 355, 393
matriz, 296
Maxwell, James Clerk
(científico)
mecánica,
celeste, 74
cuántica y energía del
punto cero, 90
de ondas, 298-299
estadística, 83, 93-94
Galileo, 68-72
matricial, 296, 299
Newton, leyes del movi-
miento, 46, 74-76, 137
Mecánica (Ernst Mach), 39
Meitner, Lise (física), 318-
321
memorable, experimento,
127
Merck, Marie (esposa de
Max Planck), 279
Mercurio, su órbita, 19,
207-209
método científico
Einstein, 376
Galileo, 70
Michell, John (científico),
220-222
Michelson y Morley, ex-
perimento de, 138,
144-147
Michelson, Albert (físico),
41, 138, 144-147
microondas, horno de, 120
microscopio, 269, 293
microscopio electrónico,
294
microscopios de campo
iónico, 269
Mill, John Stuart (filósofo),
375
Mills, Robert (físico), 362

Minkowski, Hermann (pro-
fesor), 33, 168, 202
MIT, 253, 293
modelo geocéntrico, 60,
61-63
modelo heliocéntrico, 61, 65
moléculas
Avogadro, número de,
268
cálculo del diámetro,
268
energía del punto cero,
90
mecánica cuántica, 90
realidad y medición, 19,
50, 54
temperatura como me-
dida de su velocidad,
84, 89, 271
monopolos, 105
monte Palomar, telescopio
de 200 pulgadas, 229
monte Santis, su ascensión
por Einstein, 32
Morley, Edward (físico),
40, 138, 144-146
Morris, Michael (científico), 239
Mount Wilson, observato-
rio, 342, 344
movimiento
absoluto, 48, 51-52, 148-
151
browniano, 49, 54, 94
contracción de objetos,
139
detección por campos
eléctricos, 148
electromagnetismo y
movimiento, 147-151
Galileo, 67-72, 131-133
marco de referencia,
135, 137
mecánica estadística,
83, 93-94
Newton, leyes de, 74-76
relativo, 150-151
uniforme, 134, 136, 166,
189-190
movimiento planetario
antiguos griegos, 60-62
babilonios, 60

Copérnico, 64
Kepler, 66-67
Newton, 76-77
órbitas elípticas, 66-67
períodos, 66, 67
Muhleman, Duane (científico), 253, 254
muones, 164-165, 247-248
Museo de Historia Natural de París, 311

• *N* •

nanometros, 120
nanotubos, 181
NASA
   Instituto Científico del Telescopio Espacial, 351
   Laboratorio de Propulsión a Chorro (JPL), 239, 253
   Mariner, misiones, 254
   programa de investigación de gravedad reducida, 193
   Sonda de gravedad A, misión, 250-252, 262
   Sonda de gravedad B, misión, 262-264
   Viking, misiones, 254
   Wilkinson, Sonda de anisotropía de las microondas (WMAP), 353-356
Nature (revista), 316, 321
navegación a vela, pasatiempo de Einstein, 12
Navstar (satélite), 255
nebulosa, 232, 341
Neptuno, su descubrimiento, 96
neutrino, 86, 314, 393
neutrones
   bomba de hidrógeno, 327
   bombardeo del uranio con neutrones, 317
   decaimiento beta, 314

definición, 393
estrellas neutrónicas, 227
fuerza nuclear, 179-181, 312
fusión nuclear, 228
partícula alfa, 313
reacciones en cadena, 322-323
Newton, Isaac
   año milagroso, 72, 73, 78, 120
   arrastre del marco de referencia, 260-265
   cálculo, el, 74, 78
   comparación con Einstein, 78-79
   corpúsculos, los, 220-223
   educación, 73-74
   ley de la gravitación universal, 73, 74, 77, 100
   mecánica celeste, la, 74
   modelo de universo, 80, 137, 331-332, 349
   movimiento, 48, 74-76
   Principia, 137, 192
   rojo, su color favorito, 122
   su condición de célibe, 80
   teoría de las fluxiones, 78
   teoría de los colores, 74, 121-123
niobio, 263
Noddack, Ida (química), 316
núcleo, 276
Nuevos Horizontes (nave espacial), 169

• *O* •

objetivos de la ciencia, 376-377
Observatorio Europeo Austral, gran telescopio, 169
Observatorio Naval, E.U., 249

Oersted, Hans Christian (profesor), 106-108
oficina de patentes, empleo de Einstein, 45, 46, 152, 184
Olímpica, Academia, 153, 374
onda
   definición, 393
   la luz como onda, 125-127
   propiedades, 124
   sonido, 124
onda electromagnética
   longitud de onda, 119
   luz, 117, 119
   movimiento por el espacio, 112
   radiación térmica como onda, la, 278
   velocidad de las ondas, 117-120
ondas de probabilidad, 299
operación simétrica, 362
Oppenheimer, J. Robert (científico), 226-228, 329
órbitas permitidas, 282
Orión, nebulosa de, 175, 232
oscilación, onda electromagnética, 119

• *P* •

pacifismo, 12, 329
Pais, Abraham (físico), 12
paralaje, 61, 342
partícula beta, 393
partículas
   alfa, 274-276, 314, 393
   corpúsculos de Newton, 220-222
   muones, 164, 248-249
   radiación de partículas nucleares, 311-316
   subatómicas, 17
   teoría de supercuerdas, 364

virtuales, 359, 393
W y Z, 363
Pauli, Wolfgang (físico),
     12, 86
Pauling, Linus (científico),
     330
Peierls, Rudolf (físico), 329
Penrose, Roger (físico),
     229, 236
pensamiento, definición de
     Einstein, 375
Pequeña Nube de Magalla-
     nes 343
período de un planeta,
     66, 67
Perlmutter, Saul (científi-
     co), 351
Pernet, Jean (profesor), 38
peso, 86, 171-172
Pfister, Herbert (científi-
     co), 261
Physical Review (revista),
     235
Pitágoras (matemático y
     científico griego),
     60, 68
Planck, constante de, 289,
     298, 304
Planck, ley de, 281, 287
Planck, Max (físico)
     biografía, 279
     cuantos, 47, 281
     Einstein y Planck, 51,
        180, 181
     idea del cuanto de luz,
        292
     radiación de energía de
        objetos calientes, 47,
        278-281, 286-289
Platón (filósofo), 375
Plutón, 169
Podolsky, Boris (científi-
     co), 304
Poincaré, Jules Henri (cien-
     tífico), 139-140, 201
polarización, 306
politécnico
     examen de admisión, 29
     exámenes finales, 41
     exámenes intermedios,
        34

regreso de Einstein en
     1912, 200-201
tesis de grado, 41
polonio, 311
predicción del futuro, 17
premio Nobel
     De Broglie, premiado
        en 1929, 292
     Einstein, premiado en
        1922, 12, 51, 286
     Hahn, premiado en
        1944, 321
     Planck, premiado en
        1918, 279
     Rubbia y van der Meer,
        premiados en 1984,
        363
     Wienberg, Glashow y
        Salam, premiados en
        1967, 363
presión, 348, 352
presión negativa, 348, 352
Preskill, John (científico),
     237
Priestley, Joseph (científi-
     co), 101
primera ley de la termodi-
     námica, 84-86
Princeton, Universidad de,
     197
Principia (Isaac Newton),
     137, 192
principio de covariancia,
     203
principio de equivalencia,
     196, 198-200, 202
principio de incertidum-
     bre, 17, 299-306, 359
prisma, 121-123, 294
Privatdozent, 182, 183, 279
probabilidad, ondas de,
     299
problema EPR, 305-307, 374
*Proceedings of the Prussian
     Academy of Science*
     (revista), 219
procesos biológicos, su
     velocidad, 165
programa de investigación
     de gravedad reducida
     (NASA), 193

protoestrellas, 232
protones
     carga, 277
     decaimiento beta, 314
     definición, 394
     fuerza nuclear, 179-180,
        312
     masa, 277
     partícula alfa, 313
Próxima (estrella), 169
Proyecto Cosmológico
     Supernova, 350
Prusia, Academia de Cien-
     cias de, 292, 331, 376
púlsar, 230, 394
punto cero, energía del, 90

• *Q* •

quásar, 229, 394
Queen Mary College, 364

• *R* •

radar, Doppler, 211
radiación
     emisión estimulada, 19
     Hawking, 237
     masa y radiación, 177
radiación de energía de
     objetos calientes, 47,
     278-280, 286-288
rayos X, 273
     térmica, 278-281
Radiación Cósmica de
     Fondo (CMB), 354
radiactividad
     definición, 394
     descubrimiento, 272,
        311
radio, el, 274, 311
radio, ondas de
     emisión de púlsares y
        quásares, 229
     invención de la radio,
        118
radiotelescopio, 169

rayo; experimentos de Franklin, 98
rayo alfa, 274, 311, 394
rayo beta, 274, 311, 315, 394
rayos catódicos, 272
rayos cósmicos, 164
rayos gama, 274, 315, 394
Real Sociedad de Londres, 175, 222
realidad, su significado, 374
receptor de radio, 118
receptores del satélite de posicionamiento global (GPS), 254-256
refracción, 71
Reichley, Paul (científico), 253, 254
Reiser, Anton (*Albert Einstein, A Biographical Portrait*), 387
relatividad. *Ver también* teoría general de la relatividad y teoría
relatividad, pruebas
    descripción, 246-247
    efecto de retardo del tiempo de propagación de la luz, 252-253
    GPS, receptores, 254-256
    pruebas de la NASA, 245, 250-252, 262-264
    Sonda de gravedad A, misión, 250-251, 262
    Sonda de gravedad B, misión, 245, 262-264
religión
    clases, 26, 370, 371
    cósmica, 373
    definición de Einstein, 370-371
    determinismo y religión, 372, 373
    idea de Dios de Einstein, 372
    judaísmo, 26, 370
    orígenes, 372
reloj
    atómico, 211, 248-252, 255

botella de vino de Galileo, 69, 131
satélite, 254-256
reposo y movimiento uniforme, su equivalencia, 134, 136
repulsión gravitacional, 242
resistencia del aire, 194, 197
riemaniana, geometría, 201
Riemann, Bernhard (matemático), 201
Riess, Adam (científico), 351
Roemer, Olaus (astrónomo), 114-115
Roentgen, Wilhelm (científico), 273
Roosevelt, Franklin Delano (presidente), 13, 310, 328-329
Rosen, Nathan (científico), 240, 304
Rubbia, Carlo (físico), 363
Rubin, Vera (científica), 350
Ruess, Ferdinand (maestro), 25
Rutherford, Ernest (científico), 274-277, 311

• S •

Sachs, Alexander (banquero), 328
Sagan, Carl (astrónomo), 240
Salam, Abdus (físico), 365
Sandage, Allan (astrónomo), 229
satélite, su lanzamiento, 191-192
Saturno, sus anillos, 175
Schiff, Leonard (físico), 258, 261-262
Schmidt, Brian (científico), 350, 351
Schrödinger, Erwin, 298-299
Schwarzschild, Karl (astrofísico), 219, 223
    radio de, 223-225, 394
    singularidades de, 225

su geometría, 219, 223
Schwartz, John (físico), 364
Schwinger, Julian (físico), 357
seda, transporte de electrones a la, 97-99
segunda ley de la termodinámica 84, 87-89
Shapiro, Irwin (físico), 253-254
simultaneidad 158-159
singularidad, 236, 394
Sintaxis matemática (Claudio Tolomeo), 63
sistema binario, 351
sistema de aumento de gran área (WAAS), 257
Sistema del mundo (Pierre Simon de Laplace), 222
Slipher, Vesto (astrónomo), 341
Snyder, Hartland (físico), 228
Sol
    cambios producidos en la geometría el espacio-tiempo, 204-207
    curvatura del espacio-tiempo, 204, 208, 218
    eclipse solar, 205-207
    efecto de retardo en la propagación de la luz, 253-254
    energía, 85
    velocidad de escape, 221
    vida del Sol, 232
Solovine, Maurice, 153, 181
Sommerfeld, Arnold (físico), 201
Sonda de gravedad A (misión de la NASA), 250-252, 262
Sonda de gravedad B (misión de la NASA), 245, 262-263
sonido como onda, 124
Spinoza, Benedict de (filósofo), 375

Stanford, Universidad de, 256, 262
Stark, Johannes (editor), 189
suiza, ciudadanía, 29
superátomos, 293
superconductor, 263
superficies curvas, su geometría, 201
supernova, 227, 234, 351
Szillard, Leo (físico), 310, 328-329

• T •

Talmud, Bernard (médico), 28
Talmud, Max (estudiante de medicina), 25, 374
tamaño crítico de una estrella, 222
Tanner, Hans (alumno de Einstein), 184
teléfono inalámbrico, 357
telescopio
    de rayos X, 231
    del monte Palomar, 229
    Galileo, 71
    Observatorio Europeo Austral, gran telescopio, 169
telescopio espacial Hubble, 20, 172
Teller, Edward (físico), 328
temperatura
    cero absoluto, 84, 89-90
    equilibrio térmico, 84-90
    radiación cósmica de fondo (CMB), 354
    velocidad de las moléculas y temperatura, 84, 89, 270
tensión superficial, 319-320
teorema de pitagoras, 27
teoría cuántica
    aceptación, 292
    Bose-Einstein, condensado de, 293

Bose-Einstein, estadística de, 292
constante de Planck, 289, 298, 304
cuántica del campo, 357
cuantos de luz, 286-288, 291
descripción, 16-17
determinismo y teoría cuántica, 374
efecto fotoeléctrico, 290-291
Einstein y la teoría cuántica, 50, 285-287, 288-292, 303-306
mecánica de ondas, 298-299
principio de incertidumbre, 299-307
teoría de las fluxiones de Newton, 78
teoría de las supercuerdas, 364, 394
teoría de los colores de Newton, 74, 121-123
teoría de los metales de Drude, 270
teoría del campo unificado de Einstein, 361, 363
teoría especial de la relatividad. *Ver también* relatividad
    aceleración, 166-167
    desarrollo, 147-156
    descripción, 14-15
    experimentos mentales de Einstein, 31
    limitaciones, 189-190, 200
    movimiento uniforme, 189-190
    predicciones, 247
    visita al pasado, 239
teoría general de la relatividad. *Ver también* relatividad
    confirmación, 19
    descripción, 18
    desviación de la luz, 198-199

Einstein, ecuación del campo, 218
Einstein, su celebridad, 213-215
equivalencia de la gravedad y el movimiento acelerado, 195
equivalencia de la masa gravitacional y la masa inercial, 197-198
geometría de Riemann, 201
ingravidez, 191-193
predicciones, 247
principio de covariancia, 203
principio de equivalencia, 196, 198-200
tratamiento igual del espacio y el tiempo, 203
tercera ley de la termodinámica, 84, 89-90
termodinámica
    definición, 84, 394
    ley cero, 84, 91
    primera ley, 85-87
    relación con la mecánica estadística, 93-94
    segunda ley, 84, 87-89
    tercera ley, 84, 89-90
termonuclear, bomba, 327
termopares, 40
The Meaning of Relativity (Albert Einstein), 345
The New York Times, 330, 373
Thirring, Hans (físico), 258
Thomson, J.J. (físico), 272-273
Thomson, William (Lord Kelvin) (físico), 90
Thorne, Kip (científico)
    Black Holes and Time Warps (Kip Thorne), 233
    huecos negros, 234, 235
Tico (astrónomo), 65
tiempo
    cambio con el movimiento, 155, 160-161, 162

curvo, 339
detención, 169, 174
dilatación, 160-161,
  163, 225, 248-249, 252
efecto de la gravedad,
  212, 225, 241
elasticidad, 140
flecha del, 91-93
flujo, su dirección, 87-
  89
lentitud, 225, 241, 248-
  252
mecánica estadística,
  93
relativista, 248-249
simultaneidad, 158-159
teoría especial de la relatividad, 14-15
teoría general de la relatividad, 210-213
viaje interestelar, 169-
  170
Tierra
  fuerza gravitacional,
    198
  modelo geocéntrico
    del universo, 60, 62
  movimiento a través
    del éter, 138
  rotación, 60, 61, 65
Titán (satélite de Saturno),
  175
Tolomeo, Claudio (astró-
  nomo griego)
  modelo geocéntrico,
    60, 62-63
  Sintaxis matemática
    (Tolomeo), 63
Tomonaga Sin-Itiro (físi-
  co), 357
Townes, Charles (inven-
  tor), 19
trabajo y energía, 84, 171
transmisor, radio, 118
transuránicos, elementos,
  316
trenes, 134, 135
Trinity College
  (Cambridge, Ingla-
  terra), 73
Trinity College (Dublín,
  Irlanda), 138

tritio, 327
tubo de rayos catódicos
  (CRT), 272
Turner, Michael (científico), 353

• *U* •

Uhuru (satélite), 232
ultravioleta, catástrofe,
  47, 280
unidad de brillo estándar,
  351
unificación de la física,
  359-365
uniforme, movimiento
  definición, 393
  equivalencia con el
    reposo, 134, 136
relatividad y movimiento
  uniforme, 166, 189-
  190
Universidad
  de Berlín, 12, 183, 279,
    318, 384
  de Berna, 152, 182, 183,
    381
  de California, Berkeley,
    226
  de Chicago, 323, 326,
    330, 353
  de Colorado, 293
  de Dacca, 292
  de Ginebra, 185, 389
  de Gotinga, 227, 294
  de Harvard, 227, 250,
    343, 362-363
  de Heidelberg, 36
  de Leyden, 138, 201
  de Michigan, 239, 307
  de Munich, 279, 280,
    294
  de París, 292
  de Pisa, 67, 69
  de Praga, 185
  de Texas, 229
  de Utrecht, 201
  de Viena, 201
  de Washington, 248,
    358

  de Zurich, 49, 54, 183-
    185, 200, 270
universo
  abierto, 340-355
  bordes, 333
  cerrado, 340, 355
  curvatura, 335
  en dos dimensiones,
    334-335
  estático, 337, 349
  estructura, 342
  expansión, 20, 341-344,
    350-352
  isla, 342
  leyes de la física sin
    cambios, 150
  modelo de De Sitter, 339
  modelo de Einstein, 19,
    332-340, 348-349
  modelo de Newton, 80,
    137, 331-332, 348
  plano, 340, 353-356
  vacío, 339
uranio
  bombardeo con neu-
    trones, 316
  división, 316-318, 323
  experimentos de los
    Curie, 273
  masa crítica, 326
  rayos X, 311
Urano, su órbita, 96
Urey, Harold (científico),
  330

• *V* •

van der Meer, Simon (físico), 363
variables, estrellas, 343
velocidad de la luz
  ecuación $E = mc^2$, 53,
    174, 177
  Einstein, 151
  ejemplos, 116
  en el éter, 145
  Galileo, experimentos
    de, 114
  integración de las leyes
    del movimiento, 139

Michelson-Morley, experimento de, 139, 144-146
pruebas, 252
Roemer, experimentos de, 114-115
teoría especial de la relatividad, 14-15
Veneziano, Gabriele (científico), 364
Vessot, Robert (científico), 250-252
Vía Láctea (galaxia), 230, 234, 341
Viaje a las estrellas, 307
viaje por el tiempo, 93, 238-243
vida de Einstein
  Academia Olímpica, 153, 374
  accidente en las montañas, 32
  año milagroso, 45, 49, 78
  cronología, 395-400
  desarrollo del habla, 22, 23
  disciplina, aversión a la, 23
  educación, 11, 23-28, 29-42
  en Italia, 28-29
  enseñanza, 181-185
  fama, 11
  fortuna, 12
  hijos, 383-384
  matrimonios, 384-386
  música, amor a la, 24
  nacimiento, 21
  niñez, 10, 21-28
  política, 12
  primer amor, 30
  trabajo en la oficina de patentes, 45, 46

viento del éter, 145
viento solar, 231
Viking, misiones de la NASA, 254
virtual, partícula, 359, 393
viscosidad, 54
visita al pasado, 239
voltaje, 117-118
von Eötvös, barón Roland (científico), 197
von Helmholtz, Hermann (físico), 39
von Jolly,Philipp (profesor), 279
Vulcano (planeta hipotético), 208

• W •

W, partícula, 363
WAAS (sistema de aumento de gran área), 257
Weber, Heinrich (profesor de física), 30, 33, 37-38, 41
Weinberg, Steven (físico), 362, 363
Weisskopf, Victor (físico), 330
Weyl, Hermann (matemático), 360
Wheeler, John (físico), 235
Wieman, Carl E. (científico), 293
Wigner, Eugene (físico), 328
Wilkinson, Sonda de anisotropía de las microondas (WMAP), 353-356
Winteler, Anna (amiga de Einstein), 30

Winteler, Jost (maestro), 30
Winteler, Marie (primer amor de Einstein), 30, 34, 37, 389
Winteler, Paul (cuñado de Einstein), 30, 381
Winteler, Pauline (amiga de Einstein), 30
Witelson, Sandra (patóloga), 10
WMAP (Sonda Wilkinson de anisotropía de las microondas), 353-356

• X •

x, rayos, 120, 273, 311
x, telescopio de rayos, 169, 231

• Y •

Yang, C.N. (físico), 362
Young, Thomas (científico), 47, 85, 125-127, 223, 300
Yurtsever, Ulvi (científico), 239

• Z •

Z, partícula, 363
Zel'dovich, Yakov (físico), 231, 236-237, 359
Zwicky, Fritz (astrónomo), 227, 350